本书为重庆大学人文社科类"科技创新专项"项目(106112015 CDJSK 41 HQ 07)的最终成果。感谢重庆大学国际学院对本书出版的资助与支持!

吴芳吉 年谱

王峰／著

中国社会科学出版社

图书在版编目（CIP）数据

吴芳吉年谱 / 王峰著 . —北京：中国社会科学出版社，2016.2
ISBN 978 – 7 – 5161 – 7824 – 9

Ⅰ.①吴…　Ⅱ.①王…　Ⅲ.①吴芳吉（1896～1932）– 年谱
Ⅳ.①K825.6

中国版本图书馆 CIP 数据核字（2016）第 057574 号

出 版 人	赵剑英
责任编辑	李庆红
责任校对	张红艳
责任印制	王　超

出　　版	中国社会科学出版社
社　　址	北京鼓楼西大街甲 158 号
邮　　编	100720
网　　址	http：//www.csspw.cn
发 行 部	010 – 84083685
门 市 部	010 – 84029450
经　　销	新华书店及其他书店

印　　刷	北京明恒达印务有限公司
装　　订	廊坊市广阳区广增装订厂
版　　次	2016 年 2 月第 1 版
印　　次	2016 年 2 月第 1 次印刷

开　　本	710×1000　1/16
印　　张	19.5
插　　页	2
字　　数	349 千字
定　　价	75.00 元

凡购买中国社会科学出版社图书，如有质量问题请与本社营销中心联系调换
电话：010 – 84083683

吴芳吉先生（1896—1932）

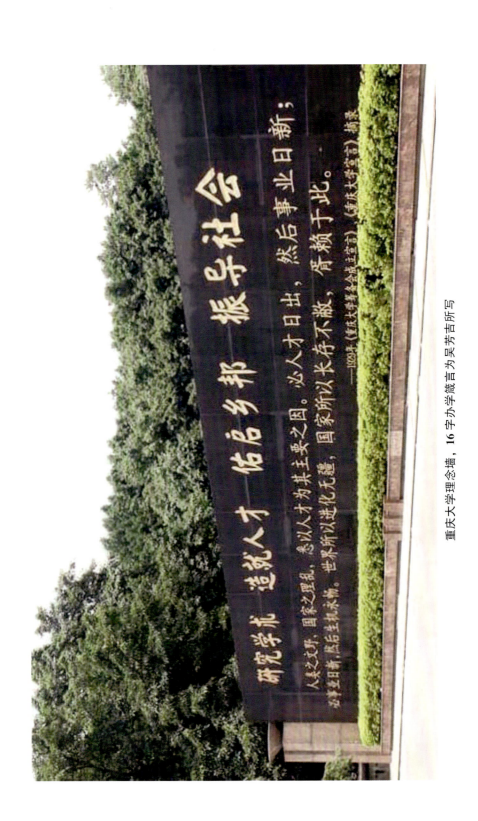

研究学术 造就人才 佑启乡邦 振导社会

人类之文明，国家之理乱，系以人才为其主要之因。必人才为日出，然后事业日新；必事业日新，然后邦国受福。盖人才为国家所以长存不敝、国家所以进化无疆，世界所以进化无疆，胥赖于此。

——1929年《重庆大学筹备会成立宣言》《重庆大学宣言》摘录

重庆大学理念墙，16字办学箴言为吴芳吉所写

谨以此书纪念吴芳吉先生诞辰一百二十周年

凡　例

一、《年谱》详载谱主事迹、思想、交游、著作。谱主以诗人名世，诗作有多种版本可询，故《年谱》仅考证其编年，凡录入者多为谱主佚诗或与谱主活动密切相关者。谱主之文，存世稀少，可反映其思想主张及其变化，撮要综述，以呈现谱主思想全貌。

二、《年谱》以公元纪年，附有干支纪年、清代年号及民国纪年。按年、月、日次序排列。其无日可考者，以"是月"记之；无月可考者，以"是年"记之；无年可考者，舍之。

三、凡谱主文章、书信、口语一般标注出处，以《吴芳吉集》和《吴芳吉全集》为底本，以便读者查考。参考资料直接引用者，随文标注，其他则以书目形式列于"参考文献"部分。

四、《年谱》所涉著名人物、事件、地名，注释从略或不加注释；不甚为人注意但又和谱主关系密切者，详释；重大历史事件，尤其与谱主相关者，均列条目按时间顺序记入年谱。

五、谱主享寿不永，生平文献稀少，故有闻必录，琐屑如银钱往来、物价水平、社会风情、地方景物、所阅书报、闺中密语等，悉皆考证、择取、录入《年谱》，以便读者全面了解谱主一生形迹，亦有呈现民国时代风姿之意。

自　序

　　近代以来，国势陵夷，道衰学弊，中国文化的存续竟呈不绝于缕之势。"周虽旧邦，其命维新。"自清末以迄民国，诸先贤救世心切，唯恐亡国灭族，一如印度、埃及之例，乃求法泰西，效仿东洋，先器物，后制度，继之文化，无不在革新之列。他们以海纳百川的心量，发愤而为，知耻后勇；以革故鼎新的气魄，涤除积弊，再造新邦。此一段史实，今日视之，犹为先贤们的苦心而感佩不已。

　　孔子有言："过犹不及。"中国文化上下数千年，层层累积，宝珠砂砾并存，不合时宜之处固亦难免，但若视其一无可取，必须"全盘西化""打倒孔家店"，一切推倒重来，则是极端思维，为智者所不取。文化革新，首在深切体认国族文化的真正价值，发扬并光大之，有此为基，方可汲取他人之长，如若全然舍己从人，以中国文化为万恶之源，必欲除之而后快，乃自卑自虐心态作怪，亦为自取败亡之道。

　　吴芳吉先生（1896—1932）即激进时代的稳健之士，秉持中道，知行合一，其至性淳德至能体现我民族文化的精神。先生所从者，古圣先贤之道；先生所行者，修身淑世之志；先生所忧者，文化绝续之危。先生初以诗名世，有"白屋体"歌行之制，终生亦以授诗为业，然若仅以诗人视先生，则未免拘囿狭隘。观先生毕生行事，纯然大儒气象，弘毅笃定，知行合一，堪为儒门的刻苦笃行之士。

　　先生幼时，亲炙圣贤之学，于二曲"悔过自新"之说体悟颇深。十五岁入清华学堂，本有留洋之望，因参与学潮，不慑服权力，不降身辱志，被革。自是，蹇困流离，辗转飘零，备尝世间苦辛，历尽人情冷暖。流落以来，厄于三峡水道，屡有生命之危；蜷于上海斗室，身无分文，奄奄垂毙；困于西安围城，如在炼狱，乱兵饥馑瘟疫相逼，苦不堪言，一度欲整肃衣冠从容赴死。困穷之时，乡邻白眼，室人交责，然先生安之若怡，不以境遇之乖怨天尤人，不以己身之蹇颓废沉沦，诗文因之愈加华灿，德行因之日益淳美。先生一生形迹，可叹可悯，可敬可佩，其道德文章历久弥新，至今仍散发着感召人心的光芒。

先生为"悲剧中之乐观人"，绝于声华，甘于淡泊，自言"不入政党，不奉宗教，耻言军阀，讳为名士"，在时代的狂潮中，"漂流震荡，艰危孤苦"，悲剧的宿命如影相随，虽然如此，他却体露金风，志气不堕，"与冻馁战，与金钱战，与世俗战，与积习战，与兵燹戎马战，与风尘劳顿战，与名缰利锁战，与生死关头战，与一切虚伪、蛮横、冷酷、圆滑战"。神州陆沉，人心纷乱，乱世所遭，心志不改，先生终信此世当有所为，秉此人生态度，"明知无幸，故敢自牺牲。既足有为，故无须尤怨"。道之所在，白刃可蹈，万死不辞，此即圣人所说的"求仁得仁"的境界了。

先生不忍见中国文化精神沦亡，发之于诗，呼之于文，拳拳之心，昭昭可见。先生明知天运不佑，犹期"以人力挽回天运，以天运启悟众生"，接续圣学，敦励薄俗，惟求延得一线生机，留待来者。先生笃信性善，内心光明，不为风潮所惑，不为势位所动，独立无羁，自强不息，忠恕诚敬，精进苦行，于艰难困苦之中淬炼出完整统一的人格，遗风余泽，感人至深。世有空泛立言、标榜道德者，先生则不屑于此，凡事反求诸己，薄责于人，时时处处戒慎恐惧，待人接物周详恳挚，敦伦尽分毫不苟且，凡此种种，人伦日用之间，足见先生的修养与性情。

《年谱》钩沉辑轶，详考先生行年事迹，俾使先生一生传奇为人所知，不致湮没无闻，而贻幽兰隐于空谷之憾。为人作年谱，最难为者传其神，读者可感谱主的生命气息；最忌罗列材料，成一流水日记，不见谱主精神面貌；又忌奉谱主为庙中神偶，无血肉之气，无喜怒哀乐。须知，即使伟大之人，亦是活泼泼的，故《年谱》不避君子之讥，收录先生夫妇书信甚或闺阁之语，正于斯处方见先生的高义与风范。

《年谱》之撰，历时四年，今将付梓，心中惝然，惟愿能呈现先生的性情、风采、德行于万一，不负先生英灵所望，不负文化相续之责。

后学鲁南王峰
乙未年三月二十七日敬撰于重庆大学东林村

目　　录

家　　世

吴芳吉（1896—1932），字碧柳，别号白屋、白屋吴生。[①] 祖籍湖北孝感，"湖广填四川"时，先辈迁往江津德感坝。曾祖吴仕藻，祖父吴远定（？—1910），字松柏。父吴传姜（1857—1927），字定安，行商，读书自修，能写短文；母刘素贤（1875—1949），为继室，较具文化修养，为小学教员。妻何树坤，生二子汉骧、汉骥，二女汉骊、汉骀。

---

① 吴传姜携妻儿居江津白沙镇时，所住为一大杂院，"院户十二家，为娼者三、为伶者二，皆比邻而居，时闻秽声。余有木工、漆工、裁缝四家，富人二家，约男妇五十人，儿童二十六人。此七十人者，习于盗者十之三，习于淫者十之四，习于斗者又十三焉。故偷盗斗殴之声，无日不习闻之，虽儿童不免焉"。吴父为此颇感担忧，用石灰将房屋粉刷一新，并在木牌书写"白屋吴宅"四字挂于门墙，严正家风，以示清白。吴芳吉秉承亲意，此后凡居家之地，皆名"白屋"，并以"白屋吴生"自号。见《吴芳吉集·日记》，第 1134 页。以"白屋"生活为主题，吴芳吉所作诗先后有《白屋吟》、《白屋》（六首），见《吴芳吉集·诗》，第 10—12 页。

年　谱

1896 年（清光绪二十二年·丙申）诞生

7 月 1 日①（阴历五月二十一日）　生于重庆杨柳街碧柳院（又名李家大院，今重庆渝中区中华路）。时，吴传姜在重庆经营绸缎生意。

是年

8 月　黄遵宪、梁启超等在上海创办《时务报》，以变法图存为宗旨，议论新颖，文字通俗，数月之内，销行万余份。

---

① 关于其生日，吴芳吉有不同记述，《壮岁诗》序言："民国十五年丙寅五月二十一日，为吾三十生期。"据此推断，其生日当为公历 1896 年 7 月 1 日。此外，在《海与慈母》（《太平洋》杂志第二卷第八号）诗中序言记述："民国九年六月二号，吾以暑假偕妻弟树成自沪来普陀山游。其日下午，与树成浴于千步沙海滩。忽忆今日为吾二十四岁生日……"按，"民国九年六月二号"，阴历为四月十六日，据此推断，其生日为公历 1896 年 5 月 28 日。吴芳吉又于《痛定思痛行》诗中言"我生丙辰夏五月"，在长沙时作返乡家书时曾言，五月初二起身，"吾生日必可抵家"。见《吴芳吉集·信》，第 813 页。长沙至重庆须行至少半月，抵家也在阴历五月二十日左右，故本书采公历 1896 年 7 月 1 日（阴历五月二十一日）为其生日。

1897 年（清光绪二十三年·丁酉）一岁

牙牙学语，"有亲爱怜，有姆哺乳。慧心如萌，能识方数"①。

是年

10月　严复、夏曾佑等在天津创办《国闻报》，刊登《天演论》部分内容。宋育仁在重庆创办《渝报》，推动了四川、重庆等地的维新运动。

---

① 　吴芳吉：《痛定思痛行》，《吴芳吉集·诗》，第30页。

1898 年（清光绪二十四年·戊戌）二岁

学识字。喜听故事，能理解、记忆简单童话。

是年

列强有瓜分中国之势。六月，"戊戌变法"开始。九月，光绪帝被囚，谭嗣同等变法志士就义。康有为、梁启超亡命日本。维新变法运动宣告失败。

1899 年（清光绪二十五年·己亥）三岁

读《诗经》，诵《周南》、《召南》二诗。因忧重庆世风浇漓，吴家特从江津聘来一侍女，为吴芳吉伴读，并照料其日常起居。

是年

康有为创设"保皇会"，梁启超在《清议报》上宣扬保皇思想。章太炎所著《訄书》印行。

1900 年（清光绪二十六年·庚子）四岁

患便血之症，疗治四年方愈。

是年

北方爆发义和团运动，八国联军侵入北京，慈禧太后与光绪帝逃至西安。

1901 年（清光绪二十七年·辛丑）五岁

读《尚书·禹贡》。

是年

清廷迫于形势，废除八股，改试策论，开办学堂，选派留学生。一时，"家家言时务，人人谈西学"。

1902 年（清光绪二十八年·壬寅）六岁

吴传姜经商失败，旋又涉讼，家计陷于困境。

是年

3 月　蔡元培、章太炎等在上海发起成立中国教育会，以办教育之名，鼓吹革命。

8 月　清廷颁布《奏定学堂章程》。

1903 年（清光绪二十九年·癸卯）七岁

入重庆大梁子左营衙门小学读书。其时，师道尊严尚存，"朔望三跪拜，晨昏一长揖"，师生"相亲如父子，相念共休戚"。① 课余，喜放风筝。

吴传姜遭陷入狱，家道中落。

是年

6月　清廷以《苏报》鼓吹革命为由，逮捕章太炎。不久《苏报》被封，史称"苏报案"。

12月　林白水在上海创办《中国白话报》，设论谈、新闻、实业、文明介绍等栏目。

---

① 吴芳吉：《渝州歌》，《吴芳吉集·诗》，第322页。

1904 年（清光绪三十年·甲辰）八岁

刘素贤携吴芳吉回故乡德感坝，依伯父吴传斗生活。曾入义塾，后转入二守镇小学读书。徒步日行百里，前往重庆探监。吴芳吉母子因贫见疑，收稻时，伯父即遣人看护，以防其母子偷稻。这段艰辛的生活，吴芳吉有诗回忆："我父在外，忤官下狱。我母劳瘁，抚我夜哭。恨我无知，冤不能赎。衣裳典尽，菜根果腹。长夜如年，不具火烛。两眼光光，殆为六畜。每逢佳节，常苦羞肉。"①

是年

1月　卞小吾创办《重庆日报》，该报为四川地区第一家日报。

2月　秘密反清团体华兴会成立，会长黄兴。

3月　《东方杂志》创刊，为近代中国发行时间最长的大型期刊，实录颇丰。

---

① 吴芳吉：《痛定思痛行》，《吴芳吉集·诗》，第30页。

1905 年（清光绪三十一年·乙巳）九岁

　　刘素贤迁家至江津西南白沙镇，谋得小学教员职位。入夜，刘素贤做针线之余，教读芳吉汉魏唐诗。熟读陶潜、谢朓、李白、王维等诸家诗。后写《海与慈母》（又名《浴普陀海岸千步沙作》）一诗纪此事。

是年

　　3 月　黄遵宪病逝，享年五十七岁。曾任驻日本、美国、新加坡外交官，提倡"诗界革命"。
　　4 月　邹容瘐死狱中，年仅二十岁。
　　8 月　中国留日学生在东京正式成立同盟会。

1906年（清光绪三十二年·丙午）十岁

入聚奎学堂初等第一班就读。聚奎学堂位于白沙镇南三公里之黑石山。旧为宝峰寺，同治九年（1870年），设聚奎义塾。光绪六年（1880年），由白沙盐商邓石泉①和团总张元富筹措，改为书院。光绪三十一年（1905年），改办学堂。邓石泉次子邓鹤翔②先后任书院斋长、首任堂长。邓鹤翔延揽留洋归国学子来校任教，以留日学生居多，如邓鹤丹③、周常昭④、程芝轩、唐定章、陶岁霖等。聚奎学堂从日本购进大量理化仪器、生物标本、图书资料，又购进西洋乐器，组建学生军乐队，一跃而为川东声名颇盛的新式学堂。白沙僻居一隅，新学初开，旧学犹盛，聚奎名为学堂，实为书院，藏书甚富，有古籍数万卷，课程多授以《诗经》、《左传》、《孝经》、《方舆纪要》、《文献通考》等。"国学"课程之外，亦旁及几何、代数、化学、日文、英语、军操等西学课程。受日本思想家福泽谕吉影响，聚奎以养成"独立自尊"之学风为办学宗旨。

聚奎所在黑石山多黑石，总数五百余，大者高数丈，可坐百人，石畔遍布古樟乔松，校舍掩映其中，登楼远眺，莽莽苍苍，江山如画。山麓有驴溪穿过，北流入江。近山有瀑三重，分别为高洞、蟾鱼、狗跳，沿岸夹

---

① 邓石泉（1819—1909）：原名洪顺。四川江津白沙镇人。幼入私塾，因贫辍学，做过摊贩、淘金者。后以盐业致富，乐善好施，毕生资助地方教育事业。

② 邓鹤翔（1868—1925）：字岳皋。四川江津白沙镇人。邓石泉次子。1897年选为拔贡，授直隶州州判，后辞官回乡。除掌聚奎学堂校务外，还兴办了全川最早的女子小学"私立新本女子学堂"。

③ 邓鹤丹（1873—?）：字缔仙。四川江津白沙镇人。邓石泉第六子。1901年留学日本，加入同盟会。先后出任江津县视学、江津中学校长、江津教育局长等职。推动聚奎学校增设初中部、高中部。

④ 周常昭：四川江津白沙镇人。幼时就读于聚奎书院，考入县学秀才。任聚奎书院学监，协助斋长邓鹤翔将书院改办为初等学堂。1906年，东渡日本留学，习法政。归国后任四川省咨议局议员。人民国后，乡居，读书自娱。后被举为聚奎学校筹款员，为聚奎筹款热心奔走。

植幽篁。"看瀑最宜春雨后，听松常倚讲坛前"①。风景佳丽，冠于蜀中，此地有黑石之奇，鸟语之美，诱启吴芳吉诗思颇多，曾言："其山水清丽，最足活泼儿童性情。男之诗文颇得当世虚名者，要由聚奎数年所培养也。"②

吴芳吉幼受儒学熏陶，每见亡者出丧，辄免冠肃立，不问死者生前如何，"既属人类，又先离世，不觉悲而尊之"③。在校仁义、勇武，"对人行事，言必信，行必果。与人期约，必按时早到，事非所能则当面婉言谢绝，既不求恕于人，亦不使人失望，以此踏踏实实成为一定常规"④，同学呼为"吴圣贤"。与邓绍勤⑤、邓燮友、杨百先、龚凌苏、程绍伊等相善，闲暇时常同游黑石山及附近名胜。能诗，喜绘，曾为邓绍勤绘扇题七古八句，起首两句为："袁家溪畔一渔翁，得鱼数尾化为鹏"。此为目前所见吴芳吉最早的诗句。

聚奎教师刁建勋因其出生地之故，赐字"碧柳"。

家贫，典当衣物以供学费。得校中会计龚茂如资助，赴重庆为父诉冤，代父写诉状，长跪上书，为其申辩。父因获释。

6月26日（农历端午节）　侍父返白沙。吴芳吉弱岁救父，孝亲仁侠，乡人传为美谈。

是年

3月　清廷以忠君、尊孔、尚公、尚武、尚实五端为教育宗旨。

---

① 吴芳吉：《短歌寄南川刘泗英》，《吴芳吉集·诗》，第158页。

② 吴芳吉：《禀父母》，《吴芳吉集·信》，第894页。

③ 刘朴：《祭吴碧柳文》，《明德旬刊》1935年第12卷第1期，第11页。

④ 邓少琴：《五四运动中以"六言叠韵"争鸣之爱国诗人吴芳吉》，载成都市文学艺术界联合会、成都吴芳吉研究会编《吴芳吉研究》，中国文联出版社2010年版，第61页。

⑤ 邓绍勤（1897—1990）：原名作楷，字绍勤，中年后以字之谐音作"少琴"。四川江津白沙镇人。青年时供职于重庆《强国报》社、《新蜀报》社、重庆联合中学、省立第二女子师范、江津中学等。20世纪30年代，任北温泉公园主任、北碚天府煤矿公司经理、重庆川江航务管理处秘书、"成灌嘉峨风景区管理处"筹备处主任、西川通志馆编辑。20世纪40年代，任四川大学版本整顿委员会主任、四川大学历史系教授、西康省通志馆编纂。参与创办北泉图书馆、博物馆。1949年后，参与筹建西南博物院，后任重庆市博物馆副馆长。著有《益教汉隶集录》、《重庆市博物馆藏画像砖选集》、《巴蜀史迹探索》、《巴蜀史稿》、《近代川江航运简史》等。

4 月　《民报》与《新民丛报》展开论战。

9 月　清廷颁布《宣示预备立宪谕》，"预备立宪"由此而来。

12 月　祭孔由中祀升为大祀。

1907年（清光绪三十三年·丁未）十一岁

听唐定章①讲李颙（二曲）理学。李颙（1627—1705），字中孚，号二曲。陕西周至人。为明清之际理学家，与孙奇逢、黄宗羲并称三大儒。清廷屡以"博学鸿词"征召，以绝食坚拒得免。主张为学以静坐为始，悔过自新为宗。李颙思想对吴芳吉影响颇大。吴氏在诗作《戊午元旦试笔》第四首有云："悔教幼年胆气粗，新从圣贤致工夫。平生不为兴亡感，奇恨儿时不读书。"诗后自注："第四首一二句，由李二曲悔过自新说得来。其略曰：悔而又悔，至于无过之可悔；新而又新，至于日新之不已。某少时修养，得此之益不浅，故念念弗能忘之。"②

是年

7月　徐锡麟刺杀安徽巡抚恩铭。光复会起义失败，秋瑾被清廷杀害。

8月　张继、刘师培发起成立"社会主义讲习会"，宣扬无政府主义。

---

① 唐定章（1871—1919）：字宪斌，永川松溉人。先后任聚奎小学第二任校长、江津烟酒公卖局局长。在聚奎任教时，讲授史学，极重兴亡意识，具有感染力，"至宋明之亡，及崖山思陵殉难之士，辄使满堂泣下，先生亦复挥泪，且讲至哽咽不能成声"。平日，唐定章好言李二曲之学，对学生多加道德教诲，"以礼为归、而以敬持礼。行必顾言，止于慎独之功。凡闻先生讲说，诸先生无敢有惰容者"。教学谨严，不令学生生怠慢之心、有怠慢之举。见吴芳吉《校长唐定章先生事略》，《吴芳吉集·文》，第608—610页。

② 吴芳吉：《戊午元旦试笔》，《吴芳吉集·诗》，第53页。对李二曲之学，吴芳吉终身奉之，还以此勉励他人，如向学生姚骕、妻弟何树成传授"悔过自新"之道，在致何树成信中，即发挥"悔过自新"之旨："悔而不新，终是枉悔；新而不悔，亦是枉新。惟时时知悔，时时向新，悔以追补既往，新以策励将来，是乃可称完德，是乃可为完人也。"见《吴芳吉集·日记》，第1260页。

11 月　四川同盟会原拟在慈禧寿辰之时举行起义，但因事情有变而取消。

年底　四川籍留学生在原《鹃声》杂志基础上新创《四川》杂志，鼓吹革命，反对列强侵华。

1908 年（清光绪三十四年·戊申）十二岁

闲暇时，游观近处风景，绘画写生。初读严复、林纾等人介绍西方文化的翻译作品，汲取西学知识。

是年

8 月　清廷批准《宪法大纲》。大纲规定，皇权神圣不可侵犯，皇统永远世袭。

11 月　光绪皇帝、慈禧太后相继崩逝。

12 月　宣统皇帝即位。

1909 年（清宣统元年·己酉）十三岁

此年，同盟会员萧湘①来聚奎任教，于《诗经》韵语讲解深透，又牵涉时局而互相引喻，言及国是日非、清廷腐朽，常为之涕泪交流，感慨万端。学子受其感染，排满之志沛然于胸。聚奎校内，萧湘与唐定章齐名。萧、唐并称，而性情、气度大异，"唐先生生性谨严，而萧先生生性旷达。唐先生之学在克己复礼，近于荀况；萧先生之学在养吾浩然，极似孟轲"。② 学生比唐为程不识，萧为李广。吴芳吉持身、立志深受二人影响，谓萧湘"启人大节"，唐定章"着眼细行"，为其思想定型之肇因。③ 校中，满清之季，注重严格教育，遇事干涉，学生无自由发展之空间。萧湘等反清知识分子到校后，聚奎教学局面大有改观：大量购置革命书报，如《民报》、《新民丛报》、《益丛报》、《重庆日报》等，宣扬排满革命和西

---

① 萧湘（1875—1918）：字绮笙，别号"二痴"。四川荣县人。性情倜傥，嗜酒能文，素有大志。1904 年，入成都蒙养师范学堂，师从赵熙。后赴日留学，入东京弘文师范，与邓鹤丹相善。接受排满革命思想，加入同盟会。归国后，任荣县中学教员，从事反清活动，往来川湘间，遭通缉。1909 年，应邓鹤丹之邀，来聚奎教授国文及时务课程。萧湘任教时，即已剪去辫子，诸生效仿，剪发覆额，相效成风，一时惊噪乡里。辛亥革命爆发后，多方联络，积极响应，撰写《辛亥革命聚奎学校为白沙首义布告全川父老文》，影响颇大。入民国后，任嘉定中学校长。邓鹤丹长江津中学时，招来任教，病故任内。吴芳吉对萧湘感念之情，不曾稍减，与日俱增："盖先生之学也博，而识也远，知也明，而术也正。惟然，故能因才溥施，以各立其志。而持志之端，尤在使人严于义利之辨。何谓义？志在天下国家者是也。何谓利？志在富贵功名者是也。志在天下国家则公，志在功名富贵则私。公则明，私则暗。一明一暗，而身之贤愚系焉，而世之盛衰系焉。"见吴芳吉《萧湘先生事略》，《吴芳吉集·文》，第 590 页。
② 吴芳吉：《萧湘先生事略》，《吴芳吉集·文》，第 590 页。
③ 吴芳吉：《与邓绍勤》，《吴芳吉集·信》，第 776 页。

方思想，成为辛亥革命后江津起义的据点①；倡导学生自治，模拟"共和国"，"自定宪法，举总统，设议会，练国民军，一仿美利坚、法兰西之所为制。举今人所言社会主义、文艺复兴、革命潮流、大同郅治之说。聚奎初小诸生，固无不知之，无不好之，无不习闻而饱见之矣"②。吴芳吉品学兼优，口才绝佳，被推选为"大总统"，佩戴绣带，上缀宝星金箔，"归视父母，诸生戎装旗鼓送于数里，及还，戎装旗鼓，迎于数里"③。

在萧湘等教师影响下，阅读《法兰西革命史》、《拿破仑传》等书，救亡之心日炽。擅作文，以《读外交失败史书后》一文名噪校内外。该文认为，中西交通之前，中国只有边患，北方蛮族屡有侵扰，不过"劫玉帛，夺子女，未有亡国灭种之说，亦未有国际外交之法"，鸦片战争后，外人纷至沓来，国门大开，始遭外侮，而主事者，不通外情，不图自强，应对失策，导致赔款割地等有形外交之失败。至于无形外交之失败，更甚于前者，铁路、用人、关税、操练、商矿悉握于外人之手，"无远略大志，少振武精神"，爱国之士又遭摒弃，亡国灭种之兆毕集，呼吁"审外情，图自强"，如此方能免于豆剖瓜分的亡国惨祸。萧湘激赏此文，多处圈点、眉批，赞曰"何物神童，文心狡狯乃尔，使我精神为之震荡也，咄咄怪才"。④ 此文一出，遍传全县，时有"神童"之誉。

是年

清廷以美国退还的"庚子赔款"创办"游美学务处"和"游美肄业

---

① 在萧湘等反清志士的影响下，聚奎学校教授学生兵式体操，操弄枪械，教授水银药及炸药制作方法。1911 年 8 月，四川保路同志会起义后，全省响应。聚奎学堂长邓鹤翔被推为江津保路同志会支会会长，与萧湘等人谋划反清行动。武昌起义后，"消息传至校中，继得民军捷报，全堂师生闻之大为欣动"。邓鹤翔、萧湘组织白沙民众响应起义，发布讨清檄文及令告。1911 年 11 月 18 日，聚奎学生手执白旗，高呼口号，参与反清游行。邓鹤翔说服盐防驻军，率众赴江津，县令吴良桐解印反正。见吴芳吉《聚奎学校沿革志》，《吴芳吉集·文》，第 576—577 页。

② 吴芳吉：《萧湘先生事略》，《吴芳吉集·文》，第 590—591 页。

③ 周光午：《介绍白屋诗人吴芳吉先生》，《明德旬刊》1932 年 第 7 卷第 4/5 期，第 2 页。

④ 吴芳吉：《读外交失败史书后》，《吴芳吉集·文》，第 361—367 页。此文倡言"讲国际以待外交，谈理财以实府库，立宪法以安国家，建学校以植人才，练海陆军以护国体，兴工商场以利交通"，立论颇受维新思想之影响，反映了当时青年学子对国家政治和国际形势的一般看法。

馆",颁令全国各省定期保送十五岁以下优秀学子,接受选拔。考试分两关,先由各省预考,然后再赴京师复试。若考核合格,储为赴美留学人才。

1910 年（清宣统二年·庚戌）十四岁

6月11日（农历端午）前后　经聚奎学堂选拔，由堂兄吴芳粮相伴，赴成都参加留美考试。行前刻苦攻读英语。徒步前往，足部肿溃见血。考试成绩名列前茅。

是年

2月　熊成基谋刺海军大臣载洵、萨镇冰，未成被杀。

4月　汪精卫等人刺杀载沣未遂被捕，举国震动。

11月　华侨邝佐治暗杀海军大臣载洵，未成被捕。

12月　经清廷批准，"游美肄业馆"改为"帝国清华学堂"，学制八年，分高等科和中等科，起初各为四年制，后改为高等科三年制，中等科五年制。高等科参照美国大学模式，分科教学，以保证留学生在出国之前具备一定的语言能力和学术基础。

1911 年（清宣统三年·辛亥）十五岁

年初　赴北京参加会考。① 行前半年，发奋补习英语，每日强记英语单词五十个。启行之时，聚奎全校献礼庆贺，同学争相祝颂。吴芳吉等四川十八位选送考生，一路轻舟，旌旗猎猎，循江东上。每过都邑，居民鸣炮敲鼓相迎，诸生衣冠肃然，排列船舷，向两岸民众答礼致意。此一情景，日后仍缅怀不已："士犹得重于此时也，岂若为牲牷于武人政客哉！"② 过三峡时，与童季龄③等游夔州白帝城。

2 月中旬　至游美学务处报到。

3 月 5 日至 6 日　复试于宣武门内学部考棚。三百人参加考试。第一天考国文、历史、地理。国文为作文，题目为《述旅途经过》、《谈中国文学渊源》，任选其一。第二天考英文、数学、英文默写。

3 月 11 日　赴游美学务处检查体格，主事者为三名外国医生。

3 月 18 日　复试成绩公布。共取考生二百五十八人，吴芳吉通过复试，编入中等科。

3 月 19 日　至清华学堂报到，入住宿舍。

3 月 24 日至 25 日　校方举行考试，测试学生数学、英文、博物程度。

3 月 28 日　因校方操衣费、书籍费收费过高，学生集议每省各选代表一人，便于与校方交涉。四川学生数量较多，分川东、川西选出两名代

---

① 此次上京会考，吴芳吉称之为"殿试"。见吴芳吉《尚友集》，《吴芳吉集·诗》，第 1064 页。

② 刘朴：《吴芳吉传》，《吴芳吉集》，第 1362 页。

③ 童季龄：名锡祥，字季龄。四川南川人。清华学校 1917 年毕业留美，芝加哥大学社会学博士。五四时期，曾于《清华周刊》发表《定孔教为国教论》一文。经刘泗英介绍，加入中国青年党。先后任国民政府财政部关税署会计主任、经济部常务次长、工商部常务次长等职。吴芳吉称其"文章道德，独冠群伦"。见吴芳吉《尚友集》，《吴芳吉集》，第 1064 页。

表。川西代表为刘庄。① 吴芳吉平日多与四川同乡接触，有"川东老汉"之称，被推举为川东代表。吴宓为陕西代表。二吴自此相识。此后，吴芳吉等学生代表先后就杂费、教务长人选②、暑期留宿等问题与校方进行交涉、抗争。

3 月 30 日　举行开学典礼。学生行谒见孔子之礼，三跪九叩。

4 月 1 日　吴宓来访。向吴宓出示与室友所办《观摩月报》手写本，内有游记、诗词、图画。

4 月 3 日　正式上课，所开课程有英文、数学、乐歌、国史、物理。时，清华园正大兴土木，建筑校舍。课余，与吴宓、刘朴③、张子厚等同学游览故宫、圆明园、颐和园、大钟寺、卧佛寺等京中名胜宫阙。此一时期，心境愉快、眼界大开，"读书北京清华学校，为生平快乐无忧之日"。④

6 月 17 日　中国商办川汉铁路股东大会在成都组织"保路同志会"。不久，四川省等地也纷纷成立"保路同志会"。

7 月　清华学堂暑假。学生一律不准留校，吴芳吉等四川学生在三旗营租房居住。

8 月 10 日　返校。

8 月 17 日　与吴宓畅谈，谈蜀中风俗人情及乡中故事。吴宓称吴芳吉"奇诡诙谐""工于叙述"。又告吴宓幼时孤身冒险省父一事，吴宓为之歔欷，不能自禁："吴君事固亦可入小说，其事难，其情挚，闻之深有感焉。"⑤

8 月 20 日　与吴宓谈，出示自己及师友所作诗稿、文稿。述祖父吴

---

① 刘庄（1897—?）：字次乾，四川德阳人。清华学校 1916 年毕业留美，芝加哥大学文学博士。曾任江西省政府统计室主任。

② 清华学堂教务长原为胡敦复，力倡选课自由，深受学生拥护。因与美籍教师交恶，被校方饬令辞职。学生代表不满校方做法，声援胡敦复。校方对学生要求不予理会，聘请张伯苓接任，尽废胡敦复的选课制度，引发学生不满。见黎汉基《社会失范与道德实践：吴宓与吴芳吉》，巴蜀书社 2006 年版，第 20 页。

③ 刘朴（1892—1976）：字柏荣。王闿运外孙，杨度之甥，师从叶德辉。1916 年毕业于清华学校，赴美国艾奥瓦州立农学院深造。归国后，先后任教于梧州大学、明德学校、东北大学、湖南大学、重庆大学等校。1952 年调至四川大学。讲授中国文学史、楚辞、说文解字、文心雕龙等古典文学课程。1961 年任四川文史馆馆员。著有《清代文学史》、《姜斋文集》等。

④ 吴芳吉：《与吕锡光》，《吴芳吉集·信》，第 684 页。

⑤ 吴宓著，吴学昭整理注释：《吴宓日记》（第一册），生活·读书·新知三联书店 1998 年版，第 123—124 页。

远定与勇士任三比武之事，又谈乡中包办婚姻之悲剧。

8月23日　与吴宓、刘绍昆①商议办一刊物，以切磋砥砺、交换知识、敦笃友谊。刊物定名为《燕尘月报》，后改为《观摩新报》，计划每月出一期。

8月25日　开课。此学期课程有体操、乐歌、手工、图画、英文、世界地理、世界史、几何、物理、化学、国文。

9月20日　中等科学生成立足球会，课余比赛，以提振精神，休息脑力。吴芳吉加入此会。

9月22日　中等科学生组织设立英文文学、演说会，专为练习英语。规定：每周日下午一时至二时为英语时间，会员之间无论何时何地皆用英语对话，不得使用汉语。

10月　武昌起义爆发，南方各省纷纷独立。清华学校人心恐慌，学生多有申请退学离校者。中国教员多人辞职回籍。

10月18日（阴历八月廿七日）　孔子诞辰日，清华学堂行谒圣礼，放假一天。

11月5日　清华学堂宣布停课，师生各发给二十圆予以遣散。吴宓转入圣约翰学堂。吴芳吉一度欲转学天津南开中学堂，后因故作罢，最终返乡暂避。途经武汉，访黄鹤楼。归乡后，与邓绍勤向萧湘问学。家中有妇女二人留寓，为远亲吴山②眷属，避城中兵乱，以同宗故来此。长者为吴山之妻，少者其妹，名吴子云③，为清华同学潘作铸聘妻。时，吴山寓居北京，吴氏姑嫂询以燕京风物，吴芳吉一一告知，两人深向往之。

---

①　刘绍昆，字君竹，四川人。作有《忧患词》十首。

②　吴山（1876—1936）：原名平之。四川江津人。早年就读于两湖书院。民国建立后，在江津从事新闻事业。因后从事反袁活动，避走日本，入东京明治大学。参加护法运动，任广东大元帅府秘书及司法部代理部长。"九一八事变"后，筹款接济东北义勇军。长期担任中华全国道路建设协会总干事。晚年尊崇孔孟思想。著有《俄宪说略》、《委员制政府大纲》、《大同浅说》等。

③　吴宓曾在吴芳吉处见过吴子云，《吴宓自编年谱》载："访吴芳吉。得见其由江津携来之吴子云女士，服装雅素，风韵天成。吴子云为吴山之妹，清华同学潘作铸（夔州人）之聘妻。……吴山后追随王正廷，为全国道路建设会秘书长，并刊行月报。卒以子云嫁张家口税关监督冯某为继室。芳吉终恨之，诗文著作中，恒言'吴子云被卖与人作妾'云云。"见吴宓著，吴学昭整理《吴宓自编年谱：1894—1925》，生活·读书·新知三联书店1995年版，第121页。

1912 年（民国元年·壬子）十六岁

1月1日　孙中山在南京宣誓就职临时大总统，改国号为中华民国，定 1912 年为民国元年，并成立中华民国临时政府。

1月2日　孙中山通告各省改用阳历。

2月12日　宣统帝溥仪颁布退位诏书，授袁世凯全权组织临时政府。

3月底　清华学堂宣布复校，登报公布五月一日开学上课，旧生应速急回校，逾期不到者除名，并取消游美资格。吴芳吉得一侠士之助，携吴山妻、吴子云赴京。途中过夔州，潘家欲截留吴子云，吴芳吉用计得脱。抵京，吴山以家室得远道至，皆吴芳吉之力，至感，许为"同宗之秀"。

5月1日　清华学堂重新开学，学生返校者三百六十人。后改称清华学校，监督改称校长，由唐国安①任校长，周诒春②为副校长兼教务长。复课后，校园荒草蔓延，行政经费支绌，新聘教员差劣，杂费负担加重，学生对清华当局怨气日增。

暑假　清华允许学生留居校内。

9月　开学后，高等科三年级学生何鲁③、黄秉礼④（皆川籍学生）因补考事与新任副校长、教务长周诒春发生言语冲突，由校警拖出办公

---

① 唐国安（1858—1913）：字国禄，号介臣。广东香山县人。1912 年 4 月至 1913 年 8 月出任清华学校第一任校长。

② 周诒春（1883—1958）：字寄梅。安徽休宁人。上海圣约翰大学毕业后赴美国留学。1913 年任北京清华学校校长。1933 年任北京燕京大学代理校长。1935 年任国民政府实业部次长。抗战时期，任贵州省财政厅厅长。1945 年后任国民政府农林部部长、卫生部部长。1948 年赴港，1950 年回国定居。

③ 何鲁（1894—1973）：字奎垣。四川广安人。被清华开除后，于 1912 年前往法国，入里昂大学。1919 年回国任东南大学教授。此后，相继任中国公学、安徽大学、重庆大学、云南大学、四川大学等校教授、教务长、校长等职。1956 年调北京师范大学数学系任教。后又调中国科学院出版社工作。

④ 黄秉礼：字镜涵。四川璧山人。被清华开除后，留学法国。回国后，从事教育活动。

室，旋即被校方开除学籍。① 二人离校前夕，突入食堂，当众大声演说："周校长无理，将我二人开除，又喝命校警，将我二人由校长室拉出，且行且加殴打，视同鸡犬，侮辱我等人格，破坏我等之自由。校长今日如此对待我二人，明日即以此待诸君。诸君其甘愿做奴隶，安心受侮辱乎？愿诸君警醒！我等即此告别。"在场学生同情二生遭遇，有人起立大呼："我们要奋起，誓死抵抗！我们不愿做奴隶，我们不能忍受！"随即，群情激奋，全体学生宣告罢课抗议。罢课学生以王撰亚等二十余名川籍学生为中心，在校内大礼堂召开全校学生大会，选举十名代表与校方交涉，吴芳吉、吴宓、向哲浚②、陈达③、施济元④、李达、林志锽、黄勤、王大亮等被选为代表。王撰亚等占领一间教室，作为"代表办公室"，联络、指挥代表工作。王撰亚等一直隐身幕后，操纵指挥，指派代表们推进学潮。十名代表中，吴芳吉年龄最小（十六岁），表现却最为活跃，不仅用横幅长条竹纸书写抗议标语，还仿《讨武后檄》语调撰文《讨校长檄》，言辞激烈辛辣，连日张贴于中等科食堂门外墙壁上。随后，学潮愈闹愈大，目的、方向与性质亦随之改变。学生除要求恢复何鲁、黄秉礼的学籍之外，进而要求学校当局每月公布账目、改良课程、增聘良师。随后，学潮急剧升温，学生上书外交部，请求罢免唐国安、周诒春，委派新校长。学生们还撰有《十大罪状》长文，痛斥唐、周二校长，油印数十份，拟分致全国各大学校、报馆，以助宣传。美国教师代表三人居间调停，与学生代表对话，无果。

学潮深入发展之时，部分学生代表出现波动和分化，他们担心事后受

---

① 文守仁《蜀风集》详述此事："有广安何鲁奎垣者，适以病未应考，及瘳，依章请补试。奎垣长于数学，时外人之任教数学者，多滥竽充数，往往不能解题，奎垣屡讥之，以是积恨不获许。奎垣因谒白校长某。某者，曾文正公督两江时以幼童遣至国外受学者，于本国语文多不谙。时年已老，颇畏事，竟徇外人议。奎垣忿甚，语侵之，遂除名。（尝闻碧柳先生言，事后闻奎垣急不择言，不期冲口出曰：老而不死。）外人大幸，迫离校。逡巡间涌而至者若干人，弃置其衣物，左右提挈如捉畜物状。观者目裂，以为外人无故凌辱华生，实忍无可忍者。"见文守仁《蜀风集》，自印，1998年3月，第87页。

② 向哲浚（1892—1987）：字明思。湖南宁乡人。毕业于美国耶鲁大学、华盛顿大学。曾任教于北京大学、北京法政大学、东吴大学。后于司法界、外交界供职。1949年后，任上海财经学院教授。

③ 陈达（1892—1975）：别号通夫。浙江余杭人。1923年获哥伦比亚大学博士学位。1928年任清华大学社会学系教授兼主任。1937—1945年任西南联大社会学系教授兼清华大学国情普查研究所所长。1949年后，任中央财经学院、中国人民大学教授。

④ 施济元：字博群。清华毕业后留美，回国后从事金融业。

到学校追究，失去留美资格，遂与校方暗通款曲。福建籍代表林志锽负责向外交部递交呈文和投递《十大罪状》一文，却暗中将其全部焚毁，致使外界无从得知清华学潮消息。湖南籍代表向哲浚在与校方谈判时，公然表示只要求改良课程，放弃其他诉求，试图令学潮降温。向哲浚与浙江籍代表施济元还通过家庭关系①，与唐国安、周诒春秘密接触，报告学生们的举动，为自己预留退路，以换得校方将来宽大处理的筹码。这些欲向校方输诚的学生代表颇为忌惮吴芳吉，因在学潮中他的态度最为坚决，表现出绝不妥协的精神。为免吴芳吉搅局，陈达密告吴宓："我等三数人，现正通过家庭关系，在外与唐、周校长密切联络，向校长输诚，报告学生动作，表示拥护校长，将来或可免罪。我等引你为同道，祸福与共。但你万不可告知吴芳吉。彼性如烈火，若得知，则我等全皆危矣。"吴宓被举为代表，本不热心，当场表示绝不会让吴芳吉得知丝毫风声。

10 月中旬　外交部下令："清华学校学生罢课月余，殊属不成事体。此令到日，全校应即复课。如有不肯遵令上课之学生，仰该校校长即开除其学籍。即使在校学生开除净尽，完全另招新生，亦所不惜。至于充任代表之学生王大亮等十名，更应立即开除学籍，斥令离校。决不宽贷。切切，此布。"校方将外交部部令原件锁置玻璃镜框中，悬挂于中等科自修室前。学生情绪更加激动，砸碎玻璃框，并将自修室前所排列花盆砸碎泄愤。清华当局得到政府支持，为控制局势，将吴芳吉等十名学生代表开除出校。学生代表离校之时，刘朴邀集学生约百人，列队送至清华园车站，以示不平和声援。刘朴又集学生于食堂，发不平，同时请求业师、京师明德大学校长胡元倓②联络教育总长范源濂，为学生代表陈情。经范源濂出面斡旋，清华当局同意被开除的学生代表呈一悔过书即可复学。

11 月 20 日前后　向哲浚、陈达、吴宓、施济元、李达、林志锽、黄勤七人先后收到校方公函，获准回校。回校学生面谒周诒春，致辞、请罪、领训、交悔过书，获得校方宽大处理。学生代表往谒周诒春时，指吴芳吉为元凶、罪魁，称学潮中诸事，皆由吴芳吉煽动或指挥，而王揩亚等真正幕后主使者却毫发无损。王大亮等二人另有办法，不愿回校，自动离

---

①　向哲浚叔祖向瑞琨为工商部次长，施济元叔父施肇基担任外交部要职。

②　胡元倓（1872—1940）：字子靖，别号耐庵，晚年自号乐诚老人。湖南湘潭人。1903 年以拔贡生选送日本，从学于弘文师范。翌年归国，倡设明德学校于长沙，自任监督。1913 年，在北京创办明德大学，后停办。1919 年复设明德大学于汉口。所创明德学校为全国名校。有《耐盦言志诗》。

京，至此，十名学生代表中只有吴芳吉被开除。吴芳吉坚称"替人代致不平，无过可悔"①，"我本无过，不填悔书"②，不肯低头悔过，自绝留学之途。对其他学生代表的行径颇为寒心，与吴宓等绝交。

11月底　离开清华园，暂住宣武门外四川营四川会馆。后寄居于吴山家中。吴芳吉初入清华之时，吴山奉若上宾，谓其富贵无虞。如今吴芳吉被开除学籍，吴山见其已成无用之人，待之冷若冰霜，任意呵斥驱使。吴芳吉寄人篱下，干粗活、睡台阶，以报纸为被衾，受尽冻寒。为赶走他，吴家人索性烧掉所有报纸，下逐客令。

是年

应族兄吴际泰之请，绘《乘风破浪图》，并作词《望海潮》，后半阙颇有豪气："尘海争逐焉休，空望东流。西瀛濯足，扶桑走马，又几多寿阳侯。宇宙厌勾留，愿一乘长风，吹到琼楼。看我云烟深处，抚笔画神州。"③

挚友刘绍昆病笃，常往探视。每次皆见刘倚枕诵读，声音朗然，而面容凄然。吴芳吉急止之，刘则喟然而叹："人生何处非忧患，寻乐还在忧患中。"④

---

① 吴芳吉：《乙丑初秋，入都省雨僧兄病，于清华研究院作》，《吴芳吉集·诗》，第226页。
② 刘朴：《吴芳吉传》，《吴芳吉集·附录》，第1363页。
③ 吴芳吉：《尚友集》，《吴芳吉集》，第1064页。
④ 吴芳吉：《尚友集》，《吴芳吉集》，第1069页。

1913 年（民国二年·癸丑）十七岁

1 月

刘绍昆病殁。清华四川籍学生在永光寺中街全蜀会馆举行追悼会。追悼会上，吴芳吉在灵前伏地大哭，泪如泉涌，且哭且朗诵其所撰长篇祭文。吴宓亦出席，随众行礼，并请川籍友人代向吴芳吉疏通解释，表示自己只是随众行事，并非卖友求荣之人。追悼会后，吴芳吉对吴宓表示谅解，二人握手复交。

2 月

月初　暂寓留法俭学会宿舍，在安定门内方家胡同。吴宓、吴子云来访。与吴宓同游国子监京师图书馆、顺天府学。

是月　闻天津四川会馆为川籍流落青年免费提供食宿，转往天津。一日，饥不可忍，见邻室案上有糕数片，恰屋内无人，遂急取咽之。事后，大悔，日记中忏悔："不告而取，吾殊大悔。吾谓天下无真恶人，有之，岂非由熬不过一关而然耶？须知犯义之事，不在平时，而在仓皇中也。"① 兼以忧愤成疾，卧床连月。同乡有怜之者，稍给以资，得不死。事闻于吴宓，作书安慰："弟等钦君而自愧，闻君所遭，为之感泣。然弟等各因家庭父兄之责望，不从且犯大逆。不得已返校，请皆与碧柳告罪，望终恕

---

① 周光午：《教育家的白屋诗人》，《重庆清华》1947 年第 5 期，第 1 页。吴芳吉一生念念不忘此事，并以此为例，告诫其子汉骧："犯义之事，不在平时，而在仓皇中也。狂圣之基，所争一间。"见吴芳吉《致汉骧》，《吴芳吉集·信》，第 1058 页。

之。以碧柳之遭际，宜终身从事文学。碧柳盍返蜀攻书，弟等得当，誓当有以相助，以赎叛道之愆，日月山川，实式凭之。"① 并为吴芳吉募捐四十圆，建议其先回四川，以免家人悬念。

5 月

得同乡邬镜苍相助，自北京归蜀。同行者有邬镜苍、邬冶秋兄弟。途中结识绥定人（今达州）尹无。四人辗转济南、南京、上海、武汉，一路溯江西上。

6 月

月初　抵宜昌。尹无、邬氏兄弟各归故里。吴芳吉原拟去邬氏兄弟故里避暑，无奈川资已尽，又兼生病，只得困居旅馆。向一同乡告借，反遭辱骂，耻之，愤而投河，幸获救免。不得已，行乞，所得钱恰能购买川江拖轮船票。时值"二次革命"前夕，南方各省讨袁军兴，兵乱匪兴，川江航道阻塞。拖轮虽至，然不敢前行。囊箧萧然，踽踽孤身，凄清逆旅，触景伤怀，作《忧患词》② 十首（现存九首），其中两首诗抒发其愤郁无助之情，其一云："同窗个个好友朋，相爱相亲好弟兄。一朝遇得小利害，反眼相窥不认侬。人生何处不忧患，寻乐还在忧患中。"其二云："平时把臂知心友，一旦覆手语不恭。如今朋友千金买，贫贱相轻无友朋。人生何处不忧患，寻乐还在忧患中。"

9 日（农历端午节）前后　大病。

7 月

12 日　李烈钧在江西首揭讨袁大旗，"二次革命"爆发，遍及南方七

---

①　周光午：《介绍白屋诗人吴芳吉先生》，《明德旬刊》1932 年第 7 卷第 4/5 期。

②　吴芳吉所写《忧患词》为中国文学史上第一首格律体新诗。见周仲器、周渡等编著《中国新格律诗探索史略》，江苏大学出版社 2013 年版，第 37—38 页。

省。四川讨袁军总司令部在重庆成立，熊克武任总司令，宣布重庆独立，起兵讨伐袁世凯及其在四川的代理人胡景伊。袁世凯以武力镇压。

8 月

7 日　于宜昌江边闲步，行至南湖，与所结识一老翁话渔樵事。老翁姓陈，年约六旬，住城西南，日以垂钓为乐，通诗书，能文。两月来，吴芳吉与之相善，时相聚谈。老翁勉吴芳吉："先生当后天下之乐而乐。若我日徒与木石为邻，不足道也。"吴芳吉默思其言，觉有深趣。接友人陈建华信，信中以逐鹿中原相期："尔来各处独立，举世纷纷，莽莽中原，行见他人作主。英雄用武，此其时也。足下展翅飞来，莫只事株守。远大前途，于足下望之。时不可失。立待驾临。"吴芳吉览信，忧喜俱至，忧友人过早与世周旋，喜可招友人一同归隐："陈君等皆有志青年，正当苦志力学，储他日周旋世界之用。乃今学未成，力不足，即出而问世，与一切争权夺利之徒相往还，大出吾所逆料。是以吾忧虑陈君，较吾尤切。然吾又念，使吾回蜀，约得陈君等泛岷江，登峨眉，如苏武之牧羊，学太公之垂钓，效雷泽之陶①，作莘野之耕②，济济一堂，潜修静养，岂非大乐者！且陈君等赋性与余同，苟余说之，必能翩然而来，因不觉喜极，以为归隐之有伴也。"③

8 日　下午命茶房退拖轮船票，决定坐民船归蜀。夜读法文诗咏月诗四首，"音韵格律，颇极雅丽。可知西国文学，亦不让我独先也。"写家书。

9 日　雇定民船。购金鸡纳霜及消暑药品，又备豆类菜品多种（吴芳吉习以素食）。核算旅馆伙食费时，茶房所算较吴芳吉账底多出一圆六角。吴芳吉明知茶房作弊，却未予深究，如数付之，希望点醒其良知，因思："彼既用此诡心以待我，彼已不幸至极。吾故作未见，即依此数付

① 典出《吕氏春秋·慎人》："舜耕于历山，陶于河滨，钓于雷泽。"
② 典出《孟子·万章上》："伊尹耕于有莘之野，而乐尧舜之道焉。"
③ 见吴芳吉《蜀道日记》（1913 年 8 月 7 日），吴芳吉著，傅宏星编校《吴芳吉全集》，华东师范大学出版社 2014 年版，第 989 页。亦载《白屋诗风》，成都市吴芳吉研究会编，2012 年 9 月，内部资料，第 1—3 页。笔者对文中标点略有改动。本书述及 1913 年 8 月 7 日至 9 月 20 日间事，皆引自以上二书第 987—1030 页、第 1—34 页，以下引文页码不再特别标出。《蜀道日记》最早发表于《国风》第六卷第三、四号合刊，1935 年 2—3 月出版。

之，以为或可警惕之欤？然彼之视余，固痴如子产之于校人也。今不必与作计较，而惟自责，与相处两月，不能以身作则，化之以诚，而竟以诡诈转欺矣。"至自由党党部，与陈老先生告别，二人登山啜茗。又往川主宫，与寺僧话鄂江风物。黄昏开船，同行者七八人，有一客齐姓，对吴芳吉颇为照顾，吴呼其为"老齐"。船主父子二人，其父呼为"老船主"，年已八十。夜作《忆江南》七首。

10日　上午泊于平善坝，有地痞登舟，逼索船主，凶骂不止。吴芳吉感慨："嗟乎，民不聊生，于斯极矣！野心之徒，复耽耽焉日事剥削，近又酿南北之祸，徒顾其权利之私，害及兆民，其奈蚩蚩者之苦何！谚曰：'饥寒起盗心。'使吾民果能乐其生者，岂复有此盗贼行为，以勒索人财为哉！读刘基卖柑者言，不觉痛绝快绝，可为今世针砭。"下午过灯影峡，至南沱，滩水甚险，乘客下船沿岸步行。匍匐行走于危崖险谷之间。岩颠有路，宽仅一尺，缘山凿成，行于路中，足下绵软，不敢四望。转过一山，有瀑布自山顶泻下，声如裂帛，路面为飞沫所湿，滑不可行，吴芳吉扶一船夫，踉跄而过。船过险滩后，乘客攀援而下，至江边小憩。神魂犹恍惚不定。同舟乘客言："此乃大道最易行者。若在大峡内，则崎岖百倍矣。"吴芳吉听后，为之心酸胆寒，惊诧不已。于江边乱石中，采得一束白花，馥郁袭人，归舟后，置于枕上，名此花曰"定魂花"。

11日　至幺权河，船始行西南向。沿途滩口极多，怪石罗列，纤夫牵缆至艰，船行缓慢。午时，泊于黄陵庙，此地为宜昌入川第一站码头。船内闷热，吴芳吉登岸觅纳凉地。沙石经日光曝晒，时皮鞋已破，踏足其上，如同炙烤，深悔登岸。码头零星屋舍，一片萧条。乃入一小店，煮水为茗。与乡人谈此季收成。又与茶客谈时势。一老翁，云阳人，耕读传家，从重庆来此，谈途中见闻，言万县、重庆已独立，号称"讨袁军"，蜀中形势堪忧。吴芳吉乃言："吾人生当此时，不幸至矣。今且不必作杞人忧。尤不必计其孰南孰北，谁是谁非。彼革命元勋及一般伟人，皆民贼也。民贼行为，吾人何必过问？"老翁急语道："离乱之时，总要存善心，作善事。且不可乘此时机，妄行妄动。第一要守本分，功名富贵皆是大梦一场。"又言当今世事，定会有真命天子出来收拾局面。吴芳吉对此不以为然："老人此言非也。皇帝者，残酷无人理之大贼也。总统者，皇帝之转称，亦一大贼也。强横者居之，何谓真命乎？今世人道昌明，知一切君主官吏兵卒宗教法律，皆有强权无公理之物。是以有识者无不嘶声竭气，以图反对之，摧灭之。吾敢断言百年以后，将永不见皇帝总统诸物于此光明之世界也。"老翁又言："世界亦有大和平之一日，惜吾人不能睹之。"

吴芳吉言："睹之何益？苟能光明心地，以诚存心，我对世界上之群生以诚，世界上之群生对我亦以诚。人无彼此，境无苦乐，世界即已大同，奚用百年后为哉！是以行其道也，则瞬息可至；论其势也，恐百年亦早早矣！"老翁听后大悟，感佩不已。船复开行。一路皆滩。乘客皆上岸牵缆拉船前行。约行十里，乃宿。倦甚，煮面而食。餐毕即眠。

12 日　仍驶行于么权河段内。此水段长百里，为长江最难行处，随处险滩，乱石成堆。于船内读《三国演义》。下午至塔洞，为一大险滩，船难渡过，吴芳吉等登岸牵缆，烈日如火，久不得上。数小时后，赖邻舟相助，得渡。时有北兵（北洋军队）百余名，分载四舟，赴巴东准备入川镇压"反袁军"。兵船尾随吴芳吉所在民船。至一大滩，水势凶恶，民船换一大纤，乘客登岸拉纤，吴芳吉读书至兴头，未上岸。时，兵船相继过滩，一兵船因缆断折回，忽以大绳系吴芳吉所在民船船尾，欲借力而行。船主大骇，一舟尚且难渡，再系一船，恐必同归于尽，力令解去。兵船不应，惟欲坐享其成。波涛汹涌，民船执舵者左支右绌，勉强牵拉兵船渡过险滩。未久，一群兵卒突入民船，殴打船夫，又捕去船主及其父，且扬言扣留船只，盖因过滩时船主有拒绝之举。后改为罚钱五千，令船主向兵卒顿首伏罪。入夜，船主又往哀求，兵卒始放行。兵卒横行霸道，荼毒百姓，对吴芳吉刺激颇大："吾于是知兵之为物，诚残暴甚于禽兽。使世界上一日有兵，强权一日不能灭，公理一日不能伸，而世界一日不能安。如期谋世界和平，首宜从罢兵下手。无兵，然后可无政府。无政府，然后无一切造强权护强权之事出现。如此，庶可以言大同也。昔读真译革命原理篇①，言兵之当罢甚详。犹忆其中段有云：'青年之子入营队，丧其仁爱之情意，耗其有用之光阴。致养成一种野蛮行为，贻羞人类。故营队者，制造浪子残贼奴隶之所也。损友之熏染，长官之束缚，虽贤者亦不免失其人格，习于服从而已。一旦有事，则军民之血肉，代富者为护符，以与人民相杀。此则军人之实用也。'又有云：'一切政府，或共和如美，或专制如俄，皆以军人为保护经济之屏障。'余念及此，极愤愤不平，恨不能一拳击死彼等恶物，以消此怨。"又自思："吾性情往往过于激烈，以致屡屡败事。此后宜求心平气和，然亦不可失之葸懦。"

13 日　清晨开船，风大行缓。水势过疾，船撞石上，漏入江水，幸补塞及时，得以不沉。未几，至一滩，四境皆乱石，水势迅疾，舟子尽

_____

① 《革命原理》，载《新世纪》1907 年第 22、25、27、28 期，作者署名"革新之一人著，真译"。

力，不能渡。纤绳又断，船退回数里，搁浅石上，不能动。船夫入水，以肩移之，缓缓而行。中午，休息数小时。天酷热，吴芳吉鼻血流不止。见船夫、纤夫日夜劳作，无片刻之闲，乃起民生多艰之叹："舟子终日操作，黑汗如流，犹不得一憩。挽纤者尤可怜：肩上则挽船，头上则烈日如火，足下又荦确难行，赤身露体，往还于危岩悬径上；渴则俯江边牛饮，浊水如泥，不顾也；其稍裕者，仅有汗衣草帽，少避风雨而已。老者或五十或六十，幼者或十岁，或仅垂髫。闻舟子云，彼辈由宜昌至重庆，千余里间，凡月余日，不过得千余文或两千文而已。嗟乎，方谓吾到处奔波，日日在劳愁焦感中，苦无复加矣，乃竟有较吾苦千万倍者，以今观之，苦乐判霄壤矣。然此不过吾目中所睹苦象，其较此更苦千万倍者，尚不知有若干人。舟子虽苦，犹日能饱食，夜能安眠，力资虽微，差足糊口。彼哀告无门，转死沟壑，天涯沦落，饥馁相寻，而举目无亲，进退不可者，尤不知其有若干矣。茕茕众生，茫茫身世，天道何知，生机何在？今而后知此世界乃一黑暗惨酷之地狱矣。"下午至美人沱，么权河至此方尽。其后，水势平缓，风助扬帆，过牛肝马肺峡、通岭，一路无日不在万山中。山势层叠，高崖万仞，高山夹江而立，中间一水横流，流势甚疾，汩汩有声。两岸树木甚多，日落之时，阴霾四合，劲风扑面。卧于舱内，时闻橹声咿呀，清冷之气入骨。夜，至一大石下，停泊。忽闻有人求宿，船夫及乘客皆拒绝，问其人何来，自谓"乘舟至此，舟沉得独生者"。吴芳吉悯之，为之求情。船主不许，恐匪徒使诈，以此劫财。吴芳吉不便再言，只觉忧惧重重，至难成眠，与老船主谈行舟事。

14日　上风，船行顺畅。过睹青滩，风平浪静，恬然而过。在此登岸，买马铃薯、饼干数种，分赠船夫。船夫报之以梨。吴芳吉感言："融融一船，固不啻一家兄弟也。"开船后，行人兵书宝剑峡，峡中无纤路，全赖风力，长约十里。上风正猛，船仅张半帆，行驶若飞，船夫皆乐，唱山歌渔歌不已。未久，过湘溪，直至老归州（今湖北秭归县归州镇）。忽墨云下坠，雷电交作，骤雨倾盆。船主急命停船，尚未靠岸，则风消雨散，晴光桃红色，透入船篷内。此开船后第一次新雨。雨后青山若洗，云雾缭绕，令人胸襟顿觉清爽，吴芳吉坐于船尾，吟成一诗："满地凝秋色，孤帆逐远天。软霾迷三径，凉风打一船。郁林呼宿鸟，奇石惊飞泉。烦襟消落日，别意没苍烟。罗浮睡未足，却是在青滩。"船由老归州西上，至滚子角，石嘴伸入江中，水流迅疾，纤夫甚难曳拉。吴芳吉等船客皆登陆力助。拖至石嘴处，纤绳崩断，船被巨浪卷去，瞬息不见。众人忧其失事，登石嘴望之，船已行至江中，左右摇荡，如同一叶，竟往后折回数十里。船客于原地等候。久等不至，坐一沙滩上，以竹头操练大字，两千余。船又复来。船主建议，此地难渡，请船客过江，到对岸步行。方至江中，大风陡作，船身簸荡欲翻，洪涛直入舱内。忽一旋涡迎来，船头倾入其中，随即，船柄为巨旋所冲击，声响如雷。吴芳吉几被打落入水，老齐回身，急呼其坐下。狂风不止，帆侧欲倒，船身几乎倾侧齐如水面。至归州时，方风平浪静。吴芳吉半响痴立，不知所措。其他船客亦受惊吓，哑口不能言。经此骇浪，吴芳吉却多一番感悟："余儿时时常往来于长江各地，惊涛骇浪，所遇多矣，终未见有可畏者，惟此次顿失吾胆。自念区区风浪，遂生畏怯，终非有肝胆人，无怪乎历年十七，犹不能挺身、战胜此污浊世界也。此后吾其力勉于苦心刻励乎！"入归州城。城内萧条，仅一街，长约一里。吴芳吉行走市中，妇孺数十人，皆来围观，甚为惊异。问何故尾随、围观，众皆笑，不知所对。吴芳吉买饼数十，分给诸儿。诸儿大喜。又写字试之，颇有能对者。吴芳吉教诸儿时刻保持清洁，不可学污言秽语，不可学骂人，彼此要团结，"长者慈其幼，幼者敬其长，互相敬爱，乃不失小孩人格"。又顾谓诸妇，对于子弟，不可溺爱，亦不可刻薄，要送入学校，"使其学礼节，明事理"。诸人欣然唯唯，相携散去。入夜，归舟后与船客夜话。一客言，昨晚见一星起于东方，分外明亮，较诸星为大，恐为紫薇星出现，世乱如此，当应真命天子出现，但不知为谁。吴芳吉戏言："真命天子即是我。"客惊问其故，从容答曰："天者，大公无私之谓也。观其寒来暑往，春生秋获，四序循环，无一丝一毫偏袒之心以及众生，其一秉大公，可知也。吾之心，亦一秉大公者也。天能公于人，而不能正人以公，天下人之私心犹勃勃焉，日盛一日。是天犹不能完其公也。余既能公于人，而人与余接者，余亦能使之公。则天之公，不及我之公。谓余为天父可也，况天子哉！"诸客皆笑，然无语反驳。又言："谚有之：'知音说与知音听。'君等愿勿笑我。"时已夜半，月下眠去。

15 日　晨起，遇滩，船夫又催船客登岸拉纤。岸上，乱石纵横，行步艰难，吴芳吉"苦热，渴甚，倦极思死"。既过滩口，复又登舟。不久，滩又至。船夫又催拉纤。吴芳吉以骄阳可畏，未往，仰卧读《鲁滨逊漂流记》，念及自身与鲁滨逊同属流离失所、遗世独立，有同病相怜之感。读至"I am divided from mankind, a solitaire one banished from human society"，"But I am not starved and perishing on a barren place affording no sustenance"，感慨万千："皇天究不负苦心人。士虽穷迫，终有一线生机可为。彼鲁滨逊漂流荒岛中，与繁华之社会隔绝，独居无人之境者二十七年，寂矣苦矣！吾虽寄迹于此大千世界中，然举世污浊，几无一人可入吾目。吾恶此世界已极，世界之厌我亦甚。则余虽日与蚩蚩之氓接、默默之物接，与夫离离奇奇之景与情接，而相对默默，若风马牛之各不相及，亦不啻与世隔绝，独立苍茫者也。是吾之所苦，又未尝不与鲁滨逊同矣。然则鲁滨逊此两句可哀可痛之语，谓之为余写照可也。嗟乎，身如流水，景似昙花，孽海茫茫，何所止矣！"船行二小时，过大小滩四五处，险情频生。过一山嘴，水势迅猛，江中大旋，数次袭来。最惊险者，缆绳断，大旋来，船折回旋涡中，任水激荡，左右回旋，飘摇不定。船客皆以为必死，坐以待毙。吴芳吉从容遥望天际浮云，吟出七绝一首："去觅桃源待几时，浪花有识解相知。我生惯作江湖客，喜与屈原共论诗。"正当船在旋中游移不定、江水汩汩透入之时，忽有一大浪卷来，竟将船拍至江岸。船客惊魂方定。吴芳吉以水行太险，拟返归州从陆上行。老齐劝止，言天气太热，且巫峡中无路可走，往往峭崖绝壁，猿类亦不能攀渡，何况文弱书生。若陆路可行，不待此凶险水路。又过一滩，吴芳吉独自登岸步行。时，烈日方酣，暑气逼人，沿山径而行，崎岖至极。路旁遍生荆棘，榛莽枝桠匝道。时有蛇虫出没。行十余里，乃登舟。船客笑其胆怯。吴芳吉解释："死固吾所愿也。惟老亲在堂，不敢轻作履薄临深之事耳。"午间，过叶滩，长江大滩之一，水大而平，扬帆而过。未几，大热，泊船休息。下午，抵八斗。船主鄙吝，不肯雇用纤夫，乃出两巨纤，命船夫拖之。方至滩前，水波涌起，几没船头。老船主大恐，以刀断纤，船折回数里之外。洪流滚滚，船如一叶，随波逐流而去。风大，吹之抵岸。船主仍不允雇纤夫，船客大怒，强雇十余人拉纤助力。吴芳吉亦下岸相助。岸边皆青石，步之甚滑。船夫、纤夫猛力拖曳。巨纤又断，船重又折回。吴芳吉郁愤不已，独立岸上，见船中人东倾西侧，仓皇无措，有推桨者，有助舵者，有呆如木鸡不知所措者。是时，阴云四合，雷电交作，南风呼呼，山鸣谷应。日暗天愁，吴芳吉默默望天无语。久之，船至。时已黄昏，吴芳吉建议船主明日再拉船过滩。船主不允，复出巨纤三条，船夫奋力拉之。吴芳吉于一旁大呼"努力"。过滩险处时，纤嚓嚓作声，几欲崩断。众人合力，终于渡过。吴芳吉为之呼号，声嘶力竭。上船后，命侍者煮豆浆饮。与船夫谈哥伦布故事，船夫欣欣然，皆愿效之。吴芳吉仰月久之，乃寝。

16 日　船抵牛口。牛口与八斗并称巴东下游二大滩。此处风急浪大，较八斗更为险恶，又因滩口过高，船载重大，恐难驶过，遂将所载货物、行李搬至岸上。搬毕，已近正午。吴芳吉携《道德经》、《鲁滨逊漂流记》

等书，于岸边茅舍饮茶、枯坐，槐阴重重，凉风透襟。船缓缓上滩，安然渡过。又过一滩，纤断，有惊无险，得渡。吴芳吉于舱内卧读《泰西五十轶事》。行二十五里，抵巴东县，夜宿。此日为中元节，水面河灯处处，如萤浮水面。与一船客谈巴东情形。

　　17 日　由巴东驶行，两岸平坦，竹篱茅舍，颇可悦目。转过数湾，行至巫山大峡，山峰插入云天，景色幽奇伟丽，有"苍苍之柏，磔磔之石，冉冉之云，潺潺之水"。时值正午，泊舟峡口。吴芳吉就石崖独坐，读白香词谱①数十阙，又对江诵友人所作《一声恨》词。对岸为关渡口，驻北兵数百人，鼓角之声不绝。未久，开船入峡，风大，水势迅疾，波涛汹涌，船身簸荡不定。风吹峡谷，声如雷震。久之，至火焰石，为巫峡内最险之滩。滩下新有一船倾覆，淹死数十人，仅数人泅水至岸。船客皆登岸步行。酷日方炽，行步石上，如同蹈火，吴芳吉"初着草履，灼炽不敢行，继着革履，又滑步不便攀援"，只能缓缓前进，"热极思死"，痛感"蜀道之难者，恐于此尽之"。船主出巨纤两条，恳请船客协同拖曳。众人竭力助之。且拖且行，至一高崖前，无路可走。船夫能泅水者，游至对岸，又往前拖船。吴芳吉等船客登上高崖，绕道前行。路绝，诸人解衣攀崖而下，两手紧握树枝，两足如在秋千上，踏上一石，再寻可攀之枝。高崖之下，浪花滔天，稍一失足，即可堕身江中，约半小时，才从高崖下来。时，日光烈烈，众人汗流浃背。行不远，又遇一崖，下为陵谷，有一溪流出，两岸种竹，清波徐作，凉风习习，众人俯首饮水，倦意一扫。此处风光明媚，别有天地，犹如桃花源，吴芳吉至此，油然而生归隐终老之念。溪之对岸，有渔舟系于藤下，静横水面，诸人呼舟来渡。久之，舟中有人高吟："春花秋月，空负等闲。归欤归欤！四十五十而无闻，斯亦不足畏也矣。"诸人闻声，又大声呼之。久之，一老者自船篷中出，鬓发斑白，神色出尘。又久之，老者方划船而至，载客上船。吴芳吉未知老者为渔翁或隐者，问之，不答。行至中流，又问舟钱应付几何，老者答曰："听先生便。少，吾不求其增；多，吾不喜其得。"吴芳吉听闻，知其为隐者，乃言："小子不敢以金钱污老翁，愿以饼馈。"遂于囊中取饼数十枚，双手奉上，敬请老者"以和旨酒，以醉桃源"。老者亦不称谢，笑而受之。问其姓名，终不答，惟仰头微笑。登岸后，老者驾船入万山之中，渺然不可寻。出溪，至江边，又往前行，复登船。水势舒缓，船行顺畅，

---

① 《白香词谱》：清朝嘉庆年间舒梦兰所编的词选，选录了由唐朝到清朝的词作，共一百篇，凡一百调。

一路丹枫黄叶，景致迷人。至楠木园宿，此时入巫峡已三十里。此地出产糖饼，吴芳吉与一船客登岸，沿石壁攀援而上，觅得一径，入市购得糖饼数十，价廉味美，又买白糖两斤。入江滨茅舍，煮茶饮之。暴风至，归船。此夜，冷气袭人。

18日　从楠木园开船。一路顺风，天不甚热。傍午，至培石，进入四川界，有守兵登舟盘检。此地产梨，买梨试尝，味甘而多浆。下午，上风仍巨，徐徐前进，至清石洞宿。时天尚早，就江滨浴，"轻快至极"。天热，夜中屡起，不成寐。

19日　午间开船。上风，大浪翻天震地，船夫惶然无措，舵无定向。船被吹至高岩前，桅杆几乎折断，继而船身、船头触岩。船夫以竿抵岩，方拨正航向。至碎石滩，整修船头。吴芳吉卧读《泰西五十轶事》。船泊于一大石前。江水上涨，大石忽滚入江中，隆隆之声，幸未砸中船头。巨石堕后，掀起大浪，船几乎被冲卷而去。下午，开船，一路险滩甚多。船客登岸步行。至刀背石，波涛亦大。船夫、船客戮力拉纤。吴芳吉作歌高唱，鼓舞士气。歌词云："行人何珊珊，荒径何漫漫。穷岩绝壑，独自往还。行行岂得已，莫作等闲看。君不见，满眼荒芜，荆棘遍故园。又不见，愁云惨雾，暗淡锁西川。努力努力，向前向前。振作精神，一帆出夔关。君不想，尔双亲倚门望穿眼，又不想，尔妻子泪尽不堪眠。梦魂难接，相思不断，何苦久流连？努力努力，飞到家山。须知道，断流仅赖投鞭。向前，莫负了猿儿，为我把行钱。"吴芳吉唱一句，诸人呼一声，一鼓作气，行过险滩。船宿滩上。入夜，凉风拂人，颇有寒意。吴芳吉站立船尾，见残月一轮，引发诗兴，吟成《巫山一片云》："朦胧夜半涛声急，岩前星火窥人寂。逆桨上青天，休歌蜀道难。林深虫唧唧，露冷悲秋笛。巫峡又巫山，几番望眼穿。"

20日　晨过跳石，出巫峡，蜀道最艰难一段已过，一般须十天半月，此次仅三日，且无损失，众人皆大幸。天气极热，吴芳吉鼻血流不止。至巫山县泊船。有兵士入船盘问，行李一一检查。吴芳吉又思陆行，为同行者所劝阻。入城，买仁丹、薄荷油数种，前在宜昌所买诸药用尽。同行者多赖吴芳吉所带药，呼之为"医生"。吴芳吉以药助人，"更愿得天下病夫而尽活之"。下午开船，江山宽阔，水天一碧，回望巫山，云烟朦胧之外，高峰滴翠，重重叠叠，横锁天际。行不数里而宿。船夫于沙滩摔跤。入夜，写家书。又致信陈建华诸人。

21日　中午过实子滩。一路平稳。山舒水缓，略似故乡白沙风光。夜宿载溪北岸。江水渐退。

22 日　过瞿塘峡。上风未作，船只数十于峡口待风前行。一时难以成行，吴芳吉独往白帝城一游。嘱老齐船到此地时，前来相告。登岸，入一小店，煮面食之。有一大路通往白帝城，三四人可并肩而行，为鲍超（清末湘军将领）所建。沿途，浏览峡中风光，草舍篱垣，或深隐山谷，或高出云表，或旁有石桥，或前倚雕栏，风景秀逸，不同流俗。因思蜀中之景不亚于瑞士、黄石公园，若能规划得当，必能开出一新局面："苟得一二有为之人出而提倡，仿瑞士办法，到处敷设，何处可建一楼，何处可立一亭。若者宜筑桥梁，若者宜辟花圃，或于深山中修避暑胜地，或于近水处兴游泳场，更进于何处建博物馆、美术馆以及学校、摄影馆、旅馆、饮食店等等，各度其宜而置之。补山移水，使天然景物各得穷其胜。则成都之青城，嘉定之峨眉，夔州之巫山，剑州之剑阁，新都之桂湖，重庆之花岩，与夫蜿蜒之岷沱，秀丽之涪陵，嵯峨之陵云，浩瀚之瞿塘，皆足以俯仰流连雅人心志者。若托孤之白帝，工部之草堂，薛涛之井，桓侯之庙，更足以资凭吊，感沧桑，聚诗流，集词客，令人感慨歔歔，或歌或泣。安知罗马之戏园，米兰之大寺，巴黎之铁塔，庞贝之古城，恒河之佛寺，埃及之石像，不现于吾川乎！举此千里河山，成一极大公园，彼瑞士之风光，黄石之雅趣，不足语也。更筑铁路，西达藏卫，北出陇秦，南接黔滇，东亘湘楚。又于金沙嘉陵诸名川，兴航政，办空运，则西欧东亚之文化，必因此丕变，而启世界和平之曙光，岂直老生常谈也哉！"经风箱峡，渡溪，至下关城，有街市，饮茶小憩。崎岖登山，至白帝城，"丹垣碧瓦，若入仙境"，门前题书"昭烈帝庙"。一僧延吴芳吉至客堂。与庙中老僧、夔州佛教会副会长续铨谈昭烈兴亡遗迹。客堂宏敞，竹径通幽，四壁题诗。堂外植有黄桷树数棵，对面为祖堂，供奉历代祖师，有释迦牟尼卧雪山像一尊，镀金，一手抚肩上，一手垂胸际，作饥饿态，筋骨斑斑如真。又有昭烈殿，供昭烈、武侯、关张之像。吴芳吉皆一一作鞠躬礼，"塑泥雕木，固不可祀，惟心诚意笃，如在其上耳"。由昭烈殿右侧小门进，绕祖堂后，至三峡堂。此处植芭蕉修竹，设石桌石几，供人眺望峡景。吴芳吉凭栏而望，但见："万顷洪涛，直搏足下。浩浩荡荡，若黄河过龙门，逾潼关，出孟津，走太行，一折千里者。奇绝壮绝。山环水绕，烟袅云飞，点点白帆，亭亭樵舍。数百里河山，尽在一览，俯瞰潋滟，水如奔腾。而有鸡鸣狗吠之声，隐然出自林外。凡色于目，声于耳，触于情景者，怡如适如，不啻仙境。若身之凌太空，横碧落，而超尘表矣。"又探访武乡侯祠。对此美景，吴芳吉迎风而歌，拍掌大笑，仰天大呼："乐哉此游！"又步至园中，篁竹丹枫，满园秋色。入暮，续铨陪吴芳吉入禅堂用膳，所食为面粥、瓜果、菜蔬。续铨问为何素食，吴芳吉答："吾所以素食，非迷信也。盖良心有不忍肉食耳。"续铨嘉许。夜，露宿，诸僧相伴，高谈阔论佛道源流。

23 日　晨起，又到三峡堂远眺。听续铨讲白帝城典故、逸事。又问下关城、武侯八阵图等由来，续铨一一答之。午间，在客堂与诸僧谈佛甚久。下午，老齐来，告之明日午后开船，与其同在客堂啜茗清谈。与老齐同往观音洞，时川军一管带王栋臣率兵驻守此处，与之相谈甚久，知成、渝不和，川东已独立，现受熊克武辖制。回白帝城。晚餐，食豆浆、瓜果。夜，与续铨等诸僧谈佛教本旨。续铨认为，释家与孔子之道同宗。吴芳吉发挥其旨，提出宗教"名异实同"之说，世界宗教皆教人向善，"千言万语，总由良心上演绎而来。而归其根，亦从良心上说法。故世界宗教，无不相同。所异者，教之名也，显之时也，产之地也"。续铨又问如何振兴佛教。吴芳吉提出应对之策："第一，在恢复祖教道德；第二，振饬纲纪；第三，实行初宗；第四，扫除迷信；第五，禁绝陋习；第六，建白世界。此六端为精神上办法。又有数端，为实质上之办法：第一，兴教育；第二，辟言论；第三，厚势力；第四，友邻教；第五，正俗说；第六，裁假僧。"续铨闻言，大为赞赏，称其"虽儒冠，亦佛祖弟子"。吴芳吉谦谢："余素不奉仰宗教。释迦、孔子、耶稣与夫穆罕默德，皆非余意中人。不过老禅师垂问，聊以解清夜寂寞耳。"俄顷，王栋臣来访，邀至观音洞军营，煮茶，做长夜谈。

24 日　晨起，与王栋臣游观音洞、观音阁，观滟滪逆潮。王栋臣问将兵之道。吴芳吉教其以"信"为重："朋友以信交，将卒以信聚。有信然后有纪，有纪然后严，严然后明。"又问"信"如何下手。吴芳吉详为解说："欲见信于人，必先立信。夫能以身作则，虽无军令而自严，不待指挥而自明，不动而威，不施而德。若徒恃长官之声势，凭军令之赏罚，以为驱驰，此乌合之众，必不能久。倒戈之事，固常闻也。"又问"信"如何立。吴芳吉引岳飞例说明："昔岳飞善饮酒，能数斗不解。高宗尝戒之，遂绝不饮，而誓直抵黄龙为愿。故金人皆曰：'撼山易，撼岳家军难。'阁下欲立信，当学岳飞为人，而后有清。"王栋臣揖谢。王栋臣请吃早餐，皆素菜，尽欢而散。复返白帝城，与诸僧作别。续铨请吴芳吉题词，以作纪念。又书一联："万念俱灰，须知乐生忧，忧生乐；百年一梦，究竟谁是我，究竟我是谁。"此联亦有寄寓身世漂泊之意。以钱酬谢诸僧款待。至下关城，在瞿塘雇小舟，泛夔府。大风陡作，雨如倾盆。忆及昔年与童季龄、刘绍昆赴京过此，在此度岁，如今刘绍昆已死，空留感慨。归船。夜宿夔州城。入城一游，无足观者。夜间，偕老齐雇小舟，再游瞿塘，作《望秦川》："弱水浮青草，寒山宿白鸥。隔江渔火下城楼，恰是旧愁未尽又新愁。滴滴螳螂桨，翩翩蚱蜢舟。金波暗淡似悲秋，空对云如游鲫月如钩。"

25 日　下午开船。水势顿平，山陵坦夷，枯木瘦石，风景不佳。夜宿一无名江沱。

26 日　天稍凉爽。午时，过高榄子，乱石错杂，水势凶险。吴芳吉等船客登岸步行，沙石滚烫。午餐后，卧船尾读原文莎士比亚十四行诗，感其寄托与己意相通，"其情缠绵，其格高古，可与李白《秦楼月》词相媲美"。又读《南风歌》、《击壤词》。

27 日　午时，抵庙基子，石嘴突入江中，为一大险滩。船客登岸步行。纤断，船折回下游数里。吴芳吉倦极，倚岸边大石小睡。船久不至，到沿山草舍乞饮，农妇请其食粥。与农妇谈本地风土人情。舍外，牧儿成群，大多十岁左右，见吴芳吉，甚为好奇，争相围观。吴芳吉忽忆《泰西五十轶事》有普鲁士王问乡间儿童王国之事，亦效其做法，以试群儿，皆不能答。间或能答，亦答非所问。大为失望，自语："得普鲁士王容易，得普鲁士人民难。无惑乎德人程度之高，为我国所不及也。"船回来后，沿对岸行，得渡。时已黄昏，就地停泊。

28 日　晨起，身体不适，呕吐。仰卧观天，百感交集，自思："父已六旬，受亲恩十余年，未得一朝一夕奉侍庭卫，反漂泊在外，贻老亲忧。论己则求学不成，与世相违，空手白拳，毫无建白。读书十年，纵横万里，其与我号称同心、抱同情者，仅得刘君竹一人。今君竹又以忧世死，孽海茫茫，此身何托？一腔幽恨，惟自怜生不逢时，而命多蹇也。"午间，抵云阳县城，泊船。病稍愈，远望隔江桓侯庙，憾抱病不得一游，怅望久之，"日色既西，寒鸦乱飞，冷风透骨，觉无限山河，顿成秋色。触情顾影，不觉凄然，泪透襟袖间也"。

29 日　天气清明。午间，过与隆滩。读石达开遗诗，对其诗其人评价颇高："慷慨淋漓，不可一世，无奈命弗由人，事败中道，怅望蜀西，感五丈原秋风之句者久之。当世号称民国伟人及革命健儿者多矣，苟读石公诗，能无愧煞否？诗凡数十首，豪情逸气，笑傲古今，与岳飞《满江红》词，可称双绝。其最沉痛者，莫如'人头作酒杯，饮尽雠仇血'之句。天耶？命耶？何英雄结局，每不堪设想。能不伤心一哭！"吐血数口，欲血书，一时寻纸不便，乃罢。下午开船，过小江。薄暮，抵巴岩峡。夜宿沙滩前。终夜思家不寐。

30 日　上风甚大。阴云沉沉，若有雨意。卧船尾读白居易乐府诗数章。又装订途中所写诗稿成册，题词其首，读之"亦觉有味"，自嘲"吟风弄月，徒终老此生也"。过巴岩峡后，江水平稳，两岸树林多橘柚。至江楼前，水流如箭，波涛撼天，只得渡至对岸，有兵士前来盘查。入夜，抵万县。

31 日　晨，至万县九思堂访陈建华，未遇。恰巧邮差送吴父信件至，封面写"陈建华收转"，得信大喜。入城。寄发家书。

9 月

1 日　过险滩，浪大，船打回数里。船客登岸步行。船缓缓逆流而进。一路竹篱茅舍，纵横相望。下午抵涪滩上八节，有卖菜乡妇甚多，一贩椒少女，"绝美而艳，一念及红颜薄命，心殊怜之"。入夜，安然渡滩，宿滩上。本日仅行三十里。天气甚凉。腹泻。

2 日　黎明，上风大作，扬帆而进。同行数十舟，白帆点点，凉风拂人。从船尾移坐于舱内。下午，过武林溪。下风过大，行不远，泊船而宿。登岸散步，"岚影横江，如在画图中也"。凉风渐起，有秋意，成诗一首。

3 日　天气又热。午过石宝寨，"高峰入云，翠映长江一色"。午间，憩曹溪盘上首。登岸入竹林中静坐。下午至关溪，宿于此。

4 日　上午颇热。午间抵忠州。船主又索船资，两千文。吴芳吉川资耗尽，不得已，入忠州城，至学务公所求助。见学务公所所长、县立中学校长谢笈珊，谈教育情形甚多。谢资助吴芳吉二圆，待吴返乡后偿还。傍晚大雨。夜，又入城，购《花月痕》①一书。寄发家书。

5 日　阴雨绵绵，上风颇大，两岸风光秀美。下午至杨渡溪，泊宿。登岸一游，有两乞儿，裸体伏沙滩上，手中一碗半腐饭菜。吴芳吉令其拭净鼻涕，并问其来历。二人一六岁，一八岁，俱无父母，无人收养。吴芳吉各施铜圆数枚，感慨"此吾所以自怜耳，岂曰怜人乎哉"。傍晚，市中乞丐数十人，皆来向吴芳吉乞哀。——安慰而去。

6 日　午间，至高家镇，为丰都第一大镇，"屋瓦连云，沿岸妇女成

---

① 《花月痕》：清代魏秀仁所作小说，描写韦痴珠、刘秋痕和韩荷生、杜采秋这两对才子与妓女的故事。

群，耕作不辍"。晚至丰都，泊宿。终日读《花月痕》，"中心不适"。

7 日　由丰都开船，连过鲫鱼背、观音滩、大佛面等险滩。众船客皆登岸步行。仍读《花月痕》。下午开船，至南沱，泊宿。此日，四川讨袁失败，熊克武离渝出走。

8 日　热不可耐。由南沱开船，水面宽阔，下午，至黄桷嘴，泊宿。入夜，于船篷仰卧而眠。

9 日　晨，过数滩。秋雨绵绵。午前，抵涪州。雨大，泊于此。半夜，有水贼行窃，为邻船所擒，悬吊鞭打不绝。吴芳吉甚怜悯，为之终夜不寐，以为小民无辜，皆政府失职之故。剪烛读《花月痕》至天明。

10 日　雨渐小。至鬼门关，缆断，船被打回，幸水虽急，不陡，安然渡过。午间，至李渡。有二童划舟来卖豆腐，"皆十二岁，甚伶俏"，吴芳吉特买二十块，"以志爱怜"。下午，过剪刀峡，大石夹江，白鹤数千头飞集石上，如白云铺地。过滩甚多，小而无险。剪烛读《花月痕》。

11 日　雨仍未止。抵石家沱，买年糕。傍午，抵一滩，登岸步行，时大雨不止，遍体淋湿。下午，抵长寿县。夜梦在京与童季龄等做老僧之谈。

12 日　由长寿开船。江面愈加开阔。午过上背沱。下午过罗碛。至太洪江，泊宿。此日，黔军占领重庆。

13 日　晨至江嘴一庙前，略加游览。作《泛日词》数首。天气甚热。下午，船行十余里，遇溃兵数十人，强迫船主载其东下。船主哀求，为其另觅一舟。船主因船大人少，不敢再进，退回太洪江，泊宿。夜闻炮声震天，哀号之声不绝，盖溃兵劫掠四乡。

14 日　停船未开。吴芳吉作联，描写世态："哀哉公理不如强权，清高都成龌龊；总之圣贤尽是禽兽，盗贼就算英雄。"

15 日　仍停船未开。终日读《花月痕》。晚洗长衫，此衫为同学朱烈三见其衣不蔽体所赠。吴芳吉甚珍爱，并深感其德，"何谓博爱，欲人之待我者待人，是其道也；何谓义侠，欲人之助己者助人，是其道也"。

16 日　船仍不开。重读《花月痕》一遍，书中人物颇引其深思："有血性然后有侠肠，有侠肠然后有忠诚果敢之心，果敢非轻暴，沉着非畏葸。"

17 日　船仍不开。终日卧读《欧洲游记》。夜与船客谈仁义之道："仁能感物，义可碎天。"

18 日　午时，船主提货。吴芳吉改换他船。至木洞。夜宿沙滩上，自念："大丈夫当藐视一切，当珍重一切。"

19 日　阴雨，天气寒冷。由木洞开船。终日卧读。夜，与船客谈人事、苦乐："乐中多苦，苦中有乐，安苦乐，节义乃见。"

20 日　安抵重庆。城闭，一时不得进。一时感慨万千："呜呼！吾竟归矣，啼笑皆非。然世事惟难，而欲其不难，则难。既知其难，而安其难，则不难。蜀道虽难，又何足以难我。且巫峡之险，滟滪之奇，古所著称矣，不见其难，安见其奇与险哉！"

吴芳吉于战乱、兵匪中，历时五月，绕行三千余里返回故乡。途中成诗七十首，后将诗作寄予吴宓，得吴宓鼓励，赞其诗风类陆游。遂发愿为诗，"凡吾有志而弗逮者，一一纳之诗中"①。

归家后，受尽乡邻奚落，以之为笑柄，遇有子弟犯错，皆以吴芳吉为反面例子："杂种，汝欲如吴芳吉无用耶？"② 同乡有朱莳皇者，见宠于袁世凯，声势煊赫，乡中作歌："读书当学朱莳皇，莫学白屋吴家郎。"

是年

筹划赴欧留学，未果。结识邓成均③。

---

① 吴芳吉：《自订年表》，《吴芳吉集·文》，第 540 页。

② 刘朴：《吴芳吉传》，《吴芳吉集》，第 1363 页。

③ 邓成均（1898—1969）：又名邓均吾，笔名默声、微中等。四川古蔺人。1921 年到上海泰东书局编辑所工作。参加创造社，任《创造季刊》编辑。1923 年同郁达夫、成仿吾主持《中华新报》副刊《创造日》编辑工作。1938 年加入中国共产党。1949 年后，历任重庆市文联秘书长、副主席，中国作协重庆分会副主席，重庆市文史研究馆馆长等职。出版有《邓均吾诗词选》。

1914 年（民国三年·甲寅）十八岁

元旦　应重庆体育学校之邀，群益剧社在该校演出三天。吴芳吉、李笑沧①参加助演。

年初　与何树坤②结婚。吴芳吉母亲曾梦一巨人相告，吴芳吉短寿，年止二十八岁，宜早娶。吴芳吉入读清华学堂之前，与何树坤订婚。吴芳吉被清华开除学籍后，何家力主取消婚约，何树坤誓死不从，非吴不嫁。《吴宓自编年谱》载："树坤为白沙富农（在本地号称财主）何某之女，有弟名树成。何氏辛亥春，羡碧柳之游美资格，前程远大，力求缔结婚姻。碧柳母刘夫人（甚贤明），以齐大非偶（何家富而吴家极贫），一再拒却之，不可，遂订婚。及碧柳被清华开除后，乡人又传说：碧柳流落北京，穷苦无聊，现正学习为裁缝（缝衣匠），云云。何氏于是提议解除婚约。讵解除后，树坤在家哭闹不休，寻死觅活，坚执非恢复婚约不可。何氏又遣原媒来请恢复。刘夫人曰：'吾家虽贫，吾子何患无妻？如此反复随人播弄，有同儿戏，实所不甘！'事遂阻。……某日，刘夫人在某亲友家，有婚丧事，赴宴席。树坤知之，立即往见刘夫人，伏地大哭，泣诉其诚挚之情，'必欲为君家妇，否则宁死。'长跪不肯起。刘夫人感动，允

---

① 李笑沧（1882—1918）：字耀麒，又名李善波、李笑伦、李光宇。四川兴文县人。早年参加四川"保路运动"。曾入北京留法俭学会。1916 年，组织义军反对袁世凯，自任中国革命军总司令，与北洋军队交战于忠州、石柱等川东川北地区。袁世凯死后，北洋军队退出四川，四川军政当局饬令李笑沧解散军队。1918 年，李笑沧率部进入笼山。未久，滇、黔、川军阀联合"清剿"，被诱杀。见吴芳吉《笼山曲》，《吴芳吉集·诗》，第 110—111 页。李笑沧事败后，其残部继续活动，吴芳吉赞为"其党徒竟能百战不屈，守义至今，亦田横五百之流亚也"。见吴芳吉《与吴雨僧》，《吴芳吉全集·信札》，第 631 页。

② 何树坤（1898—1960）：江津襄衣滩（距白沙十里）富户何福来之女，毕业于白沙新本女校，擅刺绣、烹饪。

复婚。"①

婚后，应萧湘之聘，前往嘉州（今乐山）嘉定中学任英文教员，萧湘时任该校校长。邓绍勤从聚奎小学毕业后，亦同来就读于此，二人共同研读世界语。妻弟何树成②亦来此读书。

2月7日　袁世凯通令各省，以春秋两丁为祀孔日。

2月9日　与同事刘星南、赵鹤琴等出嘉州城春游。时，天气晴和，百花齐放，远望峨眉，千里一碧，有出尘之乐。归后各以诗纪之。

2月18日　与同事赵鹤琴、刘星南、李玉昆等话旧，即席赋诗一首，有飘零之意。继而三人和成数首，赵鹤琴有句："睡去竟成蝴蝶梦，醒来怕听大江流"，颇有寂寥之感；刘星南和诗则慷慨豪迈，其中有句："英雄从不受人怜，傲骨横撑自昔年。"③

4月　与同事谷醒华④、赵鹤琴游峨眉山，成诗《登峨眉九十九道拐嘲鹤琴》。于峨眉山西南角，发现一开阔空地，方圆百里，荒无人烟，乃效仿美国人开发西部，各自召亲族前来开垦，建设理想中的大同世界。吴氏家族占了一座大山，命名为"荷叶坪"，伯父吴传斗负责开垦。未久，居民日多，有人贪利种植鸦片，烟贩络绎不绝，昔日荒地成金窟，致土匪来劫，吴家放弃垦殖，返江津德感坝。

5月29日（农历端午）　与萧湘、邓绍勤、谷醒华、赵鹤琴等师友大醉于嘉州西南第一楼。萧湘有诗赠吴芳吉《感怀（和吴芳吉原韵）》，其一："尘襟砢落寞嗟怜，从古英雄出少年。留得元龙湖海气，何须冒顿万千田。沙蓬莽莽纤长啸，夜气昏昏忍独眠。旧感未沉新感集，纵横老泪落灯前。"其二："黑石山中风雨晦，东坡楼下江水流。送君北上青云路，

---

① 见吴宓著，吴学昭整理《吴宓自编年谱：1894—1925》，生活·读书·新知三联书店1995年版，第128页。

② 何树成：后留学美国，娶犹太女子为妻，终不回中国，且与家中断绝书信往来。

③ 吴芳吉：《尚友集》，《吴芳吉集》，第1073页。

④ 谷醒华（1890—1963）：又名武乡。四川荣县人。1915年至1922年，任荣县中学教务主任、校长。1924年初，创办私立旭阳中学并任校长。后从政，任江津县长，廉洁奉公，有"布衣县长"之称。1937年，转任成都协进中学校长。1944年春，加入中国民主同盟。1951年，任教于中国人民大学。著有《古代汉语语言语法研究》等。谷醒华与吴芳吉相善，曾暗中接济其家人，吴芳吉对此有所记述："流落上海时，有荣县谷醒华君，民国三年同事嘉定中学者，闻某在外，窘甚，佯告大人，谓尝欠某之款，今当汇还。大人不觉，受之。迨某自沪归来，始知有此事也。"1931年，吴芳吉已任教重庆大学，时谷醒华任江津县长，为了整顿当地教育，谷向四川教育厅荐举吴出任江津中学校长，吴顾念友谊和乡情，慨然就任。见吴芳吉《自订年表》，《吴芳吉集·文》，第541页。

累我年来望眼愁。宝剑千磨秋水后，青琴一曲山之头。蹉跎莫误宣尼愿，大厦还须仗栋桴。"

约于寒假前　辞去嘉定中学教职。作诗《年假别嘉州东归席上留赠诸子》。在嘉州期间的诗作还有《朝发羌江时阴雨骤晴》、《望嘉州》。

是年

作《归家感怀》律诗八首，今未存。作《咏诗》四首，分别咏郑成功、安重根、林肯、贞德。

1915 年（民国四年·乙卯）十九岁

1 月

18 日　日本向袁世凯递交"二十一条"。

2 月

12 日　拂晓，讨袁护国军进占丰都县城。下午，北洋军队曹锟部攻打丰都，放火围城，烧毁民房两千余家，民众死伤甚重。吴芳吉写《曹锟烧丰都行》记其事。

4 月

19 日　携何树成、邓绍勤赴沪。此来上海，意欲筹款赴法国留学，同时解决何、邓二人的升学问题。途经武汉时，致信吴宓，请求谋荐职业，又寄去日记一册。

5 月

6 日　抵达上海，住法租界旅馆。

9 日　袁世凯屈从日本，接受"二十一条"。各地民众纷纷集会，拒不承认"二十一条"，誓雪国耻。全国教育联合会决定，各学校每年以五月九日为"国耻纪念日"。

14 日　移寓北四川路崇福里百二十号楼上。与绍勤、树成同住，每晚谈笑至深夜不倦。

20 日　由吴宓介绍入右文社。右文社为吴宓表兄陈君衍所创办，后并于中华书局。主要负责校勘章太炎《章氏丛书》①，月薪十二圆，六圆济家，六圆自食。其间，得阅《老子》、《庄子》、《杨子》、《新序》、《古文辞类纂》、《康熙字典》、《芥子园画传》、南社、东社诗文集等。研读顾炎武、龚自珍、黄遵宪以及"南社"诗人作品。此外，还通览了亚里士多德、柏拉图、但丁、莎士比亚、丁尼生②等人的著作。日常浏览的杂志：政治文学类有《大中华》、《东方杂志》、《雅言杂志》、《国学杂志》、《正谊杂志》、《夏星杂志》、《法政杂志》、《甲寅杂志》；学校教育类有《教育杂志》、《中华教育界》、《学生杂志》、《中华学生界》、《英文学生杂志》、《童子侦探部》；学术实业类有《科学报》、《博物杂志》、《生活杂志》、《医学杂志》、《铁道杂志》；妇女家庭类有《家庭杂志》、《中华妇女界》、《妇女杂志》、《女子世界》；儿童类有《常识谈话》、《童话》、《少年杂志》、《儿童教育画》、《儿童画报》、《中华童子界》；小说类有《小说月报》、《小说新报》、《小说界》、《小说时报》、《礼拜三》、《礼拜六》、《上海滩》、《小说海》、《眉语杂志》、《繁华杂志》、《莺花杂志》、《双星杂志》、《妇女时报》、《月月小说》；宗教类有《孔教会报》、《佛学丛报》、《进步杂志》；军事类有《海陆军月报》、《华侨杂志》、《留美学生年报》。于所校对之小说③，颇为不满，斥其"谫陋粗野，无一篇足观，而其所赋所歌者，无非淫荡狂奔艳丽苟合之事，几无一语不述男女之爱情"④。吴芳吉认为，此类作品只会助长社会之恶，"社会民德之被其祸害者不少"⑤，为文者不应迎合世人之喜好："文章千古事，一字一句，足败名丧身而有余，吾安得不郑重之，徒从世人之好哉？"⑥ 然而，吴芳吉亦言，此类小说淫靡炫人，其动人处，自己几为所蛊惑而生种种妄念，只得努力抑制乃已。

---

① 章氏丛书：丛书名。章炳麟著。共十三种，四十八卷。为研究章炳麟思想、学术的主要资料。

② 丁尼生（1809—1892）：英国诗人。继华兹华斯之后被封为"桂冠诗人"。

③ 疑为鸳鸯蝴蝶派作品。吴芳吉曾罗列其平日所校勘之小说杂志十余种：《小说月报》、《小说新报》、《小说界》、《小说时报》、《礼拜三》、《礼拜六》、《上海滩》、《小说海》、《眉语杂志》、《双星杂志》、《妇女时报》、《月月小说》、《繁华杂志》、《莺花杂志》。

④ 《吴芳吉集·日记》，第 1095 页。

⑤ 《吴芳吉集·日记》，第 1095 页。

⑥ 《吴芳吉集·日记》，第 1096 页。

6月

13日　傍晚，与邓绍勤等至青年会阅报，九时归寓。

14日　晨起，与房东发生冲突，因仅住六日，而收一月租金之故。入社后，妄念犹时时发生，力遏之，稍已。接家书，知何树坤有孕。接友人刘子俊、华林①信。刘子俊主张打破家庭，反对孝悌之说；华林主张世界主义，打破营私自利、制造阶级的旧文学，建立通俗明洁的新文学。吴芳吉对刘子俊之言，有所保留，认为齐家治国平天下之理仍有价值，不可顺序倒置。是日日记中记载友朋思想状态：吴宓主张国家主义；刘子俊等主张极端的社会主义；王梦余②主张实用主义，只要有利于我，虽卑以下人而不顾；赵鹤琴、谷醒华等主张得过且过、放荡不羁；李笑沧主张致人于我主义；范爱众③主张厌世主义……

15日　接刘子俊委托吴稚晖自伦敦所寄《世界语报》、《世界语月刊》、世界语教科书、普通世界语用书、欧战丛书等。童季龄友人蓝锐甫介绍邓绍勤至文明书局任校勘。

16日（农历端午节）　时囊中仅有百文，自叹："今年今日，与二子侨海上。吾仕人以生活，二子犹萍梗生涯，莫之所向，滚滚东流，家园万里，明年今日，又不知在何处也。吾悲夫吾身世之飘摇，顾视二子，尤悲夫二子之不幸而从我飘摇也。嗟乎！吾生几二十年，读万卷书，历万里路，学万人敌，彩笔万千气象，乃今日与吾共此佳节者，一行囊，一书笈，一败榻，一破屋，一内弟，一小友人耳。"④ 又思，飘零者不独我一人，况有凄凉悲怆有甚于我者，无须自悲自怜。九时，与绍勤、树成痛饮，佐以落花生、黄鱼、海虾，又食蛋、饼、糖、藕粉等。酒后，乘兴而

---

① 华林（1893—1973）：原名挺生。浙江富阳人。1918年任浙江省教育会干事。1920年，在上海加入社会主义青年团。1922年入莫斯科东方大学中国班。1923年参加中国共产党，曾参加中国共产党第三次全国代表大会。1928年前往金华山区组织暴动，事败，脱党。1950年任职于上海电机联合厂，1956年调上海电机制造学校。

② 王梦余：重庆渝中人。吴芳吉称其为"富经济之才，为余诸友中之最能办事者，故每遇事之来，其见解往往出人之上"。见吴芳吉《尚友集》，《吴芳吉集》，第1066页。

③ 范爱众：四川富顺人。1910年入成都陆军小学校，与李笑沧同班。加入同盟会，参加四川保路运动。写有《辛亥四川首难记》一文。

④ 《吴芳吉集·日记》，第1086页。

游，过吴淞江，出黄埔，街上家家悬蒲艾于门首，路人举酒相庆者众。微雨，奔归，复开午宴，食角黍、麦饭，向西三拜后，又纵酒狂歌，一鼓而尽诸物。酒尽，兴犹未足，又以囊中所余百钱外出沽酒。三人兴致愈烈，空杯相向，乃大笑，至黄昏灯上方止。家中所携来旅费百圆至此告罄。

17 日　社中发月薪十二圆。为父购医书五十种，计二十六本，又为树坤购《胎教》一书。

20 日　携绍勤、树成至南京路照相馆摄影留念。邓、何欲入哈同学校，至今未果，邓欲回川，有厌世之意。吴芳吉以昔年过三峡之种种冒险故事相激励。二人仍焦灼不已。吴芳吉感叹："（二人）以少年而如此，吾知其毕生无大用矣。否则，当振刷精神赴之，虽有患难，奚足道哉。嗟乎！吾国少年，皆老大者也。奚足以言乎少年耶？二子所遭愈苦，吾兴愈烈。盖古今之良善教育，未有如困苦之感人如是其深者也。二子之苦，二子之幸福。他年虽欲再享受焉，而不可得也。"[1]

23 日　致信友人子一，嘱其多读古人书，以国家主义是尚。接吴宓信，谓树坤在孕中自是喜事，但书之明信片上，有伤大雅，应宜加检束。

26 日　阅报知：中国患肺痨而死者，每小时有九十七人，全年有八十五万二千三百四十八人死于此病。晚九时，月光甚明，命树成沽酒，大醉。

30 日　终日思想纷乱，念及前途，不禁黯然。此次来上海，本为出国，而筹款不得，遂困居于此。较之在蜀中教书育人，校勘一职不过为他人作嫁衣裳，且动辄得咎，实非久处之道。

是月　梦遗症未发。初习静坐，自言"入手时，心绪紊离，渐次纯一"[2]，虽为人事羁连中辍，仍发愿"以后无论如何要事，必平心静气赴之为当"[3]，后逐渐进入静境，不知身在人世，自觉"心理分外纯洁，能入化境，为自行静坐后第一佳境"[4]。此后，坚持静坐功夫，节制思欲，纯正心理，以免心思流荡。

7 月

1 日　校上海国文函授学校讲义，认为其选文较《古文观止》等

① 《吴芳吉集·日记》，第 1089 页。
② 《吴芳吉集·日记》，第 1082 页。
③ 《吴芳吉集·日记》，第 1085 页。
④ 《吴芳吉集·日记》，第 1104 页。

为佳。

3日　聚奎同学程绍伊将赴日本学医,居租界"名利栈"旅馆。因连日下雨而衣服无干暖者,无法往见,只能改日再去。同乡王子乾来访,谈欧战情形,评日人"浮嚣浅狭",德人"沉毅远大"。今日满十九岁。作长篇日记,追溯历史,抒得人身之幸、之责:"吾今日满十九岁矣。吾生存于世界上者,盖六千九百三十五日矣。夫十九年前,不知吾之有我也。以致数千万年前,亦不知有我也。人生百年耳,今吾已有其五之一矣。余八十年中,消费于己身者若干,消费于家族者若干,消费于国家天下者若干,得清闲幽静以游于物外者几何欤?可不惧哉!然而吾之有此生,不可谓非幸遇也,惧乌乎可?今夫一发一肤,父母之所生也。然父父母母之所自出,罔不有演进而来,然后有吾方趾圆颅之象。混茫之未辟也,吾祖若父,皆微虫耳。彼与祖若父之生于其间者,飞者、走者、潜者、穴者、胎生卵生者、化生湿生者、寄生于两大之中者,各用智慧之能以相战相生,而祖若父制胜焉,于以有人类之出,然犹茹毛饮血野处穴居者也。聪明者出,作之君,作之师,制人伦,造宫室,铸干戈,为凡百器物,以便人生之所需,而尽其势力之发展。吾人之文化,由是始焉,然未可至今也。擒蚩尤,诛四凶,讨犬戎,征匈奴,斩楼兰,平大夏,乱于五胡,偏于六朝,蹂躏于回纥,覆亡于蒙古。三百年来,复制于鞑靼之族,至今始光复之。历十四朝,亘五千载,绵绵延延,不绝于缕,其间生死存亡,殆不容发。我乃续此遗裔,卒有今日,非幸遇也而何?戎马之交,非不多也。疾病之侵,非不烈也。兴衰之迭易,非不久也。天灾人事之并至,非不数数相寻也。观诸廿二史中,其危机变故之多,何可笔述!而吾祖若父卒未陷于其间,绝于其世,其源远流长若此,岂惟吾之幸遇,亦祖若父之幸遇矣!而况乎有父母妻子以作吾家,有天地河山以供吾游,玉帛米粟以为吾用,舟车宫室以安吾身,圣贤豪俊以为吾师友,学术艺林以启吾之心志,与风雨晦明之奇,衣冠文物之秀,战伐戈矛之壮也哉!吾安得而不喜也,又何惧为?且吾之有食,非吾所耕也。吾之有衣,非吾所织也。吾之有居处用具,非吾所造也。吾自呱呱坠地,盖裸体而来,未有一丝一粒,为吾所出也。今乃遇我也至厚,天地之大德,孰有过于是欤?彼牛马鸡豚之生也,其养也至贱,其处也至卑。为人用,供人食,夫同为生物而与人相等者也,甘苦之异若是。吾幸而得有今日,尤幸不入于牛马鸡豚之列,其孰致之?非祖若父之深恩,天地之大德哉!不知报之,何以为人?而今而后,惟抖擞精力,以图报之,而后可也。勿使少年虚度,虽欲报之而不得，则吾罪之重尚可赎欤？然则今日者，固吾当猛省之矣。"①

4 日　偕树成、绍勤至商务印书馆一游，馆内左侧有一大厅，专供游人阅览所出版书籍。往赴租界名利栈拜访程绍伊。旅馆内赌博、抽鸦片者甚众，盖因租界，中国法律鞭长莫及。偕程绍伊至黄浦江滨一游。立于江畔，凭栏四望，但见美国兵舰泊于江上，又有美兵数十人划船竞赛，花旗飘舞，庆祝"独立日"，围观民众掌声雷动。市中街道，四处可见美国国旗，美国人执花旗游于市者，应接不暇。吴芳吉观此，慨叹中国革命之后，文物民气仍旧颓废，为之怅然久之。阅康德《人心能力论》，顿悟心性之法，思想、精神、自处之道为之贯通，"豁然开朗，有海阔天空之气象"②，尽释劳愁焦感。极佩康德之说，其讲养心、养气、形神合一，与孔孟、老庄同旨，皆主张形为神役，道德可足养生，如此疾病困苦则无从入，"彼谓人之一生，无不在心意中，无论种种疾病困苦，皆心意所致之。心意既能致之，亦能愈之，使其不致有疾病困苦"③。心意之能力可操人生存亡苦乐，世人若能善养心志，则可免于疾病困苦。欲养心意之道在于"严于克己，勿使人欲以役于心意，顺其心意之自然，或以坚毅强干之精神赴之，则疾病困苦自不能召，而人生斯寿也"④。然对康德"婚姻能促短人寿"未予赞同，以夫妻乃人伦之正，自然之理，婚而短寿非男女交合之故，乃沉湎物欲所致。参照康德学说，自拟修身养性六条：1. 以毅力贯精神，以恒心持操作；2. 不用身外之幻想，以期不为物色所动；3. 时时存一自得之心，以日趋心气于平和；4. 努力节制七情，勿使轻举，以归于浑然；5. 每日黎明五时起床，六时至七时静坐，八时以后问事，晚九时静坐，十时就寝。每日三餐，每餐至多以二饭为准，每口咀嚼至少在二十次以上，三餐以外不食他物；6. 凡疾病、困苦、寒热、劳勤、晏安、物欲之来，皆以胆气胜之。

9 日　本月以来，梦遗症连作三次，反思：（一）原因：之所以有此，乃心理不纯洁而致，妄念日炽，尤以情欲终日流荡，多有淫荡、淫乱之象，屡以毅力战之不胜；（二）对策：此后首要洗涤妄念，然而妄念之洗涤，每不容易：愈制妄念而妄念愈生，或心中并无妄念，而偶思及"不可有妄念"反而引出妄念，此时毅力已无能无力。战胜妄念之法，在于

① 《吴芳吉集·日记》，第 1096—1097 页。
② 《吴芳吉集·日记》，第 1100 页。
③ 《吴芳吉集·日记》，第 1098 页。
④ 《吴芳吉集·日记》，第 1098—1099 页。

转移注意力，妄念可以因之顿消，可见制服妄念不在毅力而在善诱。另外，当时时振作精神自省，使身体为精神所役，妄念则无从发生。

11 日　欲搬离所居寓所，而房东责以未提前相告，须偿十日房租。吴芳吉等坚称半月前早已告之。双方争执不下，巡警介入，吴芳吉等补偿一圆方得离去。

12 日　迁入右文社职员宿舍，住处近旁有洋人所办华童公学、百米之外为沪宁火车站，地方开阔，林木苍然，可作散步之游。何树成、邓绍勤移入新疆路均济里。

是月　读《楞严经》及《维摩诘经》，缓其情欲与良知交战之苦。其外，又读《新约》数章。作诗《瓜洲渡口怀平阶》①、《楚江回首》等。

8 月

1 日　何树成求入仓胜明智大学，今日得允。仓胜明智大学为犹太富商哈同所创办，免收学费膳费。

15 日　作《读雨僧诗稿答书》一文。文中，追溯了知诗、学诗的历程，借由点评吴宓之诗，提出了自己的诗学观：一、诗有长短，各有特点，"长篇巨作，譬如深山大海，草木生之，禽兽居之，江河汇之，舟楫通之，其浩然之气不可方物。短篇之作，譬如一花一叶一丘一壑，仅得一隅耳。故长篇宜涵浑，短篇宜精致"；二、诗贵有深厚之意，"凡极喜、极清静、极繁华之境，皆作诗之好时候"，反对过分追求格律，"诗之为道，发于性情，只求圆熟，便是上品。若过于拘拘乎声韵平仄之间，此工匠之事，反不足取"；三、诗要注重炼句，"炼句之道，曰顺、曰熟、曰圆、曰化"，化境是最高境界。在语言技巧上，重叠手法宜慎用，本乎自然，否则易流于俗气；在诗句气势上，不能仅凭句尾感叹词提振，而当以句中自然饱满的气势体现，收尾之句当选取宏厚稳固之词，如此方可避免头大尾小之弊；四、诗中意象不可过密，过密则如"傀儡登场，每多鄙俗习气"，索然无味；五、作诗须力避习语，务去陈腐之言，"用之过多，反觉其俗"；六、谈诗中用典问题："诗之为道，纯从天真发出"，用典并非越多越好，"宜含浑自如，不可牵强"；七、小学乃为文学根基，作诗亦须通晓小学；八、文学衰败已极，五千年文学传统面临存亡危机，"今

---

① 此诗又名《瓜洲吊吴际泰君》。吴际泰，字平阶，为吴芳吉族兄，精研儒学。

少年每吐弃之"，有志于文学复兴者应负起责任。肯定吴宓之诗"正也至矣"，无年少学诗之流弊，如"不流于俗，则过于拘；不涵于淫，则习之泛；不失之荡，则沉于郁"。①

9 月

15 日　陈独秀创办《青年杂志》，并在创刊号上发表《敬告青年》一文。

10 月

8 日　与右文社经理郝聘三不合，投笔去之。另据《吴宓自编年谱》记载，吴芳吉乃为右文社所开除，原因是："碧柳于其所校之稿，不问为何人所作（或即明知为章太炎所作），辄挥笔涂改其原文，若塾师之改学生课卷者！"吴宓又担心其作文惹祸，遂写信命其回家："碧柳闲居放逸，日作诗文，好为大言，责诋各方有位、有权、有力者，在此时帝制运动之复杂情势中极易招非惹祸。宓深忧之，遂汇与五六十圆，命其回家。"②

9 日　离沪，赴北京。在京，与吴宓、童季龄、刘庄等相见、宴叙。吴宓赠诗《即事抒怀，赋赠碧柳》。得吴宓赠资二十五圆，自京返蜀。途中作《三自上海归蜀，九月至于夔门》，心绪苍茫，有"离乱如昨日，漂泊到重阳"之句。

30 日　抵重庆。

11 月

2 日　还家，与父母妻室团圆。
5 日　往山中省岳父母。

---

① 《吴芳吉集·文》，第 368—375 页。
② 吴宓著，吴学昭整理：《吴宓自编年谱：1894—1925》，生活·读书·新知三联书店 1995 年版，第 145 页。

11日　因父命，与四川江安人冯云葵赴京。冯云葵表示，其父在北京经商，愿出资赞助吴芳吉出国留学。以诗《还家三日，复与江安冯云葵君北行》纪其事。是晚，宿江津，往省伯父。

12日　至重庆，四日后东航。

23日　抵京，寄寓冯云葵家中。

26日　欲谋口外①某县学署一职，冯云葵之父以吴芳吉不娴公事不愿推荐。冯父又嫌吴芳吉久住其家吃闲饭，更无出资相助求学之意。吴宓评论此事："四川人皆轻躁。碧柳尤喜动，恒无计划、无希望（例如云葵言：'父必资助读书。'一般人情推之，其父亦决不肯作此厚施）。径即远行。宓屡规戒之，碧柳不顾也。"②

28日　往清华学校访吴宓、童季龄等人。昔日从四川考来十八人，于今六人去世，六人被除名，现在只剩下童季龄、邱重、刘孝颐等六人。

12月

5日　知何树成患脚气病，决意离京南下上海。吴宓赠助旅费，并与童季龄前来告别。

8日　到天津，坐船赴沪。

13日　抵沪，仍住法租界旅馆。看望何树成，作诗《岁暮何树成弟病假来归，吾以牛肉白酒劳之，时吾方自京师返沪也》。

15日　移寓至新疆路均济里三巷一家楼上，与邓绍勤同住。计划明年三月回家自修。

23日　见何树成病痊愈，由邓绍勤、蓝锐甫介绍，入文明书局任校勘。经济状况颇为窘迫，与邓绍勤困居一室，日中而食，食粥度日。成诗《海上行》。

是月　袁世凯称中华帝国大皇帝。蔡锷、唐继尧等通电各省宣告云南独立，声讨袁世凯，并建立护国军。孙中山发表《讨袁宣言》。

---

① 口外：指长城以北地区，包括内蒙古，河北北部的张家口、承德等大部分地区。

② 吴宓著，吴学昭整理：《吴宓自编年谱：1894—1925》，生活·读书·新知三联书店1995年版，第147页。

是年

吴宓寄示其姑丈陈伯澜①所著《南帆集》诗稿。吴芳吉自叙："某于现代诗人所受影响甚深者，秦中前辈，一为陈伯澜先生在粤中诸诗，一为于右任先生在俄蒙诸诗也。"② 此外，吴宓又寄来丘逢甲③《岭云海日楼诗钞》，并将自己历年所积诗稿寄来请吴芳吉评改。

所作诗有《清明》、《忆雨僧兄》、《寄吴雨僧家门》、《喜得雨僧近诗即覆》、《与树成话时事有感，诗以送别》。

吴宓、黄华④等组织"天人学会"，成员挑选严格，前后不过三十多人，除发起人外，包括吴芳吉、吕谷凡⑤、童季龄、王善佺、周君南、向哲浚、何墨林、王正基、凌其峻⑥、潘承圻、冯友兰、曾昭抡、王焕培、尹寰枢、沈鹏飞、邓成均、石仲麟、瞿国眷⑦、薛桂轮、刘泗英。⑧ 学会名为"天人"，源自童季龄"以人力挽回天运，以天运启悟人生"的主

---

① 陈伯澜（1866—1923）：名涛，陕西三原人。清末解元。早年师从关中大儒刘古愚。1898 年参加"保国会"，为康有为门人。有《审安斋集》行世。

② 吴芳吉：《初夏赴丈人田舍看插秧》，《吴芳吉集·诗》，第 41 页。

③ 丘逢甲（1864—1912）：又名仓海、沧海，字仙根，号仲阕、蛰庵、南武山人。台湾彰化人。光绪十五年（1889 年）进士，曾任工部主事。日本割台后，组织义军抗日，事败，去广东。积极响应"诗界革命"的倡议，长于七言律诗和长篇歌行，多忧世之作，苍凉悲壮，风格接近杜甫、陆游。

④ 黄华：字叔巍，广东人。吴宓、吴芳吉清华同级同学。曾任东南大学教授，后转行为律师。

⑤ 吕谷凡：又名吕昌、吕国璠，字骨凡、谷凡。江苏宝山人。为吴宓在上海圣约翰大学预科学习时的同学。业商，供职于汉口安利英行。

⑥ 凌其峻（1887—1968）：安徽歙县人。先后毕业于清华学校、美国俄亥俄州立大学。1921 年回国后，在上海创办中国制瓷公司。后任天津仁立总公司副总经理、北京市仁立地毯厂经理。1949 年后，任北京市政协副主席等职。

⑦ 瞿国眷（1892—1970）：字仲弥。湖南保靖人。先后毕业于清华学校、日本早稻田大学。曾任北京政法大学教务长，北京国立女子大学、河南大学等校教授，国立女子师范学校校长等职。1949 年后，任西南政法学院、重庆大学教授。1954 年聘为重庆市文史研究馆馆员。

⑧ 刘泗英（1896—?）：别号怀园。四川南川人。毕业于日本法政大学。创办重庆《新蜀报》、成都西南公学、东林煤矿公司。1940 年当选为四川省参议员。抗战胜利后，任中国青年党中央常务委员及秘书长。1946 年后，先后任《新中国日报》社董事长、国民政府经济部顾问、代理政务次长。去台湾后，任"总统府"国策顾问。著有《怀园诗稿》。系童季龄姑表兄弟。

张。《天人学会会章》为："原则有五：（一）行事必本乎道德。（二）人之价值，以良心之厚薄定之。（三）谋生糊口以外，须为国家社会尽力，处处作实益及真是之牺牲。（四）持躬涉世，不计毁誉成败利害，惟以吾心之真是非为权衡。（五）扶正人心，为改良群治之根本。险诈、圆滑、奔竞、浮华、残刻、偏私，皆今日恶习之最甚者，务宜摧抑净尽。其宗旨有七：现时之宗旨：（一）敦交谊。（二）励道德。（三）练才识。（四）谋公益。终极之宗旨：（一）造成淳美之风俗，使社会人人知尚气节廉耻。（二）造成平正通实之学说，折中新旧，发挥固有之文明，以学术道理，运用凡百事项。（三）普及社会教育，使人人晓然于一己之天职及行事之正谊。义务有三：（一）会员当求为有益于世之人，故先期一已有任事之才具，宜各就其地位及性之所近，殚精学业，练习治事，异途同归，以道德良心为指针。（二）会员当相互切磋，毋隐毋忌，相互扶助，必敬必诚。（三）会员当恪守本会会章及其他规约，躬行实践，并汲引同志，导人于善。又在必需时量力筹集会费。"①

---

① 吴宓著，吴学昭整理：《吴宓诗话》，商务印书馆 2007 年版，第 180 页。

1916 年（民国五年・丙辰）二十岁

1 月

7 日　长子吴汉骧①出生。

16 日　蔡锷率护国军出击四川。

19 日　北洋军长江上游总司令曹锟率北洋军第三师及张敬尧第七师、李长泰第八师到达重庆，并于此设行营，坐镇半年。

2 月

时值新年，市不卖饭，与邓绍勤饥肠辘辘，闭门不出。时，楼下主人厨房饭菜香味入鼻，徒羡不止。

是月　得知北洋军张敬尧部窜扰川东，家人逃散，心内焦灼。

3 月

7 日　得吴宓汇款资助，与邓绍勤兼程归省。经汉口，过三峡。成诗《自汉口寄树坤》、《西归》、《白帝城谒汉昭烈帝庙时中华民国五年二

---

① 吴汉骧（1916—2008）：聚奎中学肄业，长期坚持自学。曾任富顺中学教务主任、聚奎中学校长、《江津日报》总编、江津女子中学教师。抗战时在泸县机场担任美军翻译。1954 年调江津一中教授俄语。1977 年，调往永川重庆师范专科学校，创办英语系。参加编写《吴芳吉集》。

月》、《夔州访古》。

4 月

　　5 日　抵四川忠县。时值北洋军队入川镇压护国军，吴芳吉、邓绍勤为北洋军所虏，以为侦探，几乎被杀。经再三解释，始放行解脱。吴芳吉诗稿、日记悉被搜去。途中作诗《巫山巫峡行》。

　　20 日　抵家。稍早，嘉定中学同事谷醒华知吴芳吉家贫不能自给，佯告吴父曾欠吴芳吉债，特汇还。吴芳吉归家后，知晓此事，大为感动。

6 月

　　6 日　袁世凯在忧惧中病故。
　　7 日　黎元洪继任大总统。中国进入军阀割据混战时代。

7 月

　　吴宓因体育不及格，且患眼疾，未能赴美，临时供职于清华学校文案处，担任翻译员。
　　约于此月　前往重庆，供职于《强国报》社，任编辑。

8 月

　　10 日　致信吴宓，谈世道衰微及应对之道，勉吴宓效仿舜之志，砥砺气量学行："世道之衰微，非一人致之，众人致之也；非一时致之，百年积之也。吾祖若父之先，已有之矣。吾人为子孙者，诚宜有以复之，有以掩之。一人之力不足，积人之力赴之；一时之力不足，积年之力为之。安知尧舜治世之不可复，汉唐文明之不可齐，而忧伤何为者？"又谈心病与身病之关系："世之所谓病者，心病于先，身病于后，心不病者，身亦不病。药石之力，可以治身病，不可以治心病也。可以和庸人，不可以和圣贤也。盖以身病有形，故可以形治之，犹豫，心则无形，不可以形治也。庸人妄动，故病堕之。圣人无梦，于病何有？敢告雨僧，勿贪恋，勿妄动七情，勿轻服药石，顺天地之阴阳，为起居之节度，察人事之从违，为吾身之措施，庶几可矣。"[1]

10 月

5 日　入夜，在《强国报》社内枯坐长吟，四顾寂寥。梦中为臭虫扰醒。掌灯捕之，得五十余头。社中侍女金兰闻听，亦赶来相助，共捉百余头。金兰着睡衣，坐床边，似有相就之意。吴芳吉携灯而起，金兰知其君子，不敢造次，仅握其手，请其就寝，遂携灯离去。吴芳吉怒甚，挥手斥其速去，自思："吾之手，惟树坤、雨僧、树成可以握之。未尝与人握手，以污我肌肤，玷吾所爱者也。憨婢蠢尔！胡亦不自量哉！"[2]

11 月

3 日　午后往烹雪楼饮茶。遥望涂山，有故乡之思。

12 月

10 日　复信某生，谈诗人与诗歌的关系：先有诗人，后有诗歌，诗歌之产生，须具内美和外缘，作者"必其学道既深，识超于众，行笃于内，真知灼见，以泽于后世"，此为内美；作者"遭际不辰，不得于上，不谅于下，虽竭忠尽智而不违，忍辱含痛而不怨"，此为外缘。诗人蒙谤受侮，九死不复，为抒发其抑郁穷愁之慨，乃不得已为诗。故诗非有意为之，乃功业之余，诗人功业未竟，以诗言志，"使人之读其诗者，瞻望发愤，以励其志焉"，所作诗皆竭平生心力赴之，有益于世道人心，"虽有数语足以垂世，而温柔渊博之思，蔚然昭见。其寄托风月，叹嗟黍离者，

---

① 吴芳吉：《与吴雨僧》，《吴芳吉集·信》，第 618 页。
② 《吴芳吉集·日记》，第 113 页。

犹冀拳拳忠爱之心，感人丧乱之余也"。如杜甫、陆游等，虽境遇艰厄，然立身高洁，其人不朽，其诗亦不朽。今日诗歌之失，在于诗人无行，"学不足以明心，行不足以风世，袭人唾余，嚣嚣自得；或步前人之滥习，颠倒无伦；或俯视一切，而不自反；或沉酣于雕虫之技，恬不知耻"。①

19 日　致信吕谷凡，谈如何面对今日之忧患："吾人所历忧患，皆不足道。饥寒而外，犹有大忧患在。苛政恶俗，邪说诬行，皆世之魔障，吾人之大患也。吾人欲去彼大患，则一切小小忧患，不容不身受之。不身受诸种忧患，无以窥大患也。换言之，吾人欲求最大幸福者，则一切小小幸福，不可不忘之。不忘之，无以载大幸福也。今之得失，要皆小幸小患。立身大节，犹在后日。牺牲今日，以立后日之基，是乃不可忽矣。"②

年底　因《强国报》社中诸人"大都江湖无赖，不学弃行之辈"，资质远逊于右文社同人，不堪忍受，年底即辞职回家。③ 自此赋闲在家，杜门简出，逾十九月之久，自 1917 年 1 月至 1919 年 6 月。居家不出，乃吴宓的建议：一方面由吴宓在外联络朋友，设法寻找出国的旅费和学费；一方面吴芳吉可安心在家自修，提高个人学养。

是年

购读《李二曲集》，至悔过自新一节，"悔而又悔，至于无过之可悔；新而又新，至于日新而不已"，大为感动，引为至理，以之为"入德之门、立己之基"。④

成诗《送绍勤赴渝》、《迟雨僧久无书至，因讯赴美程期》、《已寄一片，雨僧犹无书至，再寄问之》、《弱冠诗》。《弱冠诗》为组诗，原为十九首，现存十二首，多关心国运民瘼、自述身世之作，计有《儿莫啼行》、《海上行》、《江上行》、《步出黄埔行》、《巫山巫峡行》、《曹锟烧丰

---

① 吴芳吉：《答某生》，《吴芳吉集·信》，第 619—620 页。关于诗人与诗歌之关系，吴芳吉在《还黑石山》组诗中亦有提及："一等襟怀一等识，最难为恃天生姿。诗也志所寄，志以礼为持。诗人即志士，志有义利诗淳漓。足言足容德之藻，折衷微礼何所期？君看《礼经》三千例，孰非温柔敦厚诗教之释词？"见《吴芳吉集·诗》，第 303 页。

② 《吴芳吉集·信》，第 623 页。

③ 吴芳吉：《与吴雨僧》，《吴芳吉集·信》，第 622 页。

④ 吴芳吉：《训谕牌告（二）》，《吴芳吉集·文》，第 566 页。

都行》、《思故国行》①、《赫赫将军行》、《短歌行》、《痛定思痛行》、《红颜黄土行》、《北望行》。此组诗为吴宓所称赞，吴芳吉以诗歌为志业之心益坚。

———————————

① 分别咏吴禄贞、宋教仁、蔡锷事迹。

1917 年（民国六年·丁巳）二十一岁

1 月

23 日（农历春节）　天明，四邻举炮，如春雷动。晨起，携汉骧外出。街头静寂，空无人迹，时闻鞭炮之声。此日，白沙乡俗：不吃饭、不启户、不扫地。

24 日　早饭后，邻人肖家、杨家、周家等各携白糖一斤来拜年。以楷书录自作诗寄吴宓。与二亲商议去各家拜年，吴父建议："戚好中贫苦者宜先往拜之，送馈宜丰，富饶者可后往之，送馈宜俭，厚于贫者不矜也，薄于富者不诮也。"吴芳吉深然之。夜中，与妻弟何树荣、妻妹何树清在堂前燃纸炮戏乐。

25 日　亲戚友好者来拜年，有跪拜者、有鞠躬者，皆以白糖为礼。见面则说"一见发财"或"过年热闹"，答语则说"新年惟在府上"或"贫家无年"。燃纸炮为戏，以练汉骧胆量。晚读古乐府诗百首。

26 日　何显扬来访。何曾为乞儿，后学医，稍通文墨。吴芳吉佩其能自立自振。吴母携树坤至白沙市中亲朋处贺年。吴芳吉前往襄衣滩岳父处贺年，树荣、树清同往。天气晴和，沿江放步，至襄衣滩，有草场、巨石，列坐其间唱歌。到后，与岳父一揖。赐诸儿各百钱，又与诸儿踢毽子、燃纸炮。午饭时，岳父及长子何树恒赴四邻拜年，无暇陪坐，座中惟岳父佃户二人及吴芳吉。佃户二人拘谨如鼠，吴芳吉不食，则不敢动筷。二人听说吴芳吉曾到京师求学，又到上海工作，不禁骇异变色，益深羡慕。二人愈恭敬，吴芳吉欲哀怜。日暮辞归，岳母命树清、树荣相送，又赠以糖饵二十包、鸡肉一腿、花生、豌豆若干。

27 日　汉骧病风寒，不肯饮药。吴芳吉怒斥："汝不服药，汝其死！"吴母闻之，不悦："逆子！汝欲其死乎？汝何残狠乃尔？"芳吉解释道：

"母乎，吾戏言死耳，未必死。"吴母怒仍未消："然则吾欲汝死。"芳吉正色道："天纵我来，非人得而死我，人孰能死我哉！"吴母长叹："吾误生汝矣。"又自言："吾未见残狠若而人者，欲其子死也。若骧儿死，吾必死汝。"吴芳吉于此有悟：人皆有避讳之言，如父亲抽烟片，则不乐听人戒烟之语，母亲讳言不祥及死生祸福之语，尤其不乐闻孙辈不吉之语，凡类似此等话，皆不可说，以免其烦恼。

28 日　偕母亲、妻儿乘舟前往德感坝祭祖、省亲，携白糖十斤、酒肉若干，又随身带《史记》、《八代诗选》、《伤寒论》等书籍。舟行途中，日光和煦，薰人如醉，山光人面，舟人见吴氏夫妇，惊为天人。吴芳吉三年以来第一次觉树坤如此之美，乃感叹：舟中观人必灯前月下为胜。经金刚沱、油溪、龙门滩，至德感坝。伯父等至江滨来迎。傍晚，携树坤至溪滨、麦陇上唱歌，农夫皆来听。夜作茶会，燃巨烛，醇酒美食，与伯父、堂哥芳粮、芳福、芳土等相谈甚欢。在德感坝，伯父一家为寒门小户，以佃田力耕为生，兼以种菜、贩布获利。宿于二哥芳福禅房。时闻江上水声。

29 日　士绅吴云停请宴。偕树坤游田垄间，又登高眺望长江风景，北岸江津城。

30 日　伯父为吴芳吉卜卦，言二十一岁命运亨通，有功名。入夜，与二哥吴芳福在禅房谈鬼。芳福信佛，常年素食。

31 日　春衣作成，大布青衫，素不喜丝帛衣服。偕树坤至溪边，以木盆为舟，竹枝为桨，令汉骧推之，风动波兴，汉骧为之雀跃。宗族聚会，族人咸赞树坤之美，使宗族生色。与树坤并肩行于市中，市人皆掉头回顾，纷问是否白屋吴郎。晚设宴款待亲友，夜深，诸客赌纸牌为戏，芳吉与树坤在中庭竞跑、唱歌。

是月　胡适在《新青年》发表《文学改良刍议》一文，主张破除陈旧的文学规范，创造一种全新的文学面貌。

2 月

1 日　前往梨树湾拜祭祖墓。族人宴请。至，诸宗迎于门外。有客百余人，见吴芳吉来，皆肃起，盖吴氏宗族惟芳吉读书不辍，众人颇为礼遇。

3 日　坐渡船至江津，又坐米船返白沙。航程九十里。

4 日　应龚姨（何树坤义母）之邀，前往陪客，尊为上座，下坐有吴芳吉岳父、聚奎教师龚灿文等。龚灿文言，白沙子弟多朴素，不能应世扬名。吴芳吉以为不然："彼朴素者饥寒困苦，或屈于一时，然而最终战胜，正此辈也。"①

5 日　终日读催眠术②书、讲义，始悟：观花走阴、诅咒符命等民俗亦催眠术之一种。又发现，催眠术书与《内经》颇有相通、互相发明之处。

8 日　邻家男子二人因抽鸦片烟被捕去，政府又捕获鸦片贩子三十余人。里正鸣锣告知，奉省长严令，县官面谕，禁烟期在必绝，自今日始，以五家连保，一家吸烟，四家同罪，有告发烟贩者赏钱五千文。吴芳吉及吴母力劝吴父戒烟。吴父烟瘾尚浅，日服戒烟丸二钱、金纳霜一粒，戒烟后，上午精神健旺，下午、晚上精神疲倦，难以入眠。邻家烟瘾重者，戒烟之时发作，仰天呻吟，涕泗流涟，或辗转反侧，夜不能寐。

18 日　楼居读书。晚读陶渊明诗四言数章，"气息优裕，无烟火气象，令人神往"③。

20 日　温习催眠术，发现催眠要诀：要使催眠者去其思念，而后暗示，才能进入催眠，此犹如修学之道，必静心守性而后才得其旨。

24 日　读《聊斋志异》，评曰："士不展其材而托于鬼怪以终，其意则深，其情可哀焉。"④

26 日　债主刘煆堂夫妇上门索债，未得。楼居，读《庄子》。

27 日　楼居，读《说文解字》、古文。夜读小说《狱卒泪》，言邢狱之惨象种种，为之肠肉怆痛，噩梦连连。

28 日　读《妖怪学》，深有趣味，发愿"竭心力于此途，合百科而一之"⑤。

是月　得邓绍勤自重庆寄来《强国报》、《甲寅月刊》等书报一批。

---

① 《吴芳吉集·日记》，第1124页。

② 吴芳吉对催眠术兴趣浓厚，间或应用其催眠技巧，颇有效用：友人李宗武苦于天气溽热，吴"以催眠术为之引凉，谈天至暮，果谓浑身清淡，不似午前之热"。见《吴芳吉集·日记》，第1238页。又赴成都任教途中，轿夫挑夫足不能行，以催眠术治之立愈。见吴芳吉《与刘弘度刘柏荣》，《吴芳吉集·信》，第927页。吴芳吉亦曾为岳母催眠，使其安寝。见吴芳吉《禀母书》，《吴芳吉集·信》，第981—982页。

③ 《吴芳吉集·日记》，第1129页。

④ 《吴芳吉集·日记》，第1131页。

⑤ 《吴芳吉集·日记》，第1133页。

学习世界语。陈独秀在《新青年》发表《文学革命论》一文，声援胡适，提倡"文学革命"。

3 月

1 日　踏春。读杜诗一卷，《史记》数篇。

3 日　因父母所命，将赴重庆谋事，裁缝来家缝制新衣，树坤缝制新鞋。读《石头记》等书。

4 日　运用现代心理学知识，为汉骧作体格、性格、意志力等测验。

5 日　家中欲雇用一老妪，每月五百文。读庾信诗。

20 日　得朱克烈书，告以将赴中央法政学堂。

22 日　房东来催房租。成诗数首。

4 月

月初　胡适与陈独秀联手倡导新文学运动。

中旬　川军与滇军在成都混战，川、滇、黔军阀矛盾日益尖锐。

5 月

树坤小产。

6 月

21 日　白沙举行龙舟竞赛，市民蜂拥而至，吴芳吉亦前往观看。市民多掉头相顾，吴芳吉识之寥寥，急忙跄跄趋避。

23 日　因家居不事生产，致母之嗔怒。感叹："人生世上，势位富贵，真不可忽哉！"[1] 午饭，吴父买肉佐餐，肉腐败难闻，树坤强忍咽下，

---

[1]　《吴芳吉集·日记》，第 1143 页。

以免吴父悔惭。吴母馈送学务委员萧某猪肉，盖因萧某能干涉校中诸事。萧家回礼，馈以腐败之肉。吴芳吉欲退回萧家，树坤劝止，别人还礼，毕竟厚意。芳吉后将腐肉丢弃于门外阴沟，为父所斥，捡回，仍做晚餐。

29 日　因无钱买菜，吴父责备吴芳吉不应听从吴宓之言家居自修，应求赵鹤琴诸人，速为谋事以解家中燃眉之急。吴母亦从旁相劝。吴芳吉认为，目前家中尚有余钱，足够下月之用，二亲应留有余地，善体自己在家自修储学之意，不应驱策自己专谋供养之事。赴岳丈家暂避。得邓成均转来吴宓长函，反复读之，愀然泪下，自思："嗟乎！雨僧君果深知我者，亦知吾今室人交责，债主交逼者乎？若犹强吾家居，悠悠忽忽，一无所就，毋宁置我于死哉！"① 晚，债主刘碬堂又至，装病欲死，吴父吴母在堂中为之设榻、铺枕席。刘自诉苦状，哀求吴家还债。此债本为年底归还，债主催逼提前归还。吴芳吉居中协调，出示日记所记还债日期，承诺年底如约归还。债主是夜宿于吴家，咳吐呻吟不已。

30 日　午餐时，债主刘碬堂又至，坐堂中呻吟不语。吴父设席款待。午后，债主到街头看病后，仍来吴家，以衣物铺于堂中，昂首出入，旁若无人。吴父叮嘱芳吉，此来必非善意，宜和平待之，勿与争执，以免死于堂中，事态加剧。债主枯骨蓬头，兼以癆病、痢疾，汗臭如腐鼠。汉骧睹状，惊骇大哭。

是月　读丘逢甲《岭云海日楼诗抄》。对丘逢甲推崇备至，认为是子美、放翁以来第一人，"其峥嵘豪放其气，前无古人，后无来者。至情而为至人，至人而为至文，足以挽流俗、匡末运，日月经天，江河行地之作也"。② 登金银岗、红豆坪、大旗山，慨然于故乡山水之奇秀，而所产人物皆无足称道。

7 月

1 日　债主仍卧堂中，唾液满地，秽物狼藉。吴母再三告诫芳吉勿与之起争执。后债主之妻亦至，与吴父争执不休。吴母从中斡旋，又为之赊肉治膳。

2 日　静坐有成效，"颇得真如之境，较昨年诚有深造，呼吸能穿隔

---

① 《吴芳吉集·日记》，第 1144 页。
② 吴芳吉：《答某生》，《吴芳吉集·信》，第 620—621 页。

膜至小腹以下矣"①。

3 日　债主与吴父争嚷不休。吴母优待债主，呼为亲戚，以免逼债太急而无从偿还。芳吉以为不必，且谏母亲勿到处称亲寄拜。② 吴母闻之大怒，称欠债全为芳吉，怒责其不孝，又愤言："逆子! 汝终是我生汝，吾悔教汝读书，至于此也。汝不孝敬父母，即汝之妻子，亦惟汝挞骂是施，汝之心肠，狠如豹虎；养汝二十余岁，未享汝一钱之食，而犹欺我如是! 雷打火烧! 天诛地灭! ……愿今日雷神起而殛之!"

下午枯坐，拟著《天人之书》，分《人才论》、《学术论》、《真理论》、《家庭论》、《政府论》。其中，《家庭论》反思父母与子女关系，旨在打破父母万能、亲子尚私的家庭传统。吴芳吉以切身经历认识到，近世所褒扬的"孝子"必有以下二端："1. 能取高官厚禄、锦衣玉食者，否则不得为孝子。故以廉洁耿介之行，皆逆子之事也。2. 能随世俗，信鬼神，尊父母为万是、而自处为万恶者，否则不得为孝子。"③ 以此为标准，安分守道反为迂阔无用，恪守伦理竟成大忌。为强化父母权威，"自正面言之，凡所以愚弟子者，力为提创之；自反面言之，则假天之威力以警惕焉"，处理亲子关系"不以义而以势，不以理而以私"④，遂造就了父母对子女的霸权、专制局面。维系此一伦理关系的天然合法逻辑在于，父母和子女乃是债权关系，子女为父母所出，为欠债者，父母则为债权人，"故亲之望子，不望其行道德有学问也，惟望能偿债者足也。子之事亲，但以能偿债者可以为孝也，道德学问亦非所望也"。⑤ 吴芳吉认定，此种亲子关系的核心是自私自利，推演开来，亦是国族不振、道德颓败的根本原因。

4 日　债主病愈，离去。早饭后送债主返家。午后，读《徐州游记》，叙张勋军中龙阳之风颇盛，部将多昔日优伶，感叹："吾蜀长吏，今年亦复有此，军人无行，不足论矣。甚至亲民之官，出身卑贱者，殆不可数，宦海流风，昔惟崇好财货者，今又更进而尚音色矣。"⑥

19 日　家中无钱买菜蔬，吴父疑吴母藏有私钱，不肯拿来公用，二

---

① 《吴芳吉集·日记》，第 1147 页。

② 寄拜：依托某人，结为亲属。

③ 《吴芳吉集·日记》，第 1148—1149 页。

④ 《吴芳吉集·日记》，第 1149 页。

⑤ 《吴芳吉集·日记》，第 1149 页。

⑥ 《吴芳吉集·日记》，第 1150 页。

人争执不休。汉骧大哭跌倒，二老往抚之。

20日　川、黔军阀在川西地区展开大战，四川局势动荡，人心惶惶。

22日　内兄何树恒划船来家，馈黄荆一担。是日，江水大涨，洪流浩瀚，令人畏慑。家中又向人告贷，以维持生计。晚十时，江水逼近院门，家人戒备不睡。

23日　江水暴涨，漂没街途，一时泽国泛滥，室中水满，吴芳吉抱祖宗神位及黎元洪大总统像避居楼上。水势又涨，吴父洞穿屋顶，吴父抱汉骧，芳吉携树坤，从邻居扶梯下，避居龚姨家。吴父与芳吉仍返家中。水将至楼上时，芳吉将历年日记、书函、著述及诗文藏于一篓，与母亲踏邻家屋上，由吴父作前导，且行且扫瓦石，攀援而下，送至龚姨家。吴父善泅，返回宅内，将器物衣服搬至晒台，厮守不出，以防盗贼趁机打劫。夜半，吴父秉烛危坐晒台，四邻亦皆举火戒盗，灯火通明。远看江中，漂浮茅舍、畜栏、大树，水面不时传来救命之声。

25日　洪水退却。外出寄信。黔军强据江津，逼近白沙，川黔两军有交战之势，市人大恐。

27日　与母亲返家。初做餐饭，湿柴破灶，污泥恶臭，强忍而食。骤雨又至，室内一时水满，厨房深可没膝。雨止后，赤足疏导积水，与父晚炊，陈碗具于灶上，站立进餐，屋漏淋雨，周身濡湿，泥滓没膝，又不能坐，"此种境遇，亦人生难得者也"[①]。白沙物价大跌，因川军、滇黔军交战，货物无法外运之故。

28日　内兄何树恒雇二工人前来修缮房屋、清理污物。设宴款待工人，家人始得一聚。下午五时，忽又狂风骤雨，声撼天地，室内又满积水。半月以来，天气变幻不定，日日苦于风雨，兵祸未消，劫运不已。

29日　于楼上晒柴薪。又涨水满门，掘墙泥补洼地，使不蓄水，径直流入沟渠，毕，头脚皆污泥，俨如泥人。

30日　仍避居龚姨家。龚姨尝闻芳吉有贤友相助，不似老死乡里之辈，故待之甚为殷勤优厚，"日日宴集，事事适人"，对其自家兄弟却多詈骂之词，因其弟甚穷之故。吴芳吉睹此，颇有世态炎凉之感。

31日　地震。江水又涨。吴母、树坤及汉骧又返归龚家。

夏间　与何树坤口角，因树坤劝其勿睡竹床。一怒之下，打点行李，离家出走。走数十步，忽赧然，觉此举实非君子之行，且有负吴宓尽心栽

---

① 《吴芳吉集·日记》，第1157页。

培之心，口吟杨椒山①"平生未报恩，留得忠魂补"之句，折回，离家风波平息。②

8 月

1 日　江水涨至街市。将家居、衣物等搬至龚家。吴芳吉书籍无法搬运，亦无人愿搬运，与父守于家中。致信吕谷凡，请求赈灾。又写给刘泗英一信，请告诸友家中窘况。后水势长势迅猛，淹没楼梯。邻居家地势较高，与父亲穿破墙壁，架木为桥，得以直达龚家。一时，众人皆迁避屋脊，还有人奔往后山坟地躲避，"白杨荒草，乃为红袖青衫乐居之所也"。江中浮尸甚多。市厅有浮尸会，下江打捞埋葬。龚姨送来豆粥、饭菜，与父月下对酌，欢极醉饱。日记中记此日心境："'天人'诸友，惟吾境遇最乖，亦惟吾最可乐。使树成处此，必咨嗟憔悴，有不能胜，此其所以不学欤？"③

2 日　水退。与父浸泡水中，扫涤墙壁，水冷砭骨。邻家亦趁潮收拾，欢呼声震屋瓦，以水未淹没楼上为幸。

4 日　不复寄食龚家，返回家中。此次大水，损失约两百圆，幸尺牍、文稿未失。吴芳吉认为，虽有损失，亦是好事："吾亲好货财，心劳形役，欲为子孙之积。今器物半漂没矣，四壁冷然，惟釜甑床榻粗支眠食，而吾亲之心乃足。自兹以后，其好之惜之，惜之悔之，悔之悟之。悟之矣，吾亲几于道矣，是又水灾之赐也。"④　晚登楼玩月。

11 日　吴母买新米一斗，一圆三百钱。与二亲及树坤剥蚕豆制酱。吴父磨米做糕，和以芝麻、糖晶，遍馈邻里。债主刘龈堂又来家中，虽未索债，而问吴芳吉诸友有信来否。读书报、《史记》等。

12 日　债主刘龈堂又来。吴家款待甚佳。刘龈堂为吴家人言其妻之恶：刘病卧家中，其妻终日不供饮食，且盼其速死，来吴家讨债亦其妻唆使。晚餐后，步江边观云，夕阳之下，山水景色明媚庄严。

---

① 杨椒山（1516—1555）：原名杨继盛，号椒山。明容城人。初授南京吏部主事，后任兵部员外郎。因上《请诛贼臣疏》奏劾严嵩十大罪状，被削职下狱，冤杀。

② 周光午：《教育家的白屋诗人》，《重庆清华》1947 年第 5 期，第 1 页。

③ 《吴芳吉集·日记》，第 1162 页。

④ 《吴芳吉集·日记》，第 1165 页。

14日　购枣七八斤，储作干粮救急。思及家中预算，薪米之费占十分之一，酒肉菜蔬占十分之二，房租、衣服、杂用约有十分之三，应酬则有十分之四。家中之所以日费千钱而不敷用，即在小债多起，积久未清，有钱则还债，无钱则告贷，又不簿记预算，以此家用日难，二亲"有则罄之，罄则怒作，日惟吾之是求，吾惟诸友之是求"①，已成恶性循环，实令人为难。

17日　晨起，江水又涨。市民惊恐，吴芳吉随众，往岸边观水。人群中，有人希冀再来大水，以发横财。有老者议论：水患、兵祸、百谷腾贵、银钱干涸，皆因人口日多、人心日坏之故，非死去半数，不能平治，而天地杀人，最佳之方为瘟疫，无论穷富蠢猾皆不能免。上午收拾书楼，清理图书。决定此后不再过问家中琐事，尤其汉骧教育问题，以免与母冲突，反致家庭不和。夜，东邻何氏聚赌，佐酒喧哗、秽语不绝。水灾期间，邻里女眷多放荡淫行，趁乱行欲。

18日　内兄何树恒自襄衣滩至，送豆一升。外出至黑石山、狗跳洞、单于洞一游。

20日　家中用度告乏，早餐仅食腌菜。吴宓汇款久不至。川军执二人游街、枪毙，二人为黔军做间谍。市厅鸣锣宣告，凡捕田蛙者，与盗窃同罪。邻里多建道场，超度亡灵，鼓声螺声，彻夜不绝。

22日　致信吕谷凡，告以乡中情势与水灾惨状。午后读英文。

23日　吴母所在学校学董来告，下学期教员工资增加一万钱，吴母预支五千钱度日，买蚕豆、米各一斗。

24日　吴宓、童季龄汇款将到，与父商量此款用途。吴父主张先还债，吴芳吉则提议用作日常花销和出游求职费用，所欠债待以后再偿。吴父言："汝出外路费，可徐徐谋之。此款偿债也，偿债为大，出游为小。"吴芳吉言："吾不出，债亦难偿，学事无进。偿债为缓，出游为急。"吴父言："汝以何法偿之？其忍心再求诸子？"吴芳吉回答："有妙法在，且不告父知之。"吴父故作惊讶："汝奈何自杀也？"吴芳吉急问："吁！吾奚自杀？"吴父指吴芳吉左指。芳吉才知只顾说话，切肉时受创流血，痛笑无措。夜读《长生殿》半本，零涕如雨。

25日　为父亲煮腊肉、调藕粉。闪电雷声大作，狂风骤雨又至，未久，水漫庭院。观雷电之威力，忽悟世俗劝孝，何以雷神警之，此诚无上之妙法。

---

① 《吴芳吉集·日记》，第1169页。

26 日　建议双亲实行家庭花销预算，每月一小预算，每年一大预算，每日规定若干。二亲皆甚支持。自今以后，每日菜蔬及零用小费，限以百钱，吴母教书所得薪俸（每年七万钱，约银四十圆）专为家中缝制衣裳、酬应、汉骧果饵之用，其余房租、油盐、柴炭、宴会、酒肉、舟轿来往、债费、邮费，皆赖吴宓等人所汇之款。

28 日　吴母四十三岁之寿。吴父买鸡一只、肉三斤、菜蔬十数。岳母偕树芬、树清、树荣泛舟至，馈赠瓜果、豆芥、猪肉、糖晶等。午宴有菜八盘、佐桂花酒、银丝秋月面、碧荠龙脑羹。

是月　吴宓赴美国弗吉尼亚大学攻读新闻学（后改读西洋文学），何树成得吕谷凡两百圆资助，亦与吴宓、童季龄一同赴美留学。吴宓行前，来信嘱吴芳吉"专力于诗，勿作他图。而目前要务，宜兼从事西洋文学"。吴宓以吴芳吉性情近英国诗人彭士[1]（Robert Burns），以《英诗源》（Golden Treasure）、《彭士全集》、《乐伯全集》相赠，命其"熟读精求"。自是，吴宓每次来书，皆选授英国名诗数首，恐其难解，并译散文附于其后，帮助吴芳吉理解原作。

吴宓抵达美国后，在留美同学中发起为吴芳吉筹款倡议，并定公约：一、数目多少，个人自由认定；二、定期缴纳，不容延缓；三、只尽在己之义，不问受者作何使用；四、永无酬报还答；五、俟碧柳能自立时，公议解组。[2] 参与捐助者有：汤用彤、凌其峻、黄华、童季龄、瞿国眷、沈鹏飞。[3]

---

[1]　即罗伯特·彭斯（1759—1796）：英国诗人。1786 年出版《主要用苏格兰方言写的诗集》。后半生致力于收集苏格兰民间歌曲和词作。吴芳吉以彭斯为知己，曾加模仿，并专做《彭斯列传》一文颂扬其人、其诗，对其评价颇高："吾读彭士之诗，爱其质朴真诚，格近风雅，缠绵悱恻，神似《离骚》。而叹彭士天才兼吾《诗经》、《楚辞》中人有之矣。蓬勃豪爽，富有生气，从无悲愤自绝之词。……结构谨严，无一字出之平易。而吾尤爱其诗端在现实之人生，不尚空虚之道理。在继承前人正轨，而不鲁莽狂妄，以为天才创作。在宜其情之所不能已，而不知所谓主义学派。嗟乎！安得彭士其人生于中土，益以言行合一之道，使文章与道德并进，继往开来，不蔽于俗所尚，以救此沉闷无条理之现代诗耶！"见吴芳吉《彭士列传》，《吴芳吉集·文》，第 438、441—442 页。

[2]　吴芳吉：《自订年表》，《吴芳吉集·文》，第 541 页。

[3]　沈鹏飞（1893—1983）：广东番禺人。1917 年清华学堂毕业后，1917 年派赴美国留学，毕业于俄勒冈大学，后获耶鲁大学林学硕士学位。1923 年回国后，先后在广东农业专门学校、中山大学、广西大学、同济大学、暨南大学、华南农学院、中南林学院等院校任教授、系主任、院长等职。

9 月

2 日　读谢无量《中国哲学史》，评价此书"无所发明"。

5 日　家中所雇老妪，仅一天即辞去，且告外人吴家待其甚苛刻。吴芳吉劝谏二亲，以后不可雇用佣妇，家人精力强健，理当操劳家务。

6 日　随父游玉峰（白沙北岸高山）报国寺，后补作《秋日从家君渡江登玉峰报国寺作》十六首。

7 日　梦遗，责己"学圣不专"①，恐此症大发，就寝之时抱吴宓信札而眠，"自信敬爱雨僧之坚，必能压服痼疾也"②。与吴父测试汉骧识物、语言、动作能力。

9 日　静坐功夫不辍，"渐能冥冥，近于鬼神，此实第一可喜者也"③。于静坐中悟疾病之由，人之所以有疾病，实为自我谴责所犯罪过之法，如能寡过，则无疾病。友人罗民格来访，谈四川战事。

10 日　传闻黔兵将至白沙，市人如惊弓之鸟，惶惶不安。市厅主事者预备迎驾，以结黔军欢心，欲以情谊而止其暴行，办法有四：一、燃放纸炮，迎于郊外；二、预备酒肉，慰问军队；三、招募民兵，听候驱使；四、打扫庙堂，供其休整。去年，北兵入川，经过白沙，市厅诸人即用此法应之，效果颇佳，北兵无所犯，并言："白沙善良，不合犯之。"吴芳吉甚为称赞此种做法："天下事有不可以理论者，而可以情谊制之。今之军队，盖不可以理言，彼必以势，吾民赤手，如卵击石。若以情谊尚之，虽孟贲之勇，不可施矣。乃知天理人情之不可偏废哉！"④

11 日　静坐，"渐几中和，喜怒哀乐，皆淡忘之"。作《鬼经》，谈人、鬼关系，其要义如下："太古茫茫，人与鬼将，宇宙既行，人鬼爻作。秉天地之质者曰人，秉天地之性者曰鬼。鬼者人之归，人者鬼之生，无人无鬼，斯有人有鬼矣。……人有善，鬼之明；鬼之忒，人之气，循循环环，奚止三世……国破非破，人亡非亡，物不可以加物矣。……故曰：

---

① 《吴芳吉集·日记》，第 1184 页。

② 《吴芳吉集·日记》，第 1185 页。

③ 《吴芳吉集·日记》，第 1185 页。

④ 《吴芳吉集·日记》，第 1187 页。

君子慎独也，莫显乎微也。……达鬼之机曰静坐。"①

12 日　黔兵未至白沙，由川西返回贵州。捕杀盗贼五人，杀于江边。

13 日　反思性善、性恶之说，认为性命一体，命在天，性在人，天命超乎善恶，性亦超乎善恶："顾古今之道学者，论性善、性恶、性无善无恶、性混善混恶之说，皆是多事，不足以解性之真谛。夫天命之谓性，在天为命，在人为性，性与命一也。性即由命，命即有性。性命者，人天之原，太极之始，超于善恶之外，非词之所能形状者。谓性有善恶欤？则天命亦有善恶哉。谓性混善恶欤？则天命亦混善恶哉。谓性无善恶欤？亦犹谓性之有善恶也。性与命，非善恶之事也。而古今学者偏以善恶言之，是物之矣。物必有终始也，安在性命之终始乎？物必有内外也，安在性命之内外乎？性命不可以始终内外也，安在而可以善恶乎？善恶者，后物也；性命，先物也。性命在物之先，善恶定物之后。善恶、性命漠不相及也。故曰：'天命之谓性，率性之谓道，修道之谓教。'人之有善恶也，教也；善恶所相及者，亦教也。故人之未生而有胎教，既生而有礼教，既壮而有名教。胎教失而礼教正之，礼教失而名教正之，名教失而法治之，法失而天下乱。乱极复治，治极复乱。善与恶，教也；治与乱，亦教也。是物也，非性命。性命即太极也，太极而乌有善恶哉？故论其式曰：太极即天命。性具太极，故性犹天命。天命在物之先，性犹天命，故性亦在物之先。物有善恶，天命不囿于物，故天命超于善恶。性犹天命，故性超乎善恶。"②

22 日　致信吴宓，谈（一）道与文之关系："盖有至理，必有至文以当之。理文兼至，言无尽而意有余。二者不可偏废。惟文至者，灿如花冠；惟理至者，淡如蔗尾。或谓有至理者，自有至文，非概论也！……若熟读五经，反观韩退之辈，真猥弱不足语矣！退之文章，号起八代之衰者，时势使然也。八代文章，极于繁缛，退之独以雄奇倔强之气，为大经大法之文，故声誉之隆，直追荀孟。然退之之生，幸生荀孟后也。不然，其所谓雄奇倔强之气者，再而衰，三而绥，为大经大法之论，安足道哉！我国古无文道之分，惟道有文，惟文载道。诸子百家之理，皆道也；诸子百家之言，皆文也。故有道者，莫不能文；能文者，莫不有道。道丧于秦，文伪于汉。二京、两都之赋，果于何有？魏晋以降，文道亦分。于是知道者未必能文，能文者未必是道。韩愈与八代，尤五十步笑百步耳。而

① 《吴芳吉集·日记》，第 1187—1188 页。
② 《吴芳吉集·日记》，第 1188—1190 页。

不必责者，世运之变不同矣。"（二）学问应能变化气质："学问宜有涵养。诸友中，惟雨僧差有功夫，较吾人高出多多。吾极爱濂溪先生'光风霁月'之赞，尝谓雨僧不愧当此。惟雨僧容表，则不肖'光风霁月'气象。窃愿吾侪共勉之。盖吾侪虽少涵养，心地实光明无玷。惟容表皆失之严厉，而无慈祥之气。使人见之，若有怨天尤人之意。此亦功夫未到之证，故周礼教人以容也。"（三）当今学术失之狂荡，各执私见，不能挽救世运、疗治人心："今日中国学术人心之坏，章太炎、梁启超诸公，实为推波助澜之人，不能逃罪。诸公学问师承，皆极偏不正。其在旧朝，则不失为书生，可贩卖知识于一时。居今日而问政治，则百无一当。彼等德力，既不能制服藩镇，对于民生疾苦，仍属一知半解，不得痒处。办一报章，打出几通电报后，即不能再进一步。极叫嚣之致，不过随时逞意气之辞，未经思索，不见力行。矜持之气，发泄无余。愈说话多，愈失信于天下。今日之事，岂说怪话者，所能感动人心？况各执一党私见，彼此诋諆，遂至世风浇薄，不可收拾。尚欲梦想以己之道，削平国难哉！夫掉轻心以言西政，既如饮鸩止渴。而其党见分歧，力相倾轧，哀我元元，实为刍狗。嗟乎！'我虽不杀伯仁，伯仁由我而死。'闻太炎近趋于愤世嫉俗，乃不反求诸己，诚何心哉！天下伤心事，莫大于君子不知悔祸也。我辈用功，其速知所警策。"[1]

24 日　川军周道刚部一千余人奉命驻守白沙，占据庙宇庵堂、中小学校为军营。驻军兵源多为昔日土匪或流民。军队操生杀予夺之权，威赫之势令人恐惧。川、黔军阀相持不下，兵连祸结，民心惶然，吴芳吉终日读书自遣，心忧时局之变。

26 日　装订日记。所写日记，三年来（自 1914 年起）已有二十六卷。汉骧近来颇有礼貌。吴芳吉反思，以前曾因母亲溺爱孙儿而与之发生冲突，后来不复过问，母亲溺爱之心反稍减，可见母亲溺爱孙子乃自己逼成。遂悟："无论何事，不可操之太急。若操之急，则反之者必加厉焉。"[2]

28 日　债主刘嘏堂又至，未索债，只问吴芳吉何时起程外出谋事。吴父终日奔走忙碌，应付各家银钱。

29 日　中秋将至，吴母杀兔、杀鸭。吴芳吉为之不悦："人有佳节辄伤生，求乐而牲畜独苦以死，使平和之家庭污于残惨之气，诚何心哉！"

① 吴芳吉：《与吴雨僧》，《吴芳吉全集·信札》，第 556—557 页。
② 《吴芳吉集·日记》，第 1195 页。

后才知，鸭为吴母买来用以馈赠学务委员，凡是小学教师，皆要送礼，否则位置不保。吴芳吉闻之极怒。夜捣糯米做糍粑，与吴父谈鬼至深夜。

30 日　中秋节，做茶会，邻里来贺。午宴设祭祭祖。所杀之兔，吴芳吉不食，只吃清粥咸菜。周木匠来贺，并面谢吴芳吉。周木匠曾做西洋几案，吴芳吉代为写篆字。颇为感叹："看来吾合不该饿死，桑梓父老犹有周木匠器重我也。"①作诗《丁巳中秋寄怀欧美诸友》，有"破屋满江兵满地，老亲催病债催钱"，道家计之窘。

10 月

2 日　川军驻白沙人数增多，纷纷出巡，喇叭之声不绝。环顾国内军阀祸事，吴芳吉有思："不伐，天下莫与汝争功。嗟乎！古之圣人以天下之心为心，故天下莫可加之，其度量之宏峻，亦何远矣。今之人欲取天下大名，荷天下之重任，而无天下之度量，宜百藩之纠纷，万民之失所也。谓之何哉！"②

3 日　复信张仕佐③，谈诗歌之用、为人与作诗关系：孔子察乎世道人心之变，观古今人之诗，确立诗之极则在于"致于平治之用"。欲学古人之诗，必学古人之为人，"习杜诗，当知杜公忠爱，没饭不忘君国，其人品节操，高出千古，故其诗之雄冠千古，无以加之"。秦汉以来，作诗叛道，以至于今，现在作诗"首宜求树人救国大计"，"徒拘拘于雕虫小技，非所望也"。④

复函汤用彤，慰其目疾，并勉其知天命而尽人道："吾人诚知发奋有为，不妄自菲薄者，中国奚至覆亡哉？……顾宇宙间事，孰可忧乐？幸忘其小而图其大。吾亦多经险阻，屡逢乱离。其幸而不死者，殆有天焉。天之降我者厚，吾安可自暴自弃，以违天命。秉性为人，则当尽人之道。小小患难，岂值容心！彼世之神奸大慝，欺凌一世者，尤不必与较。灾不及于其身，必于其子孙。亦惟哀怜其愚，而姑容之可也。"⑤

---

① 《吴芳吉集·日记》，第 1196 页。

② 《吴芳吉集·日记》，第 1198 页。

③ 张仕佐：四川江津白沙镇人，时为国立成都高等师范学校学生。

④ 《吴芳吉集·信》，第 623 页。

⑤ 吴芳吉：《答汤锡予书》，《吴芳吉全集·信札》，第 558 页。

反思中国哲学之弊在重人文而轻科学："吾国哲学之失，首在故步自封，惟知天人之事而不知物之事。若以生物学以解决哲学之疑，定有新境界也。"① 读《甲寅日刊》时局政论，忽悟国变民情不仅仅是新闻，亦可作反证，有助于哲学之道。

4日　读《尚书》，寻求治乱之道。岳父至，与谈农事。邮政委员来访，谈四川战事。

7日　与六哥谈，日后出游做事，请其代管家事。又言："将来家计，仍要世代务农，勿坠祖宗志业，行商坐贾，非吾人朴质之性所宜也。"②

12日　于兵乱戒严中，与邓绍勤，溯驴溪而上，攀巉岩，逾绝涧，渡深潭险瀑，至一高丘，焚香祭拜孔子，并读祭孔之文："夫子之道，莫晦于今日矣，亦莫著于今日矣。夫子之道者，仁之道也。仁者，天地、鬼神、人伦万化之道也。天地、鬼神、人伦万化之道不熄，仁之道不尽，夫子之道不灭，彼邪说污行，暴政残贼，假仁义之言以盗天下者，特天地、鬼神、人伦万化之一变。变无常为，终返其本。夫子之道，何损于今日哉！某等凉德，幸生二千年后，敢以戎马倥偬废夫子祀？祀亦末也，惟心惟宅。世之祀夫子者，千百其人也。夫子之来也，非必千百其身也。我念夫子，则夫子在吾心。仰观俯察，则夫子弥六合。故曰参天地赞化育也。吾奚自暴弃哉！"礼成，作乐吹埙，奏景行之诗。自十三岁起，吴芳吉即与邓绍勤每年祭祀孔子。

13日　驻军征发白沙民夫四百人搬运枪弹，每家出佣费六十钱。吴父亦在其列。

24日（农历重阳节）　作《重九赋》，斥军阀争战不息、哀黎民生灵涂炭。

11月

7日　俄国爆发"十月革命"，俄罗斯苏维埃联邦社会主义共和国成立。

---

① 《吴芳吉集·日记》，第1191页。
② 《吴芳吉集·日记》，第1201页。

是年

作诗《白屋清明》、《谷雨》、《枇杷会》、《再送雨僧季龄及天人诸弟昆赴美洲》、《初夏赴丈人田舍看插秧》、《赋丈人》、《埧歌》、《泗英书来迎至日本避难》、《江津南城》、《甘薯曲》。

"护法运动"爆发，孙中山联合西南军阀反对北洋政府，战火波及湖南、湖北、四川。黔军将领王文华部、赵又新部攻陷白沙，居民四散。

1918 年（民国七年·戊午）二十二岁

1 月

4 日　致信吴宓，谈国难情势及人心之变："今俄德和议既成，亡国之机，日迫一日。而国中小腆，犹复争南争北，固党营私，不识大势。况乎强邻逼处于外，民生凋敝于内。四夷虽不亡我，而我实自亡之。人心已死，夫何可逃？尤可虑者，甚且假外夷声势，行己私欲。明明为人奴隶，虽相残而不羞。为人犬马，虽反噬而不辞。是则防不胜防，烈于戎首。……我不自祸，彼何足以祸我！……我以亡国为悲，而人以亡国为乐。有民若此，恶得不亡？兄等在美，宜力广交游，接纳彼邦少年，灌以中国伦理大义，传儒教于西土，以为亡国之计也。"①

2 月

11 日　作《戊午元旦试笔》，第三首有句"三日不书民疾苦，文章辜负苍生多"。

16 日　接吕谷凡信，告之黄华自美国汇来美金五元。信中表示，赞成吴芳吉东渡日本留学，并愿代为筹集费用。吴芳吉回信，婉拒筹款赴日之事，表示不能以家累累友，又以己事累友。

21 日　接童季龄信，信中劝止吴芳吉赴日学习催眠术，而应考虑国家需要，以尽己之责任。鼓励其以职业演说家自任，从事社会教育，开启民智。

---

① 吴芳吉：《与吴雨僧》，《吴芳吉全集·信札》，第 559—560 页。

25 日　与张廷壁谈，知聚奎同学蓝倩斌自从北京归后，学得名士派头，整日使酒谩骂。

月底　滇系军阀唐继尧控制四川。

3 月

6 日　复信刘泗英，谈作文之道："兹所谓文必奇者，非妄造黑白，欺人欺己也。要在泛泛写来，有不泛泛者在。前人之善为此者，莫如司马子长。虽儿女细微之事，信手拈来，而其人之为英雄奸宄，贤愚不肖，生气勃勃，见于言外。其写伟大人物，亦每自幽微之处描之，事本寻常，而笔不寻常。笔不寻常，其人其事，因之便不寻常也。次则冗话宜删，行文能删去一字，便删一字，省却一句，便省一句。卒至遇删无可删，省无可省，篇无冗句，句无冗字，其文虽非极品，亦有可观。此中规矩，虽司马、韩、柳，多可指摘，吾人自不必说。《五经》文字独擅胜场而已。"①

17 日　接汤用彤信，信中谈道：欲使人心归于醇厚，有三：一为民之心机未开；二有可信仰之宗教家出现；三有极有魄力之学术出现。今之学术只有破坏，没有建设，国民精神丧失，不知所主。留学生以西洋最新学术标榜，摇旗呐喊，主张极多，而民众不知所从，于是新说未立、旧俗已破，遂无道德信仰。

18 日　接吴宓信，告以寄来美金三十元，此款为吴宓赴美途中所省。信中还告：一、与留美同学商讨，决定每人月出美金一元，以供吴芳吉在家自修、赡养家庭；二、是否外出谋事，由吴芳吉自己决定。又嘱："即就事，必不当为谋生。吾人之接济必不使其有缺，弟但求自适，养性怡情，矢意远大，久后共为救国救民之举。尤要者数事：一、勿过伤戚。二、随境自适，勿勉强以义理自缚，宜舒展精神，旷视直行。三、有感则写之以诗，当以中国今若干年中第一诗人自命。诗无论好坏，均保存之，此时勿选择，勿遗弃。四、力习英文。非通英文不能通西国文学、哲学，此则所极望于吾弟者也。五、常写短信，联络在国中之友，鼓其气而聚其神，以为成事之助。"②

20 日　复信在美诸友，婉拒众人代为筹措赴日款项，又解释不愿赴

① 《吴芳吉集·信》，第 625 页。

② 《吴芳吉集·日记》，第 1208 页。

京而赴日原因："京师之憾，太乏天然风景，车尘马足，令人索兴，此关于心性怡养者至深。东瀛山海清幽，较有生气而已。吾家居虽乏师友，正赖环郊风物之胜，出门野眺，千岩万壑，竞秀争妍。又有五瀑澄渊，断桥峭壁，吾朝夕遨游其间，兴之所极，溢为文章，故文章足以当之"。①

25 日　致信罗民格，谈修身与做事关系："当从大处着想，当从实践做事。而眼前切近之道，须为简单生活。凡酬应、虚华、饮食、游戏，皆宜渐除，以养心于淡泊。人苟安于淡泊，自然善念日多，恶念日减，相习成风，亦足以振末俗。国之多变，未始不由于此，此亦救国之一端。勿以身居商肆，而弃报国之责焉。"又致信留日友人，告以"细察日本与我立国之关系，及其外交方略、军戎计划，在在不可轻忽"。②

26 日　致信某经商之同学，谈（一）聚奎学校人事变动，对"新党"之作为多有不满："黑石山学校已易新主，白沙党争因之益烈。斗气营私，党同伐异，与时俱进。在吾辈冷眼人观之，固不值一笑。而念教育前途，贻误乡里子弟者，又为滋惧。新党领袖如某视学、某会长，其心谛所在，无非欲发展身家势力。夫以此存心而为人师保，贻误可知矣。"（二）风俗人心与社会问题之关系：人心、风俗关乎天下治乱，人心、风俗亦相互影响，人心酿成风俗，风俗转易人心，"其力至大，其流甚速，而其几至微"。若改变不良风俗，须存乎一心，心心相属，自成一种新风尚，日久则能感化社会，破除旧俗，此亦报国救群的重要手段。当务之急在于提倡简单生活，"毋好虚华，毋作虚事，毋求奉养太过。人能淡泊，自然善念自多，恶念日减"。一味求乐于物，必被物所役，中国贫弱之源，重要原因即是人民生活复杂，滋生奢侈淫邪，彼此争竞以逞私欲，"于是官贪兵横于上，盗贼骚乱于下。游民滋多，生业不振。咸欲人劳我逸，人瘦我肥。积数十载至今，一齐爆发。乃有所谓行贿问题、党派问题、枉法问题、复辟问题，种种怪象。其不幸而失者，其假夷人之力，但欲保其身家，残害邦国而不顾。此种妙谛，盖有物驱之不得不然，即生活复杂之故"。（三）言行合一：欲正时弊，须言行合一，不发无责任之语。"譬如哀伤国事，便肆口谩骂，政治如何纷乱，社会如何龌龊，徒诿其咎于人，彼则毫无过失。而察其实际，其行之纷乱，心之龌龊，固亦相等，此最可痛心者。"徒然痛骂，不如自我省思、有为，"伤国之衰微，则我

---

① 《吴芳吉集·日记》，第 1210 页。

② 《吴芳吉集·日记》，第 1210 页。

宜愤发。鄙世之芜秽，则我宜清高"。①

27 日　重庆《强国报》停刊后，邓绍勤失业。发书一封，鼓励绍勤从军，以效王阳明、曾国藩之举。又致信邓成均，谈自我和国家之关系，"报国由报我起，我不负所生，则报我也，报我即报国也"，又谈文章之道"当察天下国家受病所在"。②

约在此月　应吴宓之请，始与吴宓嗣父吴建常③通信。

4 月

2 日　吕谷凡来信云，北方政府将委托日人代行军政，甘肃、新疆亦将割让于俄、德，亡国之祸迫在眉睫，若一旦国亡，将遁至南洋，不履中土。吴芳吉大不赞许，自言："夫南洋犹强邻也，强邻灭我，焉能纳我？人而以逃为计，又何以为国哉！四夷敢来，吾与之一决战可也。"④

12 日　接刘泗英信，告以"文学革命"事："陈独秀辈，大呼文学革命益厉，推翻周秦以来数千年文学，谓为有美观而无实用，绝不认以文载道之说。其徒甚重，咸以北京大学为根据地。然矫枉过正，是由白昼见鬼，操刀杀人。欲救其敝，非以大力与之对垒，旗鼓相当，未易言也。"⑤当日复函刘泗英，谈"文学革命"及思想界动态："文学革命，吾亦赞成。但于诸公所持理由，吾皆鄙为粗浅。其失之大者有二：一、吾国文学本无弊病，乃利用文学者之有弊病。今欲矫枉归正，谓古今文人作者有不是处，可也。谓文学本质有不是处，则不可也。不求于是，徒诬文学之当革命，是不知本末之失也。其二，吾国文学云者，系该道学言之。格物致知之汇归，九流六艺之所孳乳也。故文载道也，道在文也，非惟词韵而已。不知文道之合，徒议文道之分，是不知轻重之失也。轻重本末，今且未知，何足言乎革命？吾意此诸公者，不过揭竿而起之徒，稍待时会，苟有真英雄者出，化中外之异端，集古今之流派，建中立极，为天下式，则

---

① 《吴芳吉集·信》，第 626—627 页。

② 《吴芳吉集·日记》，第 1211 页。

③ 吴建常：字仲旗，原为吴宓叔父，吴宓过继为其嗣子。吴芳吉称其"体胖身长，颜如冠玉，骑射言谈，无不精妙，真文武全才也"。见吴芳吉《禀父母》，《吴芳吉集·信》，第 897—898 页。

④ 《吴芳吉集·日记》，第 1211 页。

⑤ 《吴芳吉集·日记》，第 1212—1213 页。

不革而自革焉。所谓伊人，庶几近之，或非吾人所及见耳。今乃当革者不革，不当革者革之，又无撑天魄力，自辟境界。其志可嘉，其敝则使文学愈入迷途，直可诛也。泗英宜洞见此辈居心暗幕，有故作高明以惑众而窃位者，有国学造境不深故昌言改革以饰其非者。欧美诸友，往往如此，尤不可不知。望站定脚跟，切勿为其所欺。当兹末世，国失其政，是非无准，行见思想界从此蛮烟瘴气，有不容吾辈之置喙者矣。"①

13 日　复信谷醒华，邀其共赴日本留学。时，谷醒华任教于荣县中学。吴芳吉拟邀邓绍勤、邓成均等一同赴日，后以筹资无着，遂罢。

14 日　致信罗民格，谈亡国危机与个人责任："亡国之祸，将及吾身见之。所望吾辈各安其业，勿使社会秩序紊乱，内能自坚，而后外侮自固。譬如下滩之舟，虽风浪险恶，危在顷刻，苟能安详镇定，一任舵师从容操之，自易渡过。若舟中客子先已躁急万状，使船身簸荡失平，未有不沉没者。尔我为国家主人之一，莫能辞其责任。我能俭用一钱，即为国家储得一钱；我能致一分力，即为国家尽一分力。国之视我，虽若奇零，然使我为恶人，则国中人人必有受我累者，故我为善人，亦必有受我益者。报国之道，如是如是，家事国事，无二理也。"②

15 日　复王梦余信，谈作诗之法："初学诗者，不宜研究唐律。足下有意于此，除诗三百篇楚辞之外，近人如沈归愚之《古诗源》、王壬秋之《八代诗选》，最要细味。"③

同日，致信吕谷凡，谈若亡国，绝不远遁，誓与国运相始终："中国若亡，吾断不肯远遁，必攘臂而起，赴边杀敌，以了此生。逃避南洋之说，决不赞成。国家既灭，当与同尽，今日所不尔者，则以时期未至，尚非千钧一发之时，故仍发愤读书，以储真实力量，作日后更大之牺牲也。"④

20 日　接吴宓二月十六日信，告以寄来美金五十元，其中吴宓捐三十元，黄华七元，沈卓寰五元，向哲浚、王尧臣、凌其峻各二元，何墨林、潘承圻各一元。并告：因欧战之故，美国物价昂贵，金价跌落，诸友生活艰难，无法多捐。现与黄华、童季龄商议，以后每月三人各出十元，以为吴芳吉赡家之费，绝不间断。同日，接吕谷凡信，告以吴宓之款已

① 吴芳吉：《复刘泗英书》，《吴芳吉全集·信札》，第 563—564 页。

② 《吴芳吉集·信》，第 627—628 页。

③ 《吴芳吉集·日记》，第 1213 页。

④ 《吴芳吉集·信》，第 628 页。

到，拟补足百元，托人携来。

22 日　接邓绍勤信。邓绍勤已入援鄂第一军秘书处，任一等书记。

23 日　复函何树成、刘雨若。[①] 何、刘二人在美遭鼠疫，信中借鼠疫谈正邪二气交战之理："鼠疫究不足虑。防疫之道，只要中心泰然，不以疫势为患，听天安命，便是上策。且不须服汤饮药。夫人本天地正气，以为万物之灵。其初浑浑噩噩，毫无杂念存乎其中，故亦无所谓疾病也。及机心渐开，物欲滋起，于是疾病随之。盖人之所以有疾病者，即其正气消失，邪气乘之。故内之正气消失一分，则外之邪气侵入一分。若人身全为正气，其人固不有病。若正气多半，邪气小半，虽病亦不加厉，或且两抵消之。若邪气有半，正气有半，二气交战于中，而病作矣。若正气绝无，邪气充斥，其人无生望矣。疾病之类虽多，不外一派邪气。鼠疫亦邪气耳！苟尔心但浑然一片善念，不存恶念，实则正气满盈，邪气万不能入，譬如国内人民皆知振拔自雄，虽强国逼处于外，终不敢侮。又如一杯之水，既已盛满无隙，虽欲注入一滴，已无所容。一物容积，同时不能兼容两物，物理然也。正气与邪气之不相容，亦犹是耳。夫正气盛者，邪气固不能入。然邪气盛者，虽欲求正气以救之，则亦晚矣。故正气之修养，当养之于平时。修养之法，莫妙清心寡欲。次则悔过自新。再次节饮食、慎起居。勿过劳，勿过逸。再次勿以困苦艰难而生伤感。两弟其熟体之。"[②]

25 日　致信曹玉珊[③]叔侄，勉以志气远大，勿只顾目前小小幸福，"报国无群，随在可以行之，不位高官富势而后可也"。又致信赵鹤琴谈诗："雕凿堆砌，固诗人所不取，即无谓感愤，亦不宜作，示人以气度之不广也。"[④] 连日伏案写信，致痰中有血。

26 日　致信吕谷凡，仍谈正气、邪气问题："正气既旺，邪气必难侵入，理有然也。吾人生活，全赖正气扶持。虽万恶之人，其正气终有几分，不能尽丧。尽丧，则无生矣。古圣贤之所垂教旨，如正心诚意、取义成仁、返朴还淳、广爱济众云云，无非教人保持正气，勿为邪气侵蚀而

---

① 刘雨若（1900—1943）：又名正泽。四川南川人。美国俄克拉荷马农工大学毕业。曾任国民政府农矿部设计委员、农商部技士、中央大学教授、西部科学院农业研究所主任、农林部金佛山垦殖实验区主任、南川农业职业学校校长等职。主持兴建北碚公园。死于车祸。为刘泗英之弟。

② 吴芳吉：《复何树成刘雨若书》，《吴芳吉全集·信札》，第 565—566 页。

③ 曹玉珊（1881—1961）：四川江津白沙镇人。早年考入成都高等师范学堂。毕业后，先后在射洪、江安、泸州等地任教。先后出任江津县立中学、白沙女校校长。擅书画。

④ 《吴芳吉集·日记》，第 1215 页。

已。岂有他哉！夫人之有疾病，犹国家之有刑律。刑律所以禁民之失法，疾病所以禁民之失心。民之失法者，可得而知也。故刑律可以禁之。民之失其心者，不可得而知也。此非刑律可及，惟疾病可以惩之。故治国不可无刑律，犹怵心不可无疾病。此天地自然理数。虽世界进化，臻于极致，刑律与疾病不可绝于人间也。然亦有正气销沉，邪气充溢，犹苟全而无害者。如作奸犯科之流，或终身逃于法网。此则冥冥之报施，终有不爽者也。苟有正气，是与天地合德，日月合明。虽入水不濡，入火不热。"①

27 日　致信王梦余，警其当为有信仰的政论家，勿为无信仰的、行妾妇之道的策士说客："风俗坏于人心，人心坏于无真正之信仰。政论家者，所以为民致真正之公理，而坚其信仰者也。子必信其父，而后以孝之；妇必信其夫，而后有以贞之；民必信于公理，而后有以托命，而无横决之虞。道德之化，惟信仰也；宗教之教，惟信仰也；法治之治，惟信仰也。苟失信仰，虽有道德宗教法治，举失其用矣。故野蛮人必有信仰，文明国必有信仰，一日失其信仰，一日丧其良心。所贵政论家力负启迪之任也。"②

是月，吕谷凡代为购得《二十二子》及《三通考》二书，寄往白沙。

5 月

5 日　萧湘来访，吴芳吉以诗文见呈，大为激赏："子诚文学革命之健将也，文学革命不在道理之能揭出，而在笔下之能做出。笔下果做得来，不革而自革之。譬如行兵，不仅宣布羽檄，昭示敌人之罪，必真能战得杀得，则不怒而威也。"日中留饭，不许，言："吾观子诗文，忘饥矣，请明午宴之。"③

同日，致信吴宓、童季龄，告以此后勿再求诸友捐款相助，尤不能以天人学会名义强会员捐款，如此自己则为学会罪人。

11 日　接汤用彤信。信中仍谈信仰问题，"一知半解之学问，决不可图精神上之生存，无强有力之信仰，必不可驱肉体之痛苦"。④ 信

①　吴芳吉：《与吕谷凡》，《吴芳吉全集·信札》，第 566—567 页。
②　《吴芳吉集·日记》，第 629 页。
③　《吴芳吉集·日记》，第 1221 页。
④　《吴芳吉集·日记》，第 1217 页。

中向吴芳吉推荐托尔斯泰的《安娜卡列尼娜》、萧伯纳的《人及超人》二书。

12 日　致信萧湘，谈"文学革命"必将引起世变："文学革命之说，今日仅是发端。其引起吾国学术人心之崩溃者，将无底止。操纵之者，全为留学生辈。文敝之极，至使易实甫①辈猖狂，当然有此乱象，不足怪也。兴办学校，已为今日司教育者第一问题。今中等以上学生，毕业后无生路者极多。苟长此幽废，其害使社会多游民，使教育失效用，使学生迫于饥寒而混入军宦二途。其始欲利用宵小，以保其身家，继则转为宵小利用，而身家卒亦不保。作奸犯科，因以日出。人心风俗，因以日坏。又狡黠少年，必蜂起侈言革命，以图侥幸于万一。中国前途，在在可深忧也。"② 同日，观稻南郊，静坐逾时，饱吸稻香之气而归。

15 日　得吴建常信，信中勉励有加，并谈心性之重要："人生愉快之境，全在精神，外界一切举不足道。天伦乐事，正宜随时自叙，圣贤之道，岂远人哉！"③

19 日　张仕佐寄来《楚辞》二卷。此书为王闿运执掌尊经书院时所印，刻镂精美。

22 日　致信邓绍勤、邓成均，谈求学、救国、立志之道。吴芳吉提醒二人，求学不必始自留学，亦不应因战乱而辍，"求学则是终身之事，无治无乱，刻刻不可放松"。④ 又谓士大夫多言中国将亡，已无可救，实则亡乃将亡，而未尽亡，"苟未尽亡，则无不可救，既有可救，中国奚亡"⑤，对中国未来前途充满乐观。在此形势危急之秋，首要立大志，以孔孟自任，反求诸己，不堕志气："每当忧患，则反躬自励曰：使孔孟处是，当何如者？使我为孔孟，当何如者？我犹不屑为孔孟，当何如者？我犹不及为孔孟，又当何如者？孔孟固如是耶？我不当如是耶？我如是耶，吾固亦孔孟耶？又常自思曰：吾有娇妻，吾有好友，吾有安宅，吾有美食，使常人处此，岂不纵于酒色，尚乎酬应，使孔孟处此，岂不乾乾惕惧，益勉于学德之大，以无负此娇妻，无负此好友，无负此安居美食，否

① 易实甫（1858—1920）：名顺鼎，字实甫。清末才子、名士。光绪元年（1875）中举。曾赴台湾协助刘永福筹划防务。后入张之洞幕，主讲两湖书院。辛亥革命后寓居上海。
② 吴芳吉：《上萧绮笙先生书》，《吴芳吉全集·信札》，第 568 页。
③ 《吴芳吉集·日记》，第 1216 页。
④ 《吴芳吉集·日记》，第 1222—1223 页。
⑤ 《吴芳吉集·日记》，第 1223 页。

则，吾之有娇妻，有好友，有安居，美食，皆是召尤，皆是作孽，吾可不知自勉乎哉！吾可不知自处乎哉！"①

26 日　得黄介民②信，评吴芳吉《元旦试笔》一诗"朴实坚强，具有道气"③。

28 日　接吴宓、童季龄三月中旬所寄信。吴宓信中，劝吴芳吉去除对留学生之偏见，摒弃一切无谓之感慨及偏激愤郁之气，"欲救世之溺，先求一己脚跟站稳。虽举世黑暗，而吾心中目中自有光明"④。童季龄信中，对中国前途保持乐观，但忧虑中国人心狂乱。于国事所能做者，在于各尽所能，各力所事，殆荒之罪甚于杀人，勤奋之功等于捐躯。省一分精力，惜一分时光，练一分本事，国家即已前行一步。又以德国人爱国名言激励吴芳吉："战不必列阵持枪也。吾德与世界宣战久矣，而世界未之觉也。"

29 日　致信吴宓，谈（一）爱国问题：留学生在外受到刺激而萌爱国之心，此亦可钦，但爱国热忱贵在一贯，返国后更须葆有，不能"至黄埔而一减，入内地而再减"，见祖国千疮百孔，救不胜救而委之命数，热血为之冷却。另外，当今之国，于民无益，犹如虎狼驱民作牺牲。如此邦国，实不可爱，如此爱国，亦是多事，"惟以不爱之爱爱之，庶几得情理之正耳"。（二）留学生之弊端："一则只知西洋之长，不觉西洋之短。一则但羞中国之短，不识中国之长。于是所造学问，全不相干。误己误人，至死不悟。"⑤

是月　订购天主教报纸《崇实报》。拟著《吴芳吉之少年生活》，记自身二十年来所历、思想变迁、情性存没、家国兴衰、世俗习染。又欲自作年表，惜白沙不能买贡川纸（四川所产的一种宣纸），遂罢。吕谷凡寄来百圆，将吴芳吉一家历年所欠大部分积债代为还清。

---

① 《吴芳吉集·日记》，第 1223 页。

② 黄介民（1883—1956）：江西清江人，早年加入同盟会。1919 年在上海任中华工业协会总干事。后从事司法和教育工作。1949 年后，任江西省人民政府监察厅副厅长。

③ 《吴芳吉集·日记》，第 1224 页。

④ 《吴芳吉集·日记》，第 1227 页。

⑤ 吴芳吉：《与吴雨僧》，《吴芳吉全集·信札》，第 568—569 页。

6 月

3 日　邓绍勤来访。绍勤因祖父病笃，从重庆返归。绍勤拟追随黄复生①前往成都，吴芳吉以有险祸劝止。绍勤叙川军腐败之事。吴芳吉认为，从军不过一时之计，以绍勤忠厚之性，不宜常在军营，否则将与之同化堕落。

9 日　有人告吴芳吉：蓝倩斌等人诋毁吴芳吉及邓绍勤。吴芳吉坦然以对："吾归家三载，杜门简出，既少酬应，又不合时流，不饰华服，不扠麻雀，不吃纸烟美酒，不唱京调，焉得不遭人谤？然亦听之。所幸吾今日不过赋闲，无高官厚禄之尊荣，无私窦权门之攀附，虽谓我不肖，或难逃自暴自弃之咎，而我与他人，则实不能为害之，此犹可自豪者也。"②

10 日　读《桃花扇》，因悟不可如复社诸人标榜过高，致救国反为误国。

11 日　致信萧湘（时在江津中学任教）、赵鹤琴（时在永宁中学任教）、曹玉珊（时在泸州师范学校任教）等，谈"尚武精神"③，以此铸就强盛国民、强盛政府。

12 日　致信吴宓。此信有感于吴宓"牢愁抑郁"而写。吴宓天性悲观，悲感万端，遇事则发，友人即劝他"宜知自节"，"当如庖丁解牛，以无厚入有间，则恢恢乎游刃有余，否则荆天棘地，徒自苦耳"。④ 吴芳吉从性命之理谈起，阐发性命与己身之关系：若为此身而有此生，则境遇艰难犹可困人；若为性命而有此生，则境遇困人即不足道。人之病，起于无聊，对人事看得太难，而忽视性命太甚，以故志业、国家之事皆不可为。"英雄豪杰每出懵懂粗狂之士"，能干大事，排大难，盖因其放胆直前，无多犹豫，败不加悔，成则惊动世人。相反，明察渊博之士，遇事则

---

① 黄复生（1883—1948）：字明玉、理君，号复生。曾与汪兆铭、喻培伦等谋炸清摄政王载沣。南京临时政府成立后任参议员，兼印铸局局长。后任国民党中央执行委员、立法委员、国策顾问。

② 《吴芳吉集·日记》，第 1234 页。

③ 吴芳吉如是解释"尚武精神"："不必善射荡舟，抚剑疾视，要得有担当，有毅力，耐劳苦，经锻炼，习俭习勤，养成雄厚直朴之气，则无论处家治国，皆为良才，社会之中坚以立。"见《吴芳吉集·日记》，第 1235 页。

④ 友人刘永济之语。见吴芳吉《与吴雨僧》，《吴芳吉集·信》，第 676 页。

"审利害详，作进退缓，畏首畏尾，一无担当"，虽有多才多艺而束手无策。又言，尽力于性命功夫即是践行中庸之道，"参天地赞化育之事"，并"信性命为万能，为神圣，为天下大冢宰，固入水不濡，入火不热，治国平世，特其余绪而已"。若道心坚强，性命之道，"遣愁之道以此，养气之道以此，为生民立命以此，为天地立心胥以此"，舍此，"华胥之国，亦是穷途，羲皇之世，莫非苦海"。勉吴宓"今后力学，其摒去耳目见闻之识，直向性命头上痛下功夫"，在此功利主义大盛之时代，当"披性命为甲胄、以图力战卫国"。又言无极太极相生之妙：人之生于世，非孤立存在，必有知音相伴，同气相求，循环往复，常存不失，勿沉溺于小我，徒自悲叹，当念宇宙整体、平衡之道，自可平心静气，不致沉沦："吾自信中国白屋有一吴芳吉在，即日本美国欧洲亦各有一吴芳吉在，推而致于万方，入于冥粤，咸有吴芳吉在。此一吴芳吉死，彼一吴芳吉生。此一吴芳吉失，彼一吴芳吉得。此诸吴芳吉者，皆是中国白屋吴芳吉之一知己，中国白屋之吴芳吉是此诸吴芳吉者之一知己，吾复何恨？吴芳吉盈满天下，天下之事，便是吴芳吉之事，吾复何愁？① 吴芳吉囤洽人心，人心之理，便是吴芳吉之理。吾虽有美文章，大事业，未见芳吉之长；吾虽受饥寒，历困苦，亦不能暴芳吉一短。吾虽与仇雠接，终可胶漆相亲；吾虽在枕衾间，终使为天下共见。因此，知吾人立身，不当仅为人负责任，更当为神负责任。……休叹世无知心，实则知心满世尔。即不求人谅，自有人谅尔心，屈子贾生之伦，未免多事矣。"信末又建议："天人学会"应仅为通知接纳之组织，不应成为自我标榜的社会组织，如此则易见嫉于人，成为敌对者攻击的对象，"诚恐君子未得相求，而奸回反以致怨，是

---

① 吴芳吉此一"世界遍我"之思想，其弱岁前已有萌芽，据周光午记述："他一团活活泼泼的气象，竟致有一天忽然想到：'有偌大一个地球，供你一脚踢着，任你放手整顿，芳吉，芳吉，谁能及你之富有呢？'举首长啸，不觉快活得直跳起来，盖其抱负又如此。"见周光午《教育家的白屋诗人》，《重庆清华》1947 年第 5 期，第 1 页。在其《吴碧柳歌》中亦云："吴碧柳，吴碧柳，碧柳无奇常有偶。或在东洋与西洋，或在南斗与北斗。天地来时相与来，尝向羲皇一携手。天地闭时相与归，诅随日月共衰朽"，"造化而无我应无，造化而有我终有。呜呼惟德邻不孤，碧柳之外有碧柳"，"一个碧柳身千万，盈天之涯海之畔"，"海水作云云作水，我生幻化无停暑。安得阴阳一熔炉，万方碧柳驱同毁"。《吴芳吉集·诗》，第1—2 页。另，吴芳吉又持"天地与我一体"之义，盈虚不变，古今一如，皆在我一身，在《君山濯足歌》一诗中有："一波虽逝一波兴，天地无情却有情。昨日何曾死，今日何曾生？生命正如此湖水，终古不消也不盈。公莫过去哭，我莫未来欣。过去未来总是今，而我何为笑古人。"诗后有注，进一步解释此诗之旨："以湖水之未尝盈虚，比生命之终不磨灭，视古今为一朝，融人我为一体也。"见《吴芳吉集·诗》，第 133 页。

救国适以误国"，重蹈元佑绍圣、东林复社之覆辙。①

13 日　作书答复留日诸友，谈爱国不能单凭意气、情绪，须有理性、理智，勿将爱国作为由头而行营私、出风头之事："迩闻中日交涉之变，留东学生，多有气愤归国者。诸君素以沉毅明达自居，或不致随波逐流，动辄叫嚣为也。辱国丧权，本属可愤。然徒事叫嚣，终乃无济，宜有以察之。彼之好叫嚣者，岂真爱国者耶？别有图耳！名虽爱国，实则营私。一切附和之者，无非替人泄恨，替人操刀而已。救国亦多术矣。非叫嚣之可了也。今之言救国者，不于平时救国，而于急时救国；不于实际救国，而于凭空救国。但事聚众演说，打电报，出风头，便谓救国之道。如是如是。乙卯之春，倭奴固以二十五事挟中国矣。民党诸公，首倡停课罢市，宣言绝交，以制倭奴命矣。乃不匝月，而狎倭娼逐倭臭如故，且益胜之。故国人叫嚣一度，外人轻视一度。宜乎讥国人有感情，无理性，感情之剧，只在五分钟耳！诸公救国，请自诸公救起。诸公不亡，国其不覆。救之之道，勿以有用精力，耗诸无谓可也。要之，忧国宜忧在心头，爱国宜爱得长久。"②

26 日　读《说文》、《易经》二书用以培植根基，使不坠于禽兽之域。

27 日　萧湘来函，拟荐吴芳吉来聚奎学校任教，年俸两百圆，决计应之。李宗武、罗奇芗来访。罗奇芗为永宁人，叙川南匪事猖獗。

28 日　复信萧湘，表示允命，愿就聚奎教职。得何树成自南京信并照片一帧，树成容貌大变，对之感慨不已："与吾梦中心中所思念爱慕之树成大不相肖，乃知吾梦中心中所思念爱慕之树成者，是三年以前海上联床之树成，非三年以后金陵烟月之树成也。而回顾当时吾二人皆年少，树成见我犹娇羞若处女，吾今则大儿跳荡如猴，能识孔孟故事，小儿继生亦已半月。对镜自观，且又鬅鬅有须，若老冉冉之将至也，梦哉梦哉！梦其未醒已耶？梦其既醒已耶？"③

30 日　接萧湘函，赞吴芳吉学问、修养日深，信中云："数年来聚散不常，然每晤吾弟一次，吾弟之学问识量必增长一次。盖今日之碧柳，已迥异往昔之碧柳矣。"④

---

① 《与吴雨僧》，《吴芳吉集·信》，第 630—632 页。

② 吴芳吉：《复留日同人书》，《吴芳吉全集·信札》，第 573 页。

③ 《吴芳吉集·日记》，第 1237—1238 页。

④ 《吴芳吉集·日记》，第 1239 页。

是月　次子吴汉骥①生。

7 月

6 日　寄吴宓、童季龄、刘泗英《道学正宗》② 各一本，并请刘泗英暑假内召集何树成、何启泰为之讲解。

8 日　邓绍勤告知：吴芳吉二十岁前所作诗，在邓成均家中发现，并未遗失。经曹玉珊推荐，永宁中学③校长蒲铁崖（曹玉珊同学）诚邀吴芳吉来该校任英文教员，月俸五十圆，每周钟点二十四时。虑及聚奎学校当局迄今尚无表态，且有"远香近臭"之虞，商之双亲，决定应允永宁中学聘约。邀邓绍勤、李宗吾同去，未果。

同日　致信邓绍勤、邓成均，谈（一）性命与救亡关系：性命关乎生死，知性命至为急切，"有人之生死、国家之生死。学德事功，莫大于立生死；立生死，莫大于知性命"。性命者，"存乎我之一心"，世之人伦之道、圣贤垂教，皆在求其心安，心安处，即可寻见性命之所在。性命衍生一切，凡天下、国家均为此而设，性命在，则心在，国在，"性命不亡，则人伦世道，无久不在"。故此，善养性命，心必有安，国焉能亡，归结到底，"救国当先救己，救己惟在性命。盖惟性命属我，性命是我，性命知我，性命佑我。"（二）如何致性命：美衣美食、美名美誉、肉欲情缘、未明心见性之文章慧识皆非性命之事，若有志于性命之道，"则请淡泊衣食、忘却名誉、斩绝肉欲情缘，光大文章慧识，如胎儿赤体条条，一丝不挂，庶几可以救世之溺"。（三）爱国忧国应理性为之，反对留日诸友因受辱而回国，认为此区区之辱，即不可忍受，他日更大之辱，更大之难，焉能受之，有志者不应受群情蛊惑。又言，中国民智低浅，一旦有人振臂一呼，不论是非，群氓皆从，乌合而起，在此情形下，"所贵各有把握，各行其道，勿以为人之叫嚣激切者众，我不可不附和之也。故忧国宜忧在心头，爱国宜爱得长久"。④

---

① 吴汉骥（1918—1979）：长沙明德中学毕业。曾从欧阳竟无学哲学。先后在勉仁文学院、乡村建设学院、川东教育学院、酉阳师范学校、涪陵师范学校任教员。

② 《道学正宗》，明代赵仲全撰，其子赵健校补。

③ 在四川泸州叙永县。叙永古称"永宁"。

④ 吴芳吉：《与邓绍勤邓成均》，《吴芳吉集·信》，第 633—634 页。

9 日　谷醒华来函，邀赴荣县中学任职，因有前约，却之。

12 日　寄信吕谷凡，告以将冒险赴永宁中学任教，请其再勿汇钱接济。萧湘来函，信中颇有英雄迟暮感慨："闻弟永宁之约，喜而不寝。前言黑石山事，不过为弟目前计耳。吾之所以冒万险来江津者，为教育哉？半生仆仆，家无余财，国已坐亡，藐躬犹在，不得不衣食于奔走耳。古今才人，高视阔步，往往有不可一世之慨，即如湘，虽经无数风波，而姜桂旧性无端而作，不平之感，往往而有。香山、东坡晚年优游，岂真无芥蒂哉？借旷达之辞，聊以自慰。伯夷之隘与柳下惠之不恭，同病而异发耳。"①

13 日　复信龚药良，以淡泊出世相勉："淡泊为入德之门。今人所急图者，彩舆、娇仆、丽姬、仪卫之事，皆是可怜生活，赘疣生活。主动被动，同是寡廉鲜耻。"②

14 日　致信李宗武③，对局势仍乐观，"今中国之乱虽亟，然天生天化自有承平之日，不必虑之"，现在惟隐居待时，做局外救国的"第三批人"："局内第一批人，业已过去无能为矣。第二批人虽得时而志昏，皆不可靠。故吾人惟有作局外之第三批人以救之。第三批者，未来而大有为者也。彼时之事，方是正事，方是我们之事。今日之事，乃他们之事，何足措意？"信中倡议成立两个团体：一为"文化研究会"，"考察古今文物礼教因果于吾人心性者而保存之"，一为"布衣会"，"蔚成朴质忠毅之风"。若能成立此二学会，可以"努力阐明中庸之理，谋大同之生活，建和平之坦途"。④

17 日　为邓绍勤改诗《枕上口占》，总评其诗："境界未辟，而神韵则佳。学力未工，而章法得当。江湖鄙气尚少，可望入正宗也。"

26 日　复信何树成，辨"文弱"之义："今人好言吾民文弱，宜讲究体育以补其敝。其实'文弱'二字，含义至广。吾国官吏军人，政客流氓之辈，日惟锦衣玉食、纵淫聚赌之求，衣食淫赌以外，一无所事，此真文弱之极，可以文弱罪之。吾人勤耕苦读，无尤无怨，不尚浮嚣，能尽己任，何得谓为文弱？文弱之义，当于此辨之。血气用事，何足恃哉！是

---

① 《吴芳吉集·日记》，第 1243 页。

② 《吴芳吉集·日记》，第 1245 页。

③ 李宗武：四川人。曾率李笑沧残部驻扎于湘西大庸县，治军严谨，颇受湘人爱戴。见吴芳吉《与吴雨僧》，《吴芳吉全集·信札》，第 631 页。

④ 吴芳吉：《与李宗武》，《吴芳吉集·信》，第 635 页。

以吾民未尝文弱，所文弱者，特小小之一部分耳。勿妄自菲薄，以为得金牌，充选手，可谓尚武也已？”①

同日，谒萧湘。萧湘劝其赴日学习法政，以为应世之资格。吴芳吉则表示，事变日亟，世事逾繁，一人知识不过一隅，耗费时日，不如学一技艺，省时节力，将来集众人之力，庶几可共成功业。

是月　吕谷凡寄来《东方杂志》、《戊午杂志》、“三通”（《通典》、《通志》、《文献通考》）数卷，彻夜读之。吴宓等留美诸友因金价日跌，公费所得，仅能维持衣食，筹款至为困难。吴宓筹款，原为支持吴芳吉自修自学，知其谋职，不复汇款，只购寄欧美书报。拟发起具有宗教性质的“骷髅会”。以“骷髅”为名者，意在骷髅乃生死之象征，“盖所谓生者不过于骷髅之表，添些臭皮之囊；所谓死者不过于骷髅之归，显出清白之质。是骷髅与人，先我而来，后我而往，为人之至亲而生死赖之。察生之道，启死之门，两不可忽，故时时刻刻当知养生，亦时时刻刻当知养死，时时刻刻当知求生，时时刻刻当知求死。不仅善吾生者，便谓善吾死也。”② 凡入会者，要知人道、鬼道，长于文章，有身心修养，卓于经纶，同时严于礼仪，具有世界眼光，耐劳苦而有少年豪气。

8 月

7 日　与张恕熙③相议创办“布衣会”④，以维系蜀中向学诸友。

10 日　得黄介民信，赠言吴芳吉“常存赤子心，勉为天下士”，并称吴芳吉所作《重九赋》、《祀孔记》颇有古调之风。又委托吴芳吉与其子

---

① 吴芳吉：《复何树成》，《吴芳吉集·信》，第 636 页。

② 《吴芳吉集·日记》，第 1250—1251 页。

③ 张恕熙：四川江津白沙镇人，时为国立成都高等师范学校学生。

④ 布衣会所提倡者有：一、必有独立中正生活之计；二、必知防病除邪，保持康健之事；三、必静坐；四、必正容；五、必作日记；六、必研习国学一种；七、必躬自工作所能逮者；八、必与人日有善绩。所禁绝者有：一、不自杀；二、不忧叹；三、不疾言怒色；四、不嫖；五、不赌；六、不娶妾；七、不用奴仆；八、不戏谑，背地道长短；九、不艳妆；十、不嗜烟酒；十一、不看戏；十二、不购洋货；十三、不作无益文字、书札、浮语；十四、不读非正经书；十五、不尚习俗，无谓馈送；十六、不做官；十七、不从军；十八、不做议员律师；十九、不妄服医药、求鬼神、炼丹砂；二十、不虐待生物。见《吴芳吉集·日记》，第 1256—1257 页。

黄道梁通信联系，介绍谢扶雅①与之相识。

13 日　得吴建常信，谈心性之学："性命之学，以穷理为始。养气之功，以集义当先。如是深造，自入圣贤之域。彼时干大事排大难，直是明明白白，自乐其乐，不致侥幸一朝，如彼狂醉士也。静非不动之谓，动而合乎轨道，斯静矣。"②

14 日　接吴宓信，内云："碧柳宜善自保重，勿过劳，宜存少年英锐之气，以振聩发聋，激励麻木沮丧之人心，而作我国民永久之阳气。作诗作文，勿失此意。自己一身，宜勉励日新，不必过于律己。又不必追悔。盖碧柳少年事皆奇遇美谈，后此更发挥光大，莫退缩涩滞也。"③

15 日　与张恕熙赴竹林山庄纳凉、谈天，同往者尚有张恕熙成都高等师范同学六七人。

17 日　张恕熙以所著《经学平义》求正。对其书中重道义、轻形质的倾向，提出疑义："道义固不可少，然形质之学，岂可偏废？不然，人挟其形质以临我，无以形质御之，势必召亡，亡则道义焉传？"④ 主张固有之学勿使其颓，然而西洋文明的优势，尤其不应全然否定。

是月　阅京报、沪报多种及吴宓自美国所寄《文学杂志》（The Literacy Digest，纽约出版）、Over the Top、First Call、How to Live Front 等书刊。

9 月

3 日　《东方杂志》载《中国新生命》一文，文中言："（青年）去其浮气，抑其躁心，乃从社会生活上与个人修养上着手，将来此等青年，一一遍布。表面上虽无若何势力之可言，而当旧势力颓然倾倒之时，其势力自然显露，各方面之势力自然以此势力为中心，而拱之矣。此吾人所深信者也。"⑤ 读后深以为然。

---

① 谢扶雅（1892—1991）：字乃壬、乃任。浙江绍兴人。毕业于东京高等师范、立教大学。1925 年赴美国芝加哥大学和哈佛大学攻读宗教哲学。回国后历任岭南大学、中山大学、金陵大学、东吴大学和湖南国立师范学院教授。1949 年去香港，任教于浸会书院和崇基学院。

② 《吴芳吉集·日记》，第 1253 页。

③ 《吴芳吉集·日记》，第 1253 页。

④ 《吴芳吉集·日记》，第 1254 页。

⑤ 《吴芳吉集·日记》，第 1258 页。

　　5 日　荣县谭育淳来书，称赞吴芳吉有"慨夫世道衰微，而欲持乎人心"① 之志。谭育淳与谷醒华同在荣县中学教书。

　　8 日　得吴宓发自美国二信，分别发于六月二十八日、七月四日，信中谈：（一）督促吴芳吉力学英文。（二）新交一友名梅光迪②，安徽人，一九一一年即来美，"其志业与我辈吻合，彼专治文学，谓文学功用今尤切要。彼深鄙北京大学诸人如胡适、陈独秀辈一流"。（三）介绍美国新人文主义思潮："哈佛大学有教师某某（指白璧德③）极有实才，所见迥别，乃十年来美国新文学派之首领。此等主义，专与十九世纪之浪漫派 Romanticism 角竞，推陈出新，去粗返真，以脱离无政府之个人主义，而归本于伦理美术之至理，以造就至善之文学，取各国文明之精华熔铸之。此其在世界地位，亦与我等在中国将来之攻斥《新青年》杂志一流同也。"④

　　约本月上旬　赴叙永县永宁中学任教。以"无巨无细，必负责任，无暗无明，不容苟且"十六字勉励学生。课余，读书、作诗、写日记、与诸友通信。此一期间，海内外诸友继续邮寄书报，吕谷凡从汉口寄来《文学杂志》、《东方杂志》，吴宓从美国寄来《世界语杂志》、《英文周刊》，刘泗英从日本寄来《国防报》、《团体与青年》，汤用彤寄来《中国哲学史》。暇时，与赵鹤琴出游，至真武山探访婉容之墓。⑤

　　10 日　致信吴宓，谈（一）扩充人类生命之必要：人生短促，尤以欧战暴露欧美之人专恃外物，故须扩充生命，此点中外皆然。所谓政教，不外乎教人探求生命之源，滋长生命："乃知先圣先贤之苦言仁义，汲汲弥缝者，无往而不在扩充人类生命。所谓栽者培之，倾者复之，是也。本

---

①　《吴芳吉集·日记》，第 1258 页。

②　梅光迪（1890—1945）：字迪生，号觐庄。12 岁应科举，后入北京清华学堂。1912 年留学于美国威斯康星大学。1915 年进入哈佛大学研究院，师从新人文主义创始人白璧德。1920 年回国，任南开大学英语系主任。次年去南京任东南大学英语系主任。1922 年与吴宓等人创办《学衡》杂志。1924 年至 1936 年，先后任中央大学文学院院长、哈佛大学中文讲师、浙江大学英语系主任、文理学院副院长。

③　白璧德（Irving Babbitt）（1865—1933）：美国文艺批评家，主张"新人文主义"。1894 年起在哈佛大学教授比较文学和法语直至去世。

④　《吴芳吉集·日记》，第 1259 页。吴宓曾提及："吴芳吉、缪钺君等，或没或存，皆读先生书，间接受先生影响。"见吴宓《悼白璧德先生》，《大公报·文学副刊》1933 年第 312 期。

⑤　婉容墓在今叙永县城东镇南桥附近，墓碑有"亡女婉容之墓　光绪庚寅年孟秋月吉门立"字样。吴芳吉后作《婉容词》一诗。

此以言政教，使人类生命，始于至大至刚，终于至真至善。是乃政教之所归宗，其庶几不致失之。"（二）文字无关于学问：中外大学问家所述至理名言，并非其真能行，而只是介绍学问之媒介而已。因此，须默思学问归于何处。（三）入世、自处须带宗教性质："吾所有诸友间，其境遇之奇特者，莫如我。我以离群索居，千辛百难之故。诸友视我，如一过客，而欲安且慰之。其比年惠我之厚，正是此种同情所动。有此特点，则吾之取得宗教性质，更为容易。故吾于一言一行，不敢偷戏，以养成其信用。所谓宗教性质为何？盖即神圣权力，人见之，俨如不言而信，不怒而威。而己之自处，亦如牧师传道之热诚恳切也。"[1]

13 日　致信美洲诸友，谈对破除迷信的看法："迷信不可不破，不破无以见性理之真。不可全破，全破无以见性理之灵。"又谈及何为有影响的学说："凡立一种学说，必使愚夫愚妇可以易知易行，而上智上德亦必惟守惟式，则天下无病民，万物无弃类。文人能事，是乃尽之。"如若使所提倡之学说广为流布，则须注重策略："凡建言一种学说，宜质之而勿有之。开宗明义当有以白之曰：吾非能启其新者而独树之，吾乃整其旧者以一返之焉耳。"[2]

19 日　致信吴宓，再论生存价值在扩充人类生命，当在生命之内寻找生命真义，并指功利主义之失在于不知生命之源，妄自外求，不知向内，最终则要陷入穷途绝境。

21 日　致信吕谷凡，请告其妹与何树坤、童家娴（童季龄之妹）等通信往来。又作书致谷醒华、谭育淳等，告以成立"布衣会"之事。

是月　吴宓转入哈佛大学，受教于法国文学及比较文学教授白璧德，并接受其人文主义思想。

10 月

4 日　致信刘泗英，内云："熊勉庵[3]先生有'不费钱功德'之会，今言救国，最宜体贴此意，而易其言曰'不费钱之救国'，使愚夫愚妇皆可行之。如此学说，庶乃近情理焉尔。……树成、启泰、雨若诸弟，较吾

---

①　吴芳吉：《与吴雨僧》，《吴芳吉全集·信札》，第 577—578 页。

②　《吴芳吉集·日记》，第 1259—1260 页。

③　熊勉庵：名弘备，字勉庵。清江南淮安人。著有劝善书《宝善堂不费钱功德例》。

人年幼，吾甚望其学习航空，为他年天人学会传道之助。"①

7日   成都高等师范学校学生江东之经张恕熙介绍，加入"布衣会"。

9日   谭育淳来书，极称许吴芳吉"迷信不可不破，不破无以见性理之真。不可全破，全破无以见性理之灵"之说，称其堪为"基督门人"。谭育淳转任荣县英华高小学务，其学生自行种菜栽花，颇有淡泊之风。得吕谷凡、吴宓书，吕谷凡汇来六十圆，吴宓汇来美金百元（其中众人捐助三十五元，吴宓个人出资六十五元）。

13日   时值重阳，作《永宁重阳》。复张恕熙信，以作诗妙诀相告，曰："新、真、仁、神。"更下自信之语："吾信吾诗必传，为中国新文学界正宗也。"②

21日   复谭育淳信，自言不奉宗教，但对于古人堪为肖子。又复张恕熙一函，贺江东之加入"布衣会"，并赠刘泗英之言："吾侪不愿人人为英雄，但望人人为君子者也。"

29日   得吕谷凡信，告之又汇来四十圆，以供家中岁暮之需。致日本刘泗英、何启泰一长函，表示东渡之志，时刻未忘。留学事大，可宏大气宇，读尽天下活书，并可"以刺激愤兴之故，多得几人解识国家正义"。对于刘泗英组织"救国团"失败，加以劝勉："失败一度，其心必愈壮，志必愈坚，建设必愈有道。千锤百炼而后真人物出焉。"③致信邓绍勤、邓成均，以贤达相勉，力戒习气，振拔自新，致力于道："两弟之病，要在浮而不实。以故观理不精，度宇不广。吉望两弟终能自拔流俗，跻于高明，真知灼见，不为身外一切所被。痛戒悠忽，力勉于道，勿言力所不逮，便诿却之。惟其力有不逮，而偏欲行逮之者，乃能尽情尽性，为一完人。古今贤达，谁非由此得来？章太炎谓蜀人多小智自私，小器自满。又雨僧来书谓吾曰，在中国视碧柳为天生之诗才；在美国，视碧柳为堕落之顽童耳。此语皆吾当头棒喝，时为汗下。今弟等亦有同慨，试去参之。"④

31日   接萧湘信。萧湘以诗相赠《与人慨论时事，有怀碧柳。碧柳尝决言：中国不亡。叩其故，则以海内外尚有诚笃英年在。碧柳言时，亦颇自负，故每思之》："劫火横烧已上眉，笔花舌剑尚纷驰。狂波万派无

① 《吴芳吉集·日记》，第 1261—1262 页。

② 《吴芳吉集·日记》，第 1263 页。

③ 《吴芳吉集·日记》，第 1264 页。

④ 《与邓绍勤邓成均》，《吴芳吉集·信》，第 637 页。

南北，朽骨千年有是非。名士望尘先膜拜，老夫余泪向谁挥？每当感慨悲歌日，一念英才一解怀。"

11 月

1 日　致信永宁中学学生姚骕（此时在成都）①，谈（一）少年关乎国家前途，应各自努力，期于远大，以赴国家之难："我国一线生机，端在今之少年，国之信不亡者，赖有少年以继其后。夫先我而生者，则已耄矣；后我生者，则未知之。惟吾辈少年，丁此存亡绝续、千钧一发之际，举凡匡救之功、平治之道，非少年谁属？诚以少年之世，来日长，去日短，体魄充，精神健，遗艰投大，百无一畏。彼老年之所以称憾而未能者，在吾少年靡不能之。故窃谓人当年少，为世间莫大福利。是以昌为'少年中国'之论，以为少年者，国之元气，少年不死，吾国可以不亡。"故此，爱中国，则爱少年，辅一少年，则国家前进一步。（二）在道德倾堕之时代，应有己立立人、己达达人之志："今也，人欲胜天，天相违，人相食，故非有真学问、真德性、真精神毅力者，不足战胜以图其存焉。存者，存之也，存其所以立也。立者，立之也，立所与立也。一人之存不足存，须为众人之存；一人之立不足立，须为众人之立。不为众人之存，是曰苟存；不为众人之立，是曰苟立。吾少年耻之也。"（三）善用血气之勇。血气乃少年天性，须善用之，能发能收，应衡之以"义"，"义之所在，虽赴汤蹈火，所不当辞；非义所在，虽一毛不拔，所不当为。凡事必经审慎。一言之微，足以丧身，可不善养其血气乎"。（四）礼教不可忽视。"礼教，吾国之大经也，君子重礼教而辨名位，所以立纲纪也。"若忽之失之，视礼教为不足重，则傲慢恣睢，丛生大敝。②（五）应修身养性，进德博爱。与人慎辨"是非"，因"非真知灼见之人，不足与言"，否则取快一时，徒争口舌，反召其尤，示人心量不广。在"亡国破家、

---

① 姚骕（1904—?）：字仲良。西康省丹巴人。吴芳吉在永宁中学所教学生，师生关系亲密。吴芳吉推荐其赴成都就学，投于蜀中宿儒黄隼高门下。经吴芳吉推荐担保，就学于上海中国公学。后考入北京大学。曾任川康边防总指挥部交通处长，西康公路局长，国民党西康省党部委员。1938 年 6 月任第一届国民参政会参政员。

② 与主张推翻礼教的新文化人士不同，吴芳吉认为礼教是维持道德的必要手段，"礼教虽失，世人尚假托之以为荣辱"，故不可轻言废弃。见《吴芳吉集·日记》，第 1193 页。

不可终日"的时代危机里，修身养性尤为必要，明了一己责任所在，"一忧一乐，当有关于天下，苟怀晏安，好动情感，匪曰败德，且亦背义"，君子应明心见性，克制身外之欲，淡泊处世，形神以和，善念自滋，恶念自灭，如此则自有其是非之正。又，人之生，并非为己生，乃为众人而生，故应进德博爱，"苟有真挚正大之情操，其用之众生身上，勿为儿女子态，甘于草木同腐"。"悔过自新"为进德之门，"平心静气为进德之阶，知行合一为升德之堂，民胞物与为入德之室"，由此培养德行，以德养学，学德兼修。①

2日　清晨，心有烦忧，"重念姚骊一回"，思及少年、中国、天人学会、自身飘零，不觉泪如雨下，作《可怜曲》三首，怀姚骊、吴宓。又念吴宓："雨僧雨僧！是乃吾前生后生，实生幻生之知己乎哉！乃吾生生知己乎哉！则又泪如雨下。遂于枕上呜呜咽咽，为今日少年一哭之。"②身处边城，屡起怀亲念友之心，凄恻难禁，热泪如倾。

3日　致信吴宓，谈救国须卓然自立，不待他人："雨僧前此尝以中国兴复，惟于出洋学生是赖。吾时半信半疑，而未敢对。今雨僧来书，已渐知其未足多恃矣。知其未足多恃，于是雨僧奋发，乃以益进。阅人观世，乃准中庸。后之雨僧，殆能不被于物，坦率直行，真以天下国家自任，不复觊人之助，以玉成其一卓立之器者。此所以为雨僧欣慰无已者也。吉近悟天下事，自我以外，皆不足恃。天人学会，虽云济济多士，然自吉观之，可以辟为吾人之鹿洞桃源，而不必期为吾国之金城天堑。盖言乎尚友，曰有天人诸公在；言乎天下国家，则曰惟有我在。故论文章道德，吾不敢自诩于诸公。于天下国家，则吾视诸公若无物。夫惟能助己者，而后能助人。天下国家，惟吾欲助之，便助之。苟欲假人之助为吾助，是亦人助之也，非己助之也。吾既欲助之，则吾不望人助。故曰于天下国家，则视诸公若无物。此非妄自夸大，吾愿天人诸公，苟志于天下国家者，亦视我为无物。匪独视我为无物，即视天下国家亦为无物。此种妙谛，惟解人自解之。敢进之雨僧，留学生固不足恃，足恃者，惟我。我恃我而已。"③

6日　致信何树成、刘雨若，告以立己立人之道："一方提携自己，俾己之脚跟立稳，一方更提携他人，俾人亦得振拔。故交游之中，有天性

①　吴芳吉：《与姚生书》，《吴芳吉集·信》，第637—641页。

②　《吴芳吉集·日记》，第1266—1267页。

③　吴芳吉：《与吴雨僧》，《吴芳吉全集·信札》，第583—584页。

高尚志愿光明可资大造者，即宜深与结纳，以国家天下相期勉，并通告吾人介识之也。"①

　　7 日　发吕谷凡一书，告以家用已足，请勿再寄钱来，余款可追收回去。

　　9 日　复李宗武信，谓蜀中几经变乱，军政界已为流氓无赖辈捷足先登，占据高位，安享尊荣。有志者应另辟报国途径，从事社会教育，"教得一人，是犹吾之精灵脱化一人，教得千万人，是犹我之精灵脱化千万人也"②。

　　11 日　得邓成均信，内云："宾客满堂，门庭如市，日与委蛇，万难课读，东渡之心无日忘之，路费尚易筹措，惟常年接济不易策画，然誓在明年出游，不复他顾，纵不能为圣贤，亦当为豪杰，不能为豪杰，亦必为游侠，以削社会之不平也。若富贵佚乐，实未尝涉足及之。"又得邓绍勤书信，介绍越南志士潘佩珠③、陈仲克。夜与赵鹤琴啖橘、谈天。

　　12 日　复邓绍勤一函，称扬其诗大有进益，并嘱："仍请向老杜身上钻营，宜在其细密处着眼，不必学其疏阔处。"④

　　18 日　黄介民赴上海主编《救国日报》，邀请吴芳吉以诗寄之。又寄示《粤游百韵》一诗，吴芳吉称叹此诗为皇皇大篇，可与吴宓《石鼓歌》媲美。

　　19 日　致信黄介民、谢扶雅、曾琦⑤，内云："中国灭亡之祸，今已过去。中国若亡，当于十年前亡之。今中国少年醒矣，中国可亡，中国少年未可亡也。"⑥嘱友人联络全国心志中正之少年，以为他日共赴国难之储备。并托购黄公度诗集，介绍吕谷凡与三人相识。

　　25 日　邓绍勤寄来一杭绫所书飞白一联："常存赤子心，勉为天下

①　《吴芳吉集·日记》，第 1267—1268 页。

②　《吴芳吉集·日记》，第 1269 页。

③　潘佩珠（1867—1940）：原名文珊，号是汉，别号巢南。越南人。出身儒生家庭。创立维新会和越南光复会，先后在日本、暹罗和中国开展抗法活动。1924 年筹建越南国民党。翌年在上海被捕并解送回越，软禁于顺化直至逝世。

④　《吴芳吉集·日记》，第 1272 页。

⑤　曾琦（1892—1951）：原名昭琮，字慕韩。四川隆昌人。求学于四川省城高等学堂分设中学，与郭沫若、蒙文通同班。1916 年留学日本。参与发起少年中国学会、中国青年党。1924 年任中国青年党委员长。先后在大夏大学、同济大学等校任教。创办《醒狮周报》，宣扬"国家主义"。抗战期间，被聘为国民参政会参政员，当选为中国青年党主席。1948 年底去美国。

⑥　《吴芳吉集·日记》，第 1273 页。

士。"上款题"碧柳学长雅鉴",下款题"江西黄觉赠言,白沙邓立生书"。

26日　将邓绍勤所赠对联转赠吕谷凡,以之为天人学会公物,激励士气。又回复邓绍勤一函:"弟从吾授诗极佳,古之传学以师,今之传学以友。雨僧与吾友也,吾与弟友也,其自努力,他日为中国新文学派砥柱,此吾三人任也。"①

是月　萧湘病逝于江津,吴芳吉闻讯大恸。李大钊在《新青年》杂志上发表文章预言:社会主义旗帜一定会插遍全球。

12月

2日　得汤用彤信,谈与美国人交往态度:"首当报之以礼,次当发扬国光,使美人知中国之真价值,国力虽不平等,总期其精神上文化上之不卑视我,两国提携,当为携手同行,而非耳提面命也。"②又提及美国华侨精神颓废,于当地华文报纸可见端倪,《世界日报》、《少年中国晨报》所载篇幅大部分为治花柳病之广告,于此可预测国运。

3日　致信吴宓,谈留学生应促进中西文化交流:"发扬国光,非闳中肆外之士,未足与言。归宗要义,当在扫除魔障,抑末探源,斯文化精灵,得以毕显。今留学生于此,尤宜三复致意。欧美今日之漠视吾人,与吾人当初之鄙夷彼辈,正同其失:在观其表,而未尝察其里,亦徒取其伪,而未能知其真也,实则皆属愚诞。拨乱反正,惟兄等肩任之。兄等皆留学生,当知留学生之界说有二:其一,轮转他邦文明,培植本国。其二,传播本国文明,诱启他邦。由前之义,必先宏通其学。由后之义,而后完满其德。庶不负为留学生也。"③

4日　致信吴宓等友人:平生不喜小说,勿再寄来,"小说中所言忠义,吾等皆能行之,吾等一身即是绝妙小说材料,自反已足,何必读人所附会哉? 吾虽不侠于财,却亦侠于心也"④。吕谷凡转来吴宓信,信中与吴芳吉约定,每来函必附英文诗一二条,令吴芳吉细细读之,深玩其词

---

① 《吴芳吉集·日记》,第1273页。

② 《吴芳吉集·日记》,第1274页。

③ 吴芳吉:《与吴雨僧》,《吴芳吉全集·信札》,第584页。

④ 《吴芳吉集·日记》,第1275页。

意，并勉其做中国的 Robert Burns。

12 日　得吴宓寄自哈佛大学一书，谏言数条，约略如下：一、志业纯正着实，力戒浮妄、偏激之语，讥毁留学生之语大可不必；二、多作诗，少作文，日记宜简而精；三、多读书，少发议论，"性命"之说、天圆地方之论皆空泛至极，宜速弃；四、催眠术亦不应学，"宜学为真正之圣贤，如中国之孔孟及韩愈、曾文正、印度之佛祖、希腊之古三哲，以中和为主"，勿堕入中国老庄、西洋卢梭、托尔斯泰等人的魔障，此一类人"皆无行之小人，妄倡瞽说而害世，有甚于洪水猛兽"①；五、专学英文，以能遍读西书，否则彷徨迷误，一无所得；六、虽有天才之资，更宜雕琢，勿流于骄慢、学而不思。

14 日　致信姚骣，晓以去骄慢、破客气之理："惟骄，故事事不踏实；惟慢，故事事不周到。骄慢之极，于是客气以生。'客气'云者，非世俗谦恭辞让之谓，乃纵情亡性、流德不学之谓。客气既生，则真我以灭。一念一行，无非靠物做人。卒之终身作伪，无一当于正道，虽富有四海，尊为天子，不过行尸走肉，永失人格而已。……故所以勤谏弟者，无时无地，胥以破除客气，扶养朝气，为疗弟妙药。"又谈观察世情、评断人事之道："观察之失精密，由于学浅；评断之背中庸，由于德隘。譬如论人诗文，但以其读去顺口，便誉为佳，而究未知其所以佳也。好言侠义，但见人动好轻狂如我者，便叹为豪，而不知其非豪也。"②

18 日　复丘儒宗一函，内云："蜀人号称七千万，皆溺功利者耳。求弃绝声华，以游心学道，殆不可得。所望吾侪布衣之士，有以振发其先，为之弟一流也。"③

23 日　寄刘泗英、何启泰一函，认为沪汉两地不宜于讲学："沪汉诸地，皆诱人入邪行之大熔炉，不宜讲学。以吾经历，居山国者其坚强耐久之性胜于泽国。盖泽国以水利而交通便，以交通便，而繁华起，一落繁华，不免以物易性，终为客气所乘。"④

是月　吕谷凡寄来《文学杂志》多卷，《东方杂志》一册，《留美学生季报》八册。

---

① 《吴芳吉集·日记》，第 1279 页。
② 吴芳吉：《与姚生书》，《吴芳吉集·信》，第 642—643 页。
③ 《吴芳吉集·日记》，第 1280 页。
④ 《吴芳吉集·日记》，第 1280—1281 页。

是年

担任"天人学会"国内联络人，办理学会通讯、联络等事宜。负责与会员通信，提振志气，自云："诸友有一人不道德者，皆我之罪也。"① 又思学会应定位为互相砥砺、为理想身体力行之组织，"天人学会真谛，非推许以相赞，乃观摩以相劝，非比附以相利，乃体行以相慰"。② 为此，草拟了"天人学会"的发展规划：一、筹建天人学院，"即以养成吾人心目中之人才，而吾人亲教之"；二、创办天人杂志，"以为苍生立命而正天下之是非"；三、开设天人印刷所，"集诸友之力为之，便发表吾人之文章"；四、组建天人大家庭，"自由集合，谋共同之生活，俾各无内顾"；五、完善天人学系统，"立古今中外学道之大成，明天地幽冥之大法"。③ 由于条件所限，上述计划未能付诸实施。吴宓自美归国后，深感学术广大，非一会所能囊括，且具体事项需具体人才，学会无存在之必要，遂消灭于无形。作诗《白洽》、《秧歌乐》、《兵退，乃得观稼驴溪岸上，归日暮矣》、《与同乡少年聚饮竹溪口》等。

---

① 周光午：《教育家的白屋诗人》，《重庆清华》1947 年第 5 期，第 1 页。
② 《吴芳吉集·日记》，第 1215 页。
③ 《吴芳吉集·日记》，第 1281 页。

1919年（民国八年·己未）二十三岁

1月

寒假　自永宁中学归家，坐船至大洲驿，访护国岩。一九一六年，云南都督蔡锷率讨袁护国军至大洲驿，讨袁胜利后，蔡锷题"护国岩"于崖壁上，旁有"序"和"跋"，记述讨伐袁世凯事。吴芳吉以此为题材，写有长诗《护国岩词》，诗前有序记此诗之缘起："护国岩，在永宁河之大洲驿，故松坡将军游钓处也。戊午腊月，余自永宁解馆归，舟行三日过岩下，命舣舟往吊之，一时热泪交并，不能仰视。明日至泸州寓中，有老者颁白也，自言大洲驿人，将军驻驿中时，常采瓜果馈之。因迎老人坐榻上，煮酒挑灯，请话护国岩事，且饮且酌，且倾听，且疾书。就老人所述者述之，护国岩述，述成更酌一大杯奉之。老人笑曰，是述乎，是哭乎。吾曰唯唯，是亦述也，是亦哭也。"《护国岩词》一出，友朋争读，刘泗英、谢真①、吕汉才等人评价甚高。吴芳吉对蔡锷仰慕至深，另有诗《有喜》、《赫赫将军行》颂其事迹。

3月

再赴永宁中学。本学期，原校长蒲铁崖、好友赵鹤琴皆辞职而去。

---

① 谢真（1889—1946）：字祖尧。湖南新化人。早年毕业于明德中学。后就读于北京师范大学、日本东京高师。1918年回明德学校任中学部主任。1919年再赴日本考察教育。次年回明德，担任代理校长，推行教育改革。曾任湖南第一师范学校校长。

4 月

　　5 日　复函谷醒华，释"正心诚意"，勉以苍生为念，克尽己能："吉以为，凡人对于其才，能尽量发挥其知能，对于其时，能尽量担负其责任者，为能正心诚意。苟对于其才，有一分才之不得发挥，对于其时，有一分时之不得担负，是即所以自误，是即所以不正不诚也。嗟乎醒华！薄俗衰微，宁不知所警策！丧乱之亟，莫亟于蜀。赤土千里，杀人盈城。禁有甚于挟书，劫乃残于剔孕。兵燹天灾，累年迭起。不先不后，及吾人而当之。吾人当知戒慎奋勉，何敢一刻荒忘，负苍生含冤忍痛之望。苍生虽不望我，我念苍生，不当已矣。嗟乎醒华！思之思之。"①

　　13 日　致信友人，谈少年应锻炼其精神、高尚其人格，若非如此，则不免沦为畸零人，"不以其身犹存于世界之内，而以其身脱于世界之外"或"不习于厌生，则变为玩世"。故此，少年修养尤为必要，如此，方能乐其生，有生之趣，"有此一点生趣，乃所以成其为今之世界。自幼至老，固无日无时不在涵育于此生趣之间。生趣既失，虽生不犹已死。"②

　　18 日　写成《沙绮厅诗》③赠吴宓，诗前题英文小序。寄赠吕谷凡自选作品集《天人小吴集》，并请转赠吴宓，作为天人丛书文苑纪念物。

　　25 日　同事元著转述校中教师郭某之语，言吴芳吉"气色不佳，必夭寿"。听后反省："夭不夭未足道，然吾今年之志气，确较昨年为弱。吾昨年在此，未曾心恋树坤，今则暇必思之。两儿痘麻，累他数夜不睡。如此劳顿，无非为我之故。我终竟无丝毫事足以报之，因之心中十分难过，而时放下不得。虽非想着床笫间事，然其为精神之累，则一。宜大戒也。"④

　　26 日　与同事出城一游，精神倦怠不振。吴宓来函，报告自民国六年十一月至民国八年三月，美洲诸友所资助吴芳吉汇款共三百八十五元美

---

① 吴芳吉：《答谷醒华书》，《吴芳吉全集·信札》，第 587 页。
② 吴芳吉：《与人书》，《吴芳吉全集·信札》，第 588 页。
③ 即 Thayer Hall，为吴宓在哈佛大学所住宿舍。"沙绮厅"之名，为吴芳吉所译。
④ 《吴芳吉集·日记》，第 1288 页。

金，此次又汇来八十元，皆为留美诸友所捐助。

30 日　吕谷凡寄来英文杂志三十卷，吴宓自美国寄来《国防报》及 Golden Treasury，刘泗英自日本寄来一信、曾琦寄来自著《国体与青年》一书。

5 月

4 日　致信吕谷凡，谓留学生习染他国文化而鄙薄本国文化，不善择取他国文化而为其所虏获、失却卓然独立之气概："雨僧渡美后，思想日趋偏激。大凡留学生辈，皆有此种趋势。留学某国，即受某国之熏染。其国之好处，固能学些。其坏处、短处、偏处、狭处，亦不知不觉，也沾染甚深。故留学美国者，盛称美国；留学英法者，盛称英法；留学日本者，盛称日本。实则留学生辈，动辄援引异邦某家某氏之言，以欺我乡下人耳。此固与鄙士腐儒之流动辄援引先圣先王之法以压服时论者，同其可鄙。吾人不做文章则已，苟欲自为文章，则请摆脱一切，不必援引何人，依附何人，只是特立独行，将一己之良知良能，拿来试试，庶几不作他人之奴隶耳。留学生之真能认清自己，踏实读书者，究少究少。"[①]

此日，北京学生三千余人齐集天安门前举行示威，提出"外争国权，内惩国贼"、"废除二十一条"、"抵制日货"等口号，主张拒绝在巴黎和约上签字，要求惩办亲日派代表曹汝霖、章宗祥、陆宗舆，"五四运动"爆发。

12 日　思家深切，尤念树坤，每一思及，魂销神往，恍惚若病。

20 日　童季龄、刘泗英来信盛赞蔡元培《中国伦理学史》。吴芳吉八年前读过此书，觉其诸多论断已落陈腐，而诸友竟大为盛赞，可见在外留学所学固亦寻常无奇。

21 日　复刘泗英信，谈（一）作诗与用情："情"字万不可弃，作诗而不可寡情，"吾之诗稿，即吾之情史。……吾人不必问情之是欲是理，但求其情之必正必大。情正而大，是即天理；情不正大，是即人欲。所贵善养其情，善用其情而已，非情之所足害人也。"（二）道不远人，在日用之间，不可使所谓学问自成一物，天下事亦如家常事简静可为：

---

① 吴芳吉：《与吕谷凡》，《吴芳吉全集·信札》，第 589 页。

"吾总不信天地之间，另有学问一物。只觉读书愈多，愈与中庸相近，并无所谓高远。我想孔子集大成的景象，不过将天地间事，看得更清楚透辟，终于空空洞洞，了无罣碍罢了。又天下事，如一家事。弟兄见面，应明察实际，好好商量。兴利除弊，为确切之弥补。其不关痛痒，不着边际之话，尽管少说。戮力同心，不杂丝毫意气。稍有差失，亟谋更张之道。如此，则中国前途，庶几有豸。"（三）留学生妄以外国理论生套中国现实，以为真理在握且不容他人置喙，此为害不小："今留学生辈，逞其暴君专断之心，以谈国事。彼辈英年出国，于中国学问，既无根柢，于民生疾苦，尤为茫昧。及混过几年归国，其气质已变成外国人，而非中国人，动辄援引外国人之说法，以强断吾国一切，而不问于情理合否。故其开口便错，无一句公道的话。又不准旁人插舌，与之辩驳。一与辩驳，则唾骂之为腐朽，为落伍，使人噤不敢言。嗟乎！军阀之为祸，究仅一时，终必消灭，此辈之为害，则深入人心，非百世所能剷拔。一念及吾辈乡下人，则不知涕之何从也。"①

是月　《新青年》"马克思研究号"刊载李大钊《我的马克思主义观》，介绍了马克思主义的唯物史观、政治经济学和科学社会主义。

6 月

5 日　川滇军阀在川东地区纵容种植鸦片，勒征烟捐，遭到舆论各方谴责。四川督军熊克武是日发布禁烟条例，并派专员赴川东禁烟。

9 日　思念树坤、树成，为之心醉。焚香展读，方抛下思念之心。

10 日　得树坤一函，叙别后相思之情，并催其早日回家："自端阳节后，连宵少寐，……梦醒作书，乃缠绵情愫，如潮起落，扰得心绪萦萦，卒之不能书得一字。只觉恩爱蓬勃，洋溢纸上，虽未书得一字，而一往怀思，固已神驰左右。"②

是月　辞永宁中学教职。

---

① 吴芳吉：《复刘泗英》，《吴芳吉全集·信札》，第589—590页。
② 《吴芳吉集·日记》，第1293页。

7 月

　　赴上海。永宁中学学生潘敦①、吕某、王某与之同行。过汉口时，于安利英行会晤吕谷凡。因海关怀疑四川旅客携带鸦片，吴芳吉所在轮船两日间被清查二十次。

　　抵上海后，就任《新群》②杂志社编辑。主任为周君南③，因天人学会关系，礼聘吴芳吉来此相助。主持诗歌专栏（每月出版十页），另外兼任杂志社书记，包揽了文牍发行和茶房邮差之事。《新群》杂志虽为中国公学出资筹办，然其主张与中国公学校长王敬芳相左④，吴芳吉力主杂志分离出来，改为同人自办刊物，不受资本控制，服务社会群众，并"决定始终随之，虽至身败名裂，不放手矣"⑤。时，中国公学缺国文教员，经周君南推荐，吴芳吉被聘为中国公学国文教员（后聘为教授），每周六

---

①　潘敦（1899—1950）：名远燮，亦字崇理。四川古蔺人。追随吴芳吉至上海后，就读于中国公学。后跟随吴芳吉入明德中学读书，考入北京大学，受教于梁漱溟、熊十力。协助梁漱溟从事乡村建设，致力于乡村教育。1950 年，在"清匪反霸"的群众运动中，被误杀。

②　《新群》杂志是具有强烈文化抱负和一定政治倾向的同人杂志，为中国公学编译社所办，委托东亚书局发行，每期一百二十页，定价二角。该社共有编辑九人，在上海者五人（周君南、吴芳吉、曹志武、梁乔山、刘南陔），在北京者四人。杂志分社论、学说、翻译、诗曲、小说、纪闻六栏。它的主要宗旨是：一、作为言论机关，鼓吹地方自治，最后达到"无治"；二、组织工农；三、不加入"风头主义的文化运动"、"油腔滑调的爱国运动"。见吴芳吉《一个文化运动家梁乔山的传》，《吴芳吉集·文》，第 394 页。除在《新群》任编辑外，吴芳吉同时兼任《民魂周刊》主任，每周作文五千字，诗长短不定。《民魂周刊》系吴与周君南、曹志武筹措资金合办的刊物，亦不领薪水。吴芳吉自言，于两份刊物"虽不得钱，然可借此以联络许多同志，为将来事业之预备，其有益于人，固与得钱相等也"。见吴芳吉《禀父母》，《吴芳吉集·信》，第 645 页。

③　周君南（？—1959）：字严盒，一字淑楷。湖南宁乡人。1919 年毕业于北京大学法学经济系，与吴宓友善。毕业后，回上海公学任教，兼任《新群》杂志社社长。后应新加坡崇孔中学之邀赴南洋执教，主持校务多年。1928 年起，先后任安徽怀宁、合肥县长，驻赣绥靖公署秘书等职。1935 年，解职回湘，被选为湖南省参议，投资实业。参与长沙和平解放。与英国人李治慈合著《海峡殖民地一九二三年城市改进条例释述》。

④　王敬芳之意，《新群》杂志应效仿《新潮》等新锐杂志，倡导新文化，而吴芳吉等人对新文化运动逐渐产生了怀疑，转而鼓吹地方自治、无政府主义（"无治"），与王敬芳办刊初衷不尽一致，故遭中国公学众人毁谤。

⑤　《吴芳吉集·日记》，第 1321 页。

小时，为其专授中国文学之始。月薪为三十圆，后增至六十圆（吴芳吉等不在杂志社领取薪俸）。起初，班中只有十四人听讲，因授课出色，增至八十人。

是月　入住杂志社宿舍，位于上海威海卫路，与曹志武①同宿一室。住处有花园、公园、图书馆可供游览。吕谷凡寄来《东方杂志》二册，《戊午杂志》一册（汪彭年著）。

9 月

25 日　温习英文。思念树坤，杂念纷起，不能自制。晚饭后，去嵩山路看望潘敦。

27 日　何树成自南洋中学放学至吴芳吉寓所，吴芳吉"数日不见，又觉添了一番怜爱"②。晚饭后，与曹志武、潘敦、树成坐中国公学图书馆谈天。夜与树成共枕睡。

28 日　六点起床，展读萧湘先生遗墨。与何树成共译小册子 The Elements of Reconstruction，以为《新群》杂志之用。

是月　上海各界联合会成立。

10 月

9 日　送树成回校，经过霞飞路南法国球场，为章太炎居所及朝鲜临时革命政府所在，驻足观望，称其为"上海最有价值之地"③。

---

① 曹志武（1887—1921）：名任远，号志武。湖南衡山人。曾任众议院秘书、湖南都督咨议，后辞职务农。《新群》杂志创刊后，周君南邀为论文主笔。博览文史，有"史库"之称。后任教于明德中学，病殁任上。吴芳吉撰有《曹君事略》。曹志武专精于哲学、政治，吴芳吉受其影响，"颇得涉猎西哲论政之书"，对 Coker 所撰之 Readings in Political Philosophy、柏拉图语录"诵习尤熟而深好之"。见吴芳吉《自订年表》，《吴芳吉集·文》，第 543 页。曹志武亦是吴芳吉《婉容词》的第一读者。有新派诗人诋毁吴芳吉的诗歌"非新非旧""非驴非马"，曹志武拍桌怒斥："此乃所以为吴生诗也！尔可前枪毙之？"见吴芳吉《曹君事略》，《吴芳吉集·文》，第 532—536 页。

② 《吴芳吉集·日记》，第 1295 页。

③ 《吴芳吉集·日记》，第 1296 页。

12 日　何树成昨来寓所，有不乐之色。晨，枕上密问其故，不答。起床后，又问，仍不答。无奈之下，央其原谅："吾却不知何事得罪弟弟，只与你作作揖罢。"与之三揖。忽念及昨日日记定为树成所窥，上面写有："成弟每来看我一次，必破费吾囊钱数千，此种不经济的办法，殊为不值。以后不可丰遇之了。"一时失悔无及，深为惭怍，急取日记当树成面撕毁。树成只言："何苦呢！"午后，与树成、曹志武去法国公园，因未穿洋装，照例不能深入，仅在路旁椅上小憩。

14 日　拟效 Lindsay 之老洛伯 Auld Robin Gray 诗体，为某君之妻投水，作一哀辞。为之构思三四小时，未下笔。

15 日　写诗《婉容之夜》，以白话为之，成约四百言。

17 日　诗成，定名《婉容词》，约千余字，分十七段。传示曹志武、姚骍。因思文言、白话区别及所长："白话长于写情，文言长于写景。因白话写情，有亲切细腻之美。文言写景，有神韵和谐之致。各有所长，莫能左右。若用文言写情，不流于□则流于腐。若用白话写景，不失之蔓，则失之俗。此为百试而不爽者。婉容诗有情有景，故白话文言错杂用之耳。"①

20 日　寄元著、邓成均等最新报纸一束。午后与曹志武、姚骍、潘敦赴法国公园观草。随后赴芦家湾访陈芷汀②观菊。

21 日　致信父母，表示堂哥来沪租界贩卖鸦片之事甚为不妥，一者自宜昌以下搜检甚严，二者上海租界人地两生，三者以自己所处身份地位，亦不会帮忙。堂哥历年所欠钱，不必追索。信末叮嘱父母："吾家最大的事，不在积钱致富，只要男在外边身体没有病痛，诸事皆能顺遂，这就是家中一天之喜，比之积钱致富，反要舒服多了。"③

24 日　发吕谷凡一书，请其汇四十圆至白沙家中救急。此款为美洲诸友寄来而未用者。书赠何启泰《婉容词》一幅，并附书谈新文学建设的方向："此后欲为文学谋所以建设者，必在不雅不俗、不新不旧、不中不西、不激不随之间。苟不解得此义，则万难为最后之战胜。"④

---

① 《吴芳吉集·日记》，第 1298 页。□为日记中所缺字。

② 陈芷汀（1897—1962）：名方，字芷汀、芷町。江西石城人。曾任蒋介石侍从室秘书。1945 年当选为国民党第六届中央监察委员。1946 年任国民政府文官处政务局局长，当选为制宪"国民大会"代表。1947 年被聘为全国经济委员会委员。1948 年任总统府第二局局长。1949 年去台湾，任"总统府"国策顾问。擅书画，有《陈芷町书画选集》行世。

③ 吴芳吉：《禀父母》，《吴芳吉集·信》，第 647 页。

④ 《吴芳吉集·日记》，第 1299—1300 页。

26 日　与曹志武、周君南读哲学史五篇，读胡适《哲学大纲》。继续静坐功夫，每日仍以一小时为之。

27 日　得树坤一函。信中对吴芳吉在上海颇有朋友之乐大为不悦，又谓树成每周来吴芳吉住处共宿尤不合理。吴芳吉大感委屈，心内酸痛："其为嫉妬也耶？抑一时之误会也耶？平地风波，殊令人不可揣度也。吾自离家至今，目不敢妄视，耳不敢乱听，心不敢乱想，只是清清白白了无纤尘，方谓如此情怀，可以对妻子而泣鬼神，乃如冷水浇背，突如其来，以此而遭怨，真难乎其为丈夫矣。吾于'情'之一字，觉得入世逾久而与世逾公。吾之视世，固如吾之视妻也。而吾妻则不许我之与妻者更以与世。呜呼！吾所以公之于世者，乃触吾妻之忌耶！"①

28 日　四点半起，洗冷水浴，擦拭几案、窗棂。静坐。六点时，心中颇静，精神大爽，立志抖擞精神，不为情累。读胡适《哲学史大纲》十篇。午后，赴中国公学讲文，授魏禧《大铁锥传》，断句有误，深为惭悔。因思自任教师来，未尝有此等低级错误，今日竟为之，当是树坤昨日来信搅乱精神，一夜未眠而致精神昏聩之故。

11 月

1 日　与曹志武去法国公园。此日为星期六，树成又至，只不独身而来，想为树坤信中戒告之故。吴芳吉深以为可笑。近来，树坤、吴宓对吴芳吉皆有误解："吾平生之好友为雨僧，而骂我为顽固；吾天伦之良伴为树坤，而骂我为薄情，吾真无口辩白，只得听之。吾与雨僧已三月不寄书，与树坤，其亦三月不寄彼书，以待其觉悟乎？"②

4 日　早起，编国文讲义。早饭后，散步、读史、弹琴、阅报，与曹志武移菊花至室内。四壁为雪磁砌成，磁光射菊花，更添艳丽，戏言若有生客来此，必以为金屋藏娇或为空谷佳人所居。

7 日　此日为中国公学建立纪念日。接汤用彤一书，反对吴芳吉赴东京学美术，认为不切合世用，建议学新闻，此近于文学且不蹈空言，以后若办天人杂志，或有用武之地。接刘泗英一函，告以救国团彻底解散，将携何启泰再赴日本，又以"敬爱"二字奉赠吴芳吉以处理夫妻之事。

---

① 《吴芳吉集·日记》，第 1300—1301 页。

② 《吴芳吉集·日记》，第 1302 页。

11 日　五点起，编讲义、静坐。早饭后与曹志武坐花下观露水，日光辉映，幻态不穷。上午读哲学史五篇，弹琴，阅报十种。下午于中国公学课上为诸生讲授《婉容词》，盛况空前，听者为之感染，"听者盈坐，甚至壁窗门隙，都为学生塞满。讲至诗中十五段后，诸生多半泪下。有沈生海鸣者，平素号称顽皮，至是乃襟然悲咽，不复仰视。有张生显铭，听至婉容决死之际，忽挥拳欲击，大叫曰：'太不平了！'及十七段讲完，至'一声声……哀叫他'，则满堂之人，齐声拍案曰：'好呀！难过的很！'"①《婉容词》发表后，各方好评颇多："得介民一书……得读吾《婉容词》，使其怆痛欲绝，可以风矣"②、"得鹤琴一书，评吾之《婉容词》曰：缠绵悱恻，不加褒贬，而某生之寡情，婉容之惨怛自见。令人不忍卒读"③、"有孙啸声、江片云，自南通县来函，批评我所为诗，以为能以旧格式运新精神，以新格式运旧精神的"④、"胡老先生子靖……谓在津浦车中，读吾之《婉容词》，使其怅然终日，不知车行千里也"⑤、"富顺陈铨君评曰：'不矜才，不使气，一任白描，为其他诗所不及。'"⑥

16 日　作潘佩珠、陈仲克一书，托唐继尧自毕节转之，内云："惟各自努力，期于远大。天地之间，正气永存也。"夜为元著修订《仁群约法》。

28 日　得张恕熙一函，称吴芳吉"德弥盛而忧弥殷，行益笃而志愈不足，殆有古人风矣"⑦。刘泗英、何启泰已赴日本，函催吴芳吉尽早东渡。

12 月

2 日　奉二亲之命，至南京路杨庆和银楼为树坤买金簪一枚，重六钱七分，花十六圆，上刻"白屋树坤"四字。夜与周君南计划《新群》第二期事，读哲学史八篇。

---

① 《吴芳吉集·日记》，第 1304 页。

② 《吴芳吉集·日记》，第 1305 页。

③ 《吴芳吉集·日记》，第 1316 页。

④ 《吴芳吉集·日记》，第 1310 页。

⑤ 《吴芳吉集·日记》，第 1324 页。

⑥ 吴芳吉：《婉容词》注，《吴芳吉集·诗》，第 91 页。

⑦ 《吴芳吉集·日记》，第 1309 页。

16 日　《新群》杂志发长函致吴佩孚，要求讨伐安徽督军倪嗣冲。倪嗣冲纵兵两度闯入安庆蚕桑女学校，强奸师生多人，致投水悬梁自尽者五六十人。

25 日　今日为护国军纪念及耶稣诞辰，休息。发吴建常、刘泗英、瞿国眷、美国天人学会诸友各一函。午后，与曹志武、姚骍等六七人赴徐家汇参观蔡锷松社①、李鸿章祠堂及天主教礼拜堂，来回二十里，皆步行。

28 日　天极寒，树成冒风来视。阅报数十种。夜起狂风，与曹志武围炉读笛卡尔哲学六篇，电灯光青，炉火赤焰，得烹茶对友之乐。

31 日　接树坤一函，"说了许多气话，却亦可爱"，内云："你的心酸，尚有朋友慰怀，书籍忘忧。我一无所有，则百事俱苦。但是，我是一个井底之蛙，又无学识，又不懂事，何能晓得心酸呢？你说要知道你受折磨极多，担的责任极重。柳君柳君，我比你的令尊令堂还想得到。坐卧之间，未尝不提想你的辛苦，我虽费用一钱，心觉不忍，辄念吾君辛苦得来的。所以终年勤俭，未敢懒惰。自晨至晚，无有稍暇。白日抚儿，洗衣炊饭，夜晚作针线或者至十二钟后，为妻之心，固与你亦如是也。你说邓绍勤君来家省问，不可疑他有甚么坏心，我虽愚蠢，亦不至有此想，你未免看我太渺小了。"②

是年

作诗《永宁清明》、《将自永宁归家先此寄内》、《绍勤将赴成都，自渝夜驰来会，闻李笑沧死矣》、《山中独坐怀树成美洲》、《无题》、《明月楼词》③、《崇明玩月》、《吴淞口访古》④、《卖花女》、《非不为谣》、《摩托车谣》、《小车词》等。

---

① 松社：原为徽商王效山建造的余村园。1918 年，为纪念蔡锷，梁启超、李烈钧等筹款购得余村园，成立松社。

② 《吴芳吉集·日记》，第 1312—1313 页。

③ 咏孙秉熙。孙秉熙（1861—1922），号义庵，朝鲜忠清道清州人，东学道第三任教主、天道教教主。1894 年参加甲午农民战争。事败后，隐蔽深山，致力于救国独立事业，后被捕，死于狱中。

④ 诗后有注："吊中国公学滔海烈士陈天华也。"

1920 年（民国九年·庚申）二十四岁

1 月

2 日　评阎锡山治晋之策："吾观阎锡山之治晋，虽其民号小康，实则摧残人民生机于不知不觉之中，固无异张敬尧、倪嗣冲辈，特一个是明的，一个暗的而已。晋人从此无开明之望矣。"①

4 日　吕谷凡之弟吕安良来访。与吕安良、姚骍等参观南洋中学，厌其校舍杂乱无章。当日日记中，斥南洋中学校长王培深乃乡愿之徒，不配为教育界中人，并评上海学界人士："上海学界人才如黄炎培，乃伪君子，胡敦复②乃市侩，朱少屏③尤无聊之流氓，吴稚晖则俗不可耐，皆鼎鼎焉，盗了一点名声以自欺欺人，真可哀已。"④ 归后，为梁乔山讲西洋史一段。晚与北京大学数人谈论该校腐败情形。

6 日　赴上海勤业女校授课三时。读《建设》杂志所载汪精卫文章《人类之共存》，当日日记中谈对国民党文人之看法，并评价上海舆论界人士："民党中书生似觉胡汉民较为健拔，汪精卫与章行严（即章士钊）

---

① 《吴芳吉集·日记》，第1314页。吴芳吉后对阎锡山评价有所变化，其在西北大学任教时，得知山西治安、经济、文化、教育皆大好，称赞其"诚今世之乐土"。参见吴芳吉《禀父母》，《吴芳吉集·信》，第863页。

② 胡敦复（1886—1978）：名炳生。江苏金匮人。早年就读于上海南洋公学、震旦学院。1907年赴美国留学，获康奈尔大学理学学士。1909年回国任职于北京游美学务处。1912年在上海创办大同学院（后改名大同大学）。1949年去台湾。后去美国，在华盛顿州立大学任教。

③ 朱少屏（1881—1941）：名葆康，字少屏。上海人。早年毕业于南洋公学，后留学日本，参加同盟会。1909年参与组织南社。1912年任孙中山临时大总统府秘书。1920年起，任《申报》驻欧记者。1941年任驻菲律宾副领事，同年12月被日本占领军杀害。

④ 《吴芳吉集·日记》，第1314页。

则毫不长进，且有退化之势。章固利令智昏，而汪未能免俗者，何耶？又此刻海上大出风头之女士，一为天津之刘清扬①，乃所写书信狗屁不通，一为湘乡之张默君②，乃所著论文一钱不值，真笑煞人也。"③晚中国公学教务长刘南陔送来一函，请登《新群》，并言："函中之言，皆是社会之药石，非有学问者不能也。"此函乃一留美哥伦比亚大学学生所寄，赞扬刘南陔为"社会的先觉、有奋斗的精神"，刘南陔亦作一小序冠于前。吴芳吉认为，二人不过互相标榜而已。吴芳吉、曹志武极力反对刊登。刘南陔仍命社中书记照抄一份，以供登载。

　　7 日　连得树坤二书，怨气甚重："因为我不善说话，得罪于你，你因此与树成生伤，呜呼！为女子者最难言也。一言不恭，获罪丈夫，连累多人，哀哉哀哉！"信中又谓，二亲久不得家书，甚为不满。因家书问题，致信父母，略作解释："男自半年来，虽少寄书回家，但心中目中，则未尝一刻忘之。又于树坤之书，觉得较多者，并非只能记得妻子，而不记着老人。不过男之初意，以为我寄树坤一书，即由树坤将书中之意转禀老人，也是一样。乃不料因此而引起老人之怒，实令男心中难安之甚。须知男是家中之一人，无论与家中何人寄信，只要无病无痛，便是一家之福，固不必每寄一书，都要抄作几份，乃为孝道也。以后男对于二亲，当时时寄书；对于树坤，亦当时时寄书，皆请不必挂虑。"④

　　10 日　成诗《两父女》。又得树坤一信，知吴芳吉为其买制金簪，又大悔不该疑他骂他，伤了身体。吴芳吉阅后颇为不乐："见利则移其情，此种举动，我殊不愿见也。"⑤

　　13 日　北京陈达材来信，谓武汉警察厅禁止邮寄《新群》杂志，对

---

① 刘清扬（1894—1977）：天津人。早年参加同盟会。五四期间，参与组织天津女界爱国同志会和觉悟社。1920 年留法勤工俭学。曾在广州、上海、北平等地组织妇女团体。抗日战争时期，任战时儿童保育会理事、重庆妇女联谊会常务理事。皖南事变后，去香港、桂林等地，参加反蒋抗日活动。1944 年任中国民主同盟中央妇女委员会主任。1949 年后，任中国红十字会副秘书长。

② 张默君（1883—1965）：原名昭汉，又名莎非亚。湖南湘乡人。早年加入同盟会。武昌起义爆发后，策动江苏巡抚程德全独立。1912 年发起成立神州妇女协会，任会长，出版《神州日报》，并创办神州女校。1927 年后，历任杭州市教育局长、国民政府考试院委员、立法院委员、中央常务监察委员、国民党党史编纂委员会和国史馆名誉编辑等职。

③ 《吴芳吉集·日记》，第 1315 页。

④ 吴芳吉：《禀父母》，《吴芳吉集·信》，第 649 页。

⑤ 《吴芳吉集·日记》，第 1317 页。

此，吴芳吉评述道："近来之官厅，对于新文化之书报，到处查禁。而查禁逾严者，则观之者逾众，所欲禁之，而实所以纵之。《新群》在武汉一隅，方苦无人传播，今不费传播之力，而官厅为吾广之，其愚可怜，其功确不可没也。"① 晚，黄介民、陈芷汀、王独清等来访，商量筹办《新亚细亚杂志》。诸人对南北和议事，至为反对。黄介民拟设法施放炸弹，将和会代表一网打尽，曹志武则主张发动上海学生抗议。黄介民又拟联络苏俄方面。

14 日　与黄介民、曹志武往复旦公学访汤寿军②，午后，又与汤寿军等至黄埔滩法国旅馆访苏俄政府远东军司令 A. S. 波达波夫。波达波夫力主中国应借助布尔什维克的力量，打破南北政府并立局面，且布尔什维克致力扫除国家界限，必无野心侵害中国。又至宝康里顺访韩国临时政府职员申睨，吴芳吉对之印象不佳，以其精神萎废，不能振作。另见韩国流亡人士多名，大失所望，"都有丧志可怜之色，真该为亡国奴也"③。作《昨年之〈新群〉纪事》一文，提及《新群》杂志所出两期发行约四千份，尚未引起反响。与《新群》杂志属同一类型者有：《建设》、《新青年》、《新潮》、《新教育》、《新中国》、《少年中国》、《少年世界》、《解放与改造》。其中《新潮》与《新群》暗相排挤，因二者皆为北大学生所办，互有矛盾之故。

19 日　赴亚细亚照相馆取照片三幅。四川各界联合会邀请加入，以其"龌龊卑鄙"，未加入。答复各处公函、寄发交换杂志。广东学生招文远来谈，告以"中华工党"成立之事，加入者以丝厂、书报业工人为最多，约千人。胡元倓来访。赴中国公学讲授新作《两父女》一诗，听者满座，数人泣下。吴芳吉认为，诗人应兼具画师擅长写景、演员擅长传情的本领，并比较《两父女》和《婉容词》的不同："吾此篇《两父女》诗，比前之《婉容词》尤难作。（1）婉容乃大家气度，容易敷衍成章。此乃赤贫之家，说来每犯枯槁。（2）婉容是读书且成人的女子，其思想与吾人所差不远，易于揣度。此则乡间打柴的女孩，其思想与成人全不同也。（3）《婉容词》是婉容一人自述，乃单调的。此父女两人之对谈，乃

---

① 《吴芳吉集·日记》，第 1318 页。

② 汤寿军（1887—?）：又名汤松。湖南长沙人。早年留学日本、美国。回国后，先后任上海中华书局编辑、湖南省商业专门学校校长。1919 年，因反对张敬尧而避居上海，任上海复旦大学教授。1920 年，与陈独秀、毛泽东等发起成立"上海工读互助团"，成为早期工运领袖。

③ 《吴芳吉集·日记》，第 1320 页。

双调的也。"① 有学生问诗中所写是否实事，吴芳吉后于《新群》杂志一卷三号发表此诗时，引吴宓文学论稿作答："天下有真幻二境。俗人所见眼前之形形色色，纷拏扰攘，谓之真境，而不知此等物象，毫无固着，转变不息，一刹那间，尽已消灭散逝，踪影无存，故其实乃幻境 Illusion 也。至天理人情中事，一时代一地方之精神，不附丽于外体，而能自存，物象虽消，而此等真理至美，依旧存住，内观反省，无论何时皆可见之，此等陶熔锻炼而成之境界，随生人之灵机而长在，虽依幻境，其实乃惟一之真境 Disillusion 也。凡文学巨制，均须显示此二种境界，及其相互之关系。Aristotle 谓诗文中所写之幻境实乃真境之最上者。Illusion is the higher reality。《红楼梦》之甄贾云云，即写此二境。又身在局中，所见虽幻，而处处自以为真。大观园及宝、黛、晴、袭，所遭者是也。若自居局外，旁观清晰，表里洞见，则其所见乃无不真，太虚幻境及警幻所谈，读者所识者是也。凡小说写世中之幻境至浓处，此际须以极淡之局外之真境忽来间断之，使读者如醉后乍服清凉之解酒汤，或如冷水之浇背，遽然清醒，则无沉溺于感情惘惘之苦，而有回头了悟、爽然若失之乐。《红楼梦》中，此例最著者，为黛玉临殁前焚稿及宝玉出家，皆 Disillusion 之作用也。"又言《两父女》真实性问题："至于我这一篇，本非长篇小说之比，故不待于取譬相成，说他是真的也可，说他是假的也可。"②

22 日　晨访刘正泽、黄介民，二人高卧未起，因发感慨："此辈自命为志士，吾闻志士多苦心，未闻志士多逸心如是也。"又批评刘正泽迷信新思潮之说、崇拜新文化运动领袖胡适、陈独秀等："不知陈独秀为毫无知识之流氓，胡适比较稍高，然亦技止此耳。"③ 为之讲人生观数时。邀曹志武、姚骍坐电车赴四马路，在同芳茶楼小饮。晚读哲学史。

是月　因缝制冬衣、为何树坤打制金簪，所得薪水所剩无几，无法寄汇家中。拟与周君南、曹志武联合向中国公学校长王敬芳申请增加薪水，否则宁肯辞职。

撰《昨年之一般舆论界》，评价"新文化运动"之得失：文化运动之

---

① 《吴芳吉集·日记》，第 1324—1325 页。

② 吴芳吉：《两父女》，《吴芳吉集·诗》，第 97—98 页。

③ 《吴芳吉集·日记》，第 1325 页。对于陈独秀的激烈反传统，吴芳吉颇为不满，对其人亦有恶感：一次，中国公学设宴招待陈独秀，陈因事未来，吴芳吉引以为憾："吾拟陈独秀至，就席上痛骂之，看看北大教授究有什么威风。乃闻陈至中途，又为他人拉去，殊可惜也。"又，陈独秀来中国公学演讲，吴芳吉亦"偏不屑往听之"。见《吴芳吉集·日记》，第 1330、1349 页。

发生，得益于自东周以来两千余年所仅有的宽松自由的舆论环境，它的缺陷是只限于杂志报章一途，且以白话作为划分新旧的标准，其深度、广度远不能与欧洲文艺复兴运动相比，因其对家庭、社会、学术、宗教、政治、经济皆未有刷新，反堕入文白之争数年，而对社会实际无有触动。吴芳吉对新文化运动既有批评，亦予同情与肯定："故今之文化运动，只可叫为一个'白话运动'。然即白话运动，求其真有潮流，亦并不是至善。不过，要打破此恶劣之社会，不能不向它表示同情，因为除此以外，没有办法的。"①

2 月

14 日　收开封徐某、成都李某来信，讨论文学问题，皆对《婉容词》夸誉备至，其意欲将来信发表于《新群》通信栏内。为避免互相标榜嫌疑，未将二信发表。

21 日（农历正月初二）　与何树成、曹志武赴黄介民处拜年，未遇。至城隍庙看灯，买箫一支。午后，与树成到中国公学图书馆弹琴。康白情来访，约为《新四川杂志》作文，以无暇却之。晚饭后，与树成、曹志武围炉猜英文字谜。

23 日　与树成、曹志武在中国公学操场练枪，又同走浪桥。

27 日　《新群》驻北京编辑汪敬熙②来信请辞，理由为：1. 除自己的文章外，《新群》所载文章处处受骂；2.《新群》主办方中国公学校长王敬芳是研究系的人，不能与之为伍；3.《新群》的名誉太坏，不愿代受坏名。吴芳吉认为，其辞职之理由莫名其妙，又因汪乃北大毕业生，遂引发了吴芳吉对北大学生的评论："北京大学学生除了'好出风头'以

---

① 《吴芳吉集·日记》，第 1324 页。吴芳吉对当时的中国社会至为痛心疾首，认为"举国皆病、无一健全之人以为之医治，犹之集三四万万病夫于一所"，其病症又有不同，表现在文化观点上，"彼一意迷信西洋者，如相思病；托言保存国粹者，如枯痨病"，立场不同、观念各异，无对话的可能性和共同点，因此，"政治有南北之争、教育有新旧之祸"，无法心平气和、心态健全地从事文化建设。见吴芳吉《与邓绍勤》，《吴芳吉集·信》，第 669—670 页。

② 汪敬熙（1897—1968）：字辑斋。浙江杭县人。1919 年毕业于北京大学经济系。新潮社主要成员。1920 年赴美攻读心理学和生理学。1924 年回国，历任河南省立中州大学、国立中山大学、国立北京大学等校教授。1934 年起出任中央研究院心理学研究所所长。1948 年被选为中央研究院院士。1954 年赴美，从事研究工作。因病自杀。

外，一无所事。汪敬熙原是《新潮》社员，其受'风头毒'之深重，自不待言。北大学生自所谓'五四运动'大出风头以后，其矜持虚骄之气，真觉天下无敌。吾在此所会见三四十人，半为北大生徒有名之士。然其知识之卑小，固无异于'茶房车夫'。《新群》编辑九人中，其五人亦为北大学生。刘秉麟①辈固常在《新青年》、《新潮》、《时事新报》、《解放改造》诸杂志大吹牛皮，而自命为经济学家者，乃所出英文的经济试题'There are how many parties to a bill'、'Briefly to state the various schools of thoughts'、'To explain the causes of crises'有如此不通。《新潮》之康白情②，更不知英文为何物。而所著文章，则英、德、法、日各国语言都拉来作引证（《时事新报》之张东荪也是如此）。此真所谓'人不要脸，百事可为'。吾于淑楷，犹能与之相安者，彼虽为北大学生而不在吾面前吹牛皮也。近日杂志林立，许多学生专以攻读杂志为事。因杂志上之论调，多时新的话头，记取一二，便可自命为文化运动之健将。康白情辈之所谓学问，即自此产生者也。"③

29 日　在日记中反思作诗之道："吾自一年以来，凡所作诗，必于落笔之前，凝思数日，少者两天，多且半月。……盖必拟题定后，继以布局；布局定后，继以造词；造词定后，继以度情；度情都定，然后提笔直书，顷刻成就，再为修饰一番，朗吟一遍，而不觉刺眼拗喉者，于是一诗全定。故提笔做诗不难，而埋头寻诗甚难。诗之好坏高低，不定于临时之推敲，乃视乎平常之酝酿。酝酿不厚，则其趣味自薄。近人之诗，日做若

---

① 刘秉麟（1891—1956）：又名炳麟。湖南长沙人。北京大学经济系肄业。后留学伦敦大学经济学院和柏林大学经济系研究生班。历任中国公学大学部教授兼商学院院长、武汉大学教授兼法学院院长、代理校长、教育部部聘教授。1949 年后，任中南军政委员会财经委员会委员。

② 虽同为蜀中人士，吴芳吉对康白情却颇有微词，起因固有吴对新文化运动人士的天然反感（看不惯康"好出风头"），亦有康本人虑事不周之故。康白情等联络蜀中同乡拟办《新四川》杂志，明言自由选举产生总编辑，却又指定北大学生叶麐为总编辑最佳人选，吴芳吉为之不悦，指责"此种滑头手段，乃不意而出于新文化运动者之口中，抑何鄙俗若是"。后康白情请吴芳吉为《新四川杂志》作文，吴亦托故谢绝。自此，康白情亦与吴芳吉交恶，对其诗多有指摘，言吴芳吉不合于真正白话文学，若不改良，则甚于《新群》杂志抱歉。彼此偏见既深，吴芳吉则对以康白情为代表的白话诗人评价亦愈低愈甚或严厉痛击："现在所谓新文学或白话文学专家，都是粗鄙下材，更不配说文学上之创作。其有人稍强于他的，必拼命摧残，诗人不能发展，而后快意。所以其材之粗鄙，尚不足罪。其摧残他人之材，使与之一同堕落，此等居心，乃不可恕矣。"见《吴芳吉集·日记》，第 1327、1332、1341 页。

③ 《吴芳吉集·日记》，第 1328—1329 页。

干，以涂抹新闻纸上，未见有杰出者，即以日日做作，全无酝酿故也。昔人谓诗必穷而后工。诗之所贵乎穷者，非以穷能助人诗兴也。乃以穷则事闲，事闲则酝酿有余地。有余以酝酿，虽欲不工，不可得也。"①

3 月

1 日　因不上课故，中国公学教员二月、三月薪水未能支发。又吴芳吉在《新群》杂志不领薪俸，两月无薪水，反要贴二三十圆，一时经济支绌。

2 日　晚与杂志社同人赴亚东书局之宴，设座三马路一酒店内。到者六七十人，皆书报行业人士，"建设社之胡汉民、戴季陶等，最出风头。众人尊之上座，高谈阔论，哄动一堂"②。康白情亦在座。散席后，《新群》财务经理、中国公学事务长李抱清向吴芳吉转述康白情之语，言吴芳吉所作诗不合于真正白话文学，须要改良，否则甚为《新群》杂志抱歉。③ 吴芳吉大不以为然。

3 日　《新群》杂志同人与中国公学同人设宴悦宾楼为周君南饯行。席间，推定梁乔山为《新群》杂志社主任，曹志武为中国公学图书馆经理。又讨论设立《新群》杂志"审查委员会"。刘南陔因兼任中国公学教务长，主张以中国公学教员为杂志"审查委员会"委员，曹志武、吴芳吉"恐社外之人声气难投，足以败坏《新群》"，坚持由编辑担任。午后，应康白情之邀，赴先施公司东亚旅馆，参加《新四川》杂志茶会。吴芳吉以为康白情要对其进"忠告"，谈数时，竟不提及。到会者有十二人，其中有郭步陶、王光圻、魏嗣銮等。有女学生三人，爱国女校肄业，与康白情关系极好，"而貌比康尤粗恶，其所发议论极多，对于四川教育界要如何攻击，对于四川政府又如何希望，非好出风头者，不能有此口才

---

① 《吴芳吉集·日记》，第 1329—1330 页。

② 《吴芳吉集·日记》，第 1332 页。

③ 康白情对吴芳吉所写《婉容词》亦很称道，但认为白话诗中夹杂很工整的律诗句子，如"野阔秋风紧，江昏落月斜"，似乎不当。吴芳吉对此解释道："写诗如行文，至此有如长江大河，波涛汹涌，一泻而下，非有很工稳的句子，不能顿住。"见张采芹《回忆白屋诗人吴芳吉先生》，载《吴芳吉逝世五十周年纪念集》（重庆市江津县文化局编），第 22—27 页。

也"。① 吴芳吉嘲言，四川问题"除了造反，实无解决之法"。得吴建寅信②，谈时局及"文化运动"问题。就时局言之，二人皆不赞同时人欲利用南方军阀推倒北方军阀之意，辛亥革命已有覆辙在先，所谓革命，只革其皮毛，而遗祸无穷。又"文化运动"者，其发轫固不在今日，可追溯至康有为之维新主张、梁启超之通俗文字、章太炎之革命鼓吹、严复之西书翻译，此皆为文化运动之先导，功不可没，"今乃以文化运动之事业，止于白话，以白话运动之功勋，止于胡适、陈独秀，真可发笑了"③。

4 日　勤业女子师范学校又派一女生请其继续为该校授课，吴芳吉坚拒，去年授课三月，不得一钱，且连"劳驾"亦未闻之。永宁中学学生潘敦、王某、吕某等因职业难寻，家中又不接济，吴芳吉劝其返川。此前，三人伙食、房费皆由吴芳吉负担。吴芳吉两月不支薪水，向中国公学借贷二十圆予之。又多方为三生介绍职业，无果。

6 日　上午寄吕谷凡一快信，请求三生过汉口时资助四十圆，以作还家之用。午后，与何树成至黄埔滩为三生联系客船，买太古公司船票三张，每张三圆八角。回杂志社后，又画宜昌至重庆地图一张，使诸生明白方向。薄暮，诸生负行囊来告别，潘敦哭不可抑，说道："上海对我虽是无情，只是一些师友却不肯舍啊。"晚饭后，又与曹志武、何树成去轮船看望诸生，为之寻找铺位，又嘱路上注意茶房诡计。坐电车至新世界，沿途观灯，游人众多。小街深巷间，有儿童把玩兔灯，吴芳吉触之感怀，情移兴往，不知所措。夜半，久不成眠，春月映入，愈加伤感，感慨潘敦等追随自己前来上海读书而不得遂其之志，真如一梦。

8 日　接刘泗英自日本一信，信中推崇蔡元培为救世之主、李石曾④为笃行君子。吴芳吉不以为然："其实蔡孑民、李石曾等，又何尝不是欺世盗名之乡愿？泗英亦未能免俗也。"⑤

10 日　与曹志武送谢真至虹口东渡日本。中国公学举行开学典礼，并请梁启超演说。吴芳吉、曹志武不愿往所。公学校长王敬芳又宴请梁启超于兴华川酒楼，请吴芳吉等陪坐，亦借故不往。《新四川》杂志来信催

---

① 《吴芳吉集·日记》，第 1334 页。

② 吴建寅：字芷敬，吴宓生父。早年为陕西泾阳县学增生，肄业于味经书院。后投身商界。

③ 《吴芳吉集·日记》，第 1334 页。

④ 李石曾（1881—1973）：名煜瀛，字石曾。河北高阳人。清末时期为中国最早的无政府主义者之一。1928 年后，历任国立北平研究院院长、北平大学校长、北平师范大学校长。

⑤ 《吴芳吉集·日记》，第 1340 页。

请作文。

14 日　与曹志武前往参加中华工业协会会议。黄介民为该协会代理会长，吴芳吉、曹志武被选为教育科干事。据吴芳吉观察："其到会人员，虽有许多真正工人，然所有职员，仍是些无聊书生，是又不免蹈学生联合会之覆辙了。……此外的干事，还有康白情、王德熙①诸位好出风头的人。可惜一个工会，主权尽旁落了。"②

22 日　于四马路购得苏曼殊所译《拜伦歌行》。

25 日　梁乔山重病，与曹志武由上海坐火车前往苏州探望，车费七角五分，七点五十开，九点半到。至江苏省立医院，梁乔山已奄奄一息。午后欲归，梁乔山四弟梁屏藩强留，陪同吴、曹游览虎丘、留园等名胜。夜宿阊门，旅馆清洁，每日饭钱一圆二角。此地妓女极多，旅馆内到处拉人陪客，一夜之中，数十妓女来拉客，吴芳吉等闭门不顾。

26 日　返上海。车费七角。

31 日　得树坤、二子照片，欣喜若狂。公学请宴，觉无趣味，托故避去。

是月　李大钊、邓中夏等发起成立北京大学马克斯（思）学说研究会。

4 月

1 日　与王建范等学生长谈。邀请《独见报》创办人凌荣宝为《新群》作文。凌荣宝一人自办《独见报》，自当编辑，自己发行，自己贩卖。吴芳吉评其办报"言论极平允，可与漳州之《闽星》、广州之《民风》为沿海言论界之领袖"③。

2 日　《星期评论》主笔戴季陶托人转告吴芳吉：其诗"用韵为不顺潮流"④。

---

① 王德熙：四川富顺人。毕业于南京高等师范学校。先后任川南师范学校教务主任、富顺县知事、四川省通俗教育馆演讲部主任、国立松潘实用职业学校校长。

② 《吴芳吉集·日记》，第 1341 页。

③ 《吴芳吉集·日记》，第 1343 页。

④ 《吴芳吉集·日记》，第 1344 页。

3 日　与陈志武去陈芷汀处谈诗。

4 日　梁乔山昨日病逝苏州。吴芳吉草拟讣告，分登沪上各报。《新群》同人风流云散，所发议论亦不合于时流，销路不广，中国公学欲将其改为编译丛书，周君南辞去主任职，远赴南洋。

5 日　应梁屏藩之请，为梁乔山拟挽联一副：“为国十年劳，直到弥留时间，过眼生前无乐境；望乡千里远，抛家别母，谁教骨肉恩爱，伤心死别在天涯。”

6 日　中国公学为梁乔山举行追悼会。胡元倓自汉口来，本想与梁乔山商议成立明德大学之事，入门见灵位高悬，惊愕不知所措。刘南陔赞礼，起初三鞠躬，次奏挽歌、读祭文，最后三鞠躬。前往南洋中学看望何树成，病卧在床，赠十圆，挥泪而别。

9 日　赴湖南善后会访胡元倓。读史、作诗。中国公学学生欲举行罢课。上海学生电告北洋政府，取消密约，否则全国罢课。

11 日　校中樱花怒放，与曹志武花下坐赏数时。又至法国公园一游。晚寄白沙学生书报三捆。

14 日　偕树成至杭州旅行。

21 日　与曹志武赴亚东书局交涉印刷事。亚东书局因《新群》销路不广，拖延印制，致使付稿月余，一直未能出版。中国公学今日请陈独秀演讲，“偏不屑往听之”[1]。

22 日　江苏第二师范学生五十人在江南制造厂演讲，士兵开枪，重伤四人，轻伤十余人，捕去二十余人。上海学生三千余人前往抗议，要求立刻释放，否则甘愿露宿街头。

23 日　学生风潮扩大。工人表示同情，决定明日举行国民大会。近日杭州、安庆等地亦发生学潮。

24 日　学生持续罢课。两千余名学生前往西门公共体育场聚议，为军队阻挡，发生冲突，学生被打伤四百余人，职业学校、务本女校学生受伤最多，各有六七十人。据吴芳吉观察，复旦公学学生秩序最佳，学生组织自治团体，列队严整，每日点名三次，非公事不能外出，外出游行演讲，则全体出动。

25 日　胡元倓、陈芷汀先后来谈。陈芷汀昨天被士兵打倒。

是月　《新人》杂志创刊于上海，主编王无为，社员有吴芳吉、张静庐、赵南公、杨秀水、王靖、李祖荫、卢正伸、邓演存、孙锡麟等五十

---

① 《吴芳吉集·日记》，第 1349 页。

人。《新人》为月刊，由泰东图书局出版。相当于发刊词的《新人约》阐明办刊宗旨："现在我们所要求还没有实现的新社会，正在那里募集新人；我们几个同志，因为准备去应募，嫌人数太少，不够组织新社会，所以发行这新人月刊做征求同伴的机关。"接着提出六项任务，要点有："缩短旧人变新人的时间"、"锄平精神交通的障碍"、"用和平的手段去占领我们所要求的空间"、"替人类驱逐罪恶"、"用良好的方法使人类的发展机会没有参差"、"把你我他融合为一"。《新人》主张以和平手段改造社会，通过建立中国式"新村"实现理想生活，著录了来自各地的社会调查和实践报告，反映了中国空想社会主义者的思想与活动。

5 月

12 日　曹志武返湖南，《新群》杂志社只剩吴芳吉支撑。

14 日　汇往家中五十圆，供端午之用，此为今年首次汇款回家。又写一信告知树坤，下半年有三去处：一、去南洋周君南处；二、继续执教中国公学；三、前往明德学校。如不去南洋，则接来家眷同住，以圆吴父游历之愿，又可让何树坤外出读书。

成诗《笼山曲》，颂民间义士李笑沧及四川山水。诗中小引叙四川山水、文化与文学创作之关系："我是四川人，所以诗中注重乡土的色彩。原来四川文学与中国文学之关系，其重要亲切，犹如苏格兰的风物，在英国诗史中之位置。试看唐之李杜，宋之苏黄，远古之屈宋，近世之张王（'张王'谓为张船山①、王渔洋也可，谓为张香涛②、王壬秋③也可），莫不直接间接与四川生些文学上的纠葛。这个原因：1. 由于四川山水别有境界，他的境界的表示，都是磅礴、险峻、幽眇、寂寞，及许多动心骇目之象。这般现象，最能使文学的心理受一种深刻的激刺。所以四川文学也就容易发达。2. 由于我们的祖宗从西方迁来，我们对于秘密的西方，总是莫名其妙，不知不觉，便养成一点返本之思。所以自古诗人对于西方，

---

① 张船山（1764—1814）：名问陶，字仲冶，一字柳门，号船山。四川遂宁人。乾隆五十五年（1790）进士。曾任翰林院检讨、江南道监察御史、吏部郎中、山东莱州知府。后辞官寓居苏州。著有《船山诗草》，存诗 3500 余首。与袁枚、赵翼合称清代"性灵派三大家"。

② 即张之洞。

③ 即王闿运。

无不说他奇特，说他庄严。本来他的奇特庄严，确有别处所不及的。我望现今的新诗人辈，要得诗境的变化，不可不赴四川游历。而游历所经，有不可不遍于他的边界。"①

15 日　上午改作文卷二十余本。刘南陔、李询刍以教务长、事务长名义，要求吴芳吉将图书馆交出。吴芳吉复函称："图书馆事，我并未过问，曹志武君虽嘱托于我，我亦未承认。馆中钥匙印章，都存此处，你们既要，你们来取便是。"晚闻周君南侄子周光午②因自修不到被开除。吴芳吉认为，周光午之被开除，与周君南和中国公学刘南陔等人的恩怨有关。李挹清回川后，李询刍继任事务长，因优柔寡断，权落刘南陔之手。此次开除周光午，刘南陔态度最为坚决。吴芳吉对此颇为激愤，抗议学校当局："此等小事，不于周君南在时斥退之，又不于曹志武在时斥退之，偏于彼之亲朋去后为此迅雷不及掩耳之举，是殆石勒所谓欺人孤儿寡妇，其何以解于心耶！"③ 吴芳吉为之打抱不平，并为之奔走，未果。周光午被斥退后，暂住湖南会馆。吴芳吉借款五十圆资助周光午去南洋。因周光午之事，吴芳吉触怒中国公学主事者，在校内处境颇为艰难。

17 日　作《梁乔山先生传》，约万余字，后以"一个文化运动家：梁乔山的传"为题发表于《新人》月刊。此文虽悼梁乔山，实作者夫子自道，颇能表现吴芳吉此一时期的思想状况：（一）表现了"一般无名志士"的心曲："境遇地位，偏是厄折难堪，困穷独甚，其身既孤，其心尤苦。他既不求人知，也无外人知道，他之对于世界，倒有万缕之热情。而世界对他，竟如奇零之分子。他但真能把持，真有觉悟，将那花花样样，看得个透透彻彻，做了一天的人，便尽一分之力，虽是遁世没名，也不去管。总之，至老至衰，无尤无怨，正直而来，清白而往。"（二）详阐了对"个人无政府主义"的理解，主张在儒家的思想框架里赋予个体之自由。首先，"个人无政府主义"不是"以暴易暴的过激主张"，不是"'俄国过激派'之缩影"，而是"做人的问题"，"要清清白白、正正直直的做一个人"，既可以是极端的自由、极端的平等、极

①　吴芳吉：《笼山曲》，《吴芳吉集·诗》，第 110 页。

②　周光午（? —1958）：字卯生。湖南宁乡人。上海公学大学部商科肄业。曾任清华学校研究院助理员、重庆清华中学教务主任、江津聚奎中学校长、长沙周南女校教员。后任武汉大学中文系副教授，致力于古汉语研究。

③　《吴芳吉集·日记》，第 1353 页。

端的博爱，也可以是极端的孤僻、极端的破坏。其次，"个人无政府主义"是精神之追求，而政府是最大的障碍。吴芳吉认为，人的本性是"去苦求乐"，真正之乐是精神上的，"离形迹而独立，随理解而常在，俯观仰察，在在可得，不以贫富、尊卑、生死、存亡而稍有阻隔，这样便是真乐"。真乐之实现，须尽去虚伪的排场，"政府为最大的虚伪排场，有了他后，便不免生出偶像，生出迷信，生出阶级，生出私产，生出战争，生出强权，便足以使人不乐，而为人的大苦"，要想达到真乐，必须去除"代表万恶的政府"。最后，"个人无政府主义"有深厚的本土渊源，儒家所提倡的即是"精神上的个人无政府主义"。孔孟哲学的精神实质亦同于"个人无政府主义"，"天下大同"即是无政府主义的最高境界："现在被无意识的笑骂，使人不敢为他叫冤的孔孟，也是无政府主义的同志先生。不过他的手续较为平易浅近，就在平易浅近的现象内，去求大同世界。他认定个人为世界的起点：假如各个个人，能够身修，自然能使家齐；各家的个人能使家齐，自然能使国治；各国的个人能使国治，自然天下是太平了。他又认定人性都是善的，更是无政府主义立论的根据。要解决无政府主义一切问题，只有归根于性善。惟其性善，所以不要政府；惟其个人的性都善，所以任凭人类如何繁杂，终有一个共同的心理。这共同的心理，便为大同世界建设之基址。再看他养成个人精神上的条件：'富贵不能淫，贫贱不能移，威武不能屈'，'遁世不见知而不悔'，这种精神，非无政府主义的人，怎样配得上说！"吴芳吉认为，"个人无政府主义"符合儒家中庸之义，易知易行，将来必定大行于天下。（三）革命是个人意识的觉悟，"个人无政府主义"才是真正的革命。吴芳吉认为，凡事应出于主动，出于被动，则弊病丛生。革命亦应如此，"人人觉悟，才是根本上的革命，若是多数的人，没有觉悟，仅由少数的人，操纵他去觉悟，那就靠不住了"，同盟会发动的辛亥革命即有此缺陷。最深刻的革命，乃个人意识之觉醒，真正觉悟的人，才是真正的革命家。"凡真正觉悟的人，对于社会的事，只认为个人分内之事"，革命事业作为社会事业之一种，应"正其谊不谋其利，明其道不计其功"，如果"因个人之功利而言革命，是以革命为投机的买卖，因革命而言个人功利，是以革命为禳鬼的祈祷"。故此，革命的本质是意识的革新，"无论何事，只有自己管得自己。靠人来管，不会成功；去管人家，不会长久。也就是菩萨不能超度众生，惟群生自家超度之意"。要做到这一点，须从教育的普及做起，予人觉悟自新的动机，如此才能和平地解决社会问题，有此基础，即使不幸经过暴力革命，也不至于糜烂，而社会上的痛苦，便可慢慢减少，趋近大同世界。①

是月　上海等地"左倾"知识分子和工人举行纪念"五一"国际劳动节活动。

6 月

2 日　暑假后携何树成游普陀山，浴于千步沙海滩，因念母恩，作诗《海与慈母》。

3 日　汇往家中二十圆。三个月来，共得薪水一百八十圆，寄回家中五十圆，借出或帮助朋友六十圆，个人用去五十圆。因《新群》杂志，结识常介眉（洛阳中学校长）、郭镇宇（项城师范学校校长）、陈建雷②（宁波《新佛教》杂志编辑）。

5 日　谢真来函邀聘吴芳吉前往明德学校任教。吴芳吉开出条件：一、聘期以三年为限；二、每月薪水八十圆。

9 日　闻川军大败黔军，四川局势稳定，有回乡创办理想学校之念。长女吴汉骊③生。

12 日　偕陈芷汀游吴淞。

13 日　偕姚骍、何树成游半淞园。晚赴法国公园乘凉、买香蕉糖。

14 日　接郭沫若自日本福冈来书，盛赞吴芳吉诗作："《笼山曲》、《明月楼》诸诗为有力之作，而《吴淞访古》一律最雄浑可爱。《婉容

---

①　吴芳吉：《一个文化运动家：梁乔山的传》，《吴芳吉集·文》，第 387—404 页。亦见《新人》1920 年第 1 卷第 5 期，第 34—52 页。

②　陈建雷：诗人，上海新人社成员。郭沫若曾向陈建雷抄示《春蚕》一诗，并说："这首诗还不曾发表过。我只在日前抄示过吴芳吉君，我今更抄录给你，你可知我两人论诗的宗旨，大概是相同的了。我于诗学排斥功利主义，创作家创始时功利思想不准丝毫夹杂人心坎。创作家所当讲究事，只在修养自己的精神人格，艺术虽是最高精神底表现物，纯真的艺术品莫有不可以利世济人的，总要行其所无事才能有艺术底价值。所以我于文学上甚么一 ism，甚么主义，我都不取。我不是以主义去作诗，我的诗成自会有主义在，一首诗可以有一种的主义。"见黄淳浩编《郭沫若书信集》，中国社会科学出版社 1992 年版，第 173 页。

③　吴汉骊（1920—1945）：高中毕业后与李世明结婚，生第二女时得产褥热病逝。

词》一首，使之另受一番感伤，寻出一种 sentimental 之眼泪。"①

　　15 日　刘泗英自日本返沪，住吴芳吉处。谢真委托刘泗英劝吴芳吉前往明德学校。何树坤来信，要求外出读书。因周君南去南洋后久未来信，中国公学又不可留，遂向谢真、胡元倓许诺前往明德学校任教。胡元倓同时邀聘曹志武、刘永济②前往明德学校。接周光午自香港一信，"情意缠绵"，"连夜思慕，不能安睡"，"眷恋光午不置"。自谓："一周以来，自光午别后，觉得如有所失。我于树坤之痴爱以外，要算树成与光午，几为吾一刻不忍分离。树成之呼我'柳哥'，光午之呼我'芳叔'，皆足以使我痴也。"③ 寄谢真、曹志武各一函。

　　18 日　校中停课，学期结束。作一长函复郭沫若。又寄李季、凌荣宝、陈建雷各一函。读希腊文数时。

　　是月　于上海《新人》杂志发表《答上海民国日报记者邵力子》一文④，陈述对新文化运动的看法：（一）总体而言，并不排斥新文化运动，"以根本论，我对于今之新文化运动，是极端赞成的"，但反对浮泛的叫嚣、以新文化运动作为投机事业。（二）新文化运动要取得成功，其参与者须有良好的人格，"否则根本一坏，其影响所及，无有不坏"，坏到一定程度，无论提出何种主张，"皆为坏人多传染，为坏人所利用"。流风

---

① 《吴芳吉集·日记》，第 1355 页。此为吴芳吉和郭沫若订交之始。二人交往初期，甚为相得，郭沫若还以《三叶集》相示，在诗学观点上，亦有相似之处，吴芳吉对此有所记述："凡是诗人都是以'万物皆神'的人。最近同乡师友郭沫若君以其《三叶集》相示，其集中已先我说及；但我与他的意思稍有不同的：他以诗人的'我'，列于神之外，吾则以诗人的'我'，本是神之一体。所以诗人也是个神。他主张赞美'自然'，我则以'自己'也是'自然'的一部分。除了赞美'自然'，还许赞美'自己'。……既都以万物皆神，所以他也是神类的一个，……可似神类之可敬。"见吴芳吉《谈诗人》，《吴芳吉集·文》，第 412 页。

② 刘永济（1887—1966）：字弘度，号诵帚。湖南新宁人。早年在长沙明德中学、吴淞复旦公学和天津高等工业学校读书。1911 年入清华大学。武昌起义后，弃学南下至琼崖，动员其兄刘滇生率众反正。事成，回长沙投考出国留学未取，在家养病三余年，发奋攻书。1917 年秋至 1927 年冬，在明德中学教书。1928 年起，先后任东北大学、武汉大学、浙江大学、湖南大学教授。1940 年至 1949 年任武汉大学教授、文学院长、代理教务长、代理校长。1949 年后，长期在武汉大学任教。著有《文学论》、《文心雕龙校释》、《屈赋通笺》、《词论》等。

③ 《吴芳吉集·日记》，第 1357 页。

④ 与邵力子的论战，对吴芳吉刺激颇深，使其领教了新旧之争的痛楚，两年后，在致吴宓信中，仍对此事耿耿于怀："上海诸人之讪毁，吉在新群社时，固惯受之。如《民国日报》邵力子之流，固亦骂及吉之父母妻子矣。惟此等不堪受处，最足见人德量。"可见此事对其创痛甚大，亦使其对新派文人观感愈劣。

所及，别有企图之人则以新文化运动为招牌、为挡箭牌，形成舆论霸权，不容异见，肆意荼毒社会。（三）深知新文化运动的参与者鱼龙混杂，对于其中的负面影响亦有了然，但为保护新生力量，不忍宣布新文化运动的"罪恶"①，"假如此风一开，必至互相陷害，互相谗毁，而颠倒是非，淆乱黑白之事，势将无极。如此，恐怕人心世道未能被得文化运动之福，而已先受文化运动之祸"。鉴于此，当务之急乃在于唤醒新文化运动参与者的良心，勉力向善，"极力实行悔过自新的功夫"，以求立稳脚跟，"真正的文化运动，马上就做得到了"。②

明德学校正式聘请吴芳吉担任国文教员，月薪八十圆（后升至九十圆）。吴芳吉接受明德学校教职，固因不满中国公学派系纷争，更有经济上的考虑。他在上海供职，亲友、学生多赖其供给，如妻弟何树成、朋友邓绍勤、学生姚骕，或让其代买书报，或借钱零用，或请其担保，"如此，虽在此十年，不能存得一钱也"③。

暑假　在中国公学暂住，待八月开学前往就职。经胡元倓介绍，结识刘永济。

7 月

23 日　在唐继尧的操纵下，川、滇、黔爆发战争，四川局势不稳。考虑到长沙生活成本低，且教职收入较为丰裕，欲接家眷来长沙同住。吴氏双亲意有犹豫，吴母担心出外艰难，吴父则忧心长沙无鸦片可吸食。何树坤极愿与夫团聚。吴芳吉拟让何树坤先来，令其读书求知，以后可立足于社会，为此致信父母："社会越繁华，生活程度越高。将来以男一人的力，必难供给一家五口，所以，无论男女，只要年纪还轻，都应该操求一点智识，以谋求独立的生活。树坤此刻正是操求智识之年，若不趁此急

---

① 吴芳吉认为罪恶出于偶然，而非出于必然，对新文化运动暴露出的负面影响多有宽宥。他曾作有《一个新文化运动家》一诗，描写一新文化运动人士借着文化招牌，勾引女子、骗取金钱的丑闻，本拟发表，后转思："军阀的罪恶，岂不更大的很？军阀之祸甚急，而学阀之祸甚缓，此可不必发表。二则纵然发表，对于他们，决不能使其改悔，因为宣布人的罪状，不是救人的根本问题。"遂将此稿焚去。见吴芳吉《答上海民国日报记者邵力子》，《吴芳吉集·信》，第 658 页。
② 吴芳吉：《答上海民国日报记者邵力子》，《吴芳吉集·信》，第 657—658 页。
③ 吴芳吉：《禀父母》，《吴芳吉集·信》，第 652 页。

图，岂不是永远为一个废人么？岂不是永远要累男去养他么？男所以想叫他出来，也是这点意思，使他有点智识之后，将来回川或从事教育，或从事社会职务，纵然不想找钱，而免得成为废人，也是一件好事。"①

是月　致信郭沫若，向其推荐诗人陈建雷。

8 月

10 日　离开上海，以诗《别上海》感怀，此为第六次离开上海，此后再未踏足沪地。郭沫若以诗《送吴碧柳赴长沙》赠别："洞庭古胜地，屈子诗中王。遗响久已绝，滔滔天下狂。愿君此远举，努力轶前骧。苍生莫辜负，也莫负衡湘。"后注："君有句云：'三日不书民疾苦，文章辜负苍生多。'"

赴长沙明德学校任教。同行者有谢真、刘永济、吴宓之弟吴祥曼、永宁学生姚骃等。途经汉口时，再会吕谷凡。

15 日　抵达长沙，入宿明德学校。此校在长沙城内北门，校外为湘江，隔江为岳麓山，校内有池塘两处，周围皆是杨柳，环境清幽，风景秀美。吴芳吉所居为一洋楼，"有电灯，有花木，虽在城内，却与深山一样"②。对门所住为好友曹志武一家。讲授国文时，指导学生读古文诗词名著，如《诗经》、《左传》、《庄子》、《离骚》、《史记》、《汉书》、《昭明文选》、《文心雕龙》、《资治通鉴》等，又指导学生购阅《四库全书提要》以略窥国学门径。倡导学生用通俗语言写长短句新诗。其时，谢真改革校务，提倡课余活动、学术自由、学生自治。校内生活丰富，每周放电影，开始五角，后增至一圆半。

23 日　得家书，知全家皆同意搬至长沙。为之欣喜若狂，当天致信父母："男并不主张分居，分居费钱还是小事，因分居而使二亲老来孤苦，岂为人子的所安么？前次因见二亲坚不欲出，而树坤又坚要出来，所以男有随人自决之语。但男每寄树坤之书，都叫他婉转劝二亲齐来为是。今二亲既愿出来，正是男之本意了。"家书中有责何树坤之语，亦为之调解："树坤之骄惰，是他不懂事处。在此封内，男已另书戒之。不过，树坤亦非至愚，男戒他以后，必定能够悔改。尚望二亲不必因此

---

① 吴芳吉：《禀父母》，《吴芳吉集·信》，第 656 页。

② 吴芳吉：《禀父母》，《吴芳吉集·信》，第 659 页。

区区，就把他疏远。"另就移家费用（共三百六十圆）、路上行程详做嘱咐。①

　　是月　于《新人》杂志发表诗学论文《谈诗人》。此文体系庞杂，反复论证，以个性化的视角，诠释了"诗人何为"这一命题：（一）标举文学上的"个人无政府主义"，以之为文学立论的根基。欲臻此一境界，应反对团体、道德学问等对文学的干涉，对此，吴芳吉坚称："文学的根本在个人，而不在团体。团体的弊病，足以拘束个人的天才，与堕落个人的人格。所以团体活动，对于别种事业为有效用，对于文学是用不着的。大凡中外诗人之成为一个诗人，全靠自己用功去做。……我不但反对文学上的团体，且一面对于所谓学问道德，我也根本不相信他。我以为：人在大宇宙间，只有直截了当的生活，绝无稀奇古怪的学问；只有天真烂漫的良心，绝无装腔作势的道德。"诗人立身之处在永远保存一副本来面目，其余如"学者态度"、"养气功夫"尽在摒弃之列。此外，诗人不应取媚时代风潮，不被新思潮、新文化所裹挟，文言、白话是美的种类，其在美的程度上是一样的，因此"纵使举世的人崇尚时新，而我独好高古，不妨就作高古的诗；只要高古的诗好，自然可以成立。纵使举世的人都用白话，而我偏用文言，不妨就作文言的诗；只要文言的真好，自然也可成立。"（二）谈诗应注重诗人自身。诗的功夫包括"诗的修养和诗人的修养"两方面，解决新诗的问题，先要解决新诗人的问题，呼唤"职业的诗人"之诞生。诗人修养无止境，不可望其速成，须"日日新"，永无成就之日。（三）详述诗人应该具备的修养：其一，兼具想象与智识。智识"并非世人所谓玄之又玄的学问"，其获得在于有余暇观察与研究自然、世态；其二，诗人应有女性气质，"凡属诗人，一半要有男儿性，一半要有女儿性"。诗歌之诞生极类妇女产子："诗人之有诗兴，犹如女子之有爱情的结婚。其次要有'诗料'。诗人之有诗料，犹如女子之已有身。再其次要有'诗的酝酿'。诗人之为诗的酝酿，犹如孕妇之重胎教。再其次为诗的'贡献'。诗人之到诗的贡献，就如母氏之分娩了。"此外，诗人之德要温柔敦厚，亦取法乎女性，诗歌之韵律如均齐、和谐皆是女性之特色；其三，诗人应有透底的人生观与宇宙观，"世界虽是昏乱，他的心中却是光明澄澈，了无一物"。诗人有一拟想之境界，千万年的时间可缩于一点，"有许多幸福为千万年后始达到的，但在他的眼前也就可以实现出来。所以照诗人的眼光看来，那般浮云富贵、走狗功名、兽性的战争、愧

---

①　吴芳吉：《禀父母》，《吴芳吉集·信》，第 660 页。

偏的法度，都是不值他一看。他所看出来的，只有光明澄澈的景象，而在在足以自慰的"；其四，诗人应笃信"诗穷而后工"之理。古今诗人，以穷苦居多，考其原因，乃在"惟其贫苦，于是外界的应酬少，而时间的享受多"，诗人与世无争，远离名利、富贵、奢华、权势种种，最后获得的是时间，足以与自然接近，写出不朽的诗篇；其五，诗人不应以诗为谋生之具，"做诗是专为他的天才"。诗人对社会、自然有观察、批评之责，"而不可借诗以谋衣食、求知遇、出风头、讨便宜的"。诗人应能自谋生活，如此才能有独立之人格，"若是不求自谋生活，只是吃人的饭，穿人的衣，这种人既失了生活上的资格，当然不配为生活上的批评。这种人做出来的诗，只算无责任的诗，而雕虫小技之所以由起"；其六，诗人应有"化古化欧"的才能。新诗并非偏口语的"宋词、元曲，或汉唐乐府脱胎来的"，只使用上述体裁的几句套话，绝不是真正的新诗。新诗是受西洋诗尤其是英国诗的影响而产生，如对西洋诗不加诵读、揣摩、讨论、比较，新诗是没有前途的。只有融会古今、中外，才可独铸新词。[①]

9 月

1 日　作《树成吾弟弟》一诗，抒惜别之意。

10 日　明德学校开学。

是月　北京第一个共产主义小组成立，李大钊为负责人。

11 月

委托刘泗英伴送父母、家眷至宜昌，又由邓成均护送至长沙，寄住校内泰安馆。自此家人团聚。雇有陈妈在家做工。

是月　陈独秀主持起草《中国共产党宣言》，《共产党》月刊在上海出版。

---

① 吴芳吉：《谈诗人》，《吴芳吉集·文》，第 406—422 页。亦见吴芳吉《谈诗人》，《新人》1920 年第 1 卷第 4 期，第 40—63 页。

是年

作诗《爱晚亭》。

致信胡怀琛①，重申自己的文学主张："我对文学最不主张新旧，及文言白话之分。要讲文学，首当认识文学之本体。我想能够将文学本体认识得清楚，自知文学只有一起文学。所谓新旧，不过客观之批评。所谓文言白话，不过工具上之同异，而毫无关于文学之自身也。文学好比一条长路。古今文人皆在此长路上走；走了终生，不过各占其间之一步二步。吾人以此一步二步以立异于人，在吾人一面看来，固有一二步之经历，未尝不可立异；但若自文学进化之长途看来，则尽可不必。先生谓律诗不可做作，我亦不赞成。西洋之 Sonnet 其格律之严，固甚中国之律诗也。我以后还要多作律诗，我最要爱五律。只要作得好，谁人骂得倒？"②

于《新人》月刊（第一卷第五期）发表《再论"诗的自然文学"并解释"春宫的文化运动"》。此文仍是和邵力子的论战，重申了对新文化运动的态度和看法。表示不反对新文化运动，反对的是从事新文化运动的人言行不一，失之于信，不足以为表率，只是"外面打起文化运动的招牌，而其实在与文化运动的道理相反""借着文化运动来做投机事业"，近于"偷卖春宫一流的人"，故云"春宫的文化运动"。吴芳吉认为，新文化运动要取得成功，参与的人要有完善的人格，否则祸将甚于魏晋清谈。③

于《新群》杂志发表诗学论文《提倡诗的自然文学》。在"新文化运动"的背景下，较为系统地阐明了所持的诗观：（一）"新文化"有其自身价值，"无论如何，永远不会磨灭"，但尚欠缺深度，只局限于几句白

---

① 胡怀琛（1886—1938）：原名有怀，字季仁，后改字寄尘，别号秋山。安徽泾县人。上海育才中学毕业。1910 年加入"南社"，与柳亚子在上海主持编辑《警报》。1920 年任教于沪江大学国文系。1924 年入商务印书馆任编辑。曾在中国公学、沪江、国民、持志等大学以及正风学院任教授。著有《国学概论》、《墨子学辨》、《简易字说》、《中国文学史略》、《胡怀琛诗歌丛稿》、文艺丛谈《大江集》、《十年归梦》、《最短之短篇小说》等。

② 吴芳吉：《给胡怀琛的信》，《吴芳吉全集·信札》，第 750—751 页。

③ 吴芳吉：《再论"诗的自然文学"并解释"春宫的文化运动"》，《吴芳吉集·文》，第 424—425 页。亦见《新人》1920 年第 1 卷第 5 期，第 168—171 页。

话诗，且陷入了单纯的文白之争。作为新文化组成部分的新文学，要有坚实的基础和创作的实绩，不贵乎理论和口号，"作品便是文学保险的东西。现在的诗人，只是天天放论，而不努力去作。于文学之安全上看来，未见能够保险"。（二）将当今文学分为新、旧、调和新旧等三派，并对其进行评析。三派都无艺术可言，"新派文学之能战胜，不是他的神通广大，乃由旧派文学之自身堕落"，自丘逢甲之后，中国旧诗已走入穷途末路，旧派诗人所作诗内容无聊至极，毫无时代的风气与气息，"这些旧派文学的诗人们，只可说他们辜负了中国的旧诗，不是中国的旧诗辜负他们。他们只算是中国诗的不孝男，罪孽深重，不自轸灭，而祸延祖考，眼见其寿终正寝去了"。当此之时，"适逢西洋文学传入，感其文言合一之便，于是白话文学投机而起"，一时大行天下，全国响应。白话文学之胜利，乃是由于西洋文学的影响和旧派文学的堕落而致，并非意味着它有杰出的文学成就可言。至于调和新旧一派，没有一定的权衡，无实际的影响力。（三）好诗之标准不在文言和白话之分，乃在"达意、顺口、悦目、赏心"，意思和境界有新意。诗是感情的产物，文言、白话乃不同的表达方式，并无高低、优劣之分，"感情当绝对自由，则表示感情的诗，当然绝对自由。表情的方法既不能人人相同，作诗的格调自必个个有异。表情方法之不能尽同，是势所必至；作诗格调之必定有异，亦理所当然。诗既无文话白话之分，是彼此均属一家；诗纵有白话文话之分，亦不妨各行其是。"究其实质，白话诗是受西洋诗的影响产生的，在诗歌史上只是添了一个"西洋体"，乃诗体之变异，不能说西洋诗体之外没有诗，"须知诗的佳处，不在文字与文体之分别，乃在其内容的精彩。若严格而论，凡文字文体所能传能载的，无非事物之轮廓，其真正妙味，除由各人心领神会之外，无法形容得出。所以古今许多佳诗，不在其文字文体之美，还要离开文字文体乃能真见其美"。（四）主张文学的"个人无政府主义"。自然的文学近于"个人的无政府主义""是不相信要靠政治的"。为此，诗人们应分道而行，群策群力，互相帮助，共同开辟诗的世界，"所以自然的文学，是任人自家去做的，是承认人类有绝对之自由的。是不装腔作势，定要立个门面的。是以个人为文学上单位的，是打破那些蔑视别人的人格，只顾其私党之声势的"。（五）时论皆以新诗（西洋诗体）可以避免无病呻吟之病、自由创作，无刻意做作之嫌，并以之作为攻击中国古典诗歌的利器，其实不然："中国的第一流诗，都没有无病而呻的。凡是无病而呻的诗，多半是红男绿女，或自暴自弃的话。这种作品，原不配入诗格。所以'无病而呻'四字，不能为中国诗的罪状。要讲中国的诗，不能不上溯于北方作品代表之《国风》及南方作品代表之《离骚》。在那中间，可以找出若干无病而呻的诗么？西洋诗体，既免无病而呻，乃作西洋诗体的人，首先犯此毛病。试看《新青年》、《新潮》、《少年中国》各月刊上，这种忸忸怩怩的诗，不知其有好多；要是举例，可不胜举。难道无病而呻的毛病，一入西洋诗体，便'逾淮为枳'么？再有一层矛盾的说法，'无病而呻'一语，并不是个丑话。因为诗人便是情人，情人的生活，都是在想象中。无病而呻，原是诗人的天性。我只恨中国自古的诗人，不能无病而呻，及误用无病而呻之意。只要呻得恰当，还要欢迎他呻。……以为西洋的诗体，是随便写出的，不是做出的。这句话，也是半面的道理。人的感情不发则已，要发为诗，就不免有故意做作之嫌。因为无论如何随便，总不能胡乱下笔。若是胡乱下笔，不但诗做不成，连字也不能写。那么，既有几分的经营，与那镇日的推敲比较，不过五十步与百步之差。现在的新诗，大概是些猫儿狗儿的话，或者可以随便写出。我想猫儿狗儿，究非新诗的极境，要得新诗的进步，恐怕还是要做。作诗好比绘画，画出的精致总要随便，乃合于自然的模样。但画时的功夫不可随便，因为随便就画不好。作诗文又好比唱戏，唱戏的人总要随便，乃合于自然的口吻。但唱时的功夫不可随便，因为随便就唱不好。诗的音韵格调，做出之后，自然要令人觉其是随便做的。但作诗的功夫，确实随便不了的"。（六）主张文学的多元探索，反对文学霸权、文学专制，不可定于一尊、天下之美尽在己身。宇宙无穷，人力有限，"充满宇宙的东西，都是文学上的材料，一人之力，岂能尽其材而取之？故必各从其环境去采取，各贡采取所得以同享受，这才是文学上的互助。所以互助之意，是由各方面言，不是单言一面"。就诗歌而言，"人类生活，是无穷的，所以诗的前程也是无穷。人类生活是参差的，所以诗的表示，也是参差"，诗歌表现的是诗人所受社会和时代不同的影响，不同的诗人，境遇有别，风格有异，"所以诗的世界，不是一人造得出的，必赖古今诗人，为群众的运动得来"。基于此，"自然文学"势在必行："我希望中国数万万人，有数万万起不同之文学。使其无情不达，无理不顺，则文学之进化将不可量。中国文学所以进化迟钝之故，正由个人无个人之文学，而只有千篇一律之偶像文学。此所谓个人之文学，即自然文学之意。自然文学的界说，就是：我不强迫人，人不强迫我。所以，他肯从新文学的，这即是一种自然，别人不当强迫；他肯从旧文学的，这即是一种自然，别人不当强迫；他肯从新旧文学都调和的，仍旧是一种自然，别人不当强迫；他肯从新旧文学都超然的，亦还是一种自然，别人不当强迫。"故此，诗人应"各就各的生活，各为各的表示"，"我不必学人，人不必学我；人只学人，我只学我"，如此分工而行，再来互相借鉴，只有这样诗的世界才会不断进化。[1]

---

[1]　吴芳吉：《提倡诗的自然文学》，《吴芳吉集·文》，第 377—385 页。亦见《新群》1920 年第 1 卷第 4 期，第 83—92 页。

1921 年（民国十年·辛酉）二十五岁

1 月

7 日　陈望道于《民国日报》副刊发表《新文学!》一文，评论吴芳吉诗歌风格："据常识说：必须能说成句的话才可以作文；能作文了，才可以更进一步学做诗做评论等等。我辈执笔时，都应该有这自觉，切不可闭眼乱喊！但也许有出乎常识之外的事。譬如吴芳吉辈一类的诗，在我这不懂新文学的人看来，似乎不成文也不成话。但他却是能够在中国树立一种'自然文学的人'！可见得凡是文学不能轻易下它不好的评断；因为思潮新了，那不成话的文学，也许倒是一派最新的文学!"①

2 月

约中旬　应湘阴学生彭泽岐之邀，与邓成均等游汨罗江，探屈原墓，登神鼎山，泛舟洞庭湖，上君山，绕岳阳，经涝湖而归长沙。成诗《汨罗访屈原墓作》、《独醒亭下作》、《自湘江望岳麓》、《涝湖泛舟》、《神鼎山森林作》、《君山濯足歌》。描写娥皇、女英寻夫的歌剧诗《歌剧二妃》约作于此时。

是月　推荐邓成均前往上海勤业女校教授英语，并介绍郭沫若与其相识。

---

① 陈望道著，徐萱春、倪菊花主编：《陈望道全集》第 6 卷，浙江大学出版社 2011 年版，第 152 页。

3 月

20 日　湖南省"省宪起草委员会会议"在岳麓山工业专科学校教学斋举行开幕式，宣布从即日起开始起草省宪。长沙各界三百余人前往观礼。吴芳吉前往典礼现场，拜谒黄兴、蔡锷墓，作诗《两墓表词》，怀念前贤。感奋于"湘宪"开地方自治先河，当日日记亦以"湘宪"纪元。

是月　曹志武卒，家人无力归葬。时，范爱众来湘晤吴芳吉，出资助力归葬。后，周君南等亦筹资救济曹志武家眷，共计二百圆，作为救济基金。作《志武梦中归》诗，诗前序言评价曹志武修学、立身之旨："其修学大旨，以不欺为本，以中庸为归。行为不取矫异，而心身自守极严，欲以一人之心而化民成俗也。"① 后又作《志武死后招魂衡山绝顶》缅怀故人。

6 月

6 日　致信邓绍勤，谈心目中理想之人格："吾生性最恨彼趋鹜势利之人。此次在湘，本欲创行《天府节刊》，以提倡气节，砥砺廉耻，为一种草野运动。乃出钱的范爱众兄，偏要我捧着南方的某伟人，替他摇旗呐喊。我见症候不对，慨然脱手，所以至今竟不出版。我心目中所欲求之人才，正如吾弟所言之谢君一流。盖天性既高，脚跟又稳，乃不致为今日之狂潮所撼耳。"又言，搜罗湘中诗集，"自屈原以下，迄最近之曾涤生、王壬秋"，其中最佳者，莫过于自焚二指的僧人敬安②，其遭际苦痛，而虔诚礼佛、戮力于诗，乃有大成，"可知困穷之益人神智，正自不浅"。③

---

①　《吴芳吉集·诗》，第 134 页。

②　敬安（1851—1912）：俗姓黄，字寄禅，号八指头陀。湖南湘潭人。率先开办僧众小学、民众小学，开中国佛教办学先声。1912 年，任中华佛教总会第一任会长。诗名颇著，著有《文集》、《语录》、《八指头陀诗集》、《八指头陀诗续集》、《八指头陀诗文集》等。

③　吴芳吉：《与邓绍勤书》，《吴芳吉集·信》，第 666 页。

8 月

5 日　吴宓自美国返抵上海。在沪期间，与邓成均、郭沫若一见。

23 日　吴宓与陈心一在上海结婚。

是月　随侍父母游览南岳衡山，作《南岳诗》纪行。刘朴自梧州大学来明德学校任教。自是，吴芳吉与刘朴、刘永济"二刘"日相聚会，谈诗论文，"壮益胆识不少"①。

9 月

16 日　致信吴宓，化解前嫌。吴芳吉从事新诗创作，吴宓大为不满，愤其"趋附'新文学'"②，"狂骚之情、郁激之感，颇与卢梭等相类"③，二人横生龃龉，音书渐稀。信中不惮屈己，不耻卑辞："成均晤兄以后，谓兄有大儒气度。此数字之颂美，实如我心。吉前年与兄之争辩，一以别久音疏，偶生误会；一以吉实不肖，反以长兄之言为非。迄兹了悟，悔莫能及。长兄今以吉为可教，则朝闻道，夕可死。吉来日方长，固犹可挽救及也。"④

是月　吴宓受聘担任东南大学教授，前往南京赴任，并与友人梅光迪、柳诒徵⑤等筹备创办《学衡》杂志。

10 月

湘君诗社于岳麓山举行"红叶会"，联诗唱和。

---

① 吴芳吉：《自订年表》，《吴芳吉集·文》，第 544 页。

② 吴宓著，吴学昭整理：《吴宓日记》（第二册）1919 年 12 月 30 日，生活·读书·新知三联书店 1998 年版，第 114 页。

③ 吴宓著，吴学昭整理：《吴宓日记》（第二册）1918 年 9 月 20 日，生活·读书·新知三联书店 1998 年版，第 13 页。

④ 吴芳吉：《与吴雨僧》，《吴芳吉集·信》，第 667 页。

⑤ 柳诒徵（1880—1956）：字翼谋，晚号劬堂。江苏镇江人。历任中学校长，南京高等师范、中央大学教授，江苏省省立国学图书馆馆长等职。著有《中国文化史》、《国史要义》等。

12 月

17 日　致信吴宓，谈（一）入湘以来，颇受当地人文、历史感召，"访灵均、濂溪、湘绮之遗风，渐知温柔敦厚之所以立教"，一洗在"上海新群社习染刻薄暴戾之气"。（二）继续批读杜诗，已过七部，评价杜诗"好处在拙"、"拙者，忠厚之道"。①

25 日　长沙工人、市民和学生一万余人游行示威，反对美、英、日、法等国在华盛顿召开"共同支配中国"的太平洋会议（亦称"华盛顿会议"）。吴芳吉为之作诗《万岁之声》。

30 日　致信邓绍勤，所谈有二：（一）对其所著诗稿大为失望，指其"不由正道、叫嚣褴褛、偏激堕落"，认为诗风遽变如此乃是"以受同乡某君诗集之影响甚深"②，并言"不独弟之思想感情为人所潜移，亦且效法其口吻矣"。吴芳吉亦从社会环境分析邓绍勤诗作转变的由来："今日世界如斯之蛮横，社会如斯之黑暗，人心如斯之冷酷，是非如斯之颠倒"，举国皆病，无人可免，"所受病状又各不同，彼一意迷信西洋者，如相思病；托言保存国粹者，如枯痨病"。邓绍勤今日的"迷误与堕落"亦是受社会刺激所致，失其常态，身心变化，遂成"病夫"。其解决之道在于，虽受刺激，不走极端，静观世事，如观小说，读时同悲欢，读后"宜各执其事，而反躬明白"，不为其所支配压服，如此则事业可成、生趣蓬勃。（二）详谈文学和时代的关系，认为文学自有其评价标准，应与

---

① 吴芳吉：《与吴雨僧》，《吴芳吉集·信》，第 668 页。

② 此指郭沫若。按，郭沫若于 1921 年 8 月出版诗集《女神》，表现出"五四"狂飙突进的时代氛围，亦表现出作者热情奔放的浪漫风格、激烈的反抗精神和一切彻底、易走极端的个性，一时影响无两，被视为新诗的奠基之作。另外的证据是，吴芳吉在同一封信中，顺带批评白话文学，亦隐含着对郭沫若的批评："今人一闻白话文学之言，辄相率从之，有如弟者，神情口吻，务必摹仿维肖。舍此千年论定光华灿烂之文学而不由，乃自侪无赖，行于荆棘之中，世之大愚，莫过于此也。"见吴芳吉《与邓绍勤》，《吴芳吉集·信》，第 669 页。吴芳吉对郭沫若之态度，亦表现在他对创造社的看法上。吴芳吉在上海时，曾数晤郁达夫等创造社人士，但他对其子读创造社书籍大为不悦，并力戒其勿读，"创造社中，多人父皆相识或知之。彼等因受社会刺激甚深，多属病态，浪漫疯狂，好为过激之论。吾儿乃纯洁健全之身，不沾今世一点污垢，岂可代人害病以自害乎？此不独创造社诸人为然，他家所出书报，十之八九皆属疯人梦话，万不可听，听之则受害不浅。"见吴芳吉《致汉骧汉骥》，《吴芳吉集·信》，第 987 页。

时代拉开距离："所谓潮流，所谓时代，皆属欺骗目光若豆而脚跟不稳之人。以言文学，凡文学之价值是非，必经久而后可定。而当代之评论，或以迁于感情，或则别有作用。其所评论，殊不足计。譬之打铁，愈打则渣滓愈消，而精钢之有无，始可发见无遗。一家文学之成立与否，亦必经后人累世累年，用打铁之法窥透之。苟无精钢，则一打便散，尽为渣滓；苟有精钢，则光彩焕发，因锻炼而益纯固。是以文学之价值是非，当代最不可靠，惟后世断之至公。其为时或数百年，乃可论定。"明乎此，"此后宜按摄心神，以专心读古人书，勿再随波逐流、盲从附和"、"立自悔悟，抛去一切平民文学、贵族文学、白话文学、文言文学种种浅见滥言，而一返于昔日和平中正之思想，与优美高尚之格调，方为有当。"①

是年

作诗《绣市》、《醉醒吟》、《招友》、《友归》、《蜀军援湘东下讨伐曹吴已复归州》、《寄给蜀军败战之无名将士》、《五里堤》。

中国共产党成立后，中共湘区委员会开始在明德学校发展党员。

湘军内讧，直系军阀扰湘，川军乘势东下两湖。湘鄂两省战乱不息，民不聊生。

---

① 吴芳吉：《与邓绍勤》，《吴芳吉集·信》，第668—670页。

1922年（民国十一年·壬戌）二十六岁

1月

下旬　随侍父母游南京。在南京会晤吴宓三日，携游台城、鸡鸣寺、玄武湖。归湘后，致书吴宓，自述心境之变化："数年来，浮夸滥习，坌积吾身，自见兄后，顿觉消失。兹回湘一月，虽昼夜忙课，不安眠食；然每一念及鸡鸣寺里、玄武湖边，独吾二人高话于冰天雪地之中，此情此景，殊令吉有回头是岸、已死复生之乐也"。[1] 又表达对吴宓人格的敬重："盖吾虽爱兄，而又畏兄。相隔千里，乃时时若在座右。一念吾兄，凡苟且之心顿除，数年来已然矣。"[2]

27日（农历除夕）　在上海邓成均寓所度岁。

28日（农历春节）　作《元旦率题》诗，有故园之思。

是月　湖南宣布为自治省。

2月

9日　应周南女中校长朱剑凡[3]之聘，兼任该校国文教员，每周课时

---

① 吴芳吉：《与吴雨僧》，《吴芳吉集·信》，第671页。

② 吴芳吉：《与吴雨僧》，《吴芳吉集·信》，第672页。

③ 朱剑凡（1883—1932）：曾名家纯。湖南宁乡人。留学日本。1905年创办周氏家塾，后改为周南女中。资助毛泽东创办文化书社。历任国民党长沙市党部常委、省政府委员、长沙市政筹备处主任、市公安局长等。"马日事变"后，被国民党通缉。1930年与宋庆龄、鲁迅等发起组织自由运动大同盟。

四小时，月薪一百九十圆。

3 月

8 日　致吴宓一函。自吴芳吉从事旧诗改良以来，与吴宓诗学观念有所龃龉。信中，吴芳吉因吴宓欲刊载己诗借机修复关系："兄将吉《南岳诗》登入《学衡》，何必告我。我身体精神，莫非父母友朋之赐，而不得谓我固有。而何有于文字？吉惟深自欣慰，非慰此诗之登入报章得以示人也，盖慰吉年来作诗，多不足邀兄之赏鉴，此诗为兄所取，必其有以悦吾兄者。吉但能悦兄一分，则心中亦自慰一分。只不知何年何日，足以使兄至悦，而令不肖之罪稍减轻耶？"又谈丘逢甲诗艺："以五言古风为最遒美有奇气。《罗浮》、《说潮》、《文信国公生日》三篇，尤所心服。盖情趣、美感、识度、气魄、音节、艺术，无论从何方面视之，皆有可取者也。"信中亦提及明德学校国文教学事，学校当局骇于潮流，令本已文通字顺的学生再学习白话一年，吴芳吉为之力争，谓勿辜负诸生之天才，而学校当局不纳，以欲辞职抗议，学校又多方挽留。①

31 日　再致吴宓一函，谈（一）《学衡》影响日益扩大，有益于世道人心："自兄等《学衡》出后，拨乱反正之立，实为不小。湖南少年之迷信新潮，为众省之冠。然一二月来，已有多人渐渐转其方向，而趋于中道。昨得成均来书，谓上海之表同情于《学衡》者，亦有大部分人。使《学衡》材料再增丰富，则其前途殊未可量也。"（二）拟发起创办《湘君》杂志：明德学校喜好文学诸生甚多，而学校偏重英文、数学，于国文一科重视不够，兹欲补救其失，自组学生读书会，并发起创办《湘君季刊》杂志，以道德与文艺合一为宗旨，以此呼应《学衡》杂志。考虑此刊由中学师生所组织，须照顾中学程度读者，亦选入"明净无时流习气"的白话作品。（三）建议《学衡》刊发诗僧敬安的诗歌：敬安学杜别有特色，"香山学杜得其易，昌黎学杜得其奇，玉溪学杜得其丽，敬安学杜得其逸焉"。②

---

① 吴芳吉：《与吴雨僧》，《吴芳吉全集·信札》，第 616 页。
② 吴芳吉：《与吴雨僧》，《吴芳吉全集·信札》，第 617—618 页。

是月　父母自上海返归长沙。

得刘树梅①捐助，以"红叶会"为基础，创办《湘君》杂志②，"以矫正伪新派文学之失"③。曾广钧④为杂志争取到湖南省省长津贴。随后，刘朴、刘永济相继加入，成为湘君诗社的刊物，公推刘永济为社长。明德学校学生谢羡安、陈鼎芬负责印刷事务。杂志社同人各有分工：吴芳吉专事于诗，刘永济写词，刘朴作散文。吴芳吉撰发刊词，阐明杂志宗旨："一曰道德。国家之贫弱及生计之困苦，虽属可忧，究不如人心风俗之偷薄，更为急切可虑。今欲人心风俗之纯厚，当自周知道德之要，而即实行道德为始。二曰文章。兹所谓文章，兼有二义：关于抒情叙事、析理教人而为著述者，曰文学；关于应对洒扫、礼仪法度而以操守者，曰文采。吾人认此二者为人人所当兼备，然后生活富趣味而有条理。三曰志气。道德以节于内，文章以宣于外。贯彻内外，鼓动道德文章之向上者，志气也。志贵卓立，气在善养，惟志能立乃有用，惟气能养则无畏，然后可以站定脚跟于乱世。三者缺一，皆不足以为人。吾人愿本此三者，以读书、以修身、以求友、以涉世、以应用于凡百事业。"⑤刊物分为"学习之部"：诗歌类、散文类、小说类、戏曲类；"批评之部"：社论类、研究类、介绍类、通信类；"杂纂之部"：翻译类、图表类、民谣类、附录类。吴芳吉最重学习之部，因之"直接关系性情"⑥，与文学道德、个人精神、国家责任密切相关。《湘君》的主要作者有：吴芳吉、刘朴、刘永济、吴宓、景昌极⑦、胡徵、刘鹏年、陈鼎芬、谢羡安、刘泗英、周光午、童季龄、

① 刘树梅（1891—1940）：别名刘锡章。湖南沅陵人。早年参加辛亥革命。毕业于美国哈佛大学，与吴宓相识。先后在北平、上海、南京等地大学任教。1924 年出版《记账学》，率先引入西方财会学。1934 年出任重庆盐务稽核处处长，兼管四川盐务，统一四川盐政。1937 年，为支持抗战，全数捐出女儿赴美留学资金，倡议"公务员毁家纾难"。不久，辞去公职，变卖家产，创建秘密电台，购置武器，领导地方武装与日伪军多次作战。1940 年，在巷战中为国捐躯。
② 见吴芳吉《自订年表》，《吴芳吉集·文》，第 544—545 页。
③ 吴芳吉：《湘居》，《吴芳吉集·诗》，第 264 页。
④ 曾广钧（1866—1929）：字重伯，号觙庵，又号伋安，别署中国之旧民。湖南衡阳人。曾国藩长孙。能诗，有《环天室诗集》行世。
⑤ 吴芳吉：《湘君发刊词》，《吴芳吉集·文》，第 428—429 页。
⑥ 见吴芳吉《启事一束》，《吴芳吉集·文》，第 445 页。
⑦ 景昌极（1903—1982）：初名炎昭，字幼南，别名昌极。江苏泰州人。历任武汉大学教授、安徽大学教授、江苏省立泰州中学教师等职。1961 年 9 月，任扬州师范学院教师。著有《哲学论文集》、《哲学新论》、《道德哲学新论》等。

吕光锡等。关于《湘君》杂志的创办动机，吴芳吉在《自订年表》中说："某以新派之骂我者日众，又长兄在美以某诗夹杂俚语，毫无格律，而思想浪漫，更甚新派，来书严谴，以为堕落不可救矣。因思创一杂志以自表白。"《湘君》和《学衡》两本杂志虽同持文化保守主义立场，但内容及特色颇有不同："《湘君》注重创作，《学衡》多事批评；《湘君》但载词章，《学衡》更及义理；《湘君》之气象活泼，《学衡》之态度谨严；《湘君》之性近于浪漫，《学衡》中人恪守典则。《湘君》意在自愉，《学衡》存心救世。"杂志社中，吴芳吉与"二刘"最为热心，其他同人尚有观望之心，对此，吴芳吉并不在意，"欲就此团体之中，各能尽其所长，以共事为事业之进行，不在分别善恶，为末日之审判"①。杂志创办之初，不选新文学作品，后一度接受新文学作品，对此亦不再持批评态度，"恐为老学究所快耳"。②《湘君》主要行销长沙、南京等地，英人庄士敦曾购寄牛津大学等校。

于《湘君》（第一号）发表《彭士列传》（此文亦见于《学衡》第五十七期）。

于《湘君》（第一号）发表《〈罗山诗选〉导言》。③吴芳吉盛赞湖湘之地儒风浓郁，风俗醇厚，以此为底蕴，"乃有醇厚之人心，与醇厚之文学"，即以湘军言，不贵武功，而在文学。罗山之诗"古道照人"，即承此良风美俗而来，相比之下，湘地新派竞相膜拜新文学，"求之于白话、求之于异邦，舍己以从人，逐末而弃本"，无以滋养、培植真正之文学。吴芳吉又指出当今谈论诗歌所存在的四大误区："一曰，误于过重感情之说也。诗以感情之隆重为美，不知感情之恬淡者为尤美也。诗以感情之放荡为可贵，不知感情之节制者为尤可贵也。夫感情有是有非，有正有邪，有暂有久，有公有私。马牛鸡犬，莫不知有男女饮食之事，亦莫不具有感情。今谓马牛鸡犬之鸣为足称耶？徒以感情为诗，又何异于马牛鸡犬之鸣也！一曰，误于背景之说，必求显示之也。今人于患难之来，辄呻吟辗转，若不能堪。其发为诗歌，往往好为表白之词。此其流弊，则必度量狭

---

① 吴芳吉：《与吴雨僧》，《吴芳吉集·信》，第690页。
② 吴芳吉：《与吴雨僧》，《吴芳吉集·信》，第691页。
③ 罗山即罗泽南。罗泽南（1807—1856），晚清湘军将领，理学家。太平军进犯湖南后，以在籍生员的身份率徒倡办团练，次年协助曾国藩编练湘军，转战江西、湖北、湖南三省。擅诗，为湖湘诗派的重要代表。

隘，而格调卑卑。夫艰难困苦，谁人无有？一己而不能自慰，更何以博施群众？为诗而务显示背景，犹立身之务求人知。夫背景，一事实耳。诗之可贵，毫不在乎事实也。一曰，误于诗必有生命之说也。生命之义，至为游移无定，以诗之可传久者为有生命欤？则褒贬取舍之权，在于后人而不在于一己。己诗之有无生命，未可定也。以诗之言现代文明及社会问题者，为有生命欤？是乃材料之革新，不关乎生命也。若以体制之破除为生命，不用骈律而用散行，不殿韵脚而尚语气，不作整句而任长短，不事典故而事白描，此又工具之异，益不可为生命也。自生命之说倡，而惑者竞相求之。一求之不得，又废然而返，以从事于昔日之刻画，殆所谓无事自扰者欤。一曰，误于以诗为发明哲理之说也。今之言象征主义者，尤多从之。既以诗为哲理之用，何须别有哲学？哲学之书，固非诗矣。古诗之中，亦有包含哲理者也。此乃偶然相近似之，不关发明否也。求哲学于诗，犹之求文学于数理，道不同矣。"[1]

4 月

9 日　致信吴宓，谈自身处境之困："吾兄谓近年助友，不似昔之热心。此实吉所使之。盖以吉之不肖，致兄有此感矣。吉今日诚无多暇读书，然其情亦实可悯。有暇必课程较少，课程较少则自给不足。自给欲足则必得钱较多，而为事至忙。虽欲自修，不可能也。东坡谓幼时贫贱无书，老来有书而又无时，正是吉今日之苦境也。吾欲谓天亡我，又恐史公之识其谬也，谓之何哉！"[2]

5 月

31 日（农历端午节）　《湘君》杂志在明德学校举行第一次社集，社人眷属毕至，推曾广钧为主席。此日晚，电告刘泗英，决定接受成都西南公学教职。蜀乱未平，接受此教职，一方面父母一意归蜀，一方面对外

---

① 吴芳吉：《〈罗山诗选〉导言》，《吴芳吉集·文》，第 446—448 页。
② 吴芳吉：《与吴雨僧》，《吴芳吉集·信》，第 672 页。

间的新文化人士多有不满："蜀战难平，隐忧未已。兵匪满地，随处可危。吉所以坦然不之顾者，今之新派异兵匪者几希。兵匪争地盘财货，此辈争门面风头。"①

7 月

4 日　又赴南京游历，宿东南大学宿舍。

8 日　偕周光午拜访吴宓，晚饭后在鼓楼一带散步，谈新文化运动人与事。向吴宓推荐周光午，称其为"后生中最可学圣贤而传吾辈之志业者"②。

10 日　吴宓至吴芳吉住处，见胡元倓。同访胡先骕。③ 此来南京，本欲在宁、沪二地发行《湘君》杂志，"见此间从事文学诸人之无主张、无条理，又不欲以《湘君》传播于此"，以免误会。此游十分失望："友辈之号为卓越坚定者，或以世变，或以家累，半皆灰心丧气，颓唐不振。人事至此，良可浩叹。吾人处境虽穷，益不能不日夕奋勉，以补救诸友之失也。"④

8 月

9 日　致信吴宓，谈对当代中学生的看法："吉亦慨中学生徒，具聪明的人多，有志气的人少；富血性的人多，有见识的人少；行忠厚的人多，有礼法的人少；当首领的人多，有小节的人少。在外几年，恨未能得

---

① 吴芳吉：《与吴雨僧》，《吴芳吉全集·信札》，第 619 页。
② 吴宓著，吴学昭整理：《吴宓日记》（第二册）1919 年 12 月 30 日，生活·读书·新知三联书店 1998 年版，第 242 页。
③ 胡先骕（1893—1968）：又名胡步曾。江西新建人。留学美国，获博士学位。回国后在南京高等师范任教。1922 年与梅光迪、吴宓等创办《学衡》杂志，发表《评五十来的中国文学》、《评尝试集》等论文。长期从事生物研究。历任中央研究院院士、国立中正大学校长、北平静生生物调查所所长。1949 年后，任中国科学院植物研究所研究员。
④ 吴芳吉：《与刘柏荣》，《吴芳吉集·信》，第 673 页。

其一人；有之，皆一介之可取耳。"①

29 日　致信吴宓，谈（一）文白之争："今中国二三年来之文坛，已无所谓白话与文言之争。其所有争者，实乃人类与魔鬼之争也。夫文言白话，虽为体不同，而惟艺则一。纵有所争，非绝无一贯之道也。惟魔鬼与人类之争，则亘古不能和解，亦不得丝毫假息。此中是非至微，诚非世俗之所能辨。白话文学之已堕入魔障，无论矣。主文言者，又有几辈能自拔耶？即如某君者，吾所服为文人之有骨鲠者也。然专摹昌黎字句而遗其精神，命题不从大处着眼，但拘拘于书牍赠序，虽累万篇，于文何兴？近又定为文例，寿序一篇若干圆，墓志若干圆，考古若干圆，凡此种种，何往而非魔障也欤！昔王应麟书《魏叔子集》后曰：'嗟乎！使叔子足不下金精山，不爱浮誉，不受大腹贾金钱滥作文字，不急欲成集，益之岁年，演漾平迤，时而出之，庶几乎儒者之文矣。'今之主文言者，其能进于是乎？"（二）至诚感人之道："其人先有一诚不昧，而后诚可感之。如兄日记所云：'安着一副歹心肠，到处见神见鬼。'己既不诚，安能容受人之诚欤？今之贼夫民者，其人未尝不甚聪明。即以诚意一失，则所行皆伪。虽自知贼害于民，而积重不可返矣。"②

9 月

7 日　致信吴宓，谈近来所感，意甚低沉。先是，计划明年暑期回乡，邓绍勤来书劝止，"蜀中学风，惟新诞是尚"，以吴之思想，易予人

---

① 吴芳吉：《与吴雨僧》，《吴芳吉集·信》，第 673 页。吴芳吉对中学生的失望，亦从另一侧面反映了他对社会主流文化的失望，当时新文化运动的威力无所不及，鲜有不受其影响者，以致吴芳吉慨叹："近观国中少年男女，盖无不轻理智而重情感，弃中庸而尚诡辩也……此等不计利害，不揣事实之人，真不少矣。""数载以来，师范教育大兴、文化运动勃起。实则师范兴而教育亡，运动起而文化灭。"见吴芳吉《与吴雨僧》、《与邓绍勤》，《吴芳吉集·信》，第 671、776 页。言下意味，则可知也。对于家乡四川之教育，吴芳吉更感痛心，"蜀中新派人物，半趋附于认贼作父，假强寇以慑邦之小腆。风尚之败，于斯为极。亡国灭种之祸，盖即自寡廉鲜耻始矣"。在此氛围下，少男少女为"暴民专制"毒害甚深，断送中国一线生机，为此，倡言多办私立学校，自初小而至大学，"以其可自为风气，不为狂潮所震撼也……使人才可由此轨出头，便不愁士习之难挽回"。见吴芳吉《与邓绍勤》，《吴芳吉集·信》，第 694、688 页。

② 吴芳吉：《与吴雨僧》，《吴芳吉集·信》，第 674—675 页。

口实,恐不容于乡里,不可遽归。感叹:"蜀友中与吉相存问而亲爱者,惟泗英与绍勤耳。吉既不能进以道义,使彼此志气与日俱增,乃书札往还,每以惟斤斤于身家之供养,逐鸡虫之得失,吾自待之卑如此,更何以型仪于兹末世?自今以往,吉之行藏事蓄,皆不欲以告乡友也。"文化志向受阻,社会形势迫人,然求道之心日盛,日后若有机会,则隐居乡野,授徒为生,埋首经史,以求故国文明之所在:"吉意泸水以西,巴塘以南,万壑群山,可资游牧。但有一二童子伴吾朝夕,则游牧所市,固足赡家。吾当以其余暇,熟读九通、廿史、百子、群经,求吾先哲文物之真象。七八年后,再出而放览世界。其计固亦良得。吉现于身外一切,虽极厌倦,而身内之事,则愿日求精进,愈坎坷而愈自励也。"①

17 日 致信邓绍勤,自评其诗并谈对中国文化界观感:"吾之诗,惟吾自知甚明。他人或知而不全,或全而不能知。以吾所闻之,毁誉我者,多属隔靴搔痒,不足顾也。中国今日之文学,为流氓滑头所假借,哲学为生吞活剥一孔之徒所假借,佛学为杀人放火之民贼所假借,史学为势利熏心颠倒是非者所假借。大势如此,吾复何言?天下古今,惟善恶两者之相战不息。其在一人,则贤奸以分。其在一世,则治乱所系。今之所谓新旧、所谓南北、所谓自治、所谓文化云云,皆假托以立名,欺骗群众以行其恶。绍勤试细思之,亘古之人,惟有君子与小人二者互相消长,永无妥协之日。而门户党派之说,只粗浅之外表耳。"②

28 日 致信吴宓,检讨诗歌创作之得失,自承"所作之诗,皆是平铺直叙,皆属一时一地之是非",一念及此,心中极为惘然,遂焚烧诗稿,葬于湘江之洲,为平生最悲痛之时刻。又谈世变之亟及救世之难:"夫世变之最著者,至于战国极矣,至于南北朝极矣,至于五代宋元极矣。然其病根皆甚单简,从未有聚古今中外人类所有之病而溃烂于吾侪今日之甚者。以是,吾侪责任之艰巨,驾乎孔子、释迦、耶稣、苏格拉底而数倍之矣!力既不胜,而又强欲任之,则其悲痛应为何如!"③

---

① 吴芳吉:《与吴雨僧》,《吴芳吉集·信》,第 675 页。
② 吴芳吉:《与邓绍勤》,《吴芳吉集·信》,第 676—677 页。吴芳吉对自己的诗虽自信,但亦有反省之处,如他读毕《学衡》第九期诗学通论、译诗后,即不免感到茫然:"一自念所作之诗,皆是平铺直叙,皆属一时一地之是非,其敢正中吾兄所言,因之心里极为惘然。"见吴芳吉《与吴雨僧》,《吴芳吉集·信》,第 677 页。
③ 吴芳吉:《与吴雨僧》,《吴芳吉集·信》,第 677 页。

同日　又有一信寄发吴宓，痛心湖南学校学生党派对立严重："湖南学校近日有最可悲痛之现象，无论教员学生，皆分属为两派信徒。所谓两派者，一为马克斯派，一为安娜其派。① 每一校中，必有此两派之峙立。而其相视，虽同窗共砚，竟为仇雠。所谓师道友情，乃全为此二派主义所汩没无踪矣。"②

是月　读佛书，发现佛法和儒教的贯通之处："宋贤之先佛后儒，实为步法之至当，吾人今日要不能外。而释迦之笃友谊、孝父母、大勇大智、至情至性，尤在在与孔孟道合。昔茂叔爱莲，谓出污不染，得佛之妙味哉！得佛之妙味哉！"③

10 月

1 日　《湘君》同人出游，游览望城坡、岳麓山，拜谒黄兴、蔡锷之墓。

13 日　致信吕光锡④，谈《湘君》杂志发行状况及立刊宗旨。《湘君》因不肯迎合潮流，在长沙销行寥落，反在南京购阅者较多。英国人庄士敦购买此刊，寄往牛津诸校。《湘君》虽不畅销，然内心笃定，不为所动："刘海峰⑤云：文章只求千百世后一人二人晓得，不求当世之人人人晓得。故《湘君》之销与不销，皆不足馁吾气也。……盖欲救世，必先立定脚跟，以求实效，毋骛虚荣与近功也。"⑥

16 日　致信吴宓，谈国文教育的缺陷、新文学对人性的投合："中等学校国文标准太低，又惑于实用主义，以文学为机械、金钱一类之物，必致人心不可挽救。今日之中学生，尽有作短篇英文一二百字，能清顺无讹，而作短篇国文一二百字，乃不通气者。考其症结，则英文为风气所向，虽经历万难，而不辞其劳；国文乃冷背货，虽俯拾即得，而不肯为也。白话文学、平民文学之盛行而嚣然者，正由基于人类之情根性。故观

---

① 信奉无政府主义。

② 吴芳吉：《与吴雨僧》，《吴芳吉全集·信札》，第 625 页。

③ 吴芳吉：《与吴雨僧》，《吴芳吉集·信》，第 678 页。

④ 吕光锡：江西义宁人。留学日本，曾任教于桃源县立中学。著有《桃花源诗话》一卷。

⑤ 刘海峰即刘大櫆（1698—1780），桐城散文流派的集大成者，著有《海峰先生文集》、《海峰先生诗集》、《论文偶记》等。

⑥ 吴芳吉：《与吕光锡》，《吴芳吉集·信》，第 679 页。

于今人之好惰而讳勤，益知此种文学建基之稳，固非吾人之力所能廓清之矣。"[1]

28 日　致信邓绍勤，不以治诸子学者为然，称其为"速化之士"，并引章太炎之言："以诸子书少，其义可以空言相难，务苟简而好高名耳。"勉邓绍勤从事古文，不必追谈诸子之学。至于古文，今日传承凋零："古文之传，自湘军以后，无人为继。新派某著中国近五十年文学史载《申报》者，谓曾文正之文家为谭嗣同、章太炎、梁任公、章士钊等。其实此诸人者，何曾能文。嗣同思想偏激，不足道。章太炎惟小学可称，何有于文？梁任公以下，油滑鄙俚，于文益远矣。故古文之传，五十年来实已绝响。"近世古文家，独爱吴敏树[2]，称其力斥桐城派，颇具阴柔之美，为归有光后第一人。嘱邓绍勤留心"自南屏以求震川、自震川以求庐陵、柳州"之文脉，以萧湘门人自勉，光大白沙文学，为狂潮中的中流砥柱。又谈作古文之法："为文不难，难乎为人。自古文家，其节莫不坚韧，其气莫不浩然，其心莫不以道自任，其行莫不温柔敦厚，故其言蔼如自得也。苟欲为文，尤当砥砺乎此。盖自古文人，多属圣哲之士，凡圣哲必文行相符，徒言，特报馆记者而已。"[3]

31 日　于《明德半月刊》发表《本校校风与自治会》一文。文中极言校风之重要，"校风之于教育，亦如春风之于农务""校风良善，正如春风和煦，草木萌动，至乎欣欣向荣，而不自知其所由者"。良好校风熏陶之人，应为"自得而无俗气，稳健而有担当，平正而勤操作，质朴而多趣味"之健全之士。文末勉励学生自治会诸君："今社会最要之事，莫急于正人心以厚风俗，而藉风俗以化人心。学校，固社会之一部也。校风，又风俗之一端也。吾人苟欲为此挽救社会之大业，即当自此时、此地、此人为始。然则负促进校风向上之责者，在本会诸君矣。诸君其好自为之。"[4]

---

① 吴芳吉：《与吴雨僧》，《吴芳吉集·信》，第 680 页。

② 吴敏树（1805—1873）：字本琛，号南屏，晚号牙生翁、桦湖老人。湖南岳阳人。道光举人。曾任浏阳县训导。好古文，宗法韩愈、柳宗元、归有光，诗崇黄庭坚。著有《桦湖文集》等。

③ 吴芳吉：《与邓绍勤》，《吴芳吉集·信》，第 681 页。

④ 吴芳吉：《本校校风与自治会》，载《明德半月刊》1922 年第 16 期，第 16—18 页。

11 月

13 日　因《湘君》载吴宓《旅美日记》①，致吴宓遭人诋毁，吴宓要求《湘君》刊一启事道歉。吴芳吉致信劝慰："举世虽不相谅，吉实深知吾兄之心。自今要当从兄生死，勿遽叹道孤途穷，而无继志者也。愤慨虽不可免，然无论痛苦如何，除非人之加害于我，我所不避。此外则事事容忍，至忍而又忍，不当自杀。近人根性多薄，小人得失，举足移易其操守。而况救世大业，希圣至道，本从千灾百难、九死一生得来，期之常人，未免梦妄。以后于朋友学生之间，其可靠不可靠，皆勿介介于心。纵使举世皆非，而吾知所行之，则已足矣。上海诸人之讪毁，吉在新群社时，固惯受之。如《民国日报》邵力子一流，固亦骂及吉之父母妻子矣。惟此等不堪受处，最足见人德量。吾人惟当任之，断不可与争辩。曲直事小，而有妨于潜移默化之功实大。邓牧《名说》②：'叔孙武叔毁仲尼，仲尼未尝毁叔孙武叔。嬖人臧仓毁孟子，孟子未尝毁臧仓。'吾人固不当存心以重毁者之恶，然与之争辩，则犹与之便宜也。吾人惟不与计，即此一点，感人已深，亦即风骨之所在矣。"③

12 月

9 日　致信吕光锡，谈为文、作诗之道："人才之出，各有其境。自古文章杰出之士，莫不由饥寒困苦中得来者。以文章系于性情，欲使性情之深厚诚挚，惟饥寒困苦最足磨练而培养之也。故吉于足下之诗，尚望多为自道身世之作，而咏物写景，视为次之。少陵所以称为诗史，雄视千载者，以此也。"④

---

① 日记内，陈寅恪向吴宓介绍巴黎妓女及秘密卖淫，亦谈及欧美男女迟婚、不得嫁的痛苦与流弊。见吴宓著，吴学昭整理《吴宓自编年谱：1894—1925》，生活·读书·新知三联书店1995 年版，第 188—189 页。

② 《名说》，见邓牧《伯牙琴》。邓牧（1246—1306），字牧心，号文行，世称"文行先生"。南宋亡国后，隐居，不仕不娶，著有《伯牙琴》、《洞霄图志》。

③ 吴芳吉：《与吴雨僧》，《吴芳吉集·信》，第 682—683 页。

④ 吴芳吉：《与吕光锡》，《吴芳吉集·信》，第 683 页。

30 日　致信吴宓，忧虑苏俄暴力革命波及中国，日后将有不测之祸："湘中近有少年多人，新自俄国归来，到处鼓吹罢工罢学，所向无敌，良足隐忧。政府既不胜防，且军队之易鼓动，亦如工人。将来政府于此，必归穷蹙。一月以来，长沙各行罢工之事，无日无之。政府虽欲干涉，然格于省宪人民有结会自由之条文，竟致束手无法。此等思想，既益趋极端，殆非大启杀机，互以铁血相见，不能一洗清楚。湘粤四川，以战乱日久，人民痛苦较深，故其激变亦易。十年以后，西南数省，不知犹有寸地可托否？今日之事，尚为工人与业主之争，彼时之事，则为所有暴民与全体忠良之争。吾人倘欲自存，亦惟有揭竿而起，以与一拼最后死活。姑妄言之于此，愿其幸而不中。万一至是，吾人实不能坐视其披猖也。"① 在致邓绍勤的信中，亦有类似的观点："近怵世变，知苏俄之祸，必蔓延于中土。今之政争与夫新派之说，尤在在足以助长其势，气运实然，断非少数明哲之士所能挽救。他年与绍勤逃生何所，乃不可为料矣。……又今日少年，每见一二名流好谈某种学问，便即改弦从之，如此反复趋时，足召亡国之惑。吾为日夜愁思不安也。"②

是月　湘军内讧。湘军将领谭廷闿据岳麓山，炮击长沙，历时五十日。流弹日日落至吴芳吉明德学校寓所。湖南省省长赵恒惕得吴佩孚之助，击退谭军，局势复安。军阀暴行，民众遭殃，作诗《北门行》、《南门行》记其事。

是年

作诗《蔡忠浩之死别》③、《壬戌正月黄鹤楼下放歌》、《短歌寄醴陵刘雪耘》④、《短歌寄南川刘泗英》、《雁南飞》、《寄答明德十七班诸君》、《冬来兼及稻田女校文课，每往，诸生识与不识，遇辄群起唱吾昔年之〈婉容词〉，若相笑者，意甚窘之，为诗乞止云》、《新衣引》、《雪斋》、《双烈墓行》。译诗《告女儿》，译自英国赫里克（Robert Herrick）"Counsel to Girls"。

---

① 吴芳吉：《与吴雨僧》，《吴芳吉全集·信札》，第631页。

② 吴芳吉：《与邓绍勤》，《吴芳吉全集·信札》，第749页。

③ 蔡忠浩为"蔡钟浩"之误。蔡钟浩（1877—1900），字树珊。湖南武陵人。1898年入长沙时务学堂，师事梁启超，参与湖南维新变法，事败后留学日本。1900年回国，从事反清活动，就义于长沙。

④ 刘雪耘即刘鹏年。刘鹏年（1896—1963），字雪耘，湖南醴陵人，自号鞭影楼主。南社社员刘泽湘之子。1914年加入南社。

1923 年（民国十二年·癸亥）二十七岁

1月

1日 吴芳吉为《弱冠诗》补撰长篇序言，自叙写作背景、身世变迁、个人遭际、社会见闻："《弱冠诗》，吾弱冠时作，几经兵火之余也。原诗共十九篇，今存者十二，亦零碎不完整。未予增改者，存其真也。诗中之语，幼稚而多近夸大，至今视之，辄为发笑。然吾当年身世固在是也。诗距今又五六年，吾身世亦一变再变。回忆作诗之时，护国军崛起滇黔，与洪宪臣下战于蜀江州县。吾乡既陷，家人逃遁山中。吾自海上闻之，则匍匐归省。至重庆，北军多应战泸州，守城者不足二十。首领曹锟，洪宪将军也。友人笑沧，方谋聚而歼之。笑沧兵至涪陵，而独夫死，停战，得以逸去。事平，吾尝仗剑出游，登五峰岭，吊棉花坡，瞻望护国岩遗址，访川南父老以松坡故事，而叹民气消沉，哭良将之不作。迄兹几时，囊日附逆之辈，或乃雄踞中原，或且觊觎元首，盗窃鄂赣，离间粤闽，嚣然为中国主。是岂当年所能及料者耶？松坡既逝，继之者多奸回不肖。明年，滇军烧成都。又明年，黔军犯重庆。其秋月，黔军复寇吾乡。既破，索所与仇者尽杀之。吾家临大江岸，门外有沙滩，黔军日杀人于是。每闻喇叭声如泣过门外，必牵人就杀者也。吾闻辄往，自人丛中窥之，窥辄惊痛至深夜不寐。凡吾所见乡人之死于是者三百余人。滇黔以护国始，以扰蜀终。蜀人始知南军残暴与北军等。是又当年所能预料者耶？先是乡少年有依附洪宪为中大夫者；后又有伶人幸于督军为副官长者；有米店学徒，犯窃而逃，逃为中将者；有再嫁其姊妹为人妾，得元帅府秘书者。或归起第宅，或祭扫坟茔，马弁肩舆，相属于市。市人观者莫不奔走相告。吾苦家居之见闻是也，思所以避之，闻有文化运动之说倡于京沪，其人皆号觉悟纯洁之士，以为从此可得其所。于是慨然赴之，惟恐其迟。

至沪，友人周君约以创办《新群》杂志为文化运动响应，既置身其中，颇阅历当世博士名流之辈。乃知学会以相标榜，报馆以相抵制，名义可以相假，异己则必不能容。而益可怜者妇女，益可惜者劳工，益可伤者少年，益可欺者我辈乡下人耳！愈看愈真，愈真愈假，愈假而心愈烦恼，一如昔在家时，则又弃之惟恐不速。至于今日，乃遭新人唾骂为疯癫，为顽固，至江湖之上，无所容身。而平日凡以道德文章志气励己以勉人者，至今皆成罪戾。此又当年所能预料者耶？嗟乎！吾自弱冠以来，才数年耳。国家之丧乱如彼，吾身之颠倒如此。吾且朝夕变易，俨若数人。何怪世人变易之速而非吾所料也！然吾身世虽变而有不可变者，吾心是也。昔年之心，此心也。今日之心仍此心也。惑于新文化之甘言而坦然信之者，此心也。习于新文化之芜秽而憬然弃之者，亦此心也。自今以往，吾身世之变易益不可知，惟吾此心殆未有能变之者也。心何以见？见于吾诗。然吾今日之诗，与昔年之诗，亦多变矣。诗虽变而心未变。昔年之诗，固犹今日之诗也。今日之诗，为举世之所不容。昔年之诗，幼稚而夸大如此，是岂足以示于今人也耶？然则此诗之刊布于世，亦多事矣。民国十二年元日，长沙客次补序。"①

14 日　致信吴宓，告之有归蜀从事社会教育之意："此后之变乱，由政治者少，由社会者多。政治以吾人不在其位，或不必代为之谋；谋亦无人能听。社会则身家性命所关切也。他日之事，惟有快刀斩乱麻，最易解决见效。而事前预备，如风尚之提倡，人才之训练，学道之阐明，实力之培养，急须自今为始。"又告吴宓，湖南社会形势日趋激进，在此颇为危殆，内心极为不安、苦痛："嗟乎！蘖芽如此，行见蔓延各地，不可遏止。夫以褪褓之中国，上有倒逆如彼之政府，下有迷乱如此之社会，欲不颠覆，固无是理。然感受痛苦最深，甚至一言一行有临渊之虑者，莫过于吉等今日已也。"②

16 日　致信聚奎学校同学杨百先，感叹故交零落、明师殁去，自述心志之所在："吉不肖，十年来，徒以饥驱转徙江海之上，于学道一无进益。而窃为足自慰者，则儿童心性，至今未失已耳。……聚奎故友，始终以读书为事，置名利生产之事于度外者，自谓惟吉一人。惟其如此，故十年以来，贫贱依旧，每欲还乡，则恨无面目以对亲友。盖亲友望我者，世俗之声华，而吉之自处者，乃在曲肱饮水之乐事。所以惮

---

① 吴芳吉：《弱岁诗十二篇》序言，《吴芳吉集·诗》，第 16—17 页。

② 吴芳吉：《与吴雨僧》，《吴芳吉集·信》，第 684—685 页。

而不敢归也。"①

　　22 日　十七班毕业生招饮于池塘楼。作诗《今夜别》，诗前有序："谢祖尧兄在饯别十七班诸君席上，颇言明德二十年之苦状，及胡校长经营此校苦心，闻之惨然，今夜十七班诸君，又招饮池塘楼上，即取祖尧之言，组为长歌，以勖同座，时壬戌腊月六日也。"全诗如下："欢伊人兮海天隔。人已老，鬓已白。力已衰，气已竭。手足已僵，肝肠已裂。只有一寸心，万古不磨灭！校舍园林典当既残缺，缩衣缩食怅望已无策。尚欲培植人才挽浩劫，蔚风俗、继前哲。树木十年，十年一何挺特。树人百年，百年那可等得。吁嗟乎明德！吁嗟乎民国！吁嗟乎今夜之分别！"②

　　是月　共产国际执行委员会通过《关于中国共产党与国民党的关系问题的决议》，推动第一次国共合作。孙中山与苏俄代表越飞发表联合宣言，确立了联俄政策。

2 月

　　寄吴宓《湘君》季刊第二期。吴宓在东南大学为之推介。

3 月

　　25 日　致信吴宓，谈师道、教育界现状："去年上期，吉曾兼任周南女校课。下期不在此校，而每与其校长相遇，乃若路人之不招呼。此期徇其校诸生之意，欲再聘我去。吉耻其校长之无礼，坚不许也。学风之坏，以师道之堕落为其总因。师道所以堕落者，其一固由为人师者之无学德，无诚心；其一即由办学校者之不能尊师。然今之具学德诚心以为人师者，尚不难见其人。办学校之能尊师者，则千万不能得一。彼辈之于教师，盖仅有金钱之关系，无道义之负担。有暂时之契约，无永久之轨范。如此，而欲士气之发皇，几何其能有齐矣！吉于教育之事，非所素习，而生活于

①　吴芳吉：《致杨百先》，《吴芳吉集·信》，第 685—686 页。
②　吴芳吉诗集各版本未收此诗，特录于此。见长沙市政协文史资料研究委员会编《明德春秋》，1993 年 10 月，第 144 页。

教育者，乃近十年。习则成性，熟则巧生。计今以往，亦惟终身从事于此，较为他事稍相近耳。然今之办学校者，大都鄙倍如此，实今人有不肯为，致师道因我而益丧也。昔柳子厚谓韩愈抗颜为师，乃召狂名。吾实深愿今世有韩愈其人，以师道自任也。"①

29 日   明德举行庆祝建校二十周年大会，举办游艺及成绩展览会，来校参观者二万余人。

是月   由吴芳吉、刘永济等发起，明德教员筹资于校内湖中建"楚辞亭"，以纪念屈原，并庆祝明德学校建校二十周年。亭刻王闿运联："十步以内芳草，六经而外文章。"刘永济书《离骚》全文，悬于亭中柱上。辛树帜②采集《楚辞》中所有草木，环置四岸。吴芳吉为楚辞亭题联："楚辞亭畔无情水，屈子洞中莫逆交。"明德学生文强对此联有异议，将对联改为"屈子洞中交莫逆，楚辞亭畔水无情"，并传示同学。胡元倓校长闻之大怒，认为犯上，欲开除文强学籍。吴芳吉建言："岳麓三湘多俊秀，靠的是行健自强精神，靠的是师生提携谅解。文强敢于改师尊之作，而且改的更有气魄，虽然犯了校规，请破格优容，不给处分。"文强遂免于处分。文强事后向表兄毛泽东提及此事，并传观吴芳吉近作，毛泽东于诗后签注："才思奇捷，落笔非凡。芳吉知春，芝兰其香。"

4 月

致书吴宓，请求借款一百圆维持《湘君》杂志。吴宓以经济支绌婉拒，并建议《湘君》与《学衡》合并，以解决《湘君》无经费、《学衡》缺稿件的难题。

---

① 吴芳吉：《与吴雨僧》，《吴芳吉集·信》，第 686—687 页。
② 辛树帜（1894—1977）：字先济。湖南临澧人。1915 年，考入武昌高等师范学校生物系。毕业后，赴日本考察。回国后，先后任教于长沙明德中学、湖南第一师范等校。1925 年赴英国爱丁堡大学留学，获生物学硕士学位。后又入德国柏林大学习生物学。1927 年归国，先后任中山大学生物系教授、国民政府教育部编审处处长、国立编译馆馆长、西北农学院院长、兰州大学校长等职。1949 年后，任西北农学院院长。

5 月

与刘朴同游谷山①，以诗《谷山晚归》纪行。

6 月

3 日　致信吴宓，谈学术界趋时、浮躁之风尚②："闻国中又以谈佛为风尚③，至为怅怅。今之言学问者，非言学问，言感情冲动之迹而已。几年以来，举国所好谈者，初为文学；文学既厌，则谈社会主义；社会主义既厌，则谈政治。今政治多谈厌矣，则又改谈佛学。将来佛学谈厌，必又以谈儒教为高尚矣。吾人今日动言孔孟，而至彼时必转为谈儒教者之所排斥。盖虽有正义，而利用以为时髦，便成俗学。一堕俗学，则终无是处。大抵趋于时会，牵于感情，以谈学问者，自古已然矣。求学有如找钱，然不可为守财虏。吾兄行而不着之言，最获我心。学不可不求，又不可为学所敝。"④

18 日（农历端午节）　湘君社第二次社集。刘永济手写《离骚》，长沙书画家徐绍周画屈原像，并影印。作诗《题屈子画像》。

是月　吴宓欲引荐吴芳吉入东南大学附中教书⑤，因接受西南公学聘约，却之。与刘朴、刘永济合编《湘君》季刊相处甚得，"始终如宾客之

---

① 在长沙郊外，湘江西岸二十里，风景绮丽，为佛教名山，山上古刹宝宁寺为"长沙八大丛林"之一。

② 吴芳吉一向不慑于所谓博士名流辈的光环，认为他们"只趁热闹，无足能救济人心世道者也"，告诫他的学生周光午说："各摄心读书，期于远大，而于至德要道，尤当实践，处处为人类楷模。此种效用，胜彼趁热闹者多矣。"见吴芳吉《与周光午》，《吴芳吉集·信》，第699 页。

③ 吴芳吉并不反对学佛，自身对佛学亦有绝大兴趣，只是反对以学佛为时髦、为点缀的肤浅之举，他即曾劝邓绍勤学佛之忍辱精进，虽遭际苦难而不为折，多多振作士气、砥砺骨鲠。至于救国之道，吴芳吉认为，只有中国之道能自救。学佛之要，仍在"反求诸己"，"不反而自求，是无有心，更何有佛"，若一味为逃避世间之苦，心分净秽之别，则失学佛之心。见吴芳吉《与邓绍勤》，《吴芳吉集·信》，第688、694、776 页。

④ 吴芳吉：《与吴雨僧》，《吴芳吉集·信》，第687—688 页。

⑤ 东南大学附中主任廖世承与吴宓为清华同学，国文教员穆济波为吴芳吉少年好友。

初见，偶有私意，皆能言至恰可而止，故能永不相慢，亦永不至相袭。理
想中朋友聚居之谊，于此不能不谓为实现之矣"。① 三人分任编辑，各不
相谋，但自以为可，即单独付印，事后从无相怨之言。

长沙日军枪杀平民。长沙学生发动"抵制日货"活动，沿街检查日
货，但事态演变为群氓滋事：见人衣冠似日货者，立即毁碎，复以硝镪水
漆面，书以"亡国奴"等字样，渗入皮肤难以去除；见有少妇上街，则
指其衣、裙、内裤为日货，撕扯之后，勒令换去。吴芳吉闭门不出，感
叹："群众专横，至此极矣。……群众专横之事，自民国八年所谓学生运
动者始。当时教育界诸公颇以为得意。今则荡激益暴，彼日君子，复无悔
过之心，是可叹也！"②

7 月

14 日　致书胡元倓，谈《湘君》编辑事，又评胡元倓之诗："尊诗
佳处在于富情愫而严格律，重实景而谐风韵。今老辈好为宋诗，而其失恰
与斯二事者相反，律严而无情愫，景实而缺风韵，今少年为新诗者，则又
矫枉过正，情惟放于浪漫，景惟偏于神秘。此先生之诗所以难能矣。"③

是月　于《湘君》杂志发表《吾人眼中之新旧文学观》，意在"勘破
世俗之所谓是非，而求其真正之是非"，从新旧之争入手，辨析当时流行
的文学观念之后，从历史的、艺术的角度提出了自己的文学观：（一）文
学不可陷于新旧门户之争。就文学本身而言，文学乃不分新旧，又新又
旧："夫文学之发生由于历史，无历史则无文学。历史之事皆属过去，过
去即旧，文学既必根据于历史，自不可不旧之成分明矣。文学之变迁又必
由于时势，无时势则无文学，时势之事皆属现在，现在即新，文学既必影
响乎时势，自不可不有新之成分明矣。文学既不可离乎新旧，是新旧两者
断不致有所争执。"若文学沦于新旧之争，"则其离乎文学之本体，失乎
文学之真谛亦已远矣"。对于新旧之弊病，应思补救，新旧之美善，应予
发扬，不以党派之争，遮蔽文学之真，如此方能"化除门户党派之见，
建设中华民国伟大之文学"。（二）对新文学人士的某些主张，尤其是对

---

① 吴芳吉：《与吴雨僧》，《吴芳吉全集·信札》，第 635 页。

② 吴芳吉：《与吴雨僧》，《吴芳吉全集·信札》，第 636 页。

③ 《明德旬刊》1932 年第 7 卷第 1 期，第 1 页。

古典文学的攻击之处，一一进行了辩驳。其一，新派批评旧派只知文以载道，不知文学以感情为灵魂。吴芳吉认为，文学之情不在于尽量发挥，而在于予人中正可由之道，新文学宣泄感情过度，丝毫不考虑对人心之影响："新派之惟尚感情，不计道理，只图我能尽情说出，而不顾说了之后便生罪恶。数年以来，所谓新文学者之作品，其所抒写感情者，不是起人烦闷，便是激人暴戾，不是诱人自杀，便是勉人发狂。求其能示人以节制之情者几何？求其能养人忠厚之情者几何？"其二，新派批评旧派趋重模仿，不知创造。吴芳吉认为，一味摹仿古人者自然无可称道，但新派专门迎合今人好奇之心理，亦属不当，甚至有投机之嫌，至于创造，新派目前尚无文学实绩可言。其三，新派批评旧派为精神思想专制的贵族文学。吴芳吉认为，新派所提倡的"自由"则走向了另一极端，"乃在教父母之不应专制，而让其子女专制；教丈夫之不应专制，而让其妇人专制；教师长之不应专制，而让其学生专制；教主人之不应专制，而让其佣工专制。总而言之，昔日以少数专制多数，今日以多数专制少数"。若论专制，新派向以不言自明的先进自居，不顾言论自由、出版自由，对异于己者之旧派加诸种种恶名，如谬种、妖孽、逆朝、顽固，实非理性之举。（三）针对新旧之争，提出自己的文学主张：其一，文学应道、情合一："文学本属天理人情中事。而天理人情，又为一体。离开人情，没有天理。不是天理，必失人情。凡属至情之人，必有至理存焉；凡属至理之文，必有至情存焉。惟既号曰'文'，必加以文学之艺术，与夫文学之道德。故虽有道理而无艺术，非文学之范围也；虽有感情而无道德，非文学之正路也。文学不可无理，但寓理而不枯；文学不可无情，但言情而不过。"其二，文学应在继承中创新，创造是对传统的尊重和超越，而绝非蔑视和摒弃传统："凡文学之能成立于天地间者，必有数千百年之经过，其经过之中途，皆其先民之心血脑力堆累而成。后人之从事文学者，自必循此孔道以进，进而至于此道之尽处，吾又为之补筑延长，再以遗之后人。如是步步相续，是为文学进化之途程。故不依循古人之道，则吾必致迷途；不为后人延长新道，则吾先自裹足。"其三，文学与文字性质不同，文学不可决然有文言、白话之别。文学之文字自有标准，"既为文学，则所选用文字，一必要明净，二必要畅达，三必要正确，四必要适当，五必要经济，六必要普通"。若文学之用字，达到上述标准，则无所谓文言、白话之分。其四，文学批评必须有具体对象，不可沦于无益的争执谩骂，亦不可照搬外国文学理论衡量中国文学："批评本由文学而生，文学并不由批评而起。必有具体的旧文学，乃有旧文学之具体批评。亦必有具体的新文学，乃有新文学具体的批评。今新旧文学非残缺尚待整理，即幼稚未足成立，虽有批评，无非一枝一叶，不关宏旨。惟其一枝一叶，不关宏旨，而争执谩骂益无已时。此种谩骂式之批评，现已行之数年，愈批评而文学之义愈紊，愈批评而文学之德愈失。且亦无人肯自承其非者，可见互相批评在今日之无益有害。其尤可厌者，既言中国文学，当就中国文学之习惯、之沿革、之理论、之方法立言，乃有合处。今人一言文学，辄乞灵于外国。文学原理，固中外皆然，而习惯方法，本随地有异。今关于此类之证明，亦无在不以外国为例，岂非牛头马颈，牵强附会之甚耶！"①

8 月

18 日　致信吴宓，谈君子与小人相处之道、善恶不可截然相分之理："以古今大乱，实君子小人之相激而成。如东汉之党祸，明末之清议，其初未尝不欲以君子制服小人；而其结果，则国破身殄，二者同归于尽。天下不以君子之贤而佑其宗社，此诚人世伤心事也矣。故知治平之道，在使君子小人各得相安，而不相上。有一相上，则祸立起。夫小人之为祸，诚如黄河之水，亘万古而不能息。然使浚疏利导以达其性，又严以堤防以树其则，虽有祸水，而生民仍可安居。故使吾人今日以与世俗相斗，此实至拙之计。自古君子与小人相遇，而君子恒败。一党之败，藐何足数。然以君子失败之故，因而世道人心愈危微，则其所害实大，而不可不慎乎始。故最上之策，在各行其道，而处处为世道人心作好榜样，自不患正气之销沈尔。……世固永无彰善惩恶、分析明净之日。纵使有之，亦何足快也。故使禽兽问我，我有物道答之；匹夫问我，我有人道答之；君子问我，我有天道答之。"②

9 月

于《湘君》杂志发表《再论吾人眼中之新旧文学观》，反驳并补正胡

---

①　吴芳吉：《吾人眼中之新旧文学观》，《吴芳吉集·文》，第 429—437 页。亦见《东北大学周刊》1927 年第 4 期，第 3—9 页。

②　吴芳吉：《与吴雨僧》，《吴芳吉集·信》，第 689—690 页。

适提倡的文学革命"八不主义"，对文学的本体论、语言观、艺术原理多有探讨：（一）文学的本体论：文学不同于政治，政治乃群体之事，可有革命，而文学述作自由，属一己之事，不应用"革命"手段强制干预："文学善与不善，则惟在于己。己所为文不善，己之罪也，非文学之罪也。革己之命可也，革文学之命不可也。"文学又是价值形态的体现，文以载道乃文学应有之义，是表达中国文化价值的途径。即以狭义言之，文以载道之"道"为"道德"，于文学亦不可少："情感思想，并非神圣不易之物，不以道德维系其间，则其所表现于文学中者，皆无意识。……文学作品譬如园中之花，道德譬如花下之土，彼游园者固意在赏花而非赏土，然使无膏土，则不足以滋养名花。土虽不足供赏，而花所托根，在于土也。道德之在于文学，虽不必昭示于外，而作品所寄，仍道德也。"文以载道亦非提倡写实文学，并不排斥"幻想"，"幻想"中自有真正的价值："文学境界，初不必真。屈子、庄生之为幻，固矣。《水浒》，《红楼》，何莫非幻！然终不嫌其为幻者，以世事本属至幻，惟有识者能见幻中之真。何以辨真？曰：天理人情。合于天理人情者，虽幻而不害其真。不合于天理人情者，虽真而实为幻。"（二）语言观：吴芳吉认为，"文既无定，法亦无定"，文法越多，文学越机械而无生气。况且，新文学人士所谓文法，多言西洋语法，其与中文构造习惯不同，其敝在于分析细密而使诗文过于纤巧、堆砌，"平常语意可以三五言达出无余蕴者，今往往不惜以十倍、二十倍之冗字加之"。文章之道，"不在拘拘于法，而在明白于理。所谓理者，即凡为文者，能顺其文之构造与习惯而活用之，在因文生法，而不在因法限文"。况且，文字词语乃约定俗成，无所谓新旧、雅俗，"在官言官，在市言市，各有章法，各有口吻"，关键在使用者能否化腐朽为神奇，如何选择，如何组织，如何运用："亦可独造，亦可因依。虽因依而必有其特征，虽独造而必合乎习惯。犹之绘事，虽同属丹青水墨，有善绘者为之，则笔笔生动，色色呈露，不嫌丹青之与人同也。"至于新文学人士所反对的"对仗"，吴芳吉认为"对仗"恰是汉语的特性之一："中国文字，本属孤立，惟其孤立，故长短取舍，至能整齐。言乎对仗之用，可谓与文字而俱来者也。"考之诗歌、文章，其佳作名句无不以对仗出之，"苟无对仗，不但文之不美，亦且意有未达"。（三）艺术原理：其一，文学乃感兴之事："出乎人情之自然，……大抵天伦之情，山川之胜，家国之思，吊古之意，圣贤豪杰之崇拜，时节景物之推移，最足引高尚之念。"感兴之发，端赖于人之感觉敏锐，性情冷淡之人，不宜于文学，"凡有血气，有性情者，要必较他人为多感。事变之未来也，他人之所易忽，而文人所觉察也，则必有以隐示之者。事变之既去也，他人之所易忘，而文人所记忆也，则必有以追念之者。隐示追念之未足，又假借比兴以曲道之。所谓温柔敦厚之旨是也"。其二，详辨"摹仿和创造"的关系。从事创作之人，境遇不同，思想各异，"创造与否，摹仿与否，亦各视其力所至，各从其性所好"，不必强求一致。新文学人士"虽于本国文学不屑摹仿，于外国文学依然摹仿甚肖，且美其名曰'欧化'"，可见摹仿于文学之必要，不能视为奴性之事。"摹仿"不是简单的因袭，更不是对古人无原则的屈从，而是形式多样的借鉴和化用："或师承其意，或引用其言，或同化其文笔，或变异其结构，或追随其风俗，或揣摩其风尚以为文者，无论其形迹之显晦，皆摹仿也。"由"摹仿"到"创造"以致"成一家言"有一次第顺序："夫由摹仿而创造，由创造而树立，其致力也固未可以躐等。人生既至不齐，故有仅至第一步之摹仿而止焉者，亦有进至第二步之创造而止焉者，亦有初能摹仿，继能创造，卒能树立为一家者。"故此，"摹仿"和"创造"息息相关，不进入传统，则无从创造："大凡摹仿范围愈狭，则其成器愈小，而流弊愈大。反之，摹仿之范围愈广，则其成器愈大，而流弊愈小。故从事文学原不可以一家一书自足，其必取法百家，包罗万卷，则积之也多，出之也厚，虽处处为摹仿，而人终不自觉。古今鸿篇巨制，号为创造之文者，谁非由摹仿最广者得来耶？然吾人之意尚不止此。吾人以为摹仿不可不有，又不可不去。不摹仿，则无以资练习；不去摹仿，则无以自表现。"其三，为"用典"正名。用典属修辞之一种，不能不用，亦不可滥用。典故乃历史之事，从事文学之人"见今之事有合于古之事者"，引用历史事实或前人语言，"或欲援以讽喻，或以增益美趣，或使人兴乎此而悟乎彼，执其端而知其类"，故此，用典与否不成其问题，而在于如何用典。用典之要有五：一要适当；二要显豁，不晦涩破碎；三要自然，不着痕迹；四要普遍，不冷僻；五要有所寄托，不能徒然逞才。①

10 月

湘君社在岳麓山举行第二次红叶会。

---

① 吴芳吉：《再论吾人眼中之新旧文学观》，《吴芳吉集·文》，第451—479页。亦见《学衡》1923年第21期，第30—58页。

湘江两岸日有流弹飞至，明德学校弦歌不绝。

与刘永济论诗。吴芳吉称扬康有为之诗"多有壮题，力亦足以举之"，刘永济则认为康诗多染江湖之气。吴芳吉言，吴宓诗风有宋诗味，刘永济对此首肯，"学唐不成最不堪，学宋不成，尚有几分"。①

12 月

1 日　致信吴宓。因邵祖平②批评吴宓竞进于"名利"，信中对吴宓加以慰藉："昔王维有言，恶外者垢内，病物者自我。我无名利之心，何必责人之竞名利，必其有求而不得也。邵君之论，得毋免于是哉？所望坦率直行，勿为介意。百年以后，吾辈之长留天地间者，自有其落落大节，此诸小事，何足挂吾虑乎！"又言，《湘君》杂志筹款困难，本地人士支持者少，所写诗歌多指斥当地士人，友人忧其恐有祸患，然对此不惧："我之为此，盖如鲠在喉，必吐乃快。若必计及祸福而后下笔，又忸怩隐讳，含羞暧语，如彼词人之所为者，吾恐士气益不振矣。"③

23 日　致信周光午，谈"情"与诗教之义并不相悖："诗曰：好色而无至于淫，怨父兄而无至于乱。怨父兄而圣人不禁，……此即诗教之所由兴也。使人人皆能有情，人人之情皆能上达，岂非尧舜之至治哉！"又谈古人书，贵在履践，知行合一方可得益："幼年读书，只尚空谈。今则亲身历验，于古圣光哲之言，一一加以证明，知道德之精义，在以体会求之，断非徒恃理想可得近似。"相反，若强以某一理论来解释现实，则不免胶柱鼓瑟，言不及义："若今之科学方法及唯物史观，以评断吾家事者，必以为今年之象，定属经济压迫，或吉身有别种原因所致。实则毫不关此。以是例人，每足发笑。因知世乱多出庸人自扰，不必自论理学中之方式来也。"④

---

①　吴芳吉：《与吴雨僧》，《吴芳吉集·信》，第 691 页。

②　邵祖平（1898—1969）：字潭秋。江西南昌人。自学成才，早年肄业于江西高等学堂。1922
　　年后历任《学衡》杂志编辑，东南大学、浙江大学、四川大学、西北大学、重庆大学等多所
　　大学教授。1949 年后，历任四川大学、中国人民大学、青海民族学院教授。著有《中国观
　　人论》、《培风楼诗存》等。

③　吴芳吉：《与吴雨僧》，《吴芳吉集·信》，第 692 页。

④　吴芳吉：《与周光午》，《吴芳吉集·信》，第 693 页。

是年

　　冬　应湖南省立第一女子师范学校校长黄惠君①之聘，兼任该校国文教员。时，有女生数次造门问学，引树坤不喜，又见吴芳吉写有《论诗答湘潭女儿》等诗，益发不悦。刘朴对此有所记述："（何树坤）问朴妻：'刘先生有女生来见乎？'曰：'然。''女生辞，则送之乎？'曰：'然。''及何而止？'曰：'大门之外。'虽稍释然，闺中自此断断矣。每大交恶，朴与妻治具，燕芳吉夫妻，比肩坐，乃解。解已，如故，终无奈何。"②吴芳吉后与刘朴等闲谈，笑谓新文化运动影响其夫妻关系："新文化闹到我床上来。使我夫妻不和。"③夏伯《运甓零墨》记之更详："白屋诗人吴芳吉先生，客长沙时，正兼任两女校课程，他的夫人何女士，防之至严，斗气无虚日，每口角时她必汹汹说：'要找职业去，要自谋生活去，要买缝纫机学裁缝去……'因为当时长沙妇女界，力倡解放运动的一般口头禅也，由此夫妇发生纠纷，每每数小时不息，太太则大放厥词，诗人只有俯首无语，他们亲友知道了，都劝说诗人，他却笑答道：'新文化闹到我的床上来，使我夫妇不和，那还有什么可说呢？'闻者绝倒。"④

　　作诗《题贿选支票摄影》⑤、《酒楼逢藏壮男歌》、《稻田第九班女儿毕业将去，于其最后一课歌以别之》、《寄答陈鼎芬君南京慰其升学之失

---

① 黄惠君（1898—1966）：毕业于北京女子高等师范学校。1924年与刘永济结婚。曾任湖南省立第一女子师范学校、长沙女子职业学校校长。

② 刘朴：《吴芳吉传》，《吴芳吉集》，第1366页。

③ 刘朴：《祭吴碧柳文》，载《明德旬刊》1935年第12卷第1期，第11页。

④ 夏伯：《运甓零墨》，《论语》1947年第131期，第21页。

⑤ 咏邵瑞彭。邵瑞彭（1887—1937），一名寿篯（寿钱），字次公。浙江淳安人。早年加入光复会、同盟会。1912年，当选为众议院议员。1923年，曹锟谋任总统，收买国会议员，向在京议员分赠支票一张，面额5000元，许诺总统选出三日后即行兑现。邵瑞彭对曹锟贿赂议员之恶行深恶痛绝，取得行贿支票作为证据，通电揭露曹锟贿选丑行。后弃政从学，任北京大学、民国大学、河南大学教授。

意也》①、《西园听查夷平君弹琴》②、《重阳后二日扑城战中》、《围城中骧儿大病，每夜换班守护，自午夜常坐至天明，冷静多感，索性题诗》、《喜得长沙解围即刻出游》、《论诗答湘潭女儿》③、《答湘潭女儿》、《再答湘潭女儿》④、《君醉犹未醒示树坤》、《先生豪气薄斗牛》、《示同学少年》。

明德经费困拮，谭廷闿捐三千圆作为临时经费。刘永济以拟赴美留学费用三千圆赠学校，不再赴美。辛树帜请每月只发生活费五圆。

北洋军阀曹锟贿选总统，全国人民纷起反对。湖南军阀混战不止。长沙发生日军在日轮上枪杀市民的事件，引起全城罢工、罢市、罢课。

---

① 陈鼎芬，明德中学第十七班（1919 年 3 月—1922 年 12 月）学生。

② 查夷平（1895—1976）：字镇湖，号阜西。江西义宁（今修水）人。早年加入中华革命党。先后毕业于烟台海军学校、广东航空学校。曾任欧亚航空公司秘书、主任秘书，中央航空公司副总经理。1949 年 11 月在香港参与组织中国航空公司、中央航空公司人员起义。后任中国民用航空局业务处处长等职。毕生致力于古琴演奏艺术和古琴史的研究。

③ 此诗其后有注，标明诗歌创作之渊源与所持之诗学观念："此为某于中国诗史上所取之数人。灵均、靖节、少陵，为人所论定，丘公逢甲似较三子为弱。然某渊源所从，其造就裨益于某诗者，自某视之，与三子同大矣。……至某所资取于四子者，不仅其文，尤在其人。若陶之超尘拔俗而无厌世之心，杜之穷迫饿驱而无绝望之语，屈则忠爱之忱不谅于世，而至死不去其国，丘则处积弱之势、衰敝之秋，而能发扬民族精神、祖国文化，以与时代俱进，此皆某所馨香祷祝，以为创造民国新诗最不可少之资也。"见《吴芳吉集·诗》，第 178—179 页。

④ 此诗后注："原律诗之本，自乐府来也。"见《吴芳吉集·诗》，第 180 页。

1924年（民国十三年·甲子）二十八岁

1月

1日　作《民国十三年元旦》①："今年行踪不自了，还往故乡好？还访故人好？故乡风物最清幽，久客应作归巢鸟；故人颜色最温柔，相思密如向阳草。但愿手携故人返故乡，不劳魂梦驰云表；但愿洒扫故乡待故人，不愁天地长荒老。"并附跋语："元旦无事，书此自问，既不能答，废书喟然，即以此作为拜年片纸可乎?!"

是月　中国国民党第一次全国代表大会在广州召开，确定了联俄、联共、扶助农工的三大政策。

2月

5日（农历春节）　作诗《甲子元日题与小妇照像》。观长沙市民灯会歌舞，嘈杂热闹，人世笃定，有小康之象，不禁为之泫然泪下。

16日　致信吴宓，谈作诗之旨："王孟诗非不欲为，只不欲于壮年为之耳。近于诗恒怀四旨：无忠厚之气象，不足以矫偏敧；无热烈之感情，不足以动凉薄；无美艳之辞章，不足以滋枯朽②；无自由之格调，不足以言创作。而此刻感困难者，以辞章穷促为最。救之之道，惟在熟诵《文

---

① 吴芳吉诗集各种版本未收此诗，特录于此。见长沙市政协文史资料研究委员会编《明德春秋》，1993年10月，第198页。

② 此点仅就作诗而言，在论诗上，吴芳吉主张不尚辞藻，认为"儒家以物之本体即美，离本体则美消失。故至朴亦至文"。见吴芳吉《覆女生某》，《吴芳吉集·信》，第995页。

选》，乃苦无时，所以终无寸进也乎。"①

是月　友人李宗武去世。吴芳吉致书邓逸公，谈生死之感："死者之可哀，如彼生者之可怜。如此奔走衣食，至忘哀乐，虽云有生，亦何足道矣！人生本过客，顾吾人大之不能为国家谋幸福，小之不能取富贵以消遣。壮年若此，垂老可知。与其偷生，不如速死。然以平居碌碌，死复何益！若草木之当秋而枯，不值路人之一顾耳。宗武之死，吾有此感焉。逸公与我虽生，要当如是。夫人死无意味，生无价值，如我等今日者，真天下大苦人也。……吾人生死于世，且为不足重轻，则苦乐于我，有何得失？昔乡人扬雄引老聃之言，贵知我者稀，以为解难，至今视之，殊未能免俗耳。夫有所贵则有所求，吾何求于世哉？自今以往，吾将举生死苦乐之意而淡忘之矣。阅世愈深，觉人事愈假，生死苦乐，亦甚假者也。"②

3 月

24 日　致信吴宓，谈移易人心尚有可能："此间第一师范，素以偏激骛新为志。吉往授课，竟无反响。现仅过数周，而每次必较前为有礼文。此虽小事不足道，亦见新派建基之甚薄弱，稍一指点，便可移易，而吾人之理想操行，终可得今人之同情也。"③

是月　游萍乡、安源，至于上埠。成诗《安源道上入农家小饮》、《自萍乡晓发上埠》。

6 月

6 日（农历端午节）　湘君社举行第三次社集。

---

①　吴芳吉：《与吴雨僧》，《吴芳吉集·信》，第 696 页。

②　吴芳吉：《报邓逸公》，《吴芳吉集·信》，第 695 页。

③　吴芳吉：《与吴雨僧》，《吴芳吉集·信》，第 697 页。

7月

2日　父母、家眷返归四川。①吴芳吉欲辞职同归。校长胡元倓极力挽留。

9日　吴芳吉送父母、家眷至汉口而止。途中作诗《洞庭湖中望落日》、《汉阳兵工厂歌》、《汉上别家》。

11日　乘船赴南京。见童季龄之妹童家娴，二人一向通信联系。访吴宓，共处一周，亲见吴宓"现刻性情极坏，动辄发怒，或倒卧地上"②，忧其长此不改，恐不永年。

在南京期间，与李冰若③游玄武湖。李冰若有《甲子夏夕泛舟后湖赠吴芳吉》一诗见赠。

17日　由吴宓相陪，拜会柳诒徵④，盘桓两日，此年为清军攻陷南京一甲子，三人同访地保城、龙膊子⑤等历史遗迹。柳诒徵有《甲子六月十六偕吴雨僧吴碧柳观龙膊子湘军轰城处作》纪其事。

18日　抵上海，逗留二三日。与胡元倓晤谈。胡元倓极赞烟台海景奇丽，安排吴芳吉北上一游。胡元倓委托傅笠航（时任烟台交通银行行

---

① 吴芳吉家眷返川，主要原因是吴芳吉薪金收入有限，而物价较之蜀中为高，一家人生活颇难维持。最困难时，吴芳吉无钱制衣，竟穿何树坤汗衫。见吴芳吉《致树坤》，《吴芳吉集·信》，第872页。又吴父嗜食鸦片，而在湖南，其价甚高。吴芳吉感慨："父能食此几何年？不能饱，不如归，此在蜀廉。"见刘朴《吴芳吉传》，《吴芳吉集·附录》，第1366页。另外，何树坤及吴母不惯异乡生活，也主张返川。见吴芳吉《禀父母》，《吴芳吉集·信》，第814页。

② 吴芳吉：《禀父母》，《吴芳吉集·信》，第698页。

③ 李冰若（1899—1939）：名锡炯，晚号栩庄主人。湖南新宁人。1924年入南京东南大学国文系，师事吴梅、陈钟凡，攻读中国古典文学。1930年后，在上海国立暨南大学国文系任教。病逝于重庆。著有《花间集评注》、《中国文学史》。

④ 吴芳吉对柳诒徵印象颇佳，称其为"东南之第一人才"。柳向吴述老子、孔子心要："老子之道，可取老子之言尽之曰：'无为无不为。'孔子之道，亦可取孔子之言尽之曰：'无可无不可。'"吴芳吉对此说大为赞同："此二语，实为汉族民性之本，是诚先获我心者也。"见吴芳吉《与周光午》，《吴芳吉集·信》，第699页。

⑤ 地保城、龙膊子皆地名。太平天国建都南京后，筑要塞于城东钟山第三峰南麓（俗名龙膊子），作为城防要隘，拱卫天京。清同治三年五月三十日（1864年7月3日）为湘军攻陷。

长，明德学校毕业生）接待吴芳吉。胡元倓幼子胡徵①随行。

19 日　吴芳吉眷属安抵故里。因亲友应酬太多，未返白沙，居江津德感坝。

25 日　抵烟台。吴芳吉寄住青年会内，小楼临海，小岛数座，正对窗前，白帆往来其间，夜半潮声拍岸，颇有意趣。对当地人亦观感极佳："此地风俗尤好，绝少欺诈之事。入市购物，无论识与不识，皆可赊账，告以住在何处，彼自来取。此地古代本属齐鲁，受先圣之感化甚深，故其礼教能流传至今也。"② 在此约七日。作《烟台杂诗》五律二十首、《自芝罘望景至刘公岛，海军提督丁汝昌自殉处也》。《烟台杂诗》受李思纯③《欧行杂诗》启发，其中，"水圆如绝望，云散又空虚"、"丁公仰药处，野老无人闻"等句为吴宓所激赏。

是月　于《学衡》杂志发表《三论吾人眼中之新旧文学观》。此文力纠新文学过激之弊，不同意以历史的观念强调文学的进化趋向，而应着眼探索其固有的艺术规律，为此提出了"文心"说："古今之作者千万人，其文章之价值各异，所以衡优劣、定高下者，以有文心故也"。将"文心"定义为文学的鹄的，融"内美"（主旨、内容）和外美（形式、技巧）于一体，"作品虽多，文心则一，时代虽迁，文心不改。欲定作品之生灭，惟在文心之得丧，不以时代论也"。"文心"是文学的最高境界，臻至文心，"他人拟之不肖，撼之不倒，追之不及，僭之不容，矫然特立，亘古长在"。凡伟大的作品必有"文心"、"一定之美"，正因如此，方能超拔时代，万世不易，不为时代所拘囿。以此观之，白话诗有较律诗绝句文体解放的进步一面，若以"文心"观之，亦有"粗恶不由正道"的艺术缺陷。④

---

① 胡徵（1907—1976）：又名胡彦久。与周光午同为吴芳吉的门生。上海音乐专科学校器乐系毕业。曾任职于中国科学院图书馆、中国民族音乐图书馆。

② 吴芳吉：《禀父母》，《吴芳吉集·信》，第 700—701 页。

③ 李思纯（1893—1960）：字哲生。四川成都人。1919 年赴法国留学，就读于巴黎大学文科。回国后历任南京东南大学、成都高等师范学校、辅仁大学、四川大学、华西协和大学、浙江大学等校教授。1949 年后，任四川省文史研究馆研究员。著有《元史学》、《江村十论》。与吴宓、吴芳吉相熟。

④ 吴芳吉：《三论吾人眼中之新旧文学观》，《吴芳吉集·文》，第 483—499 页。亦见《学衡》1924 年第 31 期，第 50—66 页。

8 月

3 日　从烟台至上海。得家书，知家眷平安返川。致信何树坤，内云："知全家安归故里。虽还乡不剩一钱，但骨肉无恙，兵匪无惊，往来万里，全始全终，诚天赐也。吾家近年百事顺手，吾在外亦处处得人信用，此实寒门福气。既然如此，则一家老幼，尤不可不常求相敬相爱也。……吾妹既去，则吾之言行当自束愈严，自克愈苦。吾方以圣贤大儒自励，吾妹幸勿疑我为世俗之轻薄人也。妹信中错字甚多，将来当批改寄回。两儿宜加训练，不可放纵。又吾妹在乡，凡衣裳言语，皆须检束，不可过于夸张，恐被匪人知道，疑吾家发财归来，致惹抢劫之祸。至嘱至嘱。今后吾所寄信，皆宜黏在簿上，时常观赏。其于吾妹为人为文之道，有益必不浅矣。"①

6 日　离开上海。

9 日　至汉口。乘火车返长沙。此次游历，共费一百三十六圆。

10 日　抵长沙明德学校。移居学校图书馆，与旧居隔柳荫相望。洪水过后，校中花木多涝死，只余荒草一片。校池内，溺死多人，夜有异声，众人皆以之为鬼夜哭之声。吴芳吉初来之时，隐约闻之。刘朴等请道士超度溺水亡灵。

在校中食堂共餐。临睡前饮牛奶一碗、鸡蛋糕二三块，可得安眠。每晚命校工打来热水洗脚。家眷在时，每当饭时，儿辈来呼"伯伯"②，"今儿辈归蜀，三餐犹闻儿声。自是期年之间，每经故居，辄绕道避之"③。

25 日　在给父母与妻子同看的信中，叮嘱何树坤，无论有事无事，每逢周末，皆要寄信，纵使无事可记，即写一句两句，并告："谢君及二刘君家里，逢年过节，亦须寄信存问。又雨僧夫人陈心一嫂嫂，为人极忠厚和善，毫无时派气习，颇属难得，亦宜彼此通信。"又爆料吴宓家事："从前，雨僧常谓其妻与之意见难合，吾人皆信以为真，此次与弘度居住其家，始知雨僧之脾气太躁太急，而其夫人实甚贤德。彼从前谓其夫人之性情如何不好，实由其一偏之见，毫不足信，以是，诸友皆不直之。现雨

---

① 吴芳吉：《致树坤》，《吴芳吉集·信》，第 703 页。
② 四川方言，"爸爸"意。
③ 吴芳吉：《自订年表》，《吴芳吉集·文》，第 547 页。

僧已到奉天，最近来信，渐有悔心，彼此静心养气，不致有短命之忧矣。众人皆警告雨僧，若愈易发气，则身体愈弱，而寿命愈短。此理并望树坤反省。"①

　　同日　又专门致信何树坤，打消其疑虑之心："以两月之内，寄回之信达九封，犹恐我有坏心。嗟乎嗟乎！吾人为夫妇十年，而树坤多疑多虑如此，诚使吾伤心痛苦，呼天莫白者也。十年以来，吾之爱树坤，始终如一。即湘中诸友，及雨僧、骨凡、泗英、绍勤辈，莫不知之。吾妹诚欲解慰我心，则请吾妹痛改前非，永无疑虑于我。不但不可疑虑，且平心静气，听我指导，信我忠言。则于吾妹之精神身体，皆有大益。须知吾夫妇已年近三十，号为成人。既已成人，应有成人气象。上之侍奉父母，下之教育儿女，外则应接亲朋，内则料理衣食，事事皆由吾二人担任。亦惟能做此种事者，乃可谓之成人。若疑虑百出，动辄生伤，只知一己，不谅他人，此实自取烦恼，乃孩子无知之行，非吾人所宜有也。兹敬告吾妹数事，请妹立即听信，则吾心欢喜无量。第一，吾妹须深信尔夫乃现世多情多义、极忠极恕之人。尔夫之心，生死不变。第二，吾妹须知尔所有亲友之中，只有尔夫较为高明。苟能听从尔夫之言，无论何事，不得失败。第三，吾妹终身当与尔夫力求'合作'。只有夫妇合作，乃可避免家庭一切困难。合作的意思，就是'有福同享，有祸同当。有话大家商量，有事大家去做'。第四，吾妹赶急抛除疑尔丈夫之心，须知无故疑人，最不道德，须知有了疑心，便不能够合作。第五，吾妹但竭力悔改前非，尔夫最能宽容你，原谅你，并不永远罪你，尽管放心为善可也。第六，须知若没有尔夫，吾妹便陷恶境。可知吾妹须多方安慰尔夫，为自己第一要事。以上六项，妹须时刻记着，并切实遵行。吾妹若欲道德完美，人格高尚，此即下手之方法，救病之良药。"②

　　29 日　明德学校行课。担任二十班乙组、二十一班乙组、二十二班甲组等三个班级国文课程，共一百四十名学生，每周上课十五小时。

　　31 日　致信何树坤，告之生活作息之事："吾近日颇能吃饭。又每晨四点多钟，即起床静坐。至五点多钟，然后天明，入厕。每晚十点多钟就寝。上床后，约半点钟，即可安眠。每日晚饭后，则往江边散步。每逢星期日，上午则写家信，下午则远出游山。此吾生活大概也。总之，吾当小心谨慎，为己修养精神，为妹保重身体。吾妹但放心为我事亲教子可

① 吴芳吉：《禀父母》，《吴芳吉集·信》，第 707 页。
② 吴芳吉：《致树坤》，《吴芳吉集·信》，第 709—710 页。

也。"又与何树坤约定每周日上午十点同时写信，如此，二人虽远隔千里，而得同时写信，而有亲密之况味。①

是月　吴宓辞去东南大学教职，前往东北大学任教。

9月

6日　邮寄《申报》至四川家中。同时，将烟台傅笠航所赠海虾九十只，封一木匣，寄出，费邮费六角。

7日　致信何树坤，内云："吾妹在长沙时，常罪我不为你讲书。吾诚不是。但每有事故发生，吾必规劝吾妹至数小时。吾妹今处乡中，当知吾之规劝，皆金玉之言，世不可得，妹其有此感乎？无此感乎？两儿须烦吾妹勤加教读。骧儿尤赖严管。第一戒说谎话。小时爱说谎话，大了必坏良心。三女能站起试步否？念念。现上海南京战事大起，湖南将来亦难逃脱。四川虽远，亦必受其影响。乡中若甚平安，固可久住。若风气不好，还是上街居住好些。又丈夫远隔，衣裙须力求朴素，免惹人侧目误会。每月宜命骧儿为我写信一次。"②

13日（农历中秋节）　在刘朴、刘永济家过节。往九如斋买月饼吃。致信吴宓，谈家人返蜀后心境："家人未去蜀时，甚虑别后之相思难遣。今临其境，乃不觉异。既不相思，亦不相忘。但觉空明无碍，优游度日而已。精神未有沉迷，欲念毫无冲动。身虽年少，而心殊老迈，是福是祸，乃不能有以自解也。"③

21日　致信父母报告近况，又询问："树坤性情比以前好些、坏些？甚为系念。如果改良，男当寄书勉之。若愈不如前，男当寄书诚之。吾亲赐谕，务望示及为幸。"④

27日　作《寄和雨僧梦醒枕上作诗》。

28日　接母亲家书，知何树坤"比前悔改甚多"，为之欣慰，"家贫不足忧虑，但得人和，则易有生趣耳"。⑤

---

① 吴芳吉：《致树坤》，《吴芳吉集·信》，第712页。

② 吴芳吉：《致树坤》，《吴芳吉集·信》，第715页。

③ 吴芳吉：《与吴雨僧》，《吴芳吉集·信》，第716页。

④ 吴芳吉：《禀父母》，《吴芳吉集·信》，第718页。

⑤ 吴芳吉：《禀父母》，《吴芳吉集·信》，第719页。

是月　终日伏案批阅作文卷，每周批阅百余份，有憔悴之色。深感此处可不久待，拟于明年暑假或至晚后年暑假回乡暂歇一二年。

10 月

7 日（农历重阳节）　上午与明德师生远足登山，作诗《甲子重阳，与明德远脚队七十人登涝塘北山绝顶，燔柴告天，环唱国歌而下》。明德学校远足队每两周旅行一次，每次至近在三十里外。人各一杖，杖头有小旗，上绘天马。每十人为一小队，有小队长；百人为一大队，有司令。吴芳吉曾带队，任小队长。

下午，致信何树坤，内云："（所寄）糖饼味极甘美，吾不尝此六年矣。吾妹乃不辞千里寄来，妹之爱我，可谓厚矣。昨收到后，当晚即邀校长胡公及二刘君来书楼共啖之。所以然者，一来诸人未尝吃过蜀中糖食，二来吾妹如此贤惠，不忍独赏之也。胡公见吾二人合照相片，向我求赠一张。今日下午，已往相馆加印几幅，拟各赠几张与胡公、谢君及二刘君也。胡公又要求吾妹来信一观。吾因出最近一信示之。二刘亦在旁传观。弘度谓吾妹亦富于感情之人也。此事吾妹知之，必怪我不应以家书给与人看，但我所以给人看者，亦欲使诸友知吾夫妇爱敬之深厚，令诸友亦欣慰耳。弘度打开妹书之首页，瞥见'碧柳我哥哥'五字，笑道：'这是一句好诗，真不愧诗人之妻。'妹闻之当亦发笑也。我今日穿上浴衣，照一六寸相片，下周即可洗出。此衣是在上海买的，值六圆七角。明年回家，当赠与妹穿。吾所以穿浴衣照相者，以浴后周身洁白，可以见天地神明也。"[1]

13 日　湘君社举行第三次"红叶会"。因战事影响，明德学校经费奇窘，教员两月未支薪水。校中伙食有断炊之虞。经数次交涉，由谢真设法，预支薪水一百圆寄往家中，请家人往江津县城邮局兑取。

11 月

2 日　致信何树坤，意绪消沉，内云："吾劝妹之话，无非勉励向上

---

① 吴芳吉：《致树坤》，《吴芳吉集・信》，第 721 页。

之意。妹乃谓听着甚不高兴，又谓疑心却有。既是如此，吾不再劝妹矣。吾近来时时小病，头痛喉干，夜多噩梦。然以今年耗费太多，不肯吃药。就想吃药，亦无人为我煮来。但我心怀甚宽，既不怨天，亦不责人也。"①

4 日　颇悔前信之言，又作书一封，致何树坤："昨吾寄上第十八号信，有再不规劝吾妹之言，吾妹见之必起忧虑。该书系一时激发所作，以吾二人之亲爱，岂有不规劝者乎？吾妹若肯听吾言，吾必常常指导妹也。幸勿着急。"②

9 日　湘君社举行第四次"红叶会"。

15 日　明德学校为暑假溺死学生及校工唐拐子开追悼会。众人为唐募捐二百圆。吴芳吉捐三圆，并为唐题写挽联："替我送信跑街，南北东西，号称长沙里手，哀哀烦劳好几年，竟遭惨死，令鄙人如伤骨肉；像您热心做事，坚苦真诚，不愧明德校风，罢罢老实说一句，虽属卑位，论公道配作元勋。"寄回家中历书八本。

是月　国中军阀混战，感叹"中国前途，仍属悲观，一刻不得有太平之象也"③。对军阀中之有品格者，如吴佩孚，则钦佩有加："（吴佩孚失败后）手无一兵，但一不肯逃走出洋，二不肯托外人之保护，尽忠曹锟，至死不变，其人格高尚，实为一般武人多不可及。因之彼在失败之后，反得国人之爱怜称赏也。"④

12 月

1 日　吴宓于东北大学作英文长函，致清华学校校长曹云祥，力荐柳诒徵、刘永济、吴芳吉等为清华大学（明年成立）国学教授。

2 日　长沙大中专学校教职员为争取教育经费独立，实行总罢课，持续三天。明德学校响应。

8 日　致信何树坤，内云："吾明年必定归来，不愿再出。因后年吾年将三十，应稍休息。在此休息期间，吾拟作一长诗，将三十年来家事国事，尽行收入，以为吾三十岁之纪念。然欲作此诗，必须得到二事。第一

---

① 吴芳吉：《致树坤》，《吴芳吉集·信》，第 731 页。
② 吴芳吉：《致树坤》，《吴芳吉集·信》，第 732 页。
③ 吴芳吉：《致树坤》，《吴芳吉集·信》，第 735 页。
④ 吴芳吉：《致树坤》，《吴芳吉集·信》，第 747 页。

要时间清暇，无俗物之扰人。第二要有吾妹相伴，俾使吾精神快慰，则兴趣蓬勃。是以必投笔而归也。妹与诸堂兄嫂能和顺而又谨严，实合我意。儿辈教育，亦不可以松懈。一国之兴亡、一身之荣辱，皆视有教无教，关系极为重大，有教之人，虽贫不足为累。吾家家教，是以应昌明也。"①颇为看重返乡家居之事，视为具有某种象征意义的大事，特函告父母：此一年专为赋闲写诗，不在本地教书赚钱，若有教书聘约，一概拒绝，原因有二：本县学校薪水甚低，若就职会降低自身声望；避免外人怀疑自己在外不能立足，以致回乡争食，遭人轻视。②

16 日　刘永济与黄惠君成婚，排场甚大，共费千圆。吴芳吉送绫裱中堂一幅、红色绸帐帘一条、锦边横披一张，又赋诗《湘君社长婚礼》、《弘度佳公子》作贺，有"开国文章我辈始"之豪语。

同日，致信吴宓。信中表示，欲家居而专事作一长诗，并思以处士之志存世："吉明年以往，便届三十。尝念穷达在天，文章在我。私意欲作一诗，为三十之纪念。作诗必须闲暇，故拟暑假辞归，俾家居两载，得结构之。此志已决，不负系恋。诸生活泼，固如小鸟依人，心所难舍。然如蓬莱秀才（指吴佩孚），千里之地，十万之军，犹有放下之日，区区何足计耶！归去之后，当自耕为食，绝口不向人谋事。古今饿死之士，究属极少，吾又安用惧哉！吾国向以女之不嫁人者为处女，士之不嫁人者为处士。今政治之纠纷未已，社会之杀机已伏。参与政治活动之人，其数殊寡，而扰乱亘十三年未已。社会不平之人，其众如此。他日扰乱，岂短时所能了结。届时如有不世之雄者出，才德气度，足以平大难者，则吾或往嫁之。若终无其人，自省力又不足，当为处士以终身矣。"又谈爱国须悉爱本国之历史文化，否则终是流于表面："近日报纸，有极力鼓吹爱国者，殊鄙陋可笑。既言爱国，则必探求吾国可爱之物为何，欲探求此可爱之物，则基本之事、群经大义不可不知，历史消息不可不知，文学价值不可不知。乃此项刊物皆忽弃不顾，但事称道德国之民性如何，法国之军备如何，而欲他人油然生爱国之心，其可得哉！在吉观之，恐其动机亦不甚纯洁耳。"③

29 日　致信何树坤，内云："妹云临睡辄思念我，我固感激。但空事相思，无益有损。一则足使梦寐不安，二则妨害身体之活泼。故吾妹

---

①　吴芳吉：《致树坤》，《吴芳吉集·信》，第 741 页。

②　吴芳吉：《禀父母》，《吴芳吉集·信》，第 752 页。

③　吴芳吉：《与吴雨僧》，《吴芳吉全集·信札》，第 688 页。

于我但坚信我。勿空想我。因信我则乐，想我则苦。乐则身心畅适，苦则感情凄悲。此事于一己之健康生命，俱关紧要，万勿沉陷其中。以后须学无思无虑，优游自得。转即到暑假，吾二人便可聚首，无须悬念之也。"①

是月　明德学校财政困窘，无煤烧水。

是年

《野火》旬刊发文攻击吴芳吉，称其为"保守派"、"四川的一个冬烘遗少"，斥其"在长沙给了青年不少的麻醉和浪漫的梅毒"。②

作诗《机会》、《小睡》、《闻直军二十万人全数溃败，吴秀才自津沽南来矣》、《答雨僧兄奉天》、《双烈墓行》③、《人生原蓬梗》、《题〈耐盦言志〉诗集》④、《西园操》、《卢将军辞》⑤、《题沈女士维祯为树梅兄所画山水》、《冻雀诗》⑥、《鹃声》。

明德开始实行新学制（高、初中各三年），招新制初中第 1 班（旧制初 24 班）。

---

① 吴芳吉：《致树坤》，《吴芳吉集·信》，第 746 页。

② 《中国青年》1924 年第 36 期。

③ 咏良弼、彭家珍。良弼（1877—1912），姓爱新觉罗，字赉臣，满洲镶黄旗人。清廷强硬派代表人物。武昌起义后，坚决主张镇压，反对起用袁世凯。组织"宗社党"，反对与革命军议和，反对清帝退位。1912 年 1 月 26 日，被革命党人彭家珍炸伤，两日后死去。彭家珍（1888—1912），字席儒，四川金堂人。青年时期即受文天祥、黄宗羲等人的思想影响，具有强烈的民族主义观念。1906 年毕业于四川武备学堂，后赴日本考察军事。1911 年秋任天津兵站司令部副官，加入同盟会。行刺良弼时，不幸被一弹片飞伤后脑，于 27 日凌晨牺牲。

④ 《耐盦言志》为胡子靖诗集。

⑤ 卢将军为卢永祥。卢永祥（1867—1933），字子嘉，原名卢振河，山东济阳人。北洋武备学堂出身。曾任北洋军师长、淞沪护军使、浙江督军、苏皖宣抚使。吴芳吉在诗中赞其不受曹锟拉拢、军纪严明等事迹。

⑥ 此诗乃仿彭斯《哀野鼠》（To a Mouse）所作。吴芳吉诗中的怜悯之情，幼时已有端倪："碧柳幼时出门，携二兔，会大风雨，憨甚，二兔不能更携，置地亦不去。抚之曰：'更携汝行，则必俱困，汝其遁藏。我不忍见汝离于我而获于人也。'二兔遂去。"见刘朴《祭吴碧柳文》，《明德旬刊》1935 年第 12 卷第 1 期，第 11 页。

1925 年（民国十四年·乙丑）二十九岁

1 月

3 日　本欲于徐长兴酒楼①酬谢明德同人，并为胡元倓钱行，因薪水无着落，作罢。胡元倓将去北京筹款，吴芳吉对其办学精神激赏不已："如此日暮天寒，犹冒风雪，赴数千里外筹款，弃身家性命不顾，遍国中办教育者，无此精神也。"②又，胡元倓为偿清所欠教员薪水，成立一公益会，会金一万圆，分作十股，每股出一千圆，已邀得七人入股，以解明德学校燃眉之急。

4 日　闭门阅卷，暇则围炉烤火、烹茶吃梨，构思长诗。

13 日　刘永济以词相示，有句："接座春容烘蜡蒂，搴帘玉泽动银钩，拥鬟相向欲成愁。"吴芳吉评曰："清兴不浅。"

15 日　校中会计送来一百圆支票，二十九日可在钱铺兑换。

16 日　得江津中学学生寄来传单多种，宣布校长罪行若干。对此颇为反感："此种学校，只是一群瞎闹的痞子，师不成师，弟不成弟，是亦足以言教育乎？"③

致信何树坤，内云："柏荣夫子晚间常煮莲子汤，命仆送与我吃。其敬爱友朋之殷勤，真可感慰。吾妹闻之，亦必喜也。有暇，宜为我作书道谢，我则打算作诗报之。从前吾夫妇口角，亦赖柏荣婉劝和好，洵多情之人矣。伊夫妇现又邀我到他家过年，只为《湘君》之事牵挂，恐不能往耳。近一周来，夜夜梦见吾妹。现年假人散，独处凄凉，益思念吾妹不

---

① 徐长兴酒楼：长沙著名酒楼，以烤鸭闻名。
② 吴芳吉：《禀父母》，《吴芳吉集·信》，第 746 页。
③ 吴芳吉：《禀父母》，《吴芳吉集·信》，第 753 页。

置。前日校长胡公，起程北上，谓弘度曰：'众人过年都好，只是孤单子碧柳。'可谓道出我心事矣。昨见湘雅医校诸同乡，彼谓女子月经不调，并无大害，且不必吃药，因此事原非病也。吾妹尽可放心。"①

致信吴宓，谈今人作诗之弊："今人作诗，好为漂亮语，实可痛恨。试翻《诗经》、《楚辞》以及汉魏六朝大家之诗审之，其所以为名诗者，莫非通体如一，无所谓漂亮否也。惟然，吾人读此等诗，每有圈不胜圈，点不胜点，或圈不能圈，点不能点，或圈不必圈，点不必点之感。盖即神而化之，纳字句之美于体裁故也。"又言，今人好在诗中"自我表现"，反致诗味大减："盛唐以前之人作诗，不现身分，今人则惟恐不能表现。惟其不现身分，所以诗中之言，非作诗者一家之言，乃古今天下人类之公言。惟其必现身分，则有身分便有气习。豪爽者多屠沽气，悲壮者多江湖气，恬淡者多村夫气，典雅者多台阁气，训诫者多冬烘气，香艳者多脂粉气，活泼者多新文化气。总之，有一于此，诗必减色。夫作诗而使身分表现，未尝不可。然表现身分，则易染气习，此今人之所忽也。新年中，当以此意著为论文陈之。兹以二语概括之曰：薄佳句而重体裁，尚天真而疏气习。不鉴乎此，则中国新诗前途无曙光矣。"②

20日　在刘朴家吃年饭。作诗《寄食柏荣家中，每夜，夫人手调羹汤，命仆送来书楼，以诗报之》。思念父母、家眷甚切："初，大人在湘时，每岁除夕有聚珍会。全校诸师夫人，各以某家乡肴馔并进共食，自是废矣。"③

22日　家乡耆老王俶权病故，作挽联寄回："身在草野，心在庙堂，千秋忧乐范文正；门满车马，座满宾朋，一生慷慨孟尝君。"④

23日，除夕，校中无钱，刘朴等人窘迫万分，煤米俱无。吴芳吉将支票所兑款暂借刘朴。

24日（农历春节）前后　校中每日放映电影。因常为放映方拟广告，往观电影无须买票。寄发各处拜年之信，约百余封。

26日　寄家中六寸半身像，为日本人所照，形象生动。

27日　传闻孙中山逝世于北京。吴芳吉判断："西南各省，必立行瓦解。中国将来愈战乱无已，民气必日消亡，复辟返古之事，或又不免。此

---

①　吴芳吉：《禀父母》，《吴芳吉集·信》，第753页。

②　吴芳吉：《与周光午》，《吴芳吉集·信》，第750页。

③　吴芳吉：《自订年表》，《吴芳吉集·文》，第547页。

④　吴芳吉：《禀父母》，《吴芳吉集·信》，第755页。

真中国之致命伤矣。"①

28 日　致信父母，以德感坝居处邻居芜杂、人声喧嚣、地方偏僻、学校简陋为由，敦促父母迁往白沙居住，最好择取一独院居住。② 并言，此建议并非出自何树坤，乃自己极厌恶此地。又致信何树坤，叙说迁居白沙之原因，且叮嘱处世之道："近年人心大坏，无论在湘、在蜀、在德市、在白沙，到处都是坏人。吾主迁白沙，只以白沙人地俱熟，诸事方便之故。并非以白沙一地，便是天堂。白沙风俗之浮薄淫乱，吾所深知。所以根本之事，还是各人要有把握，各人的脚跟要站得稳。要把生死看轻，道德看重。如有伤害我者，无论何人，必大胆上前与之拼命。能有如此精神，则虽身在地狱，不为魔鬼所惑矣。吾自信有此精神。倘有伤害我者，吾必起而拼命。拼命不胜，吾宁清白而死，不能屈辱而生！吾二十年来常存此念，故漂流万里，终得巍然独立。树坤能学我之精神，自然气壮无所惧矣。"③

30 日（农历正月初七，"人日"④）　应学生刘心显⑤之招，游昭山⑥，作诗《人日登昭山作》、《以汽车驰昭山下赠车夫阿宝》。

31 日　乘汽车返归长沙，半小时到达，六十里车价一圆五角。

是月　吴宓之妹吴倩曼与罗清生⑦结缡，吴芳吉为之作诗《送倩曼于归罗府》。

---

① 吴芳吉：《禀父母》，《吴芳吉集·信》，第 760 页。

② 吴芳吉极为看重邻里相处的环境，认为："择邻乃治家一大事。宁受烦劳而远徙，不可与污秽之流为苟安也。"见吴芳吉《禀父母》，《吴芳吉集·信》，第 760 页。

③ 吴芳吉：《致树坤》，《吴芳吉集·信》，第 759 页。

④ 又称人生日，民间传统节日，时间在农历正月初七日。此日，古人有以七种菜为羹、登高宴会赋诗之俗。

⑤ 刘心显其父、兄皆为湘军团长，驻扎昭山，因来邀请吴芳吉前往一观。刘心显（1910—1985），别名刘芝城，湖南零陵人。早年毕业于明德学校。1950 年毕业于美国哥伦比亚大学研究院，获博士学位。曾任天津师范学院、河北大学历史系教授，主要从事世界历史研究。著有《中国外交制度之沿革》（英文）、《美国田纳西流域管理局的人事制度》等。

⑥ 位于湘潭市湘江东岸，为长沙、湘潭、株洲三市交界处，旧时"潇湘八景"之"山市晴岚"。

⑦ 罗清生（1898—1974）：广东南海人。1919 年毕业于清华学堂。赴美留学，入美国堪萨斯州立大学，获兽医博士学位。回国后，历任中央大学畜牧兽医系主任、农学院院长、教务长。1952 年后，任南京农学院教授，兼任教务长、副院长。

2月

　　1日　致信何树坤，谈归家计划："吾归来定在妹家久住。请为我收拾草房一间，开一小窗，设书案一张，以便吾之盘旋。四壁须涂石灰，勿令阴暗。吾不喜住瓦屋，因落雨响声甚大也。……前寄回之相片，妹看我比从前长得好些否？……吾回来专事休憩嬉游，并不想在故乡求食。如有疑我者，以此告之。"①　四日来，连降大雪，天气极寒，烧去木炭一百五十斤（每百斤二圆二角）。湘江涨水，街上军队耍龙灯狮子，热闹非凡。长沙南门至北门铺面，一律拓宽，夜间灯火辉煌，繁华堪比沪、汉。

　　7日　致信何树坤。时，树坤居白沙，未与公、婆同居德感坝。信中，谈两子教育、居家搬迁、妇女着装问题："两儿既在德市读书，则吾妹宜早日归去统率。因小儿离母，便奄奄无生气，有母乃活泼也。前言在白沙租屋，今邻舍军人既已他迁，暂可作罢，俟吾回来再看。吾妹只为我在岳母家治一草舍足矣。衣服虽不可奢华，但有父母在堂，不可过于朴素，儿女辈尤要穿热闹些。又吾妹出门，仍必穿裙。吾乡妇女，总是两腿外露，实不雅观。亲戚中人皆宜劝之穿裙。此乃古制，并非新式也。"②

　　同日，作《倚松楼诗钞序》，辨"诗人"之义："夫诗人者，能自言其志者耳。人不能无志，则不能无诗。见诸事业为志士，发于文章为诗人。……三百篇中多闾里匹夫之言，而无所谓诗人者，以人人能言其志，人人皆诗人也。是以下情上达，风俗敦厚，今人耻言其志，是以风俗凉薄，国事至不可为。"又辨诗歌与应酬之关系："建安以来之号诗人者，无非工于应酬者也。或兴感于自然，或寄托于人事，皆应酬矣。惟有志乃有应酬，有应酬而后有诗。应酬以外无诗，诗以外无应酬。"③

　　9日　明德学校行课。

　　13日　致信吴宓，评于右任诗："今日以北人而为北者，悲凉雄厚，真能继元遗山格调者，当属于公。他年若编民党文学，亦以此为第一。汪精卫等殊小巧矣。"又评梁启超论陶渊明书，有其可观之处，缺点在于

---

　　①　吴芳吉：《致树坤》，《吴芳吉集·信》，第753—754页。
　　②　吴芳吉：《致树坤》，《吴芳吉集·信》，第764页。
　　③　《倚松楼诗钞》为明德学校教师、训育主任张鹤年的诗集。见吴芳吉《倚松楼诗钞序》，载《明德旬刊》1935年第11卷第1期，第6页。此文《吴芳吉集》、《吴芳吉全集》皆未收录。

"惟以考据及哲学道理治诗"，"今人不体会文艺真实情形，而用各种器具测量古人诗"，误人不浅，反对理论先行，以理论硬套古人诗的做法。①

16 日　致信何树坤，告以持节立志之道，并嘱二子教育之事："环境虽不好，只要人有气节，有把握，虽处恶人之中，仍得高尚其身为君子也。人之所以被人带坏，首由自己愿坏。假如自己不坏，虽有坏人，其奈我何！吾在外阅历多人，观此益信也。两儿在校，不许与年纪大的朋友相处。因人小不知利害是非，易为年纪大的带坏。务请注意。吾觉交友之道，首在无求。俗语云：人不求人一般大。此言极是。吾妹教子，须常以此二字告之。如儿童见人有吃，则便要吃；见人有物，则便要玩；见人有钱，则便要借。此种举动，便是有求。常常求人，便无廉耻。此种小处，最要开导监督。古人家中皆有家训。吾家为泰伯之后，孔子曾谓泰伯为天下最高尚之人。泰伯之所以高尚，就是能够矫然独立，不求于人。所以我想拟就'独立无求'四字，以为吾家家训。使儿女皆有此精神以为人也。"②

22 日　致信邓绍勤，勉其无畏直行，以先哲之志自期："绍勤既决志出峡，至渝乃怯于时变而不东下，未免多虑。玄奘昼伏宵行以至天竺。蜀道虽难，不较猛鸷毒龙之国为安善耶？以江湖风波而竟裹足，更何以度众生？夫精密非意歧谨慎非胆小。吾弟欲日进学德，其必涵养自尊无畏之精神而后可矣。吉平生视诸苦恼如无物，故欲行则行，欲止则止，举重若轻，毫不介意。绍勤观吉往事，不其然乎？绍勤每以蜀乱阻我，不知吾视天地皆吾私产，西蜀千里，犹吾小园，开门则入，何所顾虑乎哉！青史不乏名利中人，而今安在？其犹存者，特先哲至理至情，乃为不朽。今兹所求，要当为此。二者之外，有何不足，愿与绍勤期之皓首已耳。"③

23 日　为重庆女子师范学校购买刘永济所著《文学论》十册。致信何树坤，内云："无论何事，总要认真，不可苟且。凡观人，观其一事，

---

① 吴芳吉：《致树坤》，《吴芳吉集·信》，第 761—762 页。

② 吴芳吉：《致树坤》，《吴芳吉集·信》，第 767—768 页。

③ 吴芳吉：《与邓绍勤》，《吴芳吉集·信》，第 768—769 页。好友某君指刘朴。刘朴早年生活艰苦，对金钱较为看重，吴芳吉深知此点，在交往中绝不触犯其经济利益，故二人友谊全始全终。吴芳吉曾对重庆大学学生杨德光谈及他与刘朴交往的原则："仲尼不假盖於子夏，护其短也。"典出《孔子家语·致思》："孔子将行，雨而无盖，门人曰：'商也有之。'孔子曰：'商之为人也，甚吝于财。吾闻与人交，推其长者，违其短者，故能久也。'"见杨德光《怀念白屋诗人吴芳吉》，江津县政协文史资料委员会编《江津文史资料选辑》第 3 辑，第 71—77 页。

即可知其百行。观其一日，即要定其终身。"①

28 日　刘泗英自汉口来访。刘泗英时任杨森驻汉口代表。

是月　与刘永济夫妇同游岳麓山，并合影。

吴宓赴京担任清华研究院筹备处主任，并邀吴芳吉、刘永济、刘朴来清华学校教授国文。吴芳吉顾虑"清华教员之党派极多"，"该校有胡适一派新党在内"，势力颇盛，吴宓甫去，能否站稳脚跟，尚未可知，此去清华未有十分把握，故婉拒了吴宓的邀请，待观望一年，再做打算。

长沙教会学校爆发学潮，其学生转至明德学校甚多。吴芳吉认为，教会学校不远千里而来，是为中国培植人才，而湖南政府不加扶持，且暗地鼓动学生反对教会，以致教会学校关门求去，"可见中国学生今日之横暴无理，凡有好人，皆不容其存在"②。对人情亦有失望之情："此间之人，有良心者甚少。有好友某君，藏廿四史一部，彼在沪买来价四十圆，现欲出卖，男拟买之，则索价六十圆，外加夹板两圆。又有某君，昨年借男之钱五十圆，至今未还，男亦从不过问。而彼之好友，向其假借，则须议定每月四分利息。由此种种，以视雨僧，骨凡之侠义，真盖代不可再得之人矣。"③

3 月

4 日　遵父嘱，在长沙补天石药铺，称购阿胶一斤二两五钱，价七圆四角，寄往家中。同日，回复何树坤自白沙寄来第三十二号信，称赞树坤此信写得最好，文情皆备，可见进步之速，为之欢慰，"饱看几天，再行批改寄回"。对树坤婉拒乡人聘请担任小学教师及校长之事，表示赞同，并言以后可寻机暗助，以培养其办事才能。④ 设若树坤真去工作，吴芳吉又有所顾虑："吾二人不会面还好，会了面则一刻难离。若吾千里归来，而妹乃离我独去做事，使吾坐受孤苦，吾岂能过活乎？故吾之计划，归住

---

① 吴芳吉：《致树坤》，《吴芳吉集·信》，第 771 页。

② 吴芳吉：《禀父母》，《吴芳吉集·信》，第 770 页。

③ 吴芳吉：《禀父母》，《吴芳吉集·信》，第 773 页。

④ 吴芳吉之所以不支持何树坤马上出去工作，乃是因为担心其学养不够，为人所笑："因妹此刻写信作文，尚多不达意处，出去办事，必被高明之人冷笑。将来文理通后，再往不迟。吾在此，常有各处大学来聘，所以不肯诸者，亦恐学问不够，受人轻视。"见吴芳吉《致树坤》，《吴芳吉集·信》，第 786 页。

一二年后，仍当偕妹出游。纵受饥寒，亦欲老死一处也。"又树坤信中言，白沙有一女工，十八岁，吃长素，离家私跑，愿终身在吴家为佣。吴芳吉嘱言万勿留其在家，因此女当嫁不嫁，违背人情，将来难免不暗为淫秽之事，宜早遣去，以免败坏家风，"慈爱之心虽可贵，然不可妄发也"。①

9 日　致信邓绍勤，谈"反求诸己"之义："来书所云力谋身家之解决，极是正理。佛法儒行，无非为此。弟能摒绝玄思，从事实践，于艰难困乏之中，求立己立人之道，甚于负笈寻师之有得矣。今国中任何事业，暂时如政治军事，理财安民之术，永久如风俗人心，学道文艺之端，欲其解决有成，舍反求诸己，更无二法。"又谈创作长诗之计划，欲"绎之于唐宋，溯之于魏晋，参之于风骚，叩之于乐府，卒之古人已往，无与于今"，并拟参以中外诗歌，叙三十年来身世，但音韵格律、形式体裁尚未确定，为之焦心劳形，颓然废笔，后终憬悟："盖筑室道谋，其计已左。古人所为，亦只了得古人之事，复何有于我哉！雨僧于作小说，自云今已明白作之之法，只凭一管笔，几张纸，运用神思，凭空撰作，脱离实相，勿留渣滓，可谓先我所欲言矣。"②

12 日　孙中山病逝于北京协和医院。吴芳吉盛赞孙中山推翻清朝之革命功绩堪比明太祖之驱逐元人，同葬南京紫金山，正足以表示汉族不可磨灭之精神，中山虽死，而其革命精神光满全国。

17 日　吴宓闻知吴芳吉有归川计划，急来书劝阻，愿每月由其个人出六十圆或八十圆专请吴芳吉来清华学校协助编辑《学衡》，并可为之撰稿，亦不妨碍个人作诗。吴宓信中语气甚为激切："宓欲自杀，变血肉为文章，而不能。故愿专聘碧柳为此事，未知碧柳肯否。《湘君》已停，《学衡》正办，碧柳一月间允为《学衡》作文，近来函，则曰'无暇为《学衡》作文'，何严分界限如此，使我心痛。总之，勿认《学衡》为宓一人之事，《学衡》停版，宓即投身窗外水池耳。……至于宓之生死苦乐，可以不问，宓生不能感动朋友，维持一小小杂志，何颜苟活哉！"③

19 日　参加孙中山先生追悼会。

21 日　致信何树坤，内云："昨夜梦见吾妹，今晨做成一诗。兹抄呈

① 吴芳吉：《致树坤》，《吴芳吉集·信》，第 774—775 页。
② 吴芳吉：《与邓绍勤》，《吴芳吉集·信》，第 776 页。
③ 吴宓：《致吴芳吉》（1925 年 3 月 17 日），载吴学昭整理、注释、翻译《吴宓书信集》，生活·读书·新知三联书店 2011 年版，第 102 页。

一阅：久客还家事事新，梦中已解是归人。一肩行李依榕树，满桁衾裯晾暮春。夫子欢呼争握手，山妻惊见胜嘉宾。油灯夜话光圈好，恰照团栾两小身。吾在外七年，皆照电灯。电灯虽亮，实不如油灯之有情趣，此次归来，当得享此清福也。曹志武夫人又来此，拟谋一职业，不回衡山。其遗腹女名春雯，已四岁，甚美好。再隔十年，看其性情如何，若是天性尚厚，可娶为吾家儿媳，以慰亡友之心也。吾近安好。只是改阅文卷太多，手指为之僵直，令人愤怒。而此间诸人，多欲留我不放，我断不顾其意也。春深人困，望吾妹好自调养，尤以寡思欲为重。"① 信中所言曹志武夫人，后又要改嫁，想取走吴芳吉等为曹志武儿女教育所筹的六百余圆经费。吴芳吉表示，"彼乃痴心妄想，欲将此款取去为陪嫁之赀，而不顾其儿女之大计"，"彼改嫁，（经费）则将永存明德，不能以分毫与之"。②

28 日　因校中演剧繁杂，且欲派角色，吴芳吉避之，与胡徽坐轮船赴湘潭一游。宿于旅馆，每日两圆。旅馆中娼妓招客，日夜喧闹，不能安眠，整夜惟闻隔壁打牌唱戏劝酒说笑之声。对湘潭人观感亦不佳，风俗较长沙更坏，习为狡猾，类似汉口。

29 日　天明，坐船回长沙。

是月　明德学校财政更加窘迫，本学期在钱店所存学费、膳费若干，尽被钱店扣还旧账。教员薪水无法支出，伙食亦有朝夕不保之势。吴芳吉幸未受影响，其他有家眷而不得支薪者生活陷入困顿。时，杨柳已绿，春鸟乱啼，家书满案，心驰意懒，思家之情倍增。

4 月

5 日　致信父母，谈为何不愿赴京协助吴宓办理《学衡》："雨僧来信，谓吾人不替《学衡》作文，若《学衡》停办，彼即投水自尽。此人做事过于认真，又责人太严。处世之道，大概对待小人容易，对待君子甚难。因君子之人，事事计较，道德愈高而气量愈小，雨僧正受此病。是以男自打算，此后生活仍只独立自营，不可与之共事。因与共事，则容易得罪，反伤多年交情，不如两地神交之可长久也。朋友本有两类：有可朝夕相会，共饮食起居者；有只可异地而居，以学德相感者。属于前一类者，

---

① 吴芳吉：《致树坤》，《吴芳吉集·信》，第 780 页。
② 吴芳吉：《禀父母》，《吴芳吉集·信》，第 781 页。

为普通易见之友；属于后一类者，为高尚难得之友。凡高尚难得之友，皆不宜于共同居处，因共同居处，则易亵渎，易伤爱敬。伤爱敬，则交道亏矣。去年，二刘君坚劝男在彼家寄饭，而男坚不肯从者，即此之故。若雨僧，较二刘君尤为拘谨褊狭，则共事更难矣。"① 同日，致信何树坤，谈母教的重要性："近阅世较深，深知国家治乱之源，系于母教。有贤母，然后有佳儿，然后有好学生，然后有大人才。故主妇教子，此人间最重大而荣耀无比之事也。"②

7 日　明德学生赴衡州参加湖南省第八届运动会凯旋归来，获得三项优胜锦标（共五项）。校方派军乐队前往迎接。此次运动会首次有女生参加。明德又于本月下旬参加在南昌举行的华中运动会，在球术方面夺冠。

8 日　致信父母，告以算命事："近有人替男算命，谓男三十三岁至四十三岁，运气颇好。四十八岁有大病，或损妻子。五十八岁必死，且必死于异乡云。如果是真，尚有十余年之好运，亦已足矣。"③

18 日　何树坤久住白沙，不返德感坝，吴芳吉写信再劝："吾妹一再误期，不急回家，殊失孝友之谊。吾虽不忍责妹，妹当力自戒之。吾奔走在外，处此乱离之世，生死难测。万一不幸，则吾妹终身所靠，只有儿女。故教养儿女，无论为恩义计，道德计，均属吾妹最重要之事。岂可久久放弃，独自逍遥于外而不顾乎？……此函多规诫吾妹之语，然皆出自爱护吾妹之诚意，幸勿误会。夫妻能以道德相规，实人生最可贵之事。……现今新式之女子，所以令人看不起者，良以此辈只知一己嬉游之乐，不知持家教子之道，无益于人类故也。母教与儿童之关系重要如彼，妹可不自勉之耶！"④

26 日　何树坤从白沙返回德感坝，与公婆、子女共住一处。吴芳吉闻之大喜，深感欣慰，致信何树坤，劝其多加保养，要有生活情调："妹当仔细保养。正当少年，要勿失为少年气象。若年未三十，即忧伤憔悴，使颜色苍老，是辜负韶光，自甘暴弃。奢靡固不可，寒酸枯槁之态亦不可也。吾性好修饰整洁，吾室中陈设皆甚华美，非以悦人，盖以自悦，必如是而心始安也。此等风度，亦望吾妹学我。德市如有天井，栽花最好。吾在此喜买鲜花插瓶中，可惜无妹共赏之耳。又家中养猫狗否？猫狗为家中

---

① 吴芳吉：《禀父母》，《吴芳吉集·信》，第 781 页。
② 吴芳吉：《致树坤》，《吴芳吉集·信》，第 784 页。
③ 吴芳吉：《禀父母》，《吴芳吉集·信》，第 785 页。
④ 吴芳吉：《致树坤》，《吴芳吉集·信》，第 787—788 页。

不可少之畜类，对于儿童，尤有益处。若未豢养，可即下乡去买。每餐令骧儿去喂，使养成爱物之心。妹前函言在白沙买鹅儿一对，此亦家庭之好友，闻之甚喜。"①

是月　明德校中患咳嗽者多，吴芳吉亦感染，服药后，头昏胃呕，卧床一日。刘永济每日送来蒸尖贝母和橘皮，虽无大效，颇感其情。缝制薄呢制服一套、夹外套一件，皮鞋两双，共花二十九圆。置办鞋袜、纸笔，以备回家之用。云南高等师范学校委托吴宓邀聘吴芳吉、刘朴前往任教。吴宓致函吴、刘二人，吴芳吉以路远为由，回信婉拒。数日后，吴宓又来函，催其应聘，且告之该校开出的优厚条件：月薪二百圆，十二个月开支，绝不短欠；每周授课十四小时；无论来往，每次另送路费两百圆。聘书将由该校教务长严继光寄达吴宓处，一俟吴芳吉允聘，便可寄来。

5 月

4 日　致信吴宓，提醒其注意待友之方式："兹有郑重奉告吾兄者：吾兄每次与某君②书，辄谓为其在外代谋职事。吾兄爱友热忱，固多可感。然某君之意，则不愿闻。从前曾向他人说过，意谓我并未恳求雨僧，而雨僧乃自忙煞如此，不亦多事！昨日兄书到来，某君亦曾谓吉：'雨僧令吾人作文，彼则为吾人谋事，是以作文为谋事之交换。实则吾但愿长为中学教师，不敢高自尊大也。'吉今晚与人闲话及此，皆觉吾兄邀之为不可能，而望吾兄以后切勿再与提及。某君本出世家，于此琐琐，殊以为亵。况与此间关系甚深，一时决难他去。吾兄虽属热忱，何必枉费力耶？兄书中深怪陈君③之疏脱不情，然使为某君所谋清华南开各处，皆有成就，安知某君之非陈乎？语曰：'智者不失人，亦不失言。'兄书既多愤恚激切之语，以忤其性情，又好言禄位得失，以伤其体面，是岂友朋持久之道也哉！吉此言非谮毁某君，亦非谓吾兄之不应如此，欲兄知人禀赋不

---

① 吴芳吉：《致树坤》，《吴芳吉集·信》，第 790—791 页。

② 指刘永济。

③ 指陈寅恪。《吴宓日记》1925 年 4 月 27 日载："陈寅恪复信来，以（一）须多购书。（二）家务，不即就聘。——介绍陈来，费尽气力，而犹迟惑。难哉！"见吴学昭整理《吴宓日记》（第三册），生活·读书·新知三联书店 1998 年版，第 19 页。

同，不可以己而例人矣。严先生之于光武，古不亦有然乎？"①

　　5 日　致信何树坤，鼓舞其精神，明其责任之所在："妹每次来书，总有白头、人老、光阴易过之语，殊非少年人所宜出。《礼记》有云：'父母在，恒言不称老。'若是吾人都怕老怕病，则老人又当如何？所以此一类话，万不可讲。中国如此危亡，全靠吾等年壮之男女以自救救国，若是吾等皆已心灰意丧，则儿辈又当如何？故吾妹此时之责任有四：其一，上报父母，要丰衣足食，无忧无虑，无歉无怍，而梦寐安宁；其二，下教儿女，要有好的身体、好的精神、好的知识；其三，内和家庭，要夫妇相怜相谅，团结如一，永无戾气；其四，外救社会，要亲戚朋友，邻里乡党，皆受我等感化。右四事不但是此时应尽之义，就是终身也不出此四项。但欲一一做到，不能不先具四项之利器。第一是苦心，第二是毅力，第三是壮气，第四是大胆。吾妹胆太小，气太弱，此最要磨练革除，然后可以做到前列之四事也。"②

　　9 日　吴宓就任清华研究院主任后，屡次函请吴芳吉前往清华大学部任职，并协助办理《学衡》杂志。盛情可感，吴芳吉打算归家半年后再往北京，再作打算。吴宓以蜀乱为由，劝其不要返乡，应于暑假内速来北京为上。此日，吴芳吉致信吴宓，表示明德课毕后无法马上赴京，原因有二：其一，已答应家人回乡，家人日夜待其归家，不忍违诺，蜀中虽乱，归心不改，"士生旧朝，以君为大。士生今日，以亲为大。吉此去，岂惟游子之还家，亦孤臣之返国矣"；其二，清华教职不能接受，"清华与吉构怨，安能腆颜以事寇仇！兄意虽盛，吉焉可居。伯夷不念旧恶，王猛睚眦必报。吉不能为伯夷之仁，亦不欲为王猛之隘。愿与吾兄如诸葛子瑜昆仲，各事其主，从心所安可矣。"又言，今秋归乡探亲，明春必定北上与吴宓一晤。又言："昔寓北两载，未尝一谒明陵，引为大憾。每读亭林《天寿山》诗：'燕山自峨峨，沙河自汤汤。皇天自高高，后土自茫茫。下痛万赤子，上呼十三皇。哭帝帝不闻，吁天天无常。'辄泪随声下，誓欲瞻拜为慰。今吾兄在此，不邀而自来矣。"③

　　10 日　吴宓会见云南高等师范学校教务长严继光，商量吴芳吉赴该校任教事。

　　16 日　谢真拜访吴芳吉，代表校方挽留，希其下学期仍在此执教。

---

①　吴芳吉：《与吴雨僧》，《吴芳吉集·信》，第 793—794 页。

②　吴芳吉：《致树坤》，《吴芳吉集·信》，第 796—797 页。

③　吴芳吉：《与吴雨僧》，《吴芳吉集·信》，第 797—798 页。

吴芳吉虽未当面回绝，离去之心已坚。一年以来，明德学校非但财政困难，人事环境亦日趋恶劣。明德教职员各位置，多为武昌高师毕业生所把持，唯恐吴芳吉不离开明德。刘永济在校时，武昌高师一派尚有所顾忌，现刘家居在外，不复过问校事，其势力愈加炽盛。对武昌高师一派人品和学力，吴芳吉素来颇有微词，在致父母信中如此描述："男寝室对门，为今年新聘之国文教员，亦彼等一流出身（指武昌高师派）。其人兼在稻田上课，不上两月，遂与该校女生发生恋爱，谈笑来往，无有虚日，因欲出其前妻。又识字无多，只有教授白话，以欺骗低年学生。同事之人如此，男可常与此辈周旋乎？""他校与男毫无关系之人，以及京、沪、欧、美之湖南学生，闻男将去，写信慰留男者甚多。惟明德之人，独愿男早去。男去，则彼等高等师范派，便可多据一席地位，亦可笑也。"①

　　17 日　接吴宓信，对云南高等师范之聘，吴芳吉感其意殷勤，待遇丰厚，复信吴宓，决定受聘。之所以接受该校之聘，基于如下考虑：一、为实现淑世理想，"现新派之邪说，猖獗万分。无论救国救世，我辈皆当出而教化挽回，故此刻宜与同志分向各省进行"。二、为谋生计，"生活日艰，家境又穷。在最近几年中，不能不寻一薪俸稍多之事，俾可略事积蓄，免受一朝之患"。三、为作诗计，"诗文必须境界长新"，国中北部、中部皆已游览，惟西南未尝游历，有此机会，亦属难得。四、该校校长华秀升、教务长严继光皆清华学校毕业生（1910 年入学），虽彼此不相熟识，但有前后校友因缘，则相处无碍。②

　　同日，致信何树坤，嘱其写信不可照抄尺牍："写信没有别法，只是照实说话。妹这几次来信，多抄尺牍书上陈语，此大不可。尺牍之为书，不过示人以写信为榜样，并非叫人抄他的话。若以抄书为贵，则我直买几部尺牍放在案上足矣，何必要你写信？既要你写信，可见要你写出自己的话，不是要你转述他人的话。须知尺牍中的话，都是他人的话，与你无关，所以断不可抄。只将自己的话写在纸上，便是一封好信。务请留意。"③

　　18 日　致信何树坤，为接受云南教职而歉疚："吾兹作书，欲以卿所不乐闻之事相告，吾心酸痛至矣。愿吾永爱之树坤，有以谅我怜我，则吾

①　吴芳吉：《禀父母》，《吴芳吉集·信》，第 800、806 页。

②　吴芳吉：《禀父母》，《吴芳吉集·信》，第 801—802 页。

③　吴芳吉：《致树坤》，《吴芳吉集·信》，第 804 页。

虽受万苦，亦所不辞。前月雨僧曾来一信，荐我与刘柏荣君往云南高等师范，吾以路远，当谢绝之。乃雨僧一再来信，责我不可不往。其所见亦自有理，义难推却。反复思量，无论为救家、救世、为裨益个人诗文计，亦有不可不往之势，是以今日已覆雨僧一书许之。嗟乎嗟乎！吾与妹约，原拟辞归闲处，朝夕相聚，以尽天伦之情。讵知变化莫测如此，吾妹之失望宁有量耶？然吾虽允赴滇，今年暑假仍须归省。吾现尽力设法早归，俾得与妹多住几日，至少亦必随伴三周而后出也。"①

下旬　云南高师聘请之事横生波折。在吴芳吉表示同意受聘的信尚未到达之时，吴宓先得吴芳吉表示谢绝的信，知其不来，遂推荐其学生张某应之。吴芳吉对此颇为无奈："月来此等事缠绕不清，转令人进退难择。现决定在今年以内，任何学校来聘，概行拒却，俟回家住半年后再定行止，以免心上心下，老幼不安也。"②

23 日　周南女中教师李淑仪③在长沙师范置酒，为吴芳吉饯行。

28 日　经吴芳吉推荐，周光午抵京担任清华研究院书记一职，协助吴宓办理行政事务。

30 日　上海学生两千余人在租界内散发传单，发表演说，号召收回租界，被英国巡捕逮捕一百余人。下午，万余民众聚集于南京路老闸捕房门口，要求释放被捕学生，高呼"打倒帝国主义"等口号。英国巡捕开枪射击，当场死十一人，被捕者、受伤者甚众，造成震惊中外的"五卅"惨案。消息传来，长沙各界为之罢市一日、罢课三日。

31 日　致信何树坤，谈未来生活计划，内云："所嘱购买诸物，定当一一备置携归。夫妇名虽为二，实则一人。凡有正当需用，皆宜互相托付，有何费神之足云乎？……暑假以内，吾必归来省亲与慰妹也。以家境之奇穷如此，在吾四十岁以前，皆非吾二人安居之时。吾纵不往云南，但归休半载，势必再出。不出，则一家数口便不免于冻馁。吾亦决志再以十年，力谋全家生活之稳固，俾父母能养老，儿女能读书，然后吾之责任乃尽，吾二人乃可高枕优游。所望吾妹提起精神，忍苦耐劳，以为吾之内助。则吾在外，虽苦奔波，而心实大乐。此后十年之中，吾仍当常时回

---

① 吴芳吉：《致树坤》，《吴芳吉集·信》，第 804—805 页。
② 吴芳吉：《禀父母》，《吴芳吉集·信》，第 805—806 页。
③ 李淑仪：原名友姑，早年在湘军将领曾国荃家，为其幼妾清客。善刺绣，后到周南中学教刺绣，改名李淑仪。曾受聘去印度尼西亚教书。

家，或力能携眷同行，亦当挈妹出游也。"①

是月　遵吴宓嘱，为《学衡》杂志撰文《四论吾人眼中之新旧文学观》（发表于《学衡》杂志 1925 年 6 月，第 42 期）。文中，提出新诗发展的五个阶段并加以评价："始以能用新名词者为新诗，如黄公度人境庐诗是也。次以能用白话者为新诗，如留美某博士之集是也。次以无韵律者为新诗，如留东某学士之集是也。次以谈哲理为新诗，如教会某女士之集是也。再次以欧化为新诗，如京沪诸名士之集是也。以能用新名词为新诗，是诗之本体徒为新名词蔽，不知诗之真伪，无关新旧名词者也。以能用白话者为新诗，是诗之本体又为白话所蔽，不知诗之真伪，无关白话文言者也。以废弃韵律高谈哲理者为新诗，是诗之本体又为哲理韵律所蔽，不知诗之真伪，仍无关于哲理韵律之有无者也。至以字句之欧化者为新诗，何不直用欧文为之？是诗之本体，又为欧化所蔽。不欧化者，转不以为诗。亦未知诗之真伪，尤无关于此也。新派所以有此误者，盖其用工不直向诗之本体是求，而于末技是竞，犹之看花雾里，以雾为花，扣盘扪烛，翻笑人眇，宜其无是处矣。"

6 月

4 日　接吴宓信，告之：云南高等师范聘约如旧，聘书不日将送来；刘朴改荐东北大学。其后，吴宓出于政局安稳、士风敦厚之考虑，又为吴芳吉谋取东北大学教职，对方允聘。

10 日　致信邓绍勤，谈诗人取舍与时代遭际："自古诗人生天下将乱未乱之际者，其心最苦，而其意最悲。盖不忍见宗社家国之覆亡，欲尽人事以挽救之。此屈原当楚运犹兴而赋《离骚》，阮籍当魏室鼎盛而独咏怀，杜甫当开元天宝之后而有茅屋独破冻死之叹矣。至于天下已乱，大道沦亡，诗人生其间者，未尝不欲救世。然实不能有救，则惟慨然舍去，但求保其一身为已足，转忧为喜，破涕为笑，特立独行，以游乎物外。彼陶渊明之所以去彭泽，灵运之所以念永嘉，六朝五代之衰，而其诗人多乐天自得之象，正为此矣。"②

11 日　何树坤知吴芳吉欲赴云南执教，在家之期甚短，于信中不

① 吴芳吉：《致树坤》，《吴芳吉集·信》，第 807 页。

② 吴芳吉：《与邓绍勤》，《吴芳吉集·信》，第 809 页。

胜悲怨。乃复信，安抚何树坤，解释为何如此："一则雨僧之意太厚，数年以来，屡次相求，皆未许之，今犹不许，未免太负好友。二则家境太穷，衣食难保，儿女渐渐长大，不急谋善后，则生活必益困苦。吾妹爱我，不愿吾二人离开，此是私情。吾须割爱忍痛，以为父母、为妻子赶求善后之计，此是公义。私情需要顾及，公义也须顾及。故望吾妹平心静气一细思之，当知吾所言所行，为正当而无误也。"又劝其临事勿感情用事："妹今年仅二十七岁，吾则已近三十。吾自幼好以感情用事，至今乃渐知其非。吾妹乃多情之人，故尤好感情用事，而不计量实际之能行与否。然欲事事切实合理，不为感情颠倒，非有见识、有涵养，不易做到。吾今许妹再以三年为此预备之期。在此三年以内，任妹如何，吾亦不相责备。一到三十，则当振作精神，以为家中主妇，不可再如年轻时之孩气撒娇也。"①

12 日　接胡元倓信。胡元倓知吴芳吉欲归蜀不归，从北京来信坚留。胡元倓声言，若吴芳吉和刘永济同时离开明德，他将再无面目回湘，愿即自杀。又有"去年助公送眷回蜀"之语，此语对吴芳吉刺激颇大，为免有忘恩负义之嫌，应允明德学校教务长谢真，暑假后再教一个学期，以报胡元倓助眷回蜀之恩。留任明德，条件有三：只限一个学期；只教一班；不要薪水，学校供给饭食（以之报胡元倓之恩，亦以此羞之）。待下学期结束，即赴京协助吴宓办理《学衡》杂志。

14 日　吴宓以快信寄达东北大学聘书。聘书言明：聘请吴芳吉为国文教授，专教诗歌，每周十一小时，月薪两百一十圆。此时，吴芳吉已应允明德留任，只好推却东北大学聘约。关于此事，吴芳吉并不后悔，在致父母信中，如是言："男既先允胡公，义无反复，惟却之也。连年因明德强留，牺牲甚大，然为情谊报答胡公知遇之恩，诸友皆知吾亲为义人，而男为义子。扪心自问，亦足乐也。"②

22 日　离湘返蜀，同行者有浦南谷等湘雅医学专门学校的同乡。

是月　咳嗽久不愈，赴湘雅医院诊视，痊愈。

长沙学生反日活动不息，学校、当局不能制，吴芳吉深为忧虑此有演变为暴民革命的苗头："此间全城学生作抗日运动，罢课游街，尽如狂醉，且多方要挟教师，为反常灭理之举。而各校当局，慑于群威，竟优容之，坐令其为义和团、为过激党，而不敢匡正以诱启之。学风如此，复何

---

①　吴芳吉：《致树坤》，《吴芳吉集·信》，第 810—811 页。

②　吴芳吉：《禀父母》，《吴芳吉集·信》，第 813 页。

言哉！尝读亚理士多德政论，谓民主国家率以谄媚群众者占优胜。吾国荀子论学，则必求至群众不移。今内政日纷，外侮无已，安得明达稳健之士领袖斯民、纳之正轨，以图有效之复仇耶？"① 在明德学校，数名教师提议抵制日货，得学校当局支持，通过了抵制日货办法：一、教职员须当众向天发誓，永远不买日货；二、在志愿书上签名盖章；三、已购日货限期销毁；四、检查教职员家眷是否有购买日货情形。吴芳吉对此深为反感，辞去之心更切。

川、黔军屡扰江津等地，乱兵驻扎不去。吴芳吉家人不敢昼出。德感坝等地因战乱影响，遍地饥馑，以至于人相食。吴芳吉认为，德感坝为蜀乱最易遭祸之地，不宜久居，为免在外日夜悬念，仍打算将家眷接出，移往长沙。长沙水陆交通方便，纵有大乱，容易躲避，不像蜀中无可容身之处。胡元倓、刘永济皆支持吴芳吉再移家长沙。为此，明德学校特邮汇两百圆至重庆以作移家费用。

7 月

1 日　抵重庆，住莲花池积厚里邓绍勤寓所。

3 日　因无轮船西上，乃雇一挑夫，乘轿前行，行至郊外浮屠关外，遇散兵多人，强迫下轿，将轿夫、轿子一起拉去。不得已，与挑夫冒暑前行。行至石桥铺，见一路人烟断绝，散兵来往益多，忧前路危险，仍折回重庆邓绍勤寓所。耽搁近一周，坐轮渡回。

8 日　抵家。时，乱兵已退。家中新租瓦屋数间，临江，有葡萄一架，橘树数株。何树坤较之在长沙时性情和顺，吴芳吉为之喜慰。惟老父患肺病，卧床不起。

9 日　接吴宓自清华电报，告以积劳成病。

家居约四十日，与邓绍勤往聚奎小学，吊诸师友之墓。故乡风气变化，一如其所料："去蜀时，蜀中尚无新文化传入，今则民风士习，莫不剧变。归去转作异客，不亦多趣耶？"②

---

① 吴芳吉：《与邓绍勤》，《吴芳吉全集·信札》，第 743 页。

② 吴芳吉：《与吴雨僧》，《吴芳吉集·信》，第 772 页。

8 月

下旬　离家返湘。

28 日　途经汉口时，于吕谷凡处，得知吴宓已联系西北大学①，聘吴芳吉为国文教授，并已代为签字。遂匆忙北上。

31 日　抵京，与吴宓面晤一切。时值明德校长胡元倓在京，仍坚欲挽其回湘，吴宓等诸友皆劝吴芳吉应西北大学之聘，勿回长沙，盖因"教书不似嫁人，无从一而终之议"②。权衡之下，决定转赴西安。西北大学送来路费一百二十圆。买驼绒厚毡一床，花二十圆，以备路上御寒之用。在京期间，与胡徵游览故宫。③ 作诗《乙丑初秋，入都省雨僧兄病，于清华研究所作》。

9 月

5 日　于清华园致信何树坤，内云："此次归省，与妹相处仅及一月，见得吾妹德行益美，中心私慰，魂梦为欢。在外阅人愈多，愈觉吾妹之不可再得。数年以内，吾当努力谋生，使衣食稍足，不致冻馁，即将与吾妹偕隐山林，相守到老。此刻所以奔走在外，非吾忍心抛弃吾妹，吾苟不出，则一家老幼无以度日。吾妹能解此意，吾实欣感无既。须知夫妇爱情之好坏，不关于形势之合离。有虽日夜相聚，而并无爱情者；有虽两地离隔，而爱情凡笃厚者。吾人之爱，至死不移。虽暂相隔，实不足累。妹幸勿以离别自伤。但侍亲教子自得自乐，放心大胆，以待他年。此吾所深望者也。"④

4 日　吴宓夫妇设宴于宣南春酒楼，为吴芳吉饯别。晚间十一点，自

---

①　该校校长李仪祉为吴宓好友。西北大学新办未久，"学生全数不到二百，教师不过三十"，吴芳吉认为其"名为大学，实则不如明德中学之程度也"。见吴芳吉《禀父母》，《吴芳吉集·信》，第 825 页。

②　吴芳吉：《自订年表》，《吴芳吉集·文》，第 547 页。

③　胡徵考取清华未取，从吴宓专学英文，他甚愿从吴芳吉前去西安，并对其父强留吴芳吉的行为不满。见吴芳吉《禀父母》，《吴芳吉集·信》，第 818 页。

④　吴芳吉：《致树坤》，《吴芳吉集·信》，第 820 页。

北京坐京汉车赴郑州。因无座，终夜站立，满脸为车头煤灰所污，衣履尽成黑色。白天，未进餐，颇受旅行之苦。后渡黄河时，停车，下车花三百文买得卤鸡两只，饱啖。

　　5 日　晚间到达郑州。在郑州，遇前中国公学同事贡沛成。[①] 贡沛成前往洛阳，见吴芳吉孤身一人，愿送其至西安。贡为国民党人，与沿路军队熟识，买得从郑州到陕州头等座两张，皆免费。宿火车站旁金台旅馆内，每日膳食费一圆二角，多食馒头、饺子、小米粥，鸡肉、梨子廉价供应。游子产庙。因北方干燥少雨，皮肤粗裂，常流鼻血。对郑州风土人情亦有观察："妇女好抹胭脂，着长袍，袍色大红大绿，富刺激之性，无调和之美。女学生多梳双髻，戴草帽，帽大如面盆，上垂缎带，身体多蛮强沉重，娶妾之风盛行，中学教师往往娶二三人，恐因北地苦寒，女子谋生不易，致有此欤？"[②]

　　7 日　兑换银币。因贡沛成相助省下车票钱二十三圆，遂将此钱寄往家中零用、过中秋。

　　8 日　离开郑州，下午三点到洛阳。经洛阳，至陕州，铁路不通。时，兵匪横行，行人断绝，贡沛成不再前行，折返洛阳。

　　12 日　冒险乘骡西上。骡行不到站不停，饿则以馒头、鸡蛋充饥。夜宿灵宝县。一路住宿条件恶劣，床为泥块敷成，有时连泥床也没有，只得睡地上。四周马粪骡尿，秽不可闻。旅店无水洗脸，遇有溪流，方可下骡洗脸。

　　13 日　晨，入函谷关。此处为沿途难行之地，两山对峙，深谷为道，阴森曲折，只容一骑。谷内时有盗匪出没。关口对联，颇有意趣："未许田文轻策马，愿闻老子再骑牛。"夜宿阌乡县城。

　　14 日　继续行路，宿于一小村内。一路黄沙枯草，深谷纵横，陡崖林立，萧索愁惨。

　　15 日　中午，入潼关。潼关北带黄河，南枕华山，有关门二重，关楼雄伟壮丽。城墙沿山而建，如走长蛇，关内街市繁盛。过潼关以西，桑麻遍地，榆柳成荫，清泉白石，鸡犬相闻，水利灌溉大兴，风景不异江南，"宜为汉族之故家，而亭林甘老死不忍去矣"[③]。夜宿华阴庙。

　　16 日　过华县、新丰县。宿新丰县，军队压境。沿华山山麓而行。

---

① 贡沛成：曾任中国公学、河南省立二中体育教员。后任安徽砀山县县长。

② 吴芳吉：《禀父母》，《吴芳吉集·信》，第823页。

③ 吴芳吉：《与刘柏荣》，《吴芳吉集·信》，第836页。

乘骡亦簸荡不堪，跌落一次，幸未伤身。同行一任姓老者，即与骡子、重物等一齐跌落于地，只得雇人抬入西安。

17 日　过骊山、灞桥，安抵西安。拜访西北大学校长李仪祉。[①] 西北大学由前清贡院改建而成，占地开阔，花木繁茂。有教员宿舍两处，吴芳吉住北院，有书房一间、卧室一间。校方不提供伙食，由校外饭馆包送，饭中常见死蝇，盐苦蒜臭，后与同事在大饭馆包办，每餐两菜一汤，每月花十五圆左右。最感不便的是，"北人不爱洗澡，校中亦无浴室，往外去洗，每次须钱二千"，"上街就浴，仅有木盆，没有磁器，最易传染梅毒，尤觉可怕。惟有多买药皂药水，尽吾力以避之"，"至于赤体相对，如牺牲陈列，又无论矣"。[②]

21 日　西北大学开学。

24 日　寄回名片一包，共七盒，每盒一百张，父母各一盒，何树坤一盒，其他亲族三盒。又挂号寄回地图三种、电报书一本，《申报》则按月寄回。

25 日　行课一周，致信何树坤，报告近况和今后计划："吾来此一周始发书寄妹者，以预备课程，不敢懈怠故也。他人为大学教授者，如雨僧，则有留学之头衔，如弘度，则有世家之门第，如柏荣，则有名师之依归。吾则一无所有，而年纪转比学生为小。受事数日，毁誉存亡所系，故当兢兢业业，多事预备，以防一时之失。今已一周，幸告无恙，此后当无十分顾虑矣。……吾在此若站立得稳，则明年不必归来。一以陆行太苦，二可省钱。后年为吾父七十寿辰，届时吾当于暑假归来，俟庆典既过，再定行止。此间风气虽厚，但生活太苦，未可久居，至多两年，必他去也。此间女子，例不出游，街上亦不见女生行走，殊可钦羡。蜀中远不及矣。"[③]

在西北大学，为国学专科及大学文预科讲授《本国文学史》、《诗文选读》等课程。系中教师共三人。学生年长者三四十岁，资质较差，见

①　李仪祉（1882—1938）：名协。陕西蒲城人。先入北京京师大学堂，学德、法文。后赴德国留学。专攻水利。1915 年回国后曾任南京河海工程专门学校教务长、教授。1922 年后返回陕西，为陕西省水利厅长，并兼为陕西省教育厅长和西北大学校长。喜好秦腔，为易俗社编写了《复成桥》、《卢采英》、《李寄斩蛇记》等秦腔剧本。

②　吴芳吉：《禀父母》、《致树坤》，《吴芳吉集·信》，第 825、826 页。吴芳吉《与吴雨僧》，《吴芳吉全集·信札》，第 769 页。

③　吴芳吉：《致树坤》，《吴芳吉集·信》，第 828 页。

吴芳吉年少、身材短小①，大有轻视之意。开课之初，即宣讲"不嫉恶而泥古，惟择善以日新"之旨。授课旁征博引，学生方知其学识渊博，转为服膺、爱戴，有学生戏言："孺子可教也。"闻听此言，胆气为之一壮，笑谓："既可以教，孺固何妨。"因其声望，被遴选为学校评议会会员。②平日往来较多者，有同事兼同乡穆济波③、徐朴生④等，另有川籍学生三人谭在宽、晏文谦、樊橄远等常随左右。

在西安期间，课少时多，多次出游，除探访校旁碑林石刻、昭陵四骏外，还遍游近郊：城东至临潼，浴于华清池，探秦始皇墓；城西至咸阳，遍谒文、武、成、康诸陵；城南至曲江、雁塔，访皇子陂、玄都观、长乐坡、芙蓉苑、乐游原，至韦曲谒杜少陵宅，绕樊川，憩终南山下；城北自大明宫，至中渭桥，望五陵，欲渡渭水至三原，因兵乱未果。遍览江山胜迹，自云："此时如返故家，如入宝库，凭吊追思，仰观俯拾，俱觉不能穷矣。"⑤ 结伴同游者有同事熊庆来⑥、周变欧⑦、史寿

---

① 吴芳吉屡因身材短小而受人轻视。在长沙时，湖南省省长秘书傅熊湘，倾慕吴芳吉，托刘朴介绍。二人相遇于省立第一女子师范学校，一通姓名，傅知是芳吉，转头他顾，与他人应对。吴芳吉大愕，问刘朴何因。刘朴笑答："为人短小，不称其所思耳。"见刘朴《吴芳吉传》，《吴芳吉集·附录》，第 1365 页。

② 学校评议会为西北大学议事机关，校长自任会长。共十人，除吴芳吉外，其余九人皆曾留学英、美、法、德、日等国。吴氏对此颇有自得之心："留学生虽属万能，也有技穷之时，仍不能不俯求吾人。"见吴芳吉《禀父母》，《吴芳吉集·信》，第 831 页。

③ 穆济波（1892—1978）：本名世清，晚年字号孟默。四川合江人。1918 年成都高等师范学校国文部毕业。1912 年在合江中学加入同志军，次年加入国民党。1926 年在西安一度加入中国共产党。曾任国民革命军第三集团军总政治部秘书。先后任西北大学、河南大学、重庆大学、四川大学、中央政治学校国文教授，重庆市立图书馆馆长，四川省立教育学院、国立女师学院国文教授。1949 年后，任西南师范学院教授、四川省图书馆副馆长、四川省文史馆研究员。

④ 徐朴生（1890—1942）：名械扗，字朴生。四川新津人。先后毕业于成都府中学堂速成师范班、成都高等师范学校，又以公费进入香港大学教育系。1926 年，任西北大学西洋史教授。1927 年返川，任四川大学、成都大学、成都师范大学教授。后从事中学教育。

⑤ 吴芳吉：《与刘柏荣》，《吴芳吉集·信》，第 836 页。

⑥ 熊庆来（1893—1969）：字迪之。云南弥勒人。早年留学欧洲，专攻数学。1925 年秋，到西北大学任教一学期。任云南大学校长十二年，成绩卓著。为著名数学家。

⑦ 周变欧（1902—1975）：又名周雪鸥、周鉴西。安徽滁州人。1924 年毕业于南京高等师范。1925 年起，任西北大学数学系讲师。其后，任教于国立中央大学。1945 年去美深造。1947 年回国，任重庆大学数学系主任、教授。1953 年 8 月调至四川大学数学系。

松、胡步川①、学生张谶。吴芳吉亲绘《西京游踪图》②，后由张谶撰文、胡步川制图，出版《西京游踪图草》旅游地图册。以诗纪行，计有《浴华清池莲花汤作》、《骊山谒秦始皇帝墓诗》、《访未央宫故址作》、《咸阳毕原瞻拜周陵纪游》、《杜曲谒少陵先生祠》、《过唐东内大明宫故址》诸诗。

于秦腔，钟爱异常，赞其"呜咽苍凉，浑成直质，悲剧之音，最为独擅，俨如易水之歌，垓下之泣，透人心坎"，并言"他日关中文艺复兴，此其嚆矢必矣"。③ 常与李仪祉等前往省立戏园"易俗学社"观戏剧，其所演剧本皆为本地文人学者所编，"足以劝导世俗者"④。

时，西安宜于生活，生活成本低，米每斗二十四斤仅售一圆一角，鸡蛋每圆买一百六十颗至二百颗，猪肉每斤六百文，牛肉每圆十二斤，葡萄酒每圆五斤，瓜果尤其物美价廉。

10 月

3 日　西北大学发给薪金，以一百圆还明德学校移家费用（后全部还清）。其余一百圆，付伙食费、给茶房小费、缝制过冬衣被（其中榆林产绒毯花四十圆）。打算待旧账还清后，每月寄回家中一百二十圆至一百五十圆，至明年上学期，可汇近一千二百圆，以实现家中置房计划。

17 日　接明德学生潘德风信，信中云："新师尝言：'读古文者便是与鬼为邻。'又言：'凡读古人书即为古人奴，亦即后退开倒车之怪象。'"

11 月

7 日　为御寒，购狐腿毛大衣一件，价十八圆；购厚呢缝制外套，共

---

① 胡步川（1893—1981）：字竹铭。浙江临海人。1925 年，任西北大学工科教授。1929 年，主持浙江新金清闸工程，得益农田 130 万亩。1935 年，参加渭惠渠、洛惠渠工程建设，先后任渭惠渠管理局局长、陕西省水利局代局长。1949 年后，历任西北军政委员会水利部主任、西北水利工程试验所所长、水电部水利科学研究院水利史研究所所长等职。

② 此图后收入张其昀所编《高中本国地理》。

③ 吴芳吉：《与吴雨僧》，《吴芳吉集·信》，第 837—838 页。

④ 吴芳吉：《禀父母》，《吴芳吉集·信》，第 839 页。

计二十一圆。

8 日　收到何树坤所寄绣字一幅，置于镜架，悬于书房。寄汇五十圆回家，为其父庆生之用。另寄回照片三张。

22 日　寄回滩羊皮料一件，预为庆祝其父七十之寿。此皮料从宁夏学生手中购得，价四十五圆，关税、邮费五圆。

27 日　因战乱，德感坝死人甚多，何树坤有恐惧之感。致信安慰："乡中死人甚多，何足介意？人之生死，自有天命，亦何必悬心？何地不有人死？何时不有人死？惟有真血性真爱情者，可以千秋万岁不死耳。门外兵士杀人，亦不当怕。凡人不做亏心事，虽鬼神不敢来扰。吾此次入陕，沿途危险万状。然吾毫不畏惧之者，亦以存亡得失，皆有定数。此权乃操之天，非操之我。我既不操此权，自以听天安命为上策也。妹宜练习胆气，常存无畏之心，庶可以自慰耳。"①

是月　因战事起，西北大学经费困难，教授薪俸大受影响。上月在饭馆包饭，花二十二圆，太贵，急与同事五人雇厨师自办。

12 月

26 日　致信何树坤，诉相思之情："夜间常梦吾妹，醒乃不见，为之销魂。每一念及在家之乐，辄欲投笔而归。倘无父母在上，吾实愿与妹饿死一处。校中尚有课三周，半年光阴，瞬又过去。别离虽苦，未如岁月掷人之可伤也。"②

28 日　致信吴宓，告之：西北大学欲添聘柳诒徵、刘永济二人为教授，甚愿二人来此，"读中国书而不游赏中国文化发源之地，岂非神交形遗，犹好友之不亲面乎"，表示愿为导游陪诸友游览关中胜迹。又论时事："来书所论学潮党祸，殊不足念。小人自有对头，如我何哉！"③

是月　西北大学校长李仪祉应冯玉祥之聘，办理内蒙古水利，校内事委托教务长王来庭办理。匪患猖獗，出城数里，便不易行，吴芳吉日居城内不出。西北大学因战事影响，经费无着，"以致日里无煤烧水，晚间无

---

① 吴芳吉：《致树坤》，《吴芳吉集·信》，第 847 页。
② 吴芳吉：《致树坤》，《吴芳吉集·信》，第 855 页。
③ 吴芳吉：《与吴雨僧》，《吴芳吉集·信》，第 856 页。

油点灯"①，窘迫已极。告贷于吕谷凡，请其代汇两百圆回家，暂时救急。

是年

作诗《春社新晴独游黑石坡玩景》、《梦归》、《橘树谣》②、《南国》、《国耻第十年题明德纪念会中》、《师梅寄我红叶》③、《答树坤》、《过乡人陶觉己家题赠》④、《长安寄内》、《树坤寄问归期》。

---

① 吴芳吉：《禀父母》，《吴芳吉集·信》，第 865 页。

② 此诗写何树坤思夫之切。吴家所居之地临江，园中有橘树，每逢江上汽笛声响，何树坤"辄攀坐树中，望夫归否"，时间一长，橘树树皮为之"抚摩光矣"。见吴芳吉《与刘柏荣》，《吴芳吉集·信》，第 835 页。此诗在吴芳吉朋友圈内广为人知，穆济波等即对何树坤十分仰慕，称其为"烈性之人"。见吴芳吉《致树坤》，《吴芳吉集·信》，第 867 页。

③ 师梅为赵师梅。赵师梅（1894—1984），亦名学魁，湖北巴东人。留学美国，专攻电机工程。回国后，先后任国立武昌高等师范学校讲师，湖南高等工业学校、湖南大学教授。1930 年任国立武汉大学电机系教授、系主任。1939 年为武汉大学训导长。1946 年任武汉大学建设筹备委员会代理主任。1953 年后，任华中工学院电机系教授、武汉工学院教授兼电机系主任。

④ 陶觉己：四川云阳人。时为陕西省立第一师范附小主任。后任成都师范教务主任、资中师范校长。译有《丹麦教育》一书。

1926 年（民国十五年·丙寅）三十岁

1 月

12 日　致信何树坤，内云："女子头发最要紧，越多越佳，越长越美。暑假中见妹剪去不少，意在纳凉，吾心实痛惜之。自今以后，宜加爱护。穆君妻子剪发，一如男装。赳赳武夫，全失女子之美。此等式样，妹在湘亦当见之，殊可厌也。吾脸近甚红润，每对镜自观，爱不忍离，安得天生两翼，飞到吾妹眼前，使妹摩抚我耶？"[①]

16 日　西北大学学期结束。放假五十天。

25 日　致信周光午，回应胡先骕之讥并评江西诗派诸人："胡君步曾嗤吾诗歌，亦应有之事，不足为异。毁誉原在一体。吾诗非以求悦世人，毁岂能病我哉！胡君宗江西诗派，彼中老辈，自可敬服，散原精舍诸集，但看其西山哭墓之多，其天性之高，已非今人所及。至于《题欧阳润生画像》之大声鞚鞳，《熊文叔招观三村桃花》之逸兴淋漓，皆彼效颦者所难仿佛。大底杰出之士，无论何派，均有可取。其次焉者，敝于一隅，因苦不自知耳。散原诗中好用'破碎'二字，以评江西诗派诸人最为确当。亦足见其宗风不振也。"[②]

是月　穆济波之妻秦德君及其女友黄馨北（四川达县人，毕业于东南大学）冒险从南京来西安，自此，穆济波常招友朋吴芳吉、徐朴生、刘文海、陶觉己等来家就餐。饭毕，欢聚谈笑，犹如沙龙。其中，黄馨北、陶觉己之妹（肄业于北京女子师范大学）最为活跃。此一情形，吴芳吉如此记述："济波强吉寄食其家，赖有此君，得以度日。其夫妇皆好

---

① 吴芳吉：《致树坤》，《吴芳吉集·信》，第 858 页。
② 吴芳吉：《与周光午》，《吴芳吉集·信》，第 860 页。

客用奢，饮馔丰美，不异居蜀。有同来蜀女生二人，一肄业北京女子师大，一毕业东南，皆娴音乐。又济波有友，擅四弦琴，谱吾诗歌多首。饭罢辄与诸人齐奏，可谓浪子生活之乐土矣。惟此二女生，满口提倡女权。每一见面，几于动辄得咎。见吾诗稿中小妇二字，辄以涂去，谓为抹煞吾妻人格。又游少陵，吾谓未读杜诗，必无深切感想，亦谓我不应藐视彼等。如此类事甚多，彼等视我，不啻女权运动中之恶魔，亦可笑也。"①

为童季龄之妹童家娴作《家娴墓志》，颂扬其奉母至孝、助兄求学的懿行，并表达了对新女性的失望："今之女子，汲汲皇皇，日以交游为事，上者呼号权利，下者趋炫声华，然后以为时尚。自娴视之，不足介吾意矣。"吴芳吉对此文颇满意，于手稿自书："此文学归震川，视之何如？中间议论一节，又自昌黎《柳子厚墓铭》化出者也。"②

2 月

4 日　四川同乡何雁秋③从太原来，谈阎锡山在山西之德政："山西全省十余年无抢劫之案，亦无杀人之刑。……又全省无乞丐，无鸦片烟，百人中识字之人，平均在八十人以上。各县设有电话，有汽车。军队有十三万人，皆农民抽调练成。有飞机场，有炼钢厂，有炼油厂，凡新式军火，无不自制充实。财政统一，通行纸币，随时随地能兑现金。全省学校绝无短少薪水之苦。又军队纪律极佳，所至与民无扰，诚今世之乐土也。"④

10 日　致信何树坤，报告近况："天气自立春后，一天比一天温暖。吾仅早晚生火，花木已含苞欲放矣。吾早餐鸡蛋五颗，就火盆上烧水冲之。午饭、晚饭皆往穆君家中。"又叙穆夫人女友黄馨北与徐朴生相恋之事：二人配偶皆因肺病去世，又同好音乐，黄弹琴吹箫、徐拉四弦琴，情意相投，终日不离。又诉离别之苦："友人中如谷凡，如雨僧，如弘度，如柏荣，今又如穆君等，其夫妇无不相携，未尝分离，独树坤与我，会少离多，虽由吾之辜负树坤，亦家境有以使然。他人之家，皆不似吾人之穷苦。他人皆有财产足以奉其父母，自可携其妻子远游。吾人无此财产，若

① 吴芳吉：《与吴雨僧》，《吴芳吉集·信》，第 864 页。

② 吴芳吉：《家娴墓志》，《吴芳吉集·文》，第 537—538 页。

③ 何雁秋，四川南江人，为中共早期党员。时任太原进山学校生物教师。

④ 吴芳吉：《禀父母》，《吴芳吉集·信》，第 862—863 页。

与父母分居为二，益将穷苦不支，自不能不忍痛暂别，以急救饥寒为事。所幸彼此年少，后来安乐之日正多。此一二年间，愿妹为我受苦，我当力求彼此长聚之法。万一吾妹三十之年而吾之计划犹未成功，吾亦不再奔走，决与妹偕隐山林相守勿离，老死穷乡僻壤，意亦足矣。"①

12日（农历除夕）　典当青毡，得钱十圆，酬赠平时照料生活的校工外，沽酒一瓶，买饼两斤，与学生樊橄远饮于喇嘛寺内，并邀寺中喇嘛共啖。毕，摘梅花数枝而归，聊以卒岁。

13日　参加西北大学招待意大利考古学家加蒲拉拉的宴会，作诗《加蒲拉拉 Caperana》。又作《丙辰元旦率题》一诗。前往灯市游玩。

16日　致信吴宓，告以秋季决计离开西北大学，请其谋云南、东北任教事："此间经费在一二年内断无整顿之望，拖累必日以增加。窃意秋间以谋赴滇、奉为上策，以来京就事为中策，以继续在此为下策。盖吉无论做客何处，常欲兼顾两种条件：一要使薪俸可靠，庶无旦夕缓急之忧；二要使诗境常新，应有山川风物之助。滇、奉经费情形，尚未知之。惟二处皆未先到，许多诗材，未经前人消受，故为上策。来京可得彼此聚首，尤欲令小妇一拜兄嫂。惟北京环境不适为诗。吉性以愈处穷荒孤寂之地，愈感趣味，而诗思亦愈以佳。故心欲与世相亲，而身欲与世相遗。譬彼小鸟，时来栖息人家树上，任其飞鸣，则声姿俱美。大足怡人情性，针砭俗耳。然使双柑斗酒，故意趺坐树下，以玩此鸟，则此鸟不惯近人，必飞去矣。来京鲜益于诗，故为中策。至继续在此之为下策，不待再言矣。吾兄倘为吉计，请即于此择之。"又谈当今治学之弊："近有友多人，于旧学未见其通，新学恰成其弊。以人类之道德，尽属虚伪；以一己之情感，尊为圣神，讲学辨理，无不以此为准；不信人间有孝弟、忠信、礼仪、廉耻之行。中才学生最听受之。此则较彼过激党之患为尤甚矣。"②

是月　因战事影响，近一月未得家书。放假之后，学校停止热水供应，晚上也无油灯可点，生活诸多不便，又自上月中旬以来，未发薪水。为此，吴芳吉多次函责学校当局，彼此龃龉，大伤感情。有学生对吴芳吉提倡传统思想不满，暗中诋毁，吴称其为"激烈党徒"，加之学校维持艰难，有求去之心。

国、共两党发动民众讨伐吴佩孚。

---

①　吴芳吉：《致树坤》，《吴芳吉集·信》，第867页。
②　吴芳吉：《与吴雨僧》，《吴芳吉集·信》，第868页。

3 月

6 日　编撰《国立西北大学专修科文学史讲稿》。① 讲稿重释文学之义，批评今之文学失其本源，规模狭隘，所谓白话文学推翻传统，废弃典籍，趋步欧风，实启中国文化祸端。

18 日　北京发生"三·一八惨案"。吴芳吉评论："北京学生受过激党之鼓动，托言反对日本，游行示威，为段祺瑞之卫兵放枪击毙五十余人，伤二百余人。今之学生，可谓多事矣。"② 又批评某些教授"越位以干政"、"相率其徒入枉死道中"。③

4 月

15 日　直系军阀、"讨贼联军陕甘军总司令"刘镇华进犯西安，号称"十万之师"，兵逼城下。陕西军务善后督办李虎臣、国民军第三军第三师师长杨虎城集结不足万人兵力守城抗御。自是历二百三十日，无时不在战中。西北大学遭围城之困，东南北三门每夜有激战，流弹拂空而过，坠下小弹多枚。教员多数不敢上课，惟吴芳吉等不惧死生，依然讲授如平时，学生亦无一人缺席。

16 日　收到吴宓寄来银票一张，见穆济波断炊在即，借其半数。

是月　患伤风，幸得同乡张玉叔诊治，痊愈。西北大学每月支给教员十圆，教员酝酿罢课，抗议拖欠薪金。吴宓寄来三十圆为伙食之用，款一到手，即被同乡诸人借去二十五圆。下学期决定前往奉天大学，所忧虑者，兵匪遍地，暑假能否安全出关。

5 月

1 日　致信周光午，建议学诗不宜学杜，以其性情，学曹植更为切

---

① 此稿收入傅宏星所校订之《吴芳吉全集》中，原稿现藏哈尔滨藏书家韩倩女士处。
② 吴芳吉：《禀父母》，《吴芳吉集·信》，第 871 页。
③ 吴芳吉：《与吴雨僧》，《吴芳吉集·信》，第 874 页。

近："吾人境虽艰苦，而诗则不可稍有寒俭之气。陈思之作，极人间哀怨之情。其君臣则相猜，父子则责善，兄弟则相仇，朋友则无永好。然其发而为诗，华贵雍容，要不失正。弟试先取《魏志》本传读之，透底解其身世，再咏其诗，必较学杜之益为增进矣。"①

21 日，致信何树坤，预为其庆生："来月今日，吾妹二十八岁生辰也。此书到家，不知能赶及否？此间仍在围城中，然吾生活顺适，万勿为念。战平路通，吾即出关，为时虽不可知，想终不久。但祝吾妹年年健好。每忆窗前碧桃，妹晓妆其下，犹活泼似昔否耶？远寄二诗，为吾爱芳辰之庆也。"②

月末　课程结束，归期无望。

是月　城门关闭，邮信不通，城内粮食仅供三四月之需。柴炭匮乏，烧水煮饭皆砍伐树木为之。城内难民沿街坐卧，连日不得一饭，加以瘟疫，死者甚多。守城军方对富商大店强行派饷。围城以来，炮弹不断，大者百枚，小者数千。西北大学校内，白日可闻炮声，晚间尤为密集。有时巨弹自屋掠过，虽未坠落校中，而相距不过百米。校内开掘地洞，以供师生躲避。归家无望，吴芳吉抱定"顺其自然"、"磨炼志气"之心，坦然以对炮火、饥荒、瘟疫。

6月

月初　又患伤风，呕吐发烧，不能握管执笔。

10 日　致信吴宓，表示虽在围城之内，巨弹飞鸣，周墙震撼，而心神安定，如如不动："终南僧藏能研经至老，足不出户，铭其座曰：'暂禁一生。'每念此人，振吾志气不浅。"③

14 日（农历端午节）　大学文科师生举行屈原逝世二千二百二十二年纪念。

24 日　围城已近七十天，西北大学停课。每日常闻枪声，已习惯不惊，读书纳凉，恬静自养。

29 日　西北大学送来下学期聘书，并未表示去留，拟等围城结束、

---

① 吴芳吉：《与周光午》，《吴芳吉集·信》，第874页。
② 吴芳吉：《致树坤》，《吴芳吉集·信》，第877页。
③ 吴芳吉：《与吴雨僧》，《吴芳吉集·信》，第881页。

动身回家之时再返还，以示与西北大学共患难之意。

30 日　农历五月廿一，为三十生日。邀集校中同乡来宿舍作茶话会，宾主尽欢。

7月

1 日　自感生死难料，赋《壮岁诗》，"倘有不讳，此为最后一息"①。此诗体裁庞杂，备述围城之苦、淑世之志。

14 日　致信家人："前于三月初五日始围城，今日满三个月矣。此后一、二月间，恐犹无开城之望。在此虽觉烦闷难遣，尚属平安，幸勿悬虑。现各处消息皆已久绝，除禀告平安之外，真无说话资料。至凤兴夜寐念慕骨肉之情，虽欲陈说，又不胜其说矣。吉人天佑，无忧无忧。"②

是月　秦陇晋豫学生组围城读书会，吴芳吉、徐朴生等教授每日导读二小时。每值流弹密集，即复散读。飞机乱掷炸弹，全校师生各掘深壕避之。在朋友处借米两斗，与学生樊橄远共食，只苦青菜价贵如肉价，无钱可买。由吴宓之介，东北大学聘吴芳吉为教授，月薪两百一十圆，九月一日开学。吴芳吉深陷围城，音信不通，吴宓无法汇寄路费。陕西全省学生联合会、西安学生联合会举办暑期学校，邀请吴芳吉、穆济波前往演讲。

8月

23 日　吴宓得东北大学文科学长汪兆璠电函，催问吴芳吉何时可来奉天就任教职。

24 日　吴宓函告西安友人石仲麟等人，设法访寻吴芳吉，助其离陕。

是月　城中军队四处搜粮，人民渐多饿死。全城燃料告尽，校内千年唐槐，悉遭城军斩伐。吴芳吉将仅存一小袋米让与垂毙之人，空腹度日。事闻于众，赞其义举，纷纷接济其口粮。得粮后，不愿独食，布施给所需之人，赖此而活者二十余人。无钱买菜，数月未食猪油。夜间无灯火，黄昏即睡，黎明便起。

---

① 《吴芳吉集·诗》，第 250 页。

② 吴芳吉：《禀父母》，《吴芳吉集·信》，第 883 页。

9 月

21 日（农历中秋节）　大学师生杀马煮草，掘鼠捕雀而食。

23 日　绝粮，心境坦然，无惧待死。作《民国十五年中秋后二日粮绝》："生命何渺茫，此心日恬泰。知到弦歌辍，坦然归上界。"

26 日　西北大学教授须恺①独身出城，冒死至刘镇华军部，劝说其解放城民。随后，全校整队出城。临行，遇军队激战，被阻折回。

是月　与樊樾远共命相依。又屡得同事俄国人希士脱克夫之助，作诗《答西北大学讲师希士脱克夫 Shestocaff》赠之。1927 年春，吴芳吉补写诗前序言，详记希士脱克夫其人："希士脱克夫，名乔治，俄国旧京人也。俄帝在时，父为海军提督，君以良家子得选入卫。欧战初起，从军至华沙，与德人力战。及政府一再颠覆，家族四十余人死之。君乃逃之西北利亚，又自蒙古入新疆，而至西安，凡步行三年。尝为蒙人所虏，令为牧羊云。君本武夫，而精研文艺，遍通大陆方言，善诗歌，与余同席而食，诗成，辄请余译之。奉旧教，慈祥过人，得钱以赈穷乏，而自奉甚薄。君无家无国，处境比余为苦。然围城中得君解慰极多。洛阳季天宝者，校僮也。尝侍君，君悯其无依，以为义子。西安围解，君见冯公幕中多彼国将士，君谓中华自此多事矣。乃为天宝娶妇，相偕遁隐，或于嵩山遇之，然不知其所往也。十六年春补序。"

人民代表跪见守城军首领，希望其顾念生民，设法结束战事。答曰："谁教你等生西安城内！"西北大学校内缺粮，校方转请城内军事长官设法出城交涉，以解燃眉之急。

西北大学事务长刘含初等见守城军队荼毒市民、劫掠财产，痛悔以前支持守军，转而与刘镇华部接触，并策动守城军队兵变，反对李虎臣、杨虎城。西安市民参与其事者有十四团体，西北大学代表为王翰芳②与吴芳

---

① 须恺（1900—1970）：字君悌。江苏无锡人。1917 年毕业于河海工程专门学校，后赴美国留学，入加利福尼亚大学研究水利工程。1924 年起，历任陕西水利局工程师、西北大学工科主任、中央大学工学院土木工程科副教授、水利委员会技监、水利部技监。1949 年后，任水利部计划委员会主任、北京勘测设计院院长、中国水利学会副理事长等职。

② 王翰芳（1895—？）：陕西平利人。毕业于日本东京帝国大学。返国后，任西北大学法律系主任兼斋务长、河南大学教授。

吉。吴芳吉作宣传诗三首，鼓励市民自救，甘肃学生柳潜①为之刊印、散发。宣传诗每首开端，皆为："起，起，起，长安市民努力一齐起，起来兮救死！起来兮救死！死到眼前来矣！死到眼前来矣！"

《学衡》杂志发表吴芳吉《彭士诗十三篇》，录吴芳吉译彭士诗十题四十段。译诗附有导言，申明新文学发端之肇因，发展之道路："起中国文学革新之动机，两种影响有以成之，辛亥之革命、欧洲之大战是也。因有辛亥革命，而民治精神勃发，数千年来之思想一变。因有欧洲大战，吾人始多留心世事而西洋文学愈以接近。此二役者，欧战固已终了，辛亥革命之精神，则犹继续猛进尚无已时，护国护法之起，及今西南之自治，要是此种精神贯彻而来也。欧战，是为横的影响。辛亥革命，是为纵的影响。纵横激荡，其结果遂惹起文学上之大骚动，而民国新文学亦将以是产生。此实气运之自然，非人力所能助长或抑止之者也。居今而欲新文学之实现也，舍自剖辨本国文学，与挹收西洋文学，别无他道。兹篇彭士诗译，盖即此意云尔。"②

冯玉祥在绥远五原誓师，宣布将国民军改为国民革命军，全体将士集体加入国民党，参加北伐。

10 月

月初　听闻放难民出城，与同事、学生相约，择期出城。

15 日　认为食尽必死，决定冒险出城，遇兵激战，返回。

27 日　大风雪，警厅报告"全城一日之内，饿死人数达五百以上"。人民代表再跪恳陕军首领，愿代向敌军讲和，以保全陕军实力为息战原则。军方回应："尚未到得人吃人的地步！"陕军当局计划：拟拆全城屋宇，储作燃料，辟全城屋基，播种大麦，则支持三年无虑。

米价腾贵，城中饿死多人。吴芳吉吃小米，连壳共煮，以免浪费，后仅能吃糠皮，达四十日之久。困境中，幸赖诸友接济，按日分赴诸友之家

---

① 柳潜：字慕陶，甘肃静宁人。时为西北大学文科学生。

② 吴芳吉：《彭士诗译》，《吴芳吉集・诗》，第 342 页。亦见《学衡》1926 年第 57 期，第 126—130 页。

就食。接济者有胡文豹①、吴湘如夫妇（吴湘如为吴宓三姐）、石雨琴（天人学会会员石仲麟之弟）、杨励三（本校同事）等。作诗《围城中有诗寄来，问吾猜得其为谁者，意必雨僧诗中之胡仲侯君也。赋此猜答》、《石仲麟君之弟雨琴君以斗米至》、《叠歌二首答长安至好》答谢。

11 月

5 日　西北大学门外倒毙饿殍八具。吴芳吉与柳潜暗中约定，至垂毙时，相偕至礼堂整肃衣冠端坐赴死。

8 日　致信吴宓，谈围城困局，表示虽万端窘迫，但生死不足为虑："月来屡微服出城，均以危殆未果。积粮早罄，幸赖仲侯诸公接济，得不饿死。然使再围月余，诸公钱米亦空，终必爱莫能助也。吾已立定主意，果到绝境，则吾正其衣冠，尊其瞻视，端坐本校礼堂之中，悠然而逝。"②又致信父母，报告近况，信末云："男不忧劫运之难免，惟忧志业之未成，无以慰二亲及树坤之爱耳。"③

24 日　城内商务印书馆来人言："刘镇华某部有营长围屯东南城外，每人贿以十圆，便得放行，连日放行者已数百人，机不可失。"于是，吴芳吉与同事王儒卿、唐仰虞、陆理成、胡步川、学生樊檄远乘机出城。众人相约：出城后，若能得见刘镇华，再设法接引全城人民。樊檄远在俄国人希士脱克夫处借得三十圆，充作旅费。同行二十人，出南城东走，数日不至，乱草没膝。城军派一副官马某伴送，蛇行而前，流弹时时从头顶掠过。前行约一里，马副官别去。复行二三里，为两军中间地带，四顾荒寒，无虫鸟音迹。行至刘镇华军壕上，兵士收钱完毕，言营长有令，薄暮方许放行。久之，来长官一人、卫士二人，检查有无信件，尽掠二十人所有余钱而去。未久，又有数兵士来，以检查之名，搜去众人外套、棉衣、皮衫。众人绝望之下，暗约回城，匍匐而行，不到百步，数兵追踪至，鸣枪阻止，又尽掠冠履、内衣、夹裤而去。吴芳吉近视，眼镜被夺去，只能由樊檄远牵扶行走。行至一破庙，众人认为，如果黄昏入城，恐城内军队

---

① 胡文豹（1891—1958）：字仲侯，号潜龙。陕西三原人。吴宓表兄。北京民国大学毕业，久任中学教员及政府职员。

② 吴芳吉：《与吴雨僧》，《吴芳吉集·信》，第889—890页。

③ 吴芳吉：《禀父母》，《吴芳吉集·信》，第889页。

不辨，难免枪击，决定在庙度夜。众人围坐佛台下，风冷月白，众人皆着单衣，无不战栗。夜半，又先后来兵士六次，无可搜括，见吴芳吉有皮裤带一条，命解下，索去。天气极冷，吴芳吉又痢疾未愈，苦撑一夜。天明，众人狼狈回城，霜花缀草，大如铜钱，竟不复觉寒。在南门遇同事徐朴生，见吴芳吉手提裤腰，急解西装领带为其束裤，得以一路返校。此次冒险出城，被刘镇华军打枪九次，衣冠裤带，眼镜手表，剥夺一空，露宿荒野，处境艰危，加之身染痢疾，无处求医问药，几近于死。故此，长叹："嗟乎，自予少罹家难，转乎江湖，逮此围城灾兵之残，奚啻地狱。戒慎恐惧，良哉难之。"因反复吟咏但丁《神曲》、歌德《浮士德》，"深悟天堂、净土、地狱，证即在躬"。① 二十四日后，城中每日饿死一千人以上，全城户口二十万，死者竟达三分之一。阴雾沉霾，十步外不能见人，只闻四郊炮声，时时裂作巨响，墙壁震动。城内人疑有援军至，喜惧交集。

28 日　西北国民军第一路总指挥孙良诚部一万人逼近西安，击退刘镇华军，西安解围，城门完全开放。围城期间，吴芳吉"枪炮、瘟疫、饥荒、抢劫，种种灾难，无不受过"②。此次围城，民众死伤近五万人，吴芳吉为之不平，谴责祸首："长安数万冤鬼，固由二虎及刘逆死之，而党人之欢迎二虎，假以名器，至于殃民如此，党人不能辞其责也。"③

解围后，食量大增，每餐吃蒸馍十二两、牛肉半斤、鸡蛋六枚。柳潜久饿骤饱，无力消化，竟腹胀而死，年仅二十五岁。为之作《哭柳潜》。④

29 日　发快信致家人，报告平安："赖祖宗在天之灵及二亲福荫，毫未损及发肤，欣幸无比。"⑤

是月　《学衡》杂志（第 59 期）刊出《西安围城诗录》，收有吴芳吉、胡文豹、胡步川三人西安围城期间所作诗。

---

① 刘朴：《吴芳吉传》，《吴芳吉集·附录》，第 1368 页。
② 吴芳吉：《禀父母》，《吴芳吉集·信》，第 890 页。
③ 吴芳吉：《壮岁诗》，《吴芳吉集·诗》，第 258 页。
④ 梁启超读此诗后，致信吴宓："《壮岁诗》瑜不掩瑕，《哭柳潜》三首纯乎其纯，将来必为诗坛辟新世界，请得介绍而友之也。"见《吴芳吉集·诗》，第 274 页。
⑤ 吴芳吉：《禀父母》，《吴芳吉集·信》，第 890 页。

12 月

1 日　致信何树坤，告知明年暑假之前一定绕道回家，并表示以后无论行至何处，皆携之同行。

7 日　诸教员向西北大学代校长王来庭提出两项条件：一、发给旅费五百圆；二、其余欠薪，按月汇还。王推称，此事当待校长李仪祉从南京回来之后再定。后吴芳吉又至王来庭家中请求速筹数金以救急，彼时王正与其妻卧榻共吸鸦片，敷衍二三日之内应可筹得款项。

10 日　致信吴宓，谈世道人心之沦落："陕人缺憾，不在知识之愚，而在同情之少。不特一校为然，各界类此者多。某日过端履门街，酒店之侧横尸八具，皆系饿死，腹仅留皮，腿不盈把。而当垆高坐者，方持杯啖驴，安然无睹。斗米贵逾百圆，同事某君乃出其积粟，乘机市利。知吉吃糠连月，必索现金而后分易。馨所遭逢，曷胜缕数！宜其劫运之久且深，独为诸夏之冠。吉处此，殊不自惜。但愧无此德力以救此生灵，负此后稷周公创业之邦，自太白、少陵、昌黎、香山歌哭之余，而吉未能为之继武，故亦合受此穷愁也。自经此变，益仰吾兄天性之厚，非人所及，四海难知，三秦并无。吉《壮岁诗》旨，亦在何以招还人类本性，勿使荒亡而已。"[1]

中旬　收吴宓信，邀请其赴东北大学任职。复信表示，明年春季可先教一学期，但暑假后应允许回家半年，以庆祝其父七十寿辰。

17 日　与吴宓嗣父吴建常相见。时，吴建常为甘军第七师师长马鸿逵参议，随军解西安之围，命人四处打听吴芳吉的生死下落。见吴建常后，始知家中二老由吴宓寄钱奉养[2]，顿释担忧八月之心。马鸿逵师长闻吴芳吉之名，欲聘于军中，婉拒之。作诗《长安围解，始谒仲旗叔父于马师长军次》、《吴仲旗公陇右》。吴芳吉对冯玉祥军队观感颇佳，认为其纪律严明，秋毫无犯，为国内军阀所不及。

22 日　致信周光午，谈家庭与社会关系："吉昔年在外，几于每岁必归。结婚后，或以有所悬恋，非由孝思。然吾未婚以前，固亦如是，雅不关于儿女之恩。所以然者，天堂地狱之喻，实即家庭社会之言。久

---

① 吴芳吉：《与吴雨僧》，《吴芳吉集·信》，第 905 页。

② 半年以来，吴宓共汇款一百七十圆。

处社会，无殊地狱，故必返之家庭，得天堂以自安慰。近读但丁《神曲》及歌德《浮士特》剧，益信所见之无差误。惟众生皆在地狱，吾复何心独处天堂？天堂乃童稚耄年栖迹之所，固非吾侪少壮留恋之地。久留恋者，必不祥。弟能解得此意，定知少壮归家，只可以暂，不可以久。正如花好月圆，仅在瞬息之间。好事多磨，高明鬼瞰，天伦诚乐，亦须有此福气消受之也。"又自述性情①和日常修为："吉围城中以秕糠度日者四十日，每得饮食，则恐人饥我饱，遭天之忌，但纳半量而已。亲友接吾谈者，辄谓吾为豪爽；读吾诗者，辄谓吾为浪漫；实则吾乃戒慎恐惧之人，视言听行，莫敢不敬。良以寒微而负虚誉，是即丛怨致祸之尤，不可一息忽也。又，吉在此，与一同乡学生共饮而食。其人年纪学识，无不较吾为小，而其癖气恶习，视吾则大。然吾依旧戒慎恐惧以服事之，犹被迁怒，则吾事之益谨。非有求于彼然也，盖欲借此磨练，求能与彼不明理者相处。夫能与彼不明理者相处，则处深明理者更无不可合矣。固吾处围城之中，未尝以将枉死为忧，然忧吾果枉死，恐吾亲友不能再得若吾孝弟之人。光午思之，以吾之所以事彼不明理者，以事吾明理之亲友，则于孝弟之道，可胜用耶？此间诸生，经围城之难，其缺陷尽露，可造者稀。忆宋诗'满门桃李尽庸人'，令吾起同感矣。"②

27 日　吴宓来书，告以勿回四川、湖南，宜径直来京，有"万千情事，须俟面商"、"尚有其他文章著作之计划，均俟面谈，尤非长居一处不可"。③

31 日　访于右任，不遇。此日，接吴宓信，坚欲邀其来京："弟须来京久住，宓有肺腑千万言相告，……此次弟到京，务祈予我以机会，使得尽情一谈，则虽再有奇变，死亦无憾。且弟若与宓常处，则对于两人文学之造诣、精神之进修，均有极大之功效，不但刊印《两吴生集》之一事也。"④ 明年为吴传姜七旬之庆，决计回乡归隐，不再外出。

---

① 吴宓评吴芳吉性情："君内刚毅而外和易，情坦放而志峻拔。"见吴宓《吴芳吉传》，《吴芳吉集·附录》，第 1360 页。

② 吴芳吉：《与周光午》，《吴芳吉集·信》，第 899—890 页。

③ 吴宓：《致吴芳吉》，载吴学昭编《吴宓书信集》，生活·读书·新知三联书店 2011 年版，第 104—105 页。

④ 吴宓：《致吴芳吉》，载吴学昭编《吴宓书信集》，生活·读书·新知三联书店 2011 年版，第 107 页。

是年

　　作诗《玉姜曲》①、《战中喜得弘度书词即寄》、《东关故沉香亭下看牡丹》、《围城》、《百战》、《湘居》、《过访李贞白先生对饮》②、《立秋》、《出门书所见》、《枕上成》、《长安野老行》、《五郎词》。

---

① 此诗受丁尼生 Tennyson 诗启发而成。吴芳吉十分喜爱丁尼生短篇诸诗，颇爱咏其《夏乐德夫人 The Lady Shalott》一篇，"久欲效其高调而苦无佳才"。在西安时，从友人杨劢三处闻玉姜故事，又参以华岳潼关之所经、《列仙传》之所记载，而成此诗。见《吴芳吉集·诗》，第248—249 页。

② 李贞白（1878—1958）：云南保山人。前清秀才。云南法政学校、日本帝国大学毕业。同盟会会员。曾任云南《天南日报》编辑，护国军、靖国军、川滇军参谋长。1953 年入四川省文史研究馆。

1927年（民国十六年·丁卯）三十一岁

1月

6日　致信父母，告以目前以离开陕西为第一要事，不再坐等学校返还欠款："秦人强悍好斗，连年无时宁静。此次围城八月，在南方闻之，令人骇异，在此乃为常事。往往小县孤村，围守至年余不解，百姓饿死，彼等不知悯也。人性凶残如此，固知将来大劫，方兴未已，是以以出关为第一大事也。"[①]

14日　致信周光午，谈处世之要，贵在用情："弟与人之误会[②]，均由不善处世之过。倘吉与弟等相处，虽百年可长爱敬。陆宣公谏德宗书曰：'立国之本，在乎得众。得众之要，在乎见情。'故仲尼以谓人情者，圣王之田，理道所由生也。吾之所长，即知事事本乎人情，哀乐怨慕，常使人之与我动而能宣，宣而能正。故凡吉之亲友，下至舆台走卒，与吾识者，莫不永好。诗曰：'自西自东，自南自北，无思不服。'语曰：'仁者安人，智者利人。'吾侪志在移风易俗，他年或更厕身戎马，削平国难。于此得众之机，见情之道，不可不多读诗书，细自体验，以预备之也。"[③]

25日　吴宓至西安，于西北大学相见。劫后重逢，欢欣快慰。吴宓有《西征杂诗》记相逢情形："半年消息断围城，执手相看涕笑并。是我送君来死路，惟天佑善信生平。未妨骨相贫中瘦，却喜诗囊乱后盈。联袂明朝京国去，两吴诗卷待斟评。"陪同吴宓往甘军第七师司令部省视吴建常。甘军司令董恭宴请吴宓、吴芳吉于南院门兴顺楼酒馆。得吴宓赠资十

---

① 吴芳吉：《禀父母》，《吴芳吉集·信》，第902页。

② 指周光午与吴宓相处不快之事。

③ 吴芳吉：《与周光午》，《吴芳吉集·信》，第906页。

圆，为日内伙食之需。

　　26日　与樊橄远再往甘军第七师司令部看望吴建常、吴宓。胡仲侯宴请吴宓、吴芳吉于东大街义仙亭。晚与吴宓同归西北大学，共宿一室。向吴宓介绍杨祥荫①、郝耀东②、胡步川、穆济波等友人。

　　27日　自炊饭，与樊橄远、吴宓共食。晚与樊橄远陪吴宓外出就餐。

　　28日　偕吴宓至碑林参观，并访李岳瑞③、李寿璜父子。

　　30日　晚，与吴宓、樊橄远拜访李仪祉。夜与吴宓、西北大学教员茗谈。此日，收到何树坤信，信中有抱怨二亲之语。复信，对何树坤怨语不以为然："吾以厄运，至以父母之养累妹，诚歉于心。然吾妹覆我此书，亦不免有深怨之意，实亦不是。吾九死一生，幸逃此劫，妹不婉转慰我，解吾劳顿，乃首次覆书，即欲向我申冤吐气，何其出言不知轻重如此耶！二亲惟吾一子，亦惟吾妹一媳。虽不能事事体谅吾妹，想终不致时时对吾妹以恶意。凡事当反躬自省，平心较量，则仇敌可相安处。况家人骨肉之至亲者乎！吾妹能多忍少疑，自无事矣。"又谈聚奎小学聘请何树坤之事："聚奎学校聘妹，吾未有不赞成之理，只看二亲心下如何。若无妨害，妹可毅然应之，不必再问我也。惟任事首要谦恭，常存'难进易退'之心。倘有错处，不可遮掩，愈遮掩愈笨拙。须闻过即改，乃是君子之行。又对待学生，无论贫富贤愚，皆须一样看待，勿有厚薄。又教书只管教书，其他党会，切莫加入。乡中人心日坏，恐防被人播弄，致遭辱垢。此数事须常事忆着，勿稍忘怀。能照此做，自然学业有进，品格增高，所以修身，亦以淑世。"④

　　31日　陪吴宓游览昭陵六骏。接邓鹤丹成都电报，邀请吴芳吉任教于江津中学。作诗《报邓禰仙先生之聘》。当即与吴宓商议，以为可行，允聘，但只教两学期，明年仍赴东北大学就任。

---

① 杨祥荫（1894—？）：别号励三。陕西长安人。毕业于日本早稻田大学。早年从事教育，后从政，先后任甘肃省审计处处长、陕西省审计处处长等职。译有《中国社会文化》、《最近国际思想史》。

② 郝耀东（1891—1969）：字照初。陕西西安人。毕业于美国斯坦福大学。先后任西北大学、安徽大学教授。曾任陕西省立师范专科学校校长。1949年后，任教于西安师范学院、陕西师范大学。

③ 李岳瑞（1852—1927）：字孟符，号春冰。陕西咸阳人。光绪九年（1883）进士。参与戊戌变法。事败，被革职永不叙用。1905年入商务印书馆任编辑。1911年，赴京任清史馆编修。1922年回西安，任陕西省政府秘书长及督署秘书。著有《春冰室野乘》。

④ 吴芳吉：《致树坤》，《吴芳吉集·信》，第907页。

是月　思编一《白屋三字经》作为教子之用。国民军联军驻陕总司令于右任欲聘吴芳吉为秘书，婉拒。

2 月

1 日（农历除夕）　与吴宓至化觉寺巷清真寺游观，又登鼓楼。陪吴宓至红埠街国民军联军第四路司令部办公处（甘军第七师新改名）谒见吴建常。

2 日（农历春节）　与吴宓访唐心源、唐得源①、石雨琴、李仪祉，皆未遇。应马鸿逵师长之请，为甘军阵亡将士撰追悼联。

5 日　与吴宓至易俗社，陕西国民党省党部在此演剧，所演剧目有《独木关》、《费宫人刺虎》、《农家子》、《军阀末路》。表演者多为国民党党员，借演剧宣传其宗旨，激励军人精神。又有国民党人演说，慷慨激昂，宣传北伐革命。

6 日　唐心源、唐得源招宴，同去者有吴宓、李仪祉、樊檄远。

7 日　与吴宓、樊檄远至西北大学南门大芳照相馆合影。又同吴宓谒见吴建常。吴建常赠资十圆。领得西北大学所发路费一百圆。晚，与吴宓访胡仲侯夫妇、李仪祉。

8 日　偕樊檄远，随吴宓、唐得源赴京。吴建常、李仪祉、杨永义、姬惠伯等前来送行。

11 日　至潼关，晤王翰芳（时任职于潼关烟卷特税分处），相与登城吊古。因陇海路阻，渡黄河，取道山西，在风陵渡雇马车三辆，颠簸前行。

12 日　经虞乡、解州，访司空图、司马光遗迹，谒拜关帝庙。

15 日　过襄汾，于国士桥凭吊豫让。

22 日　至太原。

26 日　抵达北京，作诗《归途》、《秦晋间纪行》纪此行。在北京期间，暂居按院胡同吴宓住处。因长江沿岸局势混乱，等待时机南下归乡。见刘泗英，成诗《北京赠泗英作》。

---

① 唐得源（1903—?）：陕西西安人。历任西安高中校长、陕西省教育厅科长、西北大学教授、中国国民党中央组织部科长、陕西省党部委员兼组训处处长、国立西北农学院代理院长。1948 年当选为第一届“国民大会”教育团体代表。1949 年后，任甘肃省人民政府参事。1957 年错划为右派。1979 年任陕西省政府参事。

27 日　偕胡徵、樊樷远游清华，吴宓陪同并设宴款待。

是月　应天津《大公报》总编辑张季鸾邀请，吴宓担任《大公报》新设《文学副刊》主编。

3 月

8 日　应吴宓之邀，搬入清华园，删定《两吴生集》诗稿。

12 日　清华大学学生傅举丰、汤象龙、赖世珍、雷兴翰、朱定山（皆毕业于明德学校）宴请吴芳吉，邀吴宓、周光午作陪。

19 日　吴宓设宴饯行，前已赠资一百圆，供其回川之用。

20 日　刘泗英设宴饯行，同席者有吴宓、曾琦、薛桂伦、刘庄、周光午、胡徵等。

23 日　南行无期，应刘朴、刘永济之邀，赴奉天东北大学，拟十天后返京。写一短信与吴宓告别。

下旬　至奉天。住刘朴家中。刘朴置酒接风。感慨席上酒食过丰："自经围城啖糠，见人饲猪，便觉盛馔。"① 衣履俱敝，刘朴之妻为之置装，焕然一新。未久，樊樷远追随至此，同住刘朴家中。由刘朴相陪，入沈阳故宫文溯阁观书，又上北陵、东陵，望长白山，至浑河。

接家书，"百读有余欢"，又念西安围城枉死饥儿，"此恨难昭雪"，作诗《出围后始得家书。时客奉天作》。

应东北大学文科学长汪兆璠②之请，在东北大学演说两次，题目为《从西南到东北》，《自各方面所窥见之屈原》，反响热烈。刘永济因妻病返湘，暂代其留教东北大学。每周上课十时，学生久闻其名，师生相得。汪兆璠三次恳求吴芳吉继续留校任教，又托刘朴、吴宓等从旁敦劝，冀挽其长期于此任教。

30 日　接吴宓信，信中责备吴芳吉滞留奉天不归，并表示不再为其筹措返川费用，以后在经济上亦不再相助。吴宓怨气如此之大，盖因吴芳

---

① 刘朴：《吴芳吉传》，《吴芳吉集·附录》，第 1369 页。

② 汪兆璠（1881—1966）：字悉针。辽宁复县人。北京汇文大学毕业后，赴美国留学，入密西根大学，获教育学硕士学位。回国后，任东北大学文科系主任，锦州交通大学副校长。1932年创办复县高中。后出任伪满洲国铁岭县、呼兰县、辽阳县县长等职。1947 年去北平，担任蒙藏学校教导主任、育英中学教员。

吉在京时，未与之尽情长谈之故。① 吴芳吉在复函中自述心志："吉之回蜀，既为早日定计。路费种种，吉当自筹，安忍久累兄也？吾兄处境虽丰，而支用苦绌，吉未尝不稍知之。然兄每有接济，吉辄腼然坐受之者，以兄仁风义气，不敢辞也。使兄不与一文，吉纵饥寒困惫，断不肯求吾兄。证之十年间事，苟有赒给，孰非吾兄自动为之？吉何尝向兄先开口耶？兄不予我，吾不能望。兄自予我，吾不能辞。所谓长者之赐，礼数然也。而谓返京之后，不再助一文。吉虽至愚无良，岂能窃窃作如是想哉！围城垂死，樊生尝向其师俄人哀求援助，吉亦誓死阻之。异族情疏，固未可与吾兄同论。然而不贪苟生，岂冀苟得？吾兄视吉，竟为狗苟人哉！"② 信中表示，将退回吴宓北京所赠一百圆回川费用。

4 月

致信童季龄，感谢其资助家计之义举。

与东北大学汉文系诸人相处甚得。林损③、缪凤林④、景昌极、郭彬龢、陈鼎忠⑤、曾运乾⑥多与吴宓、刘朴有旧，皆与吴芳吉友善，推颂其

---

① 吴芳吉居京期间，吴宓在日记中多有抱怨："碧柳所至，辄为胡徵、光午等所环绕（今俗曰包围），不使他人得与碧柳亲近。而碧柳亦放浪成性，不思多交出己上或可齐肩之朋友，而但乐与此诸少年聚处，食糖果，作无益之闲谈"，"碧柳与光午等，但游乐消闲而已，毫无正事商谈"，"宓以无机缘与碧柳细谈种种"，"碧柳到此，仍日夜为胡徵、光午等所包围，不能与宓叙谈，亦不能删定诗稿……宓虽有千言万语，以告碧柳，而卒未克吐露些须"。又抱怨吴芳吉一心返川探亲，不肯留京协助其办理《学衡》杂志。见吴宓著，吴学昭整理注释《吴宓日记》（第三册），第 316、318、319、321 页。

② 吴芳吉：《与吴雨僧》，《吴芳吉集·信》，第 911 页。

③ 林损（1890—1940）：字公铎，又字攻渎。浙江瑞安人。早年入两广优级师范学堂。先后任北京大学、东北大学、上海交通大学、中央大学等校教授。抗日战争爆发后，返归瑞安，家居不出，因肺病去世。遗作整理为《林损集》。

④ 缪凤林（1899—1959）：字赞虞。浙江富阳人。毕业于南京高等师范学校，师从柳诒徵。先后任教于东北大学、中央大学。主要著作有《中国通史要略》、《中国民族史》、《中国民族文化》等。

⑤ 陈鼎忠（1879—1968）：又名天倪，字星环。湖南益阳人。历任湖南官书局编审、省长公署秘书，东北大学、湖南大学、中山大学教授。遗作辑成《尊闻室賸稿》一书。

⑥ 曾运乾（1884—1945）：字星笠。湖南益阳人。历任东北大学、中山大学、湖南大学教授。擅音韵学，著有《切韵五声五十一纽考》、《喻母古读考》、《尚书正读》等。

诗。时与林损诗文唱和，林读吴芳吉《壮岁诗》，建议将《弱冠诗》改为《弱岁诗》："宜亦改称弱岁。'冠'字乃动词，非名词也。"又劝其写诗"宜加隐晦，勿触蛟龙之怒"。颇喜林损之女，拟教其《周礼》，戏谓："日后之欲求大经大法者，惟女子是赖。"

对奉天日常生活，多有观察：物价较西安为高，米每斗二十斤，须银三圆，鸡蛋每圆三十枚，肉每斤三角，煤炭便宜，十圆可买一千六百斤。奉天"市政规模，则较北京、上海尤为阔大，十年以后，当为远东第一市场，惟文化不及南省"。① 对日本人经营东北野心十分忧虑："此地日本人甚多，在奉天全省有二十万，其势力不小。由此北往吉林，南往大连之铁路，名为南满铁路，亦属日人据有。又民间所烧煤炭，自抚顺运来，亦属日人资本所开发。彼等在此日租界内设有中学、大学、医院、公园，入其境界，完全如在日本。彼等亦以种种小惠，收买人心，然奉天人民，无不厌恨之也。"②

5 月

4 日　东北大学支四月薪水，得钱二百八十圆。较刘朴多三十圆，惭愧不安："下年若来，拟求减少，勿为人所指摘。闻奉天支现金者，惟兵工厂职员，及东北教授。其他机关人员，固莫不憔悴呻吟于奉票之下。象以齿焚，人以璧罪，四郊多垒，一室独春，恐非福也。"③ 汇寄家中二百圆。

19 日　接父危电报。急与刘朴、汪兆璠等商议返川行程。汪兆璠与吴芳吉约：归蜀后若父病愈，则暑假内携家眷复来；若父病不治，待安葬后仍携家眷来此。

24 日　晚十点，与樊橄远坐火车至大连。

25 日　自大连乘海船，前往上海。

6 月

1 日　抵达上海，又坐船溯江而上。

---

① 吴芳吉：《禀父母》，《吴芳吉集·信》，第914页。

② 吴芳吉：《禀父母》，《吴芳吉集·信》，第912—913页。

③ 吴芳吉：《与吴雨僧》，《吴芳吉集·信》，第915页。

22 日　抵达重庆。刘湘军队以"反共"为名，搜检乘客，索去诗稿一卷，六小时后，方得放行。与邓绍勤之弟邓愚山一晤，谓吴父病已无治。

23 日　薄暮，坐肩舆至德感坝。遥闻人声喧哗，知有大故。入门，从人群冲入，遇母阶前，言吴父久待芳吉不至，已于昨晚逝世。果证前言："逐名利之末，弃父子之亲；因暂时之违，成终古之恨。"①

是月　王国维在颐和园昆明湖投湖自尽。

7 月

16 日　致信邓绍勤，谈家居感想："近日伏居，益信人生可贵，在有理想。家居之弊，即令人但为琐屑所拘，而理想为之消失。语云：叶归根者无声。所以忧伤离别，益人大矣。吉回家则诗废，亦同此理。"②

22 日　葬父于德感坝梨树湾。因丧葬欠债千圆。

是月　吴芳吉归家前，何树坤因婆媳不睦而常归宁③，不幸嗜染鸦片，陨其颜色，疾病连绵。为之心痛不已，苦劝树坤戒绝不良嗜好。树坤反以吴母从中挑拨，婆媳关系恶化，乃避居白沙，住其兄何树恒家，并以照料在白沙读书的两子为由，拟在白沙租房，与吴母分居。

8 月

月初　友人宋谋欧④荐吴芳吉于国立成都大学，因允诺东北大学在前，婉拒。成都大学校长张澜一再函聘，考虑到母老家贫、妻病子幼，一

---

① 吴芳吉：《与吴雨僧》，《吴芳吉集·信》，第 917 页。
② 吴芳吉：《与邓绍勤》，《吴芳吉集·信》，第 920 页。
③ 此时，何家已搬至白沙镇上居住。
④ 宋谋欧（1900—1969）：重庆江北人。1918 年上海大同大学肄业，1922 年毕业于英国布理斯脱大学教育系。1923 年起先后任重庆女子师范学校教员、成都大学教授兼哲教系主任、上海复旦大学教授、北京师范大学讲师、河南大学教授、重庆大学讲师、昆明师范学校教务主任兼代校长、云南大学教授。1941—1950 年在四川教育学院任教授兼教育系主任，兼任重庆乡村建设学院和重庆女子师范学院教授，并兼任重庆市立师范学校校长一年。1950 年后在西南师范学院教育系任教授。

时不便远行，遂应聘成都大学。吴宓、刘朴、刘永济等诸友对吴芳吉赴成都任教一事皆持反对态度。

15日　自德感坝致信何树坤，内云："日来常取妹在湘时照相，独自展玩。妹当年身体，何等丰润，何等美丽！而今何等干枯，何等黄瘦！不觉为之下泪。试思十余年来，吾于妹专爱不移，久而愈厚。虽经围城之苦，水火刀兵，饥馑瘟疫，无不躬受。然无时无地莫不戒惧小心，保卫身体，不敢毁伤一发，以陷于不孝不义，致负慈亲爱妻之望。妹乃不自珍重，残害身体若此，以病以困，使为夫者寝食难安。妹将何以对汝心耶！吾早晚烧香，为祝吾父在天之灵，默佑吾妹，使吾妹早脱苦海。妹亦当自戒慎小心，认真调养，提起精神，赶急觉悟，以自圆伉俪之福。……儿辈星期归省，须常以'有良好的习惯，无危害的嗜好'相诫勉。但愿吾人常以清白传家，纵居贫贱，实甚光荣。"[①]

17日　为何树坤之事连夜不眠，发信敦促何树坤回德感坝，可为其侍汤药，租房之事可托何树恒代办。信中多劝诫之语："吾妹德薄，宜从速栽培根柢，庶几延年致福，不枉此生。妹虽年近三十，实则蒙昧如小孩子，其于为人处世之道，多未知悉。吾既不久将行，欢会之期不过一月。在此一月之内，吾不教导吾妹，使吾妹为一大觉大悟之人，则吾心难安，亦非所以报吾妹爱我之心。吾生平无他长处，惟有二事为人所甚难及者，第一好闻过，第二好读书。吾亦望妹为一虚心闻过之人。遇人劝诫己过，不但不当发怒护短，且当欢慰感激。夫妇恩如一体，尤当彼此劝诫，相携相助，共为上进之人。吾于妹从前过失，一概饶恕，不用追究。只求以后当自明白，多方补救便是。"[②]

9月

3日　致信邓绍勤，谈要以宗教感情入世，如此才能心无挂碍，一任前行："苟思孔子以中国为一家，天下为一人，'言忠信，行笃敬，虽蛮貊之邦行矣'。是则天空海阔，任我独来独往，党派仇雠，何足累我？凡事不带宗教性质，则罕有成功之望。宗教之有益于人者，在能养人专一的信仰，牺牲的精神，而使外物得超脱，身心得安顿。又人生之苦乐，率视

① 　吴芳吉：《致树坤》，《吴芳吉集·信》，第920—921页。

② 　吴芳吉：《致树坤》，《吴芳吉集·信》，第922页。

宗教性质之有无丰啬为差。孔子栖栖皇皇，不知老之将至，曲肱饮水，乐在其中，要为宗教感情至富之表现。"又谈作诗用韵之法："吉作诗用韵，新体则准方言（江津韵），古诗则从通假，唐人近体则概依今韵。吾弟吟咏，自可以《广韵》为归，以其为汉魏六朝之正音也。"[1]

14 日　明日将赴成都，至梨树湾谒父墓。

15 日　晨，从德感坝乘轿出发。时满江风雨，倍觉凄然，树坤送至门口，犹倚门相望，不忍离去。出江津，过云谷关，关门石刻"云谷"二字，咸丰七年（1857）书，此年恰为吴父生年。因思父亲往日经商过此，苍松白石，曾留憩影，如今物是人非，泫然泪下。夜宿永川，雨下不止，衣物尽湿，臭虫咬人难耐。有行旅数人无钱入店，因暴热骤冷，又加淋雨，倒毙城边。是夜，发烧、呕吐不止，一直持续近一月。未服药，以心力压服。

16 日　过荣昌、大足。绕大山数重，谷中流泉茂林。途中大足县境田坝子至邮亭铺一段五十里，所有瓦屋草舍，悉被土匪所烧，断垣残壁，令人触目惊心。

17 日　天晴气爽，呕吐之症稍缓。过狮子桥，此桥长百余步，七洞，雄伟壮丽。舟行二十里，水平波软，两岸丛竹，弯入水际，小舟从竹荫穿过，犹在江南。夜至隆昌，有狱囚逃狱，追获七人，枭首市中。臭虫咬噬难眠。

18 日　天晴，渡沱江。途中轿夫、挑夫病热不能行，吴芳吉以催眠术为之疗治，立愈，继续前行，至内江城夜宿。

19 日　出内江城数里，见军人修筑成渝公路。城过资州，宿一小村旅店。两日前，土匪从店中拖出旅客两人，拉入店后高粱地内，用乱刀砍死，血迹犹在。终夜不能安眠。

20 日　有雨，路滑难行。呕吐之症又发。夜宿资阳石坊，城小而洁，马路四达。

21 日　天晴，赶路行一百二十五里，沿途光山秃岭，草枯壤赤。过简州，景色又复青葱明媚，如在苏杭。至赤水铺，本欲投宿，却目睹此处刚发生的一桩命案。有一简州妇人因与丈夫口角，负气离家，自携银圆一百三十圆，独宿一店。店主窥其有钱，遂起歹心，夜间破门而入，逼死妇人，又伪造自缢现场，草草埋葬于郊外。此事为邻人所知，告官，店主落网。妇人棺木内鲜血淋漓，司法人员正在检验，子宫掏出棉花、茶叶甚

---

[1]　吴芳吉：《与邓绍勤》，《吴芳吉集・信》，第 923 页。

多。吴芳吉目睹惨象，为之悚然，催轿夫继续上路，不在此地住宿。夜色中行十五里，至石盘铺而宿。

22 日　晨，在茶店子早饭，男女围观者数十，有苦力，有乞丐，衣秽虫出，臭不可闻。饭毕，围观众人竞伸其手，抢夺剩饭。旁有土娼七八人，黄瘦如柴，犹复低眉媚笑，令人惊痛。未久，大雨倾盆，狂风怒号，吹人欲倒。雨中，成都平原苍烟迷蒙，远入天外，忆及乡贤赵熙之句"大野青浮一掌平"。过龙泉驿，此处川军、黔军连年鏖战，荒坟无数，埋战死之骨。夜抵成都。久觅旅店不得，数小时后才入住一店。客店内，满宿兵官，各招数妓打牌取乐，妓女有作太太装者、有作女学生装者，淫猥难言。夜深人静，兵官各留一妓伴宿，喁喁私语，淫声不绝。又店内臭虫极多，咬人厉害，捉得五十余头。此次行旅，兵匪横行，杀人越货；娼丐遍地，拉客乞食。因思蜀乱之源：一为各地竞造枪械，杀人之器，日渐其多；二为各派军阀私铸银圆，币值不一，从江津到成都，须兑换三次，民苦不便。赋诗《赴成都纪行》二十三首，记途中见闻、所思。

23 日　入校，谒见张澜校长。成都大学初建，规模简陋。校方不为教员提供食宿，吴芳吉住校外学生宿舍区一洋楼内，位于西玉龙街小福建营，距学校约二里路。学生闻吴芳吉诗名，来请教者络绎不绝。

成都大学学生社团林立，主要分为三大派：共产党领导的"社会科学派"、国民党掌握的"健行社"、国家主义派①组建的"惕社"。校内常有学生张贴的标语："一校之内不容有两种信仰"。吴芳吉对蜀地学生如此评价："论蜀少年本质，率皆聪明亢激，兼有南北民性之长，文学尤其所近，不费唇舌，可导之入于高深之境。惟以生活优裕，风气浮薄，姿态必求入时，言谈必得漂亮，活动有余，用功不足，此其不治之症，殊可兴叹。"② 吴芳吉所在中文系，也分新旧两派，教员既有蜀学宿儒，又有新派人物，较知名者有：向楚③、吴虞、李劼人、龚道耕、林思进、赵少咸、卢冀野等。吴芳吉被目为"新派"。对成都大学校风观感不佳："男、女生八百余人，真欲求学者不及十分之一，其余皆有党派，心不在书，教

---

①　国家主义派指中国青年党，当时以其外围组织"中国国家主义青年团"的名义进行活动。

②　吴芳吉：《与刘弘度刘柏荣》，《吴芳吉集·信》，第 928 页。

③　向楚（1878—1961）：字仙乔、仙樵。四川巴县人。少年就学于川东书院。晚清举人。后加入同盟会。清末，先后执教泸州经纬学堂及叙永中学。1911 年武昌起义，蜀军政府成立后，任秘书院院长。后潜心学问，历任国立南京高等师范学校、成都大学等校教职。1927 年冬，任四川省政府委员兼教育厅厅长，岁余解职，任四川大学文学院院长。1952 年任四川省文史馆副馆长。为《巴县志》总纂。

者学者于是彼此敷衍，不能认真。此种学校，完全未入轨道。平心而论，实则误人子弟。然在成都，犹以此校为最完善也。其他更不成矣。"①

开设《楚辞》和《唐宋诗选》课程。论诗以屈原、陶潜、杜甫、丘逢甲为宗，推崇丘逢甲，乃取其爱国精神。喜讲金和②长诗、王闿运《独行谣》、樊樊山③《彩云曲》。讲诗时联系自身所历，"自述身世，愤惋欲绝"④。每周上课十三时，共教五班，其中两班有女生十余人。除成都大学外，尚在敬业学校⑤、华西协和大学⑥、第一师范学校兼课，各二时。授课、讲演，颇受欢迎，为成都知识界所重。授课之暇，进修日语、去校图书室阅读文史书籍。

成都生活成本低，物价低，饮食便宜，城市建设也有成绩：春熙路为商业中心，少城为居住区域；公园、图书馆、美术馆、体育场及传统花会、佛会为公共活动场所；富家大户花树荫街，妆楼临水，小户人家门前种竹，溪水曲流。惟社会风气浮躁，世风淫靡，治安紊乱，夜中大街上时有抢劫杀人之事。小市民习气甚重，对仆役若不摆架子，平等相待，反遭其轻视，在这方面"成都人性最卑劣"⑦。不愿久居于此，仍思北上，计划只教一学期，待明年三月奉母携妻再次出川。

28 日　致信何树坤，报告行程及校中情形，信末劝慰："吾妹之病，总要赶急诊治，务使身体恢复昔年之状。其法：1. 硬下决心，戒除一切伤生之行为。2. 早起早睡，每晨上山散步，每夜勿枯坐作事。3. 应心气和平，切忌动怒多愁。4. 常时劳动，使血脉灵活。吾于妹始终专爱，历

① 吴芳吉：《禀母书》，《吴芳吉集·信》，第 934 页。

② 金和（1818—1885）：字弓叔，号亚匏。江苏上元人。诸生。太平军攻克南京，曾作清军内应。其诗不循唐宋，随心所欲，多用散文体、说话体、日记体，以表现古人未到之境、未辟之意。五七古放纵恣肆，尤具独创性。有《秋蟪吟馆诗钞》。

③ 樊樊山（1846—1931）：原名嘉，又名增祥，字嘉父，又字天琴，号云门、樊山，晚号樊山老人。湖北恩施人。曾任陕西巡按使、陕西布政使、参政院参政兼参议。著有《樊山文钞》、《樊山诗钞》、《樊山全集》等。

④ 赖高翔：《忆吴芳吉先生》，载中国人民政治协商会议重庆市江津市委员会文史资料委员会编《江津文史资料》第 17 辑，第 124—133 页。

⑤ 敬业学校系邓绍勤之友彭云生所创立。吴芳吉因邓之关系，在此义务帮忙，并不领取薪酬。敬业书院内设中国文学系、中国哲学系和中国历史系，分别由吴芳吉、刘咸炘和蒙文通主持。

⑥ 该校校长张凌高、总教务长费宗之皆何树成在美同学，因此关系，数次恳求吴芳吉在该校任教。吴推脱不过，只得应之。

⑦ 吴芳吉：《禀母书》，《吴芳吉集·信》，第 933 页。

久不变。妹以前之错，吾皆能饶恕淡忘。妹亦须深自觉悟，养心修身，以无负吾之专爱。"①

是月　樊橄远追随至成都大学，随侍吴芳吉，并表示愿为筹集资金一千圆作为明春出川费用。

10 月

2 日　致信何树坤，报告近况：一、校内薪水只发七成，目前实得一百四十圆，决定年假之后，不再返此，或返东北大学，或与吴宓暂住；二、受多数学生爱戴，少数旧派教员有嫉妒之心，自己惟有谦恭自守，举动光明。

4 日　为张采芹②画作题诗《题张采芹〈林和靖梅妻鹤子图〉》。

7 日　邓绍勤自重庆来成都参加四川团务会议，顺访吴芳吉。向邓谈家事，言及婆媳不睦事。邓绍勤力陈婆媳失和之弊，必致诸事不顺、老幼不安，提醒其设法解决。

8 日　致信何树坤，请其在白沙多住几月，不必回德感坝，以免婆媳相处尴尬，可等两儿放假，一起回去。又言："姑媳既已失和，欲求两面相安，惟系于我一人。我在家则母有承欢之儿，妹有同情之侣。虽积年累月，不致生事变也。故从年假归后，无论何时何地，不使吾妹与我相离。吾当永远调和于此姑媳之间，导以正路，诱以娱乐，必能使积怨渐忘，以至相安如十年前也。妹之苦心郁气，吾今皆深知之，深谅之。吾以后益当爱护树坤，树坤亦当好自保养，毋负我爱。"③

11 日　复函何树坤，内云："妹病松得大半，实是天幸。妹能加意调养，此即安慰夫心之道，而贤淑妇女应有之责也。从今以后，希望吾妹时时小心珍摄，痛改癖气。勿轻发怒，勿怀忧伤，活泼慈祥，为吾理想中真正之新妇女，使身体既健，精神亦美，所谓灵肉调和，灵便是精神，肉便是身体；调和便是二者并好，是诚人上人也。吾妹其知勉之。……吾妹在家，可自作醪糟，每晨及晚，用醪糟冲蛋花饮，比吃子鸡为有益处，一则

---

① 吴芳吉：《致树坤》，《吴芳吉集·信》，第 926 页。

② 张采芹（1902—1984），名学荣。四川江津人。毕业于上海美专，师从刘海粟、潘天寿学画。后回四川，创办四川女子美术学校。善画花鸟，尤工画竹。1949 年后为四川文史馆馆员。

③ 吴芳吉：《致树坤》，《吴芳吉集·信》，第 936 页。

可以滋阴，二则免得杀生。妹且试行如何？更有数小事当注意：1. 妹之背益驼，急宜矫正，使肺量开张，姿势端直。2. 两肩似觉一高一低，亦须使之平均。3. 发宜护惜，以愈多愈美。4. 齿缝如有黑痕，须洗净，不宜留滞其上。5. 欲求面有血色，须常时运动。宜多在日光中生活，勿在阴暗之地久处。6. 运动既倦则睡。因运动能令人增血，而睡眠能令人添肉。必血肉俱丰，而后姿势美好，精神娱快。……母亲处亦须半月或一月禀告一次。母知吾一心爱树坤，除树坤外，宁终身独居，更无匹敌之人，吾信吾母必能推恩及树坤也。"①

15 日　拜访程芝轩②。程芝轩打算出家，表示毫无挂碍。

16 日　致信何树坤，内云："吾妹在乡养病，吾已禀母听妹早迟回家，冬月腊月都不拘定。妹但宽心调护可也。妹性燥急，为养病之大碍，宜悔改。燥须和而急须缓，一切事付之自然，不可求速，速则不达。即如己身有病，亦宜淡然视之，不必紧记在心，越要快好，越难得好。不如置之不理，反为易好。"③

19 日　接何树坤来信，详告病情：医生已换三人，而病犹不愈，苦于发冷发热、腰痛肚痛、咳嗽不止等症。

20 日　复函何树坤，劝其不必再请医师治疗，并提供疗病药方。信中还嘱："妹但平心静气，照常度日，不思前，不虑后，精神既安，则身体自好。"④ 转汇三十圆以供何树坤疗病之用。

22 日　知何树坤病有起色，为之欢欣，又嘱："妹能仔细调养，勿使亏伤，即所以报我慰我。自经此变之后，妹当痛改性情，去燥急，就平和，以不负吾之想望。使吾二人之爱，愈以浓厚，愈以纯一。妹又当知吾之爱妹，亦即吾母之爱其媳。吾母不生此子，则吾妹安得此婿？此后并望常常寄书禀母，务求和如者，则吾心益慰，吾爱益无量也。"⑤

23 日　致信母亲，告之何树坤病况，表达居中调停之意："坤虽德薄，然男之爱之，终始不二。……彼感激男之专爱，于其前事，颇有悔

①　吴芳吉：《致树坤》，《吴芳吉集·信》，第 937—939 页。
②　程芝轩（1865—1941）：名昌祺，字芝轩。四川黔江人。留学日本，入弘文师范，与萧湘相识。辛亥革命后，在重庆主办高等师范附属中学。1926 年任华西协和大学中国文学系主任，并为该校备案积极奔走。1936 年在五台山出家，法号能观。
③　吴芳吉：《致树坤》，《吴芳吉集·信》，第 941 页。
④　吴芳吉：《致树坤》，《吴芳吉集·信》，第 943 页。
⑤　吴芳吉：《致树坤》，《吴芳吉集·信》，第 945 页。

心，男亦多方导之启之，男信男之精诚信义，必能使之感化。"①

26日　复函何树坤，对其身体康复极为欣慰，提醒其此后当深自觉悟："1. 忧能伤人。无论何事，都要从宽处着想，勿使身体吃亏。2. 怒不可发。其使人致病，必忧郁之害更大。妹所有病象，都由此二者而起，可不戒哉！可不戒哉！"又谈在校任教情况："吾在此名誉极好，足以慰父在天之灵。惟以虚名益广，益足令人恐惧。无暇读书，则长进甚少，有名无实，犹盗贼也。……蜀中贤师太少，或有学问而无道德，或有道德而无志气。吾欲为之作一榜样，使知今之中国，亦有力思自勉于学问、道德、志气合一之人，并为吾母吾妻争光也。"②

27日　致信何树坤，劝其不要听外人挑拨之言，并谈婆媳相处之法："为媳之道，愈遭其姑之疑，愈要恭顺诚恳，而事事愈要公开，不可隐藏。吾妹颇不明白处世之道，但能听从吾言，必得吉利。大半媳妇于姑，负有三种义务：一要能忍；二要不争；三要殷勤。妹以后照此实行，谨记勿忘，则一家自和乐也。"③

29日　接何树坤长信，告以病情反复、加重。吴芳吉认为，病情恶化，是何树坤听到外人中伤之言，愤激悲伤，乃使病情加剧。以白话复函，劝其安心，语气峻烈："既是丈夫爱你不变，则其他一切均属小事，万万不可着急，诸事看在丈夫身上。……你一闻人言，便不顾性命，发气着急，也不管身体之吃亏，也不管丈夫之怜爱，如此任性使气，全不替我设想。不知你的病一日不好，我的心一日不安。我只有这样诚恳劝你，你总不听从我劝你的话。再不明白以自救救夫，自慰慰夫，以后只有听你去干。我总希望你能明白过来，休道母亲说你，你应该包容下去，就是别人，你念到丈夫身上，也应该包容下去。至于外人说你，如曾家李家，有甚要紧？不久就要出游，又腊月回家同我共处，谁能向你嘲笑？言语是虚的，疾病是实的，要注意养病方是。"④

是月　徐朴生夫人黄馨北自西安经武汉至成都，与之晤面。为族中侄子吴汉琴介绍工作，委托姚骍、邓绍勤等代为推荐，先后谋荐二十八军录事⑤、合川机器厂（为邓绍勤好友卢作孚所办）职员等职位。决定辞去成

① 吴芳吉：《禀母书》，《吴芳吉集·信》，第946页。

② 吴芳吉：《致树坤》，《吴芳吉集·信》，第948—949页。

③ 吴芳吉：《致树坤》，《吴芳吉集·信》，第950页。

④ 吴芳吉：《致树坤》，《吴芳吉集 ·信》，第952页。

⑤ 录事：民国时官府或其他机构中任抄写工作的低级职员。

都大学之职，明年春天仍旧外出，樊樾远为之筹足路费。

11 月

　　3 日　复函何树坤。何树坤明春不愿随夫外出，吴芳吉心中不快，为之神伤："吾明春移家外出之故，原以父亲去世，家中人口太少，必须母妻儿女长聚一处，乃有生人之乐，无别离之苦。今妹出此言，似乎不愿出去，岂非大背情理？他不必论，吾口口声声从年假为始，永远不离吾妹，以慰汝卫汝。吾之立意，何等忠爱！而妹之对我，无情至此。请扪心自问，妹不同行，使我从此孤苦在外，无人安慰，忍乎不忍？今且一一问妹，何以不愿出去？实属无理可言。妹若因为多病，但我并不嫌妹有病；妹若因为憔瘦变形，不愿见人，但与我同处，身体自易复元；妹若因为与吾母不睦，出去恐更惹是非，但一切有我调停遮盖，保护担当，毫不担心；妹若因为难舍岳母，但女子嫁人，永无住娘家之理。况夫妻恩情，彼此更难舍弃；妹若因为女仆在家，挑弄是非，但明年出去，并不许他随行。吾再三替你设想，只有出去是上策。出去则妹之情能慰，病能好，身体能恢复，名声能洗刷。妹既不愿他人随便诬你，今妹同我出去，他人之谣言自熄。故替你设想，只有出去是上上策。若是不明大理，竟不出去，忍心抛弃丈夫，忍心抛弃儿女，则是吾妹自绝于丈夫，自绝于儿女，恩情已断，无复夫妻母子之关系。吾亦无力强你从我，只有各行其是罢了。嗟乎！嗟乎！吾一心爱妹历十三年，不料妹之报我，乃冷酷如是！如是伤心之话，妹竟能出诸口也！妹此片不知是一时荒疏所写，还是认真写成？请即刻回信，以解疑团。若是一时荒疏，我当恕你。再忠告妹，你眼前要事，在好好养病。莫要胡思妄想，自寻苦恼。你怕吾母不能相容，则你对我越要体贴，越要专一才是。若一面既与吾母难安，一面又与我离弃，岂不成为世上最孤最苦之人？有何趣味？快快明白过来，快快回信答我。"①后何树坤来信婉解，方才释怀。

　　6 日　致信母亲，告以成都大学经济窘困，办校经费（盐款）为军队提用，教师薪俸连七成亦发不出。信中哀叹："命该受穷，到一处则一处支绌，只呼天也！"唯一欣慰者，大受学生欢迎，名声甚好，显亲扬名，

---

① 吴芳吉：《致树坤》，《吴芳吉集·信》，第 954—955 页。

"使蜀中士夫知吾父母生有此子",并不计较得钱多少。①

9日 接吴宓信,告以明年二月二十日前,务必来东北大学任职,不可再变计:"在宓一方,负责与汪公交涉,续聘必无变更。三月一日起授课,决不迟到一日。如欲借支一个月薪金充路费,乞电或函示,即办,必成。相隔千里,必行事互相呼应,万不可一方中途变计。前此弟之变计,无论有理无理,皆致宓异常痛苦,后此如再变计,则早请杀宓为是。"②

21日 吴宓又来信,谓前函所言,皆取消,亟盼吴芳吉来京,与之合力办《学衡》杂志,二人同居一处,且对吴芳吉作诗大为有利。至于吴芳吉家眷生计,吴宓表示愿意全部负责。吴宓又乐观地憧憬,不愁经济问题,二人可作稿投《国闻周报》,每月四篇,可得百圆。

27日 应中文系系主任向楚邀请,参加成都大学中国文学系讲座及预算事。到会者有蒙文通③、彭云生④、李培甫⑤、吴虞等人。

29日 成都教育界为争取教育经费独立,罢课一天。

是月 于成都各校多次演讲。拜访成都名士朱笃臣⑥,朱告以养生之道,秘诀在"劳则健":愈劳动,身体愈强,心气亦愈平和;不劳动则身体日衰,而心气益燥急,其去死期亦日近。此一时期,亲近佛法,熊东明⑦力

---

① 吴芳吉:《禀母书》,《吴芳吉集·信》,第958页。

② 吴宓:《致吴芳吉》,载吴学昭编《吴宓书信集》,生活·读书·新知三联书店2011年版,第115页。

③ 蒙文通(1894—1968):名尔达,字文通。四川盐亭人。1911年入存古学堂。历任成都大学、河南大学、北京大学、河北女子师范学院教授。抗日战争爆发,返川任教于四川大学、华西大学。1949年后,仍任教于华西大学、四川大学。主要著作有《古史甄微》、《辑校李荣老子注》、《辑校成玄英老子义疏》、《周秦少数民族研究》、《经学扶原》等。

④ 彭云生(1887—1966):名举,别号芸生,笔名芸村、芸苏。四川崇庆人。先后在重庆联合县立中学、成都联合中学、成都大学、齐鲁大学、四川大学任教。创办敬业学院。1951年,任四川省文史研究馆研究员。撰有《薛涛丛考》、《薛涛诗笺》、《杜诗版本考》、《草堂文献汇编》等稿,有诗集《辛未旅燕杂感百六首》。

⑤ 李培甫(1885—1975):名植,字培甫。四川垫江人。早年加入同盟会。曾任成都高师、成都大学、四川大学和华西大学教授。1949年后,任四川文史研究馆馆员。

⑥ 朱笃臣(1861—1947):又名朱泽勋、朱青长。四川江安人。晚清举人,曾参与辛亥革命。为四川经学、诗词大家。

⑦ 熊东明(1901—?):四川江安人。北京大学英文系毕业。曾任北京励群学院教务长,四川大学、成都大学、私立勉仁国学专科学校、西南农学院教授。后转往佛教会工作。

劝其念佛，作诗《浣花曲》赞叹礼佛之任氏女。教何树坤念佛之法。①

12 月

18 日　何树坤病愈，写长信致贺并劝慰："妹为我忍苦受痛，坚决除病，令我佩服之至，真不负我十余年之敬爱也。预料妹心欢喜，亦当为十余年来所未有也。古人云，为善最乐，岂不然乎？……妹经此大病，九死一生，正如昨年吾在西安围城之险。妹病之得痊愈，固由妹之从早觉悟，敢下决心，亦由我之专爱不移，有以鼓励吾妹之生机所致。吾经西安围城之险，而吾精神愈加振作，吾之守身，亦更严谨。今于妹之希望亦然。以下数事，请妹时刻不忘，终身行之。一、吾于妹只有敬爱帮助、绝无讥笑伤害之心。妹之对人处世，不如我之富有经验，则宜一切听吾之命，庶几生活以安，名誉以立。二、以前所行所为，凡伤害身体，萎靡精神之事，宜从此痛改力除，勿再染习。此次大病，实与吾妹之好教训也。三、妇容定要讲求。凡发怒多愁，及不好运动等事，皆有伤容颜之美。妹年将三十，正是身体成熟之期。四十以后，渐就衰耗，则此十年之中，必求娇媚活泼，以无负此韶光，实正理也。四、宜多谈多笑，多儿童之姿态，多正当之交游，使人一见而有欢心。不可默默无言，畏首畏尾，如老先生之形状，毫无风趣。五、左邻右舍，无事不可涉足妄走。然后身价高超，人品纯洁，外人不敢轻视，背后不有讥评。吾年来在外，所得关于女子心性之经验甚多，年假回家，愿以全力训谏吾妹，使妹为一最美最善最真之新式

---

① 念佛疗病之法，吴芳吉得之于黄隼高。黄精通佛学，又通医道，吴芳吉以妻病告之，黄教以念佛之法。黄自云，其亲友受病受苦，无法医治，因旦夕念佛而痊愈者已有多人。吴芳吉据以告其妻：佛祖曾发大愿，要解救世上一切受苦之人，日夜诵念"阿弥陀佛"，当蒙救拔。又告念佛之法及不可思议之效果，"时时默念、刻刻默念、百病都消、精神自健"、"念时不必出声，但在口中自己知道，不令他人听见，无事即念，不使休息。五日则病较轻，十日则病大愈，半月则身体一切平安。当发冷发热之时，尤须诚心默念，则冷热自易消除"、"添福添寿，只此一法"。且请其妻于吴父冥寿之日，为之终日念佛。见吴芳吉《致树坤》，《吴芳吉集 · 信》，第 962—963 页。后何树坤病转危为安，吴芳吉又致书督促其念佛不辍，"念佛仍宜常做，能减人痛苦，得神天之助，最属有益。凡闷倦无聊，或不寐之时，即可行之"、"妹现在仍须时时念佛，必能救苦救难，并望终身行之，必得神佑"。见吴芳吉《致树坤》，《吴芳吉集 · 信》，第 973、975 页。

妇女，以增进夫妇爱情于无穷，而作亲友之模范也。"①

19日　吴宓来书，谓东北大学有变，暂勿辞去成都大学教职，可教至明年暑假。

是年　撰《自订年表》，记民国五年至民国十六年间之行踪、交游、创作等。

结识刘咸炘②、唐迪风③。文守仁《蜀风集》记载："民国十六、七年间，余负笈国立成都大学。双流刘鉴泉先生、江津吴碧柳先生先后授本班国文，宜宾唐迪风先生亦在讲席，三先生俱深崇儒术，欲拯横流，居常论学，契合无间，而迪风先生尤究心性理，旁通释典，其所极诣，刘吴二先生皆以为不可及也。"④

---

① 吴芳吉：《致树坤》，《吴芳吉集 ·信》，第972—973页。
② 刘咸炘（1896—1932）：字鉴泉，号宥斋。四川双流人。父桂文为光绪进士。少从父、兄读。1916年学成，先任教于尚友书塾，继而任成都敬业学院哲学系主任，成都大学、四川大学教授。成书235部，总名《推十书》。刘咸炘初不识吴芳吉，读吴氏《成都纪行》诗至"衣食灭情性，追念以日稀"，惊叹："天性一醇至此。"遂缔交。见刘朴《吴芳吉传》，《吴芳吉集·附录》，第1371页。
③ 唐迪风（1886—1931）：名烺，又名倜风，字铁风。哲学家唐君毅之父。师从欧阳竟无学习儒学。先后执教于成都大学、四川大学等校。与彭云生共创敬业学院，被推为院长。有《孟子大义》传世。
④ 文守仁：《蜀风集》，自印，1998年3月，第176页。

1928 年（民国十七年·戊辰）三十二岁

1 月

2 日　绕道川北，与邓绍勤、樊橄远、吴汉琴相伴，返归德感坝故里。路经合川时，邓绍勤邀在北温泉公园小住二日。

10 日　吴宓接成都大学电报，请其勿招吴芳吉北上："吴君芳吉夙任敝校文科主任，据云先生纠其入京，遂尔辞聘。蜀中聘人不易，吴君若去，敝校必顿生困难。北京人文渊薮，易觅长才。敬乞允予吴君留蜀，则敝校不胜感激也。"吴宓复成都大学电："成都大学转吴芳吉鉴，请受聘留蜀。"又致信吴芳吉，言成都大学上下如此情谊殷拳，不可决绝冷淡，下学期可继续留任，暑假内再移家外出。

25 日　吴宓来函，仍建议吴芳吉下学期留任成都大学，理由如下：一、编印诗集本已延期，不在此半年；二、《大公报·文学副刊》、《学衡》现较易维持，不亟须帮助；三、东北大学秋后才有职位，此半年不可闲居而困；四、成都大学知其有离去之意，从优另聘，若拒绝，于是非利害皆不合。

是月　吴芳吉决计辞去成都大学教职，初定四月中旬携家眷由上海赴北京，暂与吴宓夫妇同住，从容谋事。吴芳吉坚欲离开成都大学，除薪资待遇较差之外，尚有如下原因：一、在成都各校兼职时，被学生目为国家主义派，悚惧于"打倒国家主义及捕杀国家主义信徒之辞"，忧心暴乱一起，无从脱身；二、讲论儒学为激进学生所不喜，担心为人以此为借口大肆攻击而于己不利。

2 月

16 日　成都教育界爆发"杨子衡案"①，波及成都大学，学生为军警捕杀六人，逮捕三十八人，校长张澜愤而辞职，全校教授亦感生命无保障，宣言辞职。事出必有因，成都教育界种种乱象，吴芳吉早有观察：各校因经费问题矛盾重重、学生运动蜂起、党争械斗不止，教育界诸事"取舍决于爱憎，权责操乎群众"②。

22 日（农历除夕）　沈懋德③、吕子方④、彭用仪⑤齐聚吴芳吉寓所，共庆佳节之余，商议在重庆筹办大学之事，决定大学之名定为"重庆大学"。此前，考虑到川东学生求学不便，沈懋德、吴芳吉、向楚、吕子方、彭用仪等川东籍教授即已商讨筹设一所川东大学，公推向楚草拟倡议书，以川东同乡会名义发出，受到重庆各界人士的重视。"杨子衡案"发生后，成都教育环境恶化，诸人更感有必要在重庆建立一所大学，以延揽师资、储备人才。

---

① 杨子衡当时为成都大学学监。成都军政当局任命杨子衡兼任省立第一中学校长，遭该校学生反对，为此开除三名学生。1928 年 2 月 16 日，杨子衡被学生殴毙。成都当局命三军联合办事处处长向育仁派出大批军警，包围了成大、师大、师大附中、四川法政、志诚法专、省二师等学校，对师生进行搜查，逮捕了教职员工 100 余人，捕杀 14 人。见吴芳吉《与吴雨僧》，《吴芳吉集·信》，第 979 页；亦见四川省盐亭县志编纂委员会编纂《盐亭县志》，四川文艺出版社 1991 年版，第 698 页。

② 吴芳吉：《与吴雨僧》，《吴芳吉集·信》，第 980 页。

③ 沈懋德（1894—1931）：四川巴县人。毕业于日本东京帝国大学。曾任武昌大学物理学教授、巴县中学校长、成都大学理科学长兼物理系主任。重庆大学创始人之一。重庆大学建校后，辛劳成疾，病逝任上。遗著有《气象学》一书。

④ 吕子方（1895—1964）：四川巴县人。早年就读于重庆府中学堂、上海大同学院。毕业于英国里茨大学。回国后，先后执教于厦门大学、广东大学、河南中州大学、暨南大学、成都大学等校，并曾兼任过上海自然科学研究室主任、江苏省三角天体测量训练班教授。重庆大学创始人之一，先后任校董事会委员、教务长、训导长、理科学长等职。抗战时期，任重庆三十二兵工厂实验室主任。后历任四川省立重庆中学校长、四川大学物理系教授。对中国古代科技史的研究卓有创获，学术论文汇编为《中国科学技术史论文集》。

⑤ 彭用仪（1899—1994）：四川巴县人。先后毕业于天津北洋大学、德国爱尔兰根大学、慕尼黑大学研究院。曾任重庆邹容中学校长、成都大学教授。重庆大学创始人之一，历任重庆大学化学系教授兼系主任、图书馆馆长、代理校长等职。1949 年后，先后任教于第七军医大学、四川财经学院、南充师范学院。

3 月

月初　闲居在家。家计窘急，负债未偿，又吴宓代为谋职之事暂无眉目，亲友多有鄙薄之意。

16 日　致信吴宓，谈对宋明理学的体认："近日颇读宋明理学之书，欲自理学以觇文学，殊有独悟。昔以程朱诸公每言作文害道，疑理学与文学之不两立，今知非是。即如诸公所本修辞立诚，诚固当立，而辞亦必修。立诚所发，正是修辞，亦吾人主张文学道德合而为一之意。又如义利之辨，阳明解为存天理，去人欲，亦即趋重人类全体之生活，而轻一己之感情，以致公而化至私，无用叹老嗟卑之意。又如论理性与气质兼重，在以理智救感情之偏，感情周理性之用。虽论道德，亦即文学原理。大约研习理学，乃知文章何以不苟作也。"①

22 日　由聚奎学校校长戴叔塘陪同，从德感坝至白沙，探访亲友，随即赴聚奎学校。聚奎礼堂仍奉孔子神位，未因时代风潮而变，为之欣然。聚奎学生集会欢迎诗人到来。

24 日　为聚奎学校学生做《诗之正法》演讲。② 开馆编纂校史，流连经月，先后撰有《聚奎学校沿革志》、《聚奎校名释文》、《聚奎校旗释文》、《聚奎学校校歌》、《聚奎学校食堂歌》、《萧湘先生事略》、《聚奎发起人程倬云先生事略》、《创办人邓石泉先生事略》、《管款员周常昭先生事略》、《书邓鹤年先生捐金事》、《山长程绥仁先生事略》、《山长程德音先生事略》、《校长邓鹤翔先生事略》、《校长唐定章先生事略》、《校长夏风熏先生事略》、《聚奎园林志》等史稿。并于春夏之间，撰《建设聚奎义务大学提议》，主张在白沙建立"公立聚奎义务大学"，"以实行知识公开、教育机会均等、补助寒士研究各种高深学问及专门技能、以立己立人、建国救世为宗旨"。③ 成诗《还黑石山作》三十一首，诗作多有旧地重游、物是人非之慨，又状山河壮丽之景，感母校师长培育之恩，亦有论

---

① 吴芳吉：《与吴雨僧》，《吴芳吉集・信》，第 981 页。

② 吴芳吉返校，授课以演讲为主，婉拒了校方请其教授国文的要求，不愿为"灌输知识或求真求美之末事"，更乐意"教人为人，教品砺行，入孝出弟，以止于至善之大端"。见吴芳吉《致友人》，《吴芳吉集・信》，第 977 页。

③ 吴芳吉：《建设聚奎义务大学提议》，《吴芳吉集・文》，第 569 页。

诗、感时之作，其十："礼异则从宜，文穷必变体。天行健不息，我诗胡能已？哀彼妄庸人，新旧拘疆理。未识真面目，徒矜创与拟。新者疏不亲，旧者沉不起。安行须正途，首除积习靡。我爱英人言，旧坛盛新醴。（New wine in old bottle）"，十一："今人革命徒纷纷，不及诗人革命真。饥溺常思期禹稷，声华那屑道桓文。不存国与种，胡为党与军？何物'伟人'与'名士'，一齐勘破无余滓。但有众生平等之精神，以此觉民万类亲，以兹化世风俗淳。性能常自在，情与日为新。家家和乐明诗教，昵昵儿女尽诗人。"

谒恩师萧湘、故友邓燮友墓。以诗抒怀："出门向西望，松下有双茔。茔中吾师友，宿草何青青！与子同声气，同气复同形。奈何秋风早，一翩乃先零。人天哀乐难陈数，吾欲闻过复谁诤？早岁患国亡，今则教已倾。国亡譬身死，教亡使心薨。羡子地下穆以宁，嗟我艰危独伶仃。敢将苏哲语，重译为君铭：我今之死所，君自乐所生。生死谁为美？上帝知其情。"（I go to die，you go to live，which is better，God only knows.）

27 日　吴宓知吴芳吉未去成都大学，来函，请吴芳吉速速携眷出蜀来京，到京后，再谋职务。

是月　成都大学开学，张澜复职。

4 月

成都大学校长张澜致信吴芳吉，力请其再来任教，且聘以中国文学系主任之职。

为《学衡》杂志筹集资金四百圆。

李仪祉访吴芳吉于黑石山中。

5 月

2 日　吴宓来书，请其速外出来京，可一人先来，家眷随后可有邓绍勤护送来京。同函附上一百圆作旅费。

13 日　由聚奎学校返回江津德感坝。

16 日　吴宓函催来京，商量刻印《两吴生集》事。又言，已为吴芳吉各处联系教职。

20 日　成都大学中国文学系本科一年级全体学生致信吴芳吉，恳请吴芳吉前来任教。校方、学生再三函请，吴芳吉力却不得，同意再赴成都任教。函告吴宓。

6 月

15 日　致信吴宓，解释为何未能如约出川："吉行止反复，累失信期，自知不足齿于侪辈。所以倒逆如此者，盖误于平生所持一念：浅恩速报，大德终身之旨。故与关系愈浅者，欲了结其事也愈速；反之，关系甚深之人，既非一事可了，转觉得以从容，非自疏也。既欲终身报之，不在早迟间耳。吉比年行事，大抵如斯。虽心迹无他，然不免于弄巧成拙之过。孔子之言曰：人之过也，各于其党。观过，斯知仁矣。方苞以君子之过，值人事之变，而无以自解者十之七，观理而不审者十之三。不知吉今之过，有稍类乎此者否耶？然终望长兄之能恕之也。"①

7 月

8 日　致信周光午，谈王国维之死："吾人万勿再效王静安先生之自杀。身世出处，彼此不同，未容趋步假借。落花可伤，新萌又始。况古代文化并未消沉，无须吾人与之共尽。此刻要事，特务负我身世出处可也。"②

20 日　吴宓来书，对吴芳吉留任成都大学表示理解，请其安心努力。又告吴芳吉可请成都大学订阅吴宓所编《学衡》杂志、《大公报·文学副刊》以及吴宓常发表作品的《国文周报》。信中最后说："虽然，宓之理性，虽主张弟就成都事，然感情上不无失望痛苦，所望（一）与弟切磋共学，细述宓研究之所得，与弟互相质证。（二）共为文艺之创作，以宓一生之经验，助弟成为中国二十世纪之大诗人。（三）刊印《两吴生集》……悉难如愿矣。念人生朝露，已见二毛，祸福无定，即不必言作学论道，晤面谈心亦不知何日，能毋凄然？弟来函有'雨僧骂我一场'

---

① 吴芳吉：《与吴雨僧》，《吴芳吉集·信》，第 985 页。
② 吴芳吉：《与吴雨僧》，《吴芳吉集·信》，第 985 页。

云云，因之不快。夫宓生平好为朋友主张，乃缘热心过度，即是太患情多，因失望而痛苦。弟亦明悉，今乃不曰失望痛苦而曰骂，则是宓乃一无识无行之村妇耳。心一不了解我，亦常以'骂'字加诸宓，见此字即痛。此心不蒙曲谅，诚可痛伤。望以后勿再用此字。"①

8 月

10 日　复函吴宓，谈合印诗集之事："来书所言合印诗集事，当及时进行，全合吉意。……念郑卫之音满天下，吾人不当默尔而息。诗虽不工，其志未尝不善也。又两人诸诗，须互相参证之处甚多，并印乃可弥补。即如去岁，同时出关，吉《归途》一诗，只言离开长安之一段感想，其于秦晋间旅况风物，毫不言及者，盖以吾兄既有百首纪之，不必吉之赘辞。又如海宁王先生之死，吾兄受激刺最深，哀愤之意，散见年来各诗，吉于此哲人，乃无一字吊之者，固以关系甚疏，亦所欲陈者已为兄先言之矣。程伊川云：天下事譬如一家，非我为则彼为，非甲为则乙为。亦即此理。吉于北伐成功，窃甚喜者，盖使吉当国，亦必有此一举也。"②

是月　携妻树坤、女汉骊、妻弟树荣再赴成都大学任教，与徐朴生一家同住一院。自奉甚俭，内衣不足，出汗，辄以纸揩拭，候其干爽。每日，不用校工，洒扫之事，亲自为之。

9 月

3 日　就任中国文学系主任。推行教学改革，以养成"讲而专导，读而兼作，体而兼用，中而兼西"之学风。又为学生改诗，一时成都大学

---

① 吴宓：《致吴芳吉》，载吴学昭编《吴宓书信集》，生活·读书·新知三联书店 2011 年版，第 128 页。吴芳吉未能如约来京或赴东北大学，吴宓日记中多有失望之词："又接碧柳函，云将赴成都大学。宓以前寄函多封，种种计划，种种道理，种种心情，一概置之不顾，使宓痛伤。"(1928 年 5 月 30 日) "得碧柳函，知已就成都大学之聘。为实际计，为生活资用计，此固良策。然若为求学成名，同居读书切磋，及刊印诗稿等事，则碧柳不来，诚使宓痛心而失望。"(1928 年 6 月 4 日) 见吴宓著，吴学昭整理注释《吴宓日记》(第四册)，生活·读书·新知三联书店 1998 年版，第 68、70 页。

② 吴芳吉：《与吴雨僧》，《吴芳吉集·信》，第 986 页。

学生作诗成风。

　　11 日　　拜访吴虞，请其讲授文学史、诸子文。

　　27 日　　邀请佛教学者刘恒如来成都大学讲因明学。

11 月

　　1 日　致信吴宓，诉家中婆媳不睦之事："树坤与吾母不和，始于吉在西安围城之际。原因纷杂，不能细究。然以吉之顺从母意，不能抑母而扬其妻，遂乃迁怒于吉。自吉奔丧抵家之次日为始，年余以来，动以他家琐事，无关夫妇本身，而生伤发气，投江抹喉，一卧须三五日始得痊者。以吉健忘，殆难例举。吉以姑媳既不相安，自宜分居以缓其势。此次携之来省，专为此意。"又言，深悔携何树坤同来成都，以致痛苦万分，不得安生："乃行至内江，即复大闹，欲中途弃去。抵省十日之内，而三次决裂。两月之间，小闹更不可数，而本周四日之间，竟演急激不可堪者三次。"三次"大闹"情形，信中详述：一、星期日午后，有客来久坐，致误晚饭，何树坤不悦，吴芳吉辩称："此为客之无礼，非我之咎。以后当告客，勿以吃饭来。"何随即怒答："今得罪你的客人，还须向客宣布我罪。你母亲诬我吃烟，到处宣布，唯恐气我不死！今日又说我得罪你的客人，不如杀我！留我何用？"由是开始，半夜不睡。二、星期一午后，何树坤接二子来信，信中述及校中与何家表兄弟等相处不快事。何树坤认定，吴母挑唆二子写此信，以羞辱何家。吴芳吉听闻此事，答以"儿子不是，为母可覆示责之"。何树坤借题发挥道："你家欺人太甚。我家为你父母所藐视，为你所藐视。现在儿子也藐视我！离家两月，弄得儿子欺负我来！倘非暗中有人挑拨，儿子岂敢如此？将来你们非害死我不了！"言罢，痛哭倒地不起，吴芳吉扶之上床。又骂吴父吴母、二子，历四五小时。吴芳吉幸未再答言。三、有曾姓者仗势，欠何家银钱数百一直未还，而曾家与吴家交情颇好，何树坤疑吴母从中作梗，为难何家，饭桌上向吴芳吉抱怨。吴表示未有此事，后只顾与幼女汉骊笑谈，何乃大怒，投箸而起："我与你说话，你竟不睬我！"立即入室穿裙，无语而出。天雨阴寒，门外惟散学诸生，树坤蹚泥水疾走。吴与树荣追出，问："无伞何往？"答说："死去！"树荣强挽而归。坐灶侧，说其孤愤，吴芳吉与之并坐，未答言，只说："放平和些，勿自伤身体。"何幽怨之情更甚："我来你家，一样穿，一样吃，不像他家妇人，动耗千百。我儿现已十二三岁，还要压迫着我，不许我言乎？"且说且骂，直至半夜。吴芳吉凌晨两点方才入眠，六点又要起床办事。平时上课钟点多，惟傍晚归来，稍有闲暇，经何树坤一闹，辄数夜失眠。又，何树坤嗜食鸦片之习仍未改掉，常到徐朴生岳母处偷食，吴芳吉稍一劝止，则不免一场风波，自此不复过问。信末表示，虽然对树坤失望，但不改爱护初心，更不会因此离婚："总之，吉此次携之同来，不能不自承失败。事已至此，别无可为。吉信教育万能，而由此经验，却为例外。其性情已必不可改，其身体亦必不可复，然吉终与永好，不敢携贰，或逢迎其意，竟离弃者。在此过渡时代，自有无数男女牺牲其中，他人有然，我宁独异？又成大学生千五百人，兼课各校，数又倍之。吾人随事以身作则，倘有差失，贻害何穷！我若为此，则望风步尘之人，纵以十一计之，亦四五百家，或者人家妇女不如树坤之甚，而其夫亦效我之为。吉忍以部分之痛，更使全体俱与痛乎？"①

　　吴宓将此信以"与友述家中情形书"为题发表于《学衡》杂志，并于信后作跋语："吾生平阅人不少。又读书所及，常细绎中西古今人之性情行事，用为比较。窃谓若论其人之天真赤诚、深情至意，不知利害、不计苦乐，依德行志、自克自强，一往而不悔，则未有如吾友碧柳（吴君芳吉字者。陈铨君评碧柳之诗曰：'中国近代诗人，无论新旧，吾未见有能比拟吴君者）也。中国近代文人，吾亦未见有忠于艺术，历万苦千辛而不悔，如吴君者也。'（见《大公报·文学副刊》第四十五期）呜呼，碧柳于诗之成就如此，希望无穷。生平所历艰苦，又非常人所能想像。而家庭配偶，乃有若此函所描叙者，可悲孰甚。顾碧柳犹坚贞自守，对其妻不存贰心，此尤为人所难能者矣。此虽叙说私情之函，吾今公布之，望天下知者共为诗人洒一掬同情之泪也。函中所叙数日中情形如此，半生可知。但就此函观察，则树坤乃一庸俗之妇人。凡旧式女子所有之恶劣习惯癖性，彼无一不备。碧柳只知以仁心向之，弥见碧柳之贤。虽然，以富于天才苦志之人，而常日如此折磨抑损，虽于道德小有保全，而于艺术文学之成就，则所失甚大。权衡轻重，高瞻远计，碧柳之所决行者，恐亦未尽当也。夫诗人多情多感，境遇又少丰舒，在在需人解慰，调护煦沫，如艺

---

① 吴芳吉：《与吴雨僧》，《吴芳吉集·信》，第988—990页。吴芳吉曾对重庆大学学生杨德光谈道："旧式妇女思想纯净，一片真诚，有她可爱之处，反较新式女性更为可亲。"在吴芳吉的感召下，重庆大学有数位学生选择维持旧式婚姻，而未与乡间发妻或未婚妻离婚。见杨德光《怀念白屋诗人吴芳吉》，见江津县政协文史资料委员会编《江津文史资料选辑》第3辑，第71—77页。

名花，如藏宝器，此正为妻者之责。是故诗人之妻，职任独重。而古今诗人婚姻配偶失意者多，如莎士比亚，如弥儿顿，如辜律己，如摆伦，如雪莱，皆有仳离之事，或幽郁之思。然浪漫人物，纵情尚气，家室乖忤，咎或由其自取。若碧柳夙励行道德，又笃情爱，而遭遇如此，不诚可悲之尤者耶？"①

12 月

1 日　复函傅维洲，谈"敬"之要旨："修身为学之道，莫大于敬。今人行善不力，去恶不疾，一生悠忽，百事随便，卒以无成，不敬故也。"②

是年

作诗《固穷行》。③ 演讲《谈诗四则》（后发表于《白日新闻副刊》1928 年第 47 期），主要谈（一）诗学上的东方与西方：西洋诗多事模仿，诗人为哲士，重知识，摹写社会上的实际情形，以叙事诗为主，以言尽为有味；中国诗多事创造，诗人为君子，重道德、"言志"，多写高尚的理想，以"正人心、厚风俗"，以"抒情诗"为主，以言不尽为有味。（二）诗的古典主义与浪漫主义：古典主义代表了民族文学最高的标准，并非落伍的象征，它重视理智，是从"脑"发出来的；浪漫主义起源于法国大革命与美国独立时期，主张文学革命，打破一切束缚，重视"自然"、"美"和感情的发泄，是从"心"发出来的。古典主义和浪漫主义各有长处，端在是否善加利用。（三）近代诗之趋势：诗将来必趋向"人文化"。人文化并不过时，达尔文的进化论只适合动物之类的东西，不能

---

① 吴宓：《吴宓诗话》，商务印书馆 2005 年版，第 157—158 页。亦见《学衡》1928 年第 66 期，第 130—134 页。吴芳吉认为，吴宓之所以刊载此信，是因为吴宓自己想离婚，而借吴芳吉夫妻不睦的事情来开脱自己。见赖高翔《赖高翔文史杂论》下册，自印，2004 年 6 月，第 424 页。

② 吴芳吉：《答傅维洲》，《吴芳吉集·信》，第 987 页。

③ 此诗赠答乡人刘有廷。

套用在文学等事物上。西洋的真正文化仍在柏拉图、苏格拉底，现在的西洋文化反而退步了。现在一般人以为世界上一切都是进化的，以致其毒害所及引起欧洲大战和今日各国的扰乱不宁，令人痛心。（四）诗人应有的精神：诗人要有高尚的境界（理想要高尚）、淡泊的生活（除去一切恶习）、实践的功夫（言行合一）、中庸的功夫（不可偏激）。①

---

① 吴芳吉：《谈诗四则》，《吴芳吉全集·散文》，第 544—549 页。

1929 年（民国十八年・己巳）三十三岁

1 月

1 日　致信邓绍勤，谈创作史诗和诗史计划："今后二十年间，吉所欲做之事惟二。其一史诗，其次诗史。前者感于吾国古今诗集，但长抒情，不擅叙事（香山、梅村，究属短小）。又前人观念，咸以诗为事业之余。（韩退之句'多情惟酒醉，余事做诗人。'邵尧夫句'望我实多全为道，知余浅处却因诗。'）无如西洋史诗之研究人性者。今则非史诗不足牢笼今世之变，与表现儒学之真，短章小品，全不济事，惟此可以得总解决也。后者则以欲作史诗，必多读诗。欲多读诗，必多教诗。教读与作之结果，当然有此副产品也。"①

25 日　致信周光午，谈（一）以宋明理学为代表的中国文化复兴不可阻挡，必成世界多元文化之一："默察世运所系，风会所趋，理学复兴，殆成必至之势。吾于此研习最浅，体行之工亦粗；然实知之最真，信之弥笃。微中国文化，不能救济人类，微宋明诸子理学，不足代表中国文化。今之乡愿，尽教糟蹋孔子，然儒学之昌明广大，蔚成世界文化之一，固可预卜，而即自今日开始者也。吾之为诗，所以欲扫前人气习者，亦正着眼此处，不徒消遣一人性情而已。"（二）理学可拯救人类于功利主义、浪漫主义之桎梏："今之现象，非中国兴衰问题，乃全体人类之生死问题。吾人之言理学，非只阐扬孔道，裨益中国，盖使功利主义、浪漫主义之深入人心，无异驱人之向绝路。为救济人类计，实惟此为一坦途。至墨翟、韩非之同符功利，杨朱、庄子之根据浪漫，并宜摈斥。吾于国学虽无

---

① 吴芳吉：《与邓绍勤》，《吴芳吉集・信》，第 991—992 页。

所造，然欲以诗歌之力，发扬此旨，却与诸友同也。"①

约于是月　陈心一致函吴芳吉，决与吴宓离婚，情词哀恻。

2月

10日　撰《〈白屋吴生诗稿〉自叙》，省思平生所历，阐发诗歌与人性、社会、时势之关系。（一）诗歌为表达人生境况、勉人向善之具。自称"悲剧中之乐观人"，以不入主流的边缘人物自居，"不入政党，不奉宗教，耻言军阀，讳为名士。是以城市山林，两无去路；宿儒时髦，难契同心"。在大时代的狂潮中，"漂流震荡，艰危孤苦"，不免于悲剧的宿命，"自断此生之必无幸也"，回顾二十年来作为，"与冻馁战，与金钱战，与世俗战，与积习战，与兵燹戎马战，与风尘劳顿战，与名缰利锁战，与生死关头战，与一切虚伪、蛮横、冷酷、圆滑战，无战不败，无败不极"。然而，乱世所遭，不足改其心志，亦未没入堕落之途，端赖"古籍几篇，良朋数辈，熏染扶持"，未染世人功利、浪漫、豪奢、奔竞、虚荣、残杀、偷窃卑污、凶淫放纵之病，"自信此世之终有为也"。秉此人生态度，"明知无幸，故敢自牺牲。既足有为，故无须尤怨"，自此之后，仍执持礼义甲胄、忠信干橹，"永与斯世战争"。所写诗歌，即"半生战况之一报告而已"。笃信性善之说，"古圣哲之用心，无不在扶善制恶，以存人之本性"。性善乃历世不变之则，若性能至于至善，"故无不可以有为之时，无不可以行道之地，无不可以修明之政，无不可以教化之人"。社会时流"昧弱浮嚣，终身陷于罪戾"，此非性之所赋，乃为习气所致，"善性不胜恶习"，故为恶习所征服而不能解脱。对此，不应斥责，所做"惟有以觉之助之，以转败为胜"。推而言之，个人之贤愚、国家之治乱乃至民族、世界、文化之兴废，皆有待于性善战胜性恶，必与之决战，方能恢复性善、臻于大同之境。若能达成此事，远胜政治军事之为。若人之善性不能恢复，人类痛苦亦无法解除，纵然"谈学言政，亦必终无是处"。有志者应"以人力挽回天运，以天运启悟众生，使已泯之性，失而复归"。诗歌乃圆满性善之具，"充类至尽，以求完其为我者之一端耳"。（二）诗歌应应时而变，"非变不通，非通无以救诗亡也"，但固有传统不可一律摒弃，应加以创造性转化。诗歌应有时代精神，"国家当旷

---

① 吴芳吉：《与周光午》，《吴芳吉集·信》，第992—993页。

古未有之大变，思想生活既以时代精神咸与维新，则自时代所产之诗，要亦不能自外。譬之乘火车者，既已在车，无问其人之欲行不行，要当载之前趋，欲罢不止。故处今日之势，欲变亦变，不变亦变，虽欲故步自封而势有不许"。当今之世，"事变之繁，人情之异"，固有诗歌之体已无法尽纳，一味崇古已不现实，"民国之诗，当有民国之风味，以异于汉魏唐宋者"。诗歌自身亦有陈新代谢之规律，"由常转变，变又转常"，变化乃常情，"大抵体制之始也清新，其末也陈腐。格调之始也空灵，其末也濡滞。意境之始也浑融，其末也纤巧。辞章之始也空灵，其末也繁饰"，积弊日滋，必有人除旧布新，在艺术规律和创新求变的平衡中，诗歌才能演化无穷，开辟出适合表现"高尚优美之行"的崭新意境。旧诗固应改良，但不可完全推倒重来。新诗人士认为，旧诗桎梏过严，此乃不解诗歌规律，"伟大作家，每有游艺规律之中，焕彩常情之外，规律愈严，愈若不受其限制者"，对于旧诗体制，不能定于一尊，亦不可轻言弃之，"但因我便而利用之"。（三）新诗之发展，必须汲引西方诗学资源，但仍要保持中国文化的精神和气质。[①] 对于外国诗的影响，不可使之喧宾夺主，亦不可深闭固绝，应主动嫁接，达到"同化"熔铸之境界："与其畏而避之，不如狎而玩之。与其怪而异之，不如汲引而同化之。文字，中西全异者也；文艺，中西半同者也。文理，中西全同者也。舍其全异，取其全同，酌其或同或异，吾知其生气蓬勃，光辉焕射，必有异于前矣。……夫文学公理，其同化于人之愈多者，其内容愈充足，其表现愈优美。无中西皆然。新会梁君有言，自古吾民族之与他民族相接，其影响于文学，辄生异彩。证之五胡南下，佛教东来，历试不爽。今吾民族与他民族之相关密切，又倍于前。要其生机所在，无过同化之方。"汲引西方诗学资源，目的是使诗歌之树"斐于华实"，而非"忘乎本根"，若失却自有常性和文化精神，则误入丧失主体之歧途。审视新诗，其已失去了中国文化的主体性："新派之诗，在何以同化于西洋文学，使其声音笑貌，宛然西洋人之所为。余之所谓新诗，在何以同化于西洋文学，略其声音笑貌，但取精神情感以凑成吾之所为。故新派多数之诗，俨若初用西文作成、然后译为本

---

① 吴芳吉一向主张对外国理论、学说等采取审慎选择的态度："依我们的经验，外国有许多东西，甚么经济、甚么政治、甚么主义问题，在外国的时候，原是有益的事；一到中国，偏会生出毛病。我想这个原因，不是那些主义问题，迁地善变，只怪输入的人，或是不善采择，或采择而不善应用，因之转利为害，转福为祸。"见吴芳吉《摩托车谣》，《吴芳吉集·诗》，第79—80 页。

国诗者。"此种局面之形成，乃因未能处理好借鉴与创造之关系，未能葆有中国文化的意味："取于外人，亦犹取之古人。读古人之诗，非欲返作古人，乃借鉴古人之诗以启发吾诗。读外人之诗，断非谄事外人，乃利用外人之诗以改良吾诗也。……余既生于中国，凡与余之关系，以中国为最亲也。余之经验，悉中国所赋予也。余之于诗，欲以中国文章优美工具，传述中国文化固有之精神。"①

24 日　复函吴宓，表示树坤性情虽褊狭急躁，但极善烹调，较之一般世俗妇女只知索钱打牌，又有其可贵之处，不必求全责备。转录唐迪风之语："儒家于善善之心，充量发达，恶恶之心，务求减少。否则一身以外，皆可杀也。"②

3 月

1 日　成都大学开学。接吴宓来书，知吴芳吉不安于成都大学之职，又函请其来北平，仍承诺负责其家用、助其完成创造伟大诗歌之计划。

5 月

9 日　致信吴宓，极力劝阻吴宓与陈心一离婚："离婚，今世之常，岂足为怪。惟嫂氏非有失德不道，而竟遭此。《学衡》数十期中所提倡者何事？吾兄昔以至诚之德，大声疾呼，犹患其不易动人，今有其言而无其行，以己证之，言行相失，安望人之见信我哉？吉所遭，视兄为苦，而终

---

① 吴芳吉：《〈白屋吴生诗稿〉自序》，《吴芳吉集·文》，第553—559 页。
② 吴芳吉：《与吴雨僧》，《吴芳吉集·信》，第993 页。吴宓力劝吴芳吉离婚，《吴宓日记》（1928 年11 月22 日）载："是日接碧柳十一月一日书，述树坤种种不端，尤令人气愤。碧柳如此勉强为善，直是对牛弹琴。虽有维持道德之微功，而所损于其天才诗境文章事业者大矣。为碧柳计，当以离婚另娶为善策耳。"见吴宓著，吴学昭整理注释《吴宓日记》（第四册），第165 页。

甘受无所怨者，我辈一言一行，效之者众，宁自覊羁，无以误他人也。"①

6 月

遇劫匪，幸免于难。

7 月

　　成都大学党争激烈，吴芳吉备受攻击，为表心迹，写有《献骂我者》诗五首。此诗既表白了求道之心，又表达了作者的文化隐忧，其中一首可为明例："浩劫空千古，狂澜动九垓。汉学成枯髓，清吏半奴才。新邦多丧乱，礼乐犹尘埃。本根摧已尽，欧风乘我衰。政俗交加变，人禽杂沓来。兰芷为萧艾，谁云有好怀？何以答君毁，忠恕与矜哀。"诗于《学衡》杂志（1929 年 7 月第 70 期）发表，诗前有序："骂我者多，莫凶于蜀。扪烛扣盘之见，坠井下石之心，社会久无裁制，人间一任毁伤。舆论报章既皆此辈所持，虽欲置答，难与情理。例知固有此事，不必求实其人。"收入《白屋吴生诗稿》时，诗前之序有所改动，语气更洒脱淡然："骂我者多，莫凶于蜀。扪烛扣盘之见，浚井完廪之心，恕己量人，积习成性。维摩诘有言：'菩萨之病由众生起，众生不病，吾病何有？例知固有此事，不必求实其人。'"此诗一出，攻讦者和以《送吴芳吉先生之蒙古》一诗，发表于《成都日邮新闻》，肆意谩骂，指吴芳吉为"遗老"、

---

① 吴芳吉：《与吴雨僧》，《吴芳吉集·信》，第 994 页。吴芳吉一向主张言行合一，所提倡的理论，自己应先做到。对吴宓离婚之事，吴芳吉始终反对，认为不过是"久处厌生"，并拟将陈心一及诸女接来四川暂住，以待吴宓回心转意，弥补已破碎的婚姻。证之自身，吴芳吉亦身体力行，不肯苟且。吴芳吉多年在外，姑媳久居，难免失和，吴"顺从母意，不能抑母而扬其妻"，致使夫妻生隙，矛盾不断，家庭生活一度异常痛苦。然而，吴芳吉始终无离婚之念，"终与永好，不敢携贰，或逢迎其意，竟离弃者"。之所以不愿离婚，出于两方面的考虑，其一，"在此过渡时代，自有无数男女牺牲其中，他人有然，我宁独异？"其二，"成大学生千五百人，兼课各校，纵以十一计之，亦四五百家，或者人家妇女不如树坤之甚，而其夫亦效我之为"。考虑影响所及，吴芳吉决意忍受家庭痛苦而不愿离婚，使所提倡的道德与一己所行相契合，而不为人所讥议，并以之为攻击的借口。见吴芳吉《与吴雨僧》，《吴芳吉集·信》，第 988—990 页。

"奴才"，"鸩毒"青年，尸位素餐，并称"挞师脏我手，骂师污我口"，"如师厚脸皮，惟有一驱逐"。

是月　重庆大学促进会在重庆市商会（今道门口附近）召开大会。军政学商著名人士三百余人到会，公推朱之洪①为主席，决定在重庆筹办重庆大学，敦请刘湘主持筹备工作。此前，吴芳吉与沈懋德、吕子方、彭用仪发起成立重庆大学促进会成都分会，积极推动成立重庆大学。成都分会委任沈懋德、吴芳吉拟订筹备宣言、组织大纲等文件，并派吕子方、彭用仪作为分会代表，回渝参加筹备事宜。

8 月

1 日　复信女生某，借评日本人《论艺术》一书，谈无产阶级文学、"仁的文学"及文学家的责任："无产阶级文学，既建基于唯物史观，故其言最大纯粹艺术，即为最大煽动艺术。孔子曰：'诗可以兴。'又曰：'兴于诗。'以较此煽动，则知华夷义利之辨之严也。其巧语之易惑者，则谓无产阶级文学是以阶级为问题的文学，并且因此奋斗，以图泯灭阶级的文学。又谓是为削除阶级，消灭斗争而争斗。嗟乎！此奋斗精神者，非以利攻利也耶？夫以利攻利，徒见其愈启忿争，愈筑阶级，而私欲之横决，将与天地以终古。其何有于泯灭也？夫仁者，人也，惟仁者能好人，能恶人。仁者无敌，惟仁者能在高位。不仁而在高位，是播其恶于众也。与言无产阶级文学，何如言仁的文学之为愈耶？……今日而努力文学，当求东西之所以异，不当求东西之所以同。……至谓艺术家，常是贫者弱者的好朋友，常是贫者弱者的安慰者，常是无可告诉的弱者的代办者。中国自《三百篇》以至少陵、香山、放翁、仓海诸公，谁谓其不以天地之心为心者也？生疑我论诗何以不尚辞藻，不知儒家以物之本体即美，离本体则美消失。故至朴亦即至文，试以此读《五经》，庶几得之。"②

4 日　重庆大学筹备委员会在二十一军军部召开成立大会。按照筹备会组织大纲规定，刘湘出任筹备委员会委员长，聘请吴芳吉、甘典夔、李

---

① 朱之洪（1871—1951）：号叔痴。四川巴县人。幼习程朱理学。1888 年入川东学院读书。组织同盟会重庆支部。曾任四川省议员、众议院议员。在推动重庆大学成立的过程中，朱之洪作为知名士绅，发挥了重要作用。晚年为重修《巴县志》奔波筹款。

② 吴芳吉：《覆女生某》，《吴芳吉集·信》，第 994—995 页。

公度、刘航琛、朱之洪、温少鹤、汪云松、李奎安、相芳龄、沈懋德、吕子方、刘伯量、沈月书、税西恒、梅黍雨、文伯鲁、曾君璧、刘丹梧、龙维光、刘镜如、喻正衡、蒙文通等五十五人为筹备委员会委员。会议决定筹集经费四万圆，先办文理预科，三年后开办大学本科，暂借火柴公司房屋为临时校舍，以后在王家沱建立永久校址（后改建沙坪坝）。

　　24 日　辞成都大学中文系主任之职，未果。

　　28 日　致信刘永济。信中对刘不能前来成都大学为憾，又言重庆大学即将成立，求贤尤急，希望以后能前来执教，共襄盛举，"文章事业，究属南人担当之矣"①。

　　是月　与教务长、文科学长吴永权②，历史系教授蒙文通等赴北平、天津、上海、武汉等地延揽师资，购买图书。③ 聘来刘朴、张志超④任成都大学中文系教授，李淑仪任女生学监。初，张澜校长允诺以千圆为中文系购置图书，而吴永权不肯发放资金，吴芳吉无奈之下，在胡徵处借得吴宓存款七百圆⑤，用以购置图书。期间，在南京，谒孙中山陵⑥，拜谒佛学学者欧阳竟无。欧阳竟无后语蒙文通："碧柳，秦汉际人也。"⑦ 登泰

①　吴芳吉：《与刘弘度》，《吴芳吉集·信》，第 996 页。

②　吴永权（1886—1961）：字君毅。四川新都人。日本东京帝国大学肄业。曾任北京大学、华西大学、成都大学教授，四川大学教务长，四川省文史馆馆员。

③　所购图书有《王静安全集》、《高邮王氏遗书》、《郎园读书志》、《书林余话》、《屈宋方言考》、《天马山房丛著》等。见中国革命博物馆整理《吴虞日记》，四川人民出版社 1984 年版，第 471、475 页。

④　张志超（1902—1983）：名劲公。江苏张家港人。1924 年毕业于东南大学西洋文学系。1929年后，先后任教于成都大学、中国公学、广西大学、重庆大学、四川大学、复旦大学、台湾大学、安徽大学等校。1950 年任重庆西南农学院教授。1958 年改任江苏师范学院外语系教授。为莎士比亚研究专家。

⑤　此款为吴宓委托胡徵存入银行者，吴宓交代：此款常存银行，不得提用，不可借与别人。后来吴宓离婚，急用此款，指责吴芳吉私自挪用此款，甚至写明信片索钱。吴芳吉私取吴宓款项之事，自此成为吴宓难以释怀之事，将其痛苦程度和对毛彦文的苦恋相提并论："由种种痛苦之经验（如碧柳之款项之彦之恋爱），知宓前此情理甚高，用力甚苦，然结果惟徐失望，几丧身心。"见吴芳吉《致树坤》，《吴芳吉集·信》，第 1016 页；见吴宓著，吴学昭整理注释《吴宓日记》（第五册），第 419 页。

⑥　游中山陵时，周光午相陪，吴芳吉以身后事相托："汝记之，我死，必葬江津白沙镇黑石山。"见《周光午为吴芳吉逝世致海内师友公函》，载《国风》1932 年第 4 期，第 77 页。

⑦　刘朴：《祭吴碧柳文》，《明德旬刊》1935 年第 12 卷第 1 期，第 11 页。吴芳吉逝世后，欧阳竟无有诗作《聚奎学校教授碧柳逝世八周纪念》，有"栽松道人望来歧，或其狮儿能继志"之句。见徐清祥、王国炎《欧阳竟无评传》，百花洲文艺出版社 2010 年版，第 160 页。

山，拜谒孔林，"稽首先师墓前，几于泣不能起"①，又感"古柏参天，乃生嫩有少年气象，光明蓬勃，若兆汉族文化之复兴者"②。

经张采芹推荐，美利印刷公司印行《白屋吴生诗稿》（附有自订年表）两千册，与张采芹《采芹画集》一起作为"聚奎学校丛刊"出版。诗集印刷成本二千余圆，由上海新月书店、开明书店代售。

9 月

2 日　撰《重庆大学筹备会成立宣言》，文曰："筹设重庆大学之提议，早在民国十五年间。同人念兹在兹，所以一日未尝忘者，以西南交通最便之域，文化输入当首之冲，货殖素号殷邦，冠盖夸于列郡，当有完备弘深之大学一所，以研究学术，造就人才，佑启乡邦，振导社会。此盖全川教育发展应有之进程，与吾七千万人最低之需要，不仅一时一隅之计而已。乃有以城市繁华为言者。则上海、广州，固文明之先进，伦敦、纽约，亦庠序之中枢，宁舍通都大邑而不居，适穷乡僻壤而有当？此不足为吾重庆大学病也。有以人才寥落为言者，则人才之聚，聚于事业，必事业愈兴，而人才愈至，未有事业不举，而坐待人才者。渝中素无大学教育，故大学人才不聚于此。成都所以较胜，即以大学滋多，有以安置人才之故。今使大学竟成，何患无师？有师何患无士？此又不足为吾重庆大学病也。有以经费无着为言者。则今之百政所费，谁为有着？诚欲先有巨款而后兴学，则实现之期，河清莫俟。征之全国大学成例，何独不然。不闻款绌遂废之者，有人斯有财也。夫重庆富力，远过成都，开源取用，不止一途。或就国、省税款，酌请划拨；或就地方捐税，移转接济，按年递进，由少增多，数微则始易兴，时长则后易继。此亦不足为吾重庆大学病也。有以数量影响为言者。谓重庆创办大学，必有损于成都。实则即此数量，仍患不足。以视英、日小岛，多寡何如？况大学成立，基于社会自然之需，不徒藉以润色鸿业。成渝俱有大学，正可相观而善，携手偕行，谋所以成德达材移风易俗之事。讵同业之相忌，实同枯而共荣，此尤不足为吾重庆大学病也。总之，重庆大学之应成立，有其需要，有其可能，已届时机，非属梦想。其款项之如何筹划，地点之如何测量，学制之如何取舍，

---

① 吴芳吉：《与刘弘度》，《吴芳吉集·信》，第 996 页。
② 吴芳吉：《与邓绍勤》，《吴芳吉集·信》，第 997 页。

黉宇之如何兴修，凡兹大任，所贵分肩，明知困难滋多，相期黾勉勿替。至于乡里先达，当代名贤，不忍蜀才之销声匿迹，事事求人；不认蜀学之落伍后时，长此荒秽；不忍蜀中万千失学之青年，问津无路；不忍蜀之工商百业，无以长进决疑，必予惠助其始，乐观其成，加以教督而不我弃也。谨此宣言，统希明鉴。"①

20 日　吴宓来函，告之已正式与陈心一离婚。因欲支付离婚费用，对于吴芳吉从胡徵处私取吴宓存款七百圆一事"痛愤已极"，责吴芳吉"对于此事，为世间无行之大罪人"，催促吴芳吉从速将此款汇来。又责怨吴芳吉自七月离开北平后"不来一信一片"。此后三月之内连发五函，催促吴芳吉还钱，语气空前严厉、激烈，有"忍如此残虐而累宓""宓之痛苦难释""与宓以精神上以极大之打击""银钱交涉，须按法律商业常轨"之语。② 吴宓如此，实与吴芳吉不支持其离婚有关。

下旬　与罗元叔③同抵重庆。

10 月

8 日　抵成都。本学期未在他校兼课。拟在成都常住，不轻迁徙，并计划租佃房屋、购置器具，接来家眷（何树坤返归江津，二子随吴芳吉在成都就学）。与同事四人，合雇厨子，自开饭食，每餐有肉三碗，素菜两碗。夜间，买糖食与同事开茶话会。

11 日　吴虞来访，一同整理上海所购图书。

12 日　重庆大学在菜园坝杨家花园正式成立。刘湘出任首任校长。

20 日　张采芹宴请吴芳吉父子三人。见张采芹夫人已剪发，感慨旧式女子风度全无，更为妻子坚持不剪发而欢喜。此日，致信何树坤，内云："吾二人只可合，不可分，从明春起，永不相离。以前千灾百难，经过太多，以后不可再觅苦头，再滋怒气。须知相让则彼此都好，相争则彼

①　见《重庆大学筹备文存》（第二册）。本书录自《吴芳吉集·文》，第 561—563 页。

②　吴宓：《致吴芳吉》，载吴学昭编《吴宓书信集》，生活·读书·新知三联书店 2011 年版，第139—142 页。

③　罗元叔（1888—1951）：四川自贡人。先后毕业于美国耶鲁大学、翁德农业实习学校。历任浙江大学、中山大学、成都大学、四川大学、重庆大学、川东教育学院等校教授。1950 年任西南师范学院生物系教授。

此都伤。妹明年再来成都，系为助夫而来，系为教子而来，系为使一己之生命得安慰圆满而来，不是与我算账而来。时时能如此想，自然永无生伤也。"①

25 日　致信何树坤，内云："妹亦常常如此著想：吾夫忧患太多，世界之上，惟我一人能安慰吾夫，以后自誓，永不与夫生气口角，使吾夫精神美满，得以全力从事文章，将来吾夫文章成就之日，亦即吾志成功之时。妹能如此，真足令我喜而不寐矣。"②

27 日　张澜校长于少城公园宴请吴芳吉、刘朴，同席者有吴虞、董庆伯、熊小岩、叶秉诚、谢升厂、李纯修。

是月　致信陈心一，邀其率三女入蜀，愿代负教育之责。吴宓当初离婚之时，吴芳吉即有此表示。

11 月

1 日　为何树坤取新名"碧怜"，并嘱："妹之名字，以后除对母亲、岳母二老仍自称旧名外，其他无论何人，皆称碧怜。我亦永远称妹为碧怜。妹之名字既已改新，当然性情气量，也要随之改新。明春再见，当如新婚夫妻。妹能如此悔改，妹之身体必渐美满，妹之名誉必能完善。不但为丈夫的欢喜，亦是妹之福气。必要如此，方可白头到老故也。"③

22 日　致信吴宓，对其离婚表示"备悉苦衷"，又言："兄欲放下便即放下，与吉应该割断不忍割断，一激一随，并无二致，复非得失名誉之见所能窥知，惟吾二人可心领耳。"④

是月　成都大学学生中，"国家主义派"与"共产党派"常起冲突，无有宁日。吴芳吉处境艰危，遭受攻击谩骂⑤，对学校形势极不乐观："此校情形甚为不安，恐在一年以内，'国家主义派'及'共产党'两部

①　吴芳吉：《致树坤》，《吴芳吉集·信》，第 999 页。

②　吴芳吉：《致树坤》，《吴芳吉集·信》，第 1000 页。

③　吴芳吉：《致树坤》，《吴芳吉集·信》，第 1002 页。

④　吴芳吉：《与吴雨僧》，《吴芳吉集·信》，第 1004 页。

⑤　有学生贴出壁报，攻击张澜、吴芳吉、刘朴等。吴芳吉遭受攻击，主要之因乃是因为讲授儒学，并喜欢评论世道人心。面对谩骂，吴芳吉抱定不予回击的宗旨，忍受不理，坚信是非自有公论，"不经小人之毁，反不见君子之高"。见中国革命博物馆整理《吴虞日记》，四川人民出版社 1984 年版，第 482 页；见吴芳吉《禀母书》，《吴芳吉集·信》，第 1006—1007 页。

学生有大冲突，而校长又多方包庇两部之人，使其互相水火，实在可叹"①，"此间暗潮日烈，恐在一年半载之间，即有大祸。吉在此日讲儒学，暮言心性，受其憎厌，甚于彼之政敌。标语论文之毁我者，日不绝书。"② 决定于寒假率二子辞归，闲居家中，专力作诗。

12 月

月初　校中风潮平息，决定教到明年暑假再看。

8 日　致信何树坤，表示《学衡》杂志公布其夫妻私事，于理不合，劝慰"止谤莫若自修"，痛改前非，自然无人讥议。信中又言，夫妻之道在力求和睦、合作，相爱相敬、相商相让，女权主义者所提倡之"离家""独立"引人走向绝路，绝不可听，外出读书之念应息止。

12 日　致信周光午，谈中国家庭乃中国文化之根基："中国之家庭不亡，中国之民族之文化亦永不亡。苏俄专以推翻家庭亡中国，他不足道。今国中贤者，所行乃多为敌长势，此则吾人之深忧也。"③

23 日　致信何树坤。内云，川战又有爆发之势，决定辞去教职，明年全年在家作诗。回家后，不上街，不入城，除岳母一处外，所有一切亲故，概不与见，"宁使他人谓我为疯子，为怪物可也"。希望何树坤能支持其写诗，"我之生命就是诗，不能作诗，便是没有生命。所以立志回来，补作诸诗。既是如此，我希望你真能安慰我、帮助我，不可再与我口角，与我生气，使我精神痛苦，不能作诗。你能安慰我，帮助我，我当作诗来赞美你，感谢你"。信末告诫："你写信动辄就称'泣血'，既无父母之丧，不应如此。以后吾二人和好如初，便是快乐。一个家庭，要活泼而有生趣才好。不可以为年过三十，便不保养身体，自甘老丑，切戒切戒。"④

30 日　致信何树坤，内云："至于吾妹，宜事事听从我言，我乃真真

---

① 吴芳吉：《致树坤》，《吴芳吉集 · 信》，第 1003 页。
② 吴芳吉：《与吴雨僧》，《吴芳吉集 · 信》，第 1004 页。在同一封信中，吴芳吉表示，在此形势下，人心难以挽回，"救世"亦要看机缘："人心非救不可，然非深受重创，不肯回头。逆天拂命，亦高明所不取也。"
③ 吴芳吉：《与周光午》，《吴芳吉集 · 信》，第 1008 页。
④ 吴芳吉：《致树坤》，《吴芳吉集 · 信》，第 1010—1011 页。

爱你之人，勿自作主，以致败事。吾家年来气运极不好，以后吾二人当从好的边做，莫往坏的边做。兴衰荣辱，都在吾二人身上，关系甚大，不可忽略。总之，彼此改革前非，从新为人，自然幸福无量。"①

是月　成都大学接连四月未发薪水。

是年

在重庆为文强、周敦琬②主婚。

作《成都大学五周年纪念歌》，由宋居田谱曲。

成都大学有一男生，恋人为成都司令部副司令勒逼为妾，吴芳吉义助二人离开成都前往北平。

---

① 吴芳吉：《致树坤》，《吴芳吉集·信》，第1012页。
② 周敦琬（1905—1940）：又名季英、坚如。四川江津县白沙镇人。父周常昭，舅父邓鹤丹。毕业于燕京大学，回乡任江津县立女子初级中学英文教师兼教务主任。后加入中国共产党，任中共四川省委员兼妇女部长、机关支部书记。

1930年（民国十九年·庚午）三十四岁

1月

2日　自成都大学返白沙，拟迎母赴成都①，因母病未果。

是月　还清私取吴宓之款，共七百圆。吴宓尚催要此款利息，共六十圆。三年前（1927年），吴芳吉在京时，吴宓曾赠返川路费一百圆。吴芳吉后因赴东北大学而未返川，表示愿将此款退回，并于1928年春汇款给吴宓。吴宓未收到此款，吴芳吉请其在新月书店提取（吴宓委托新月书店售卖吴芳吉诗集）。

2月

7日　吴宓来书，声称其离婚"决非错误，亦非违悖道德"，请吴芳吉等挚友勿纠缠于自己离婚之事，而应在远大志业事功上与自己合作，语气颇为强硬："宓再婚与否，或与某人婚，均我之自由。倘我与某人相爱而结婚，有反对者，我只有与之绝交而已。"②

下旬　由邓绍勤接待，侍母重游重庆，至杨柳街等处，作《渝州歌》二十五首。何树坤亦随行。遇蒙文通，作《渝州喜逢文通》。

24日　经北温泉、合川，返归成都大学，家眷未同行。拟以半年为

---

① 吴芳吉以成都大学"风气太坏"，非久居之地，之所以迎母前往，盖恐以后再无机会尽孝，有暂得母子团聚之意。见吴芳吉《禀母书》，《吴芳吉集·信》，第1009页。

② 吴宓：《致吴芳吉》，载吴学昭编《吴宓书信集》，生活·读书·新知三联书店2011年版，第144页。

期，下半年决定离开。

是月　完全辞去文学系主任之职。刘朴继任系主任。

致信吴宓，仍不赞同其离婚。吴宓对此颇为耿耿于怀，加之此前银钱纠纷，在日记中大出恶声："至若碧柳，虽日言道德，实多用权术，且不免浪漫派自私而浮夸之缺点；异乎宓之为 moral realist，自待极严而责任无不勉尽者也。碧柳近久不与宓通函，实无道理。宓仍为之推销《诗集》，不惮烦劳。凡此异同高下，独我心自知而已。"（1930 年 2 月 24 日）"碧柳仍以宓离婚为非，责数宓罪，而又欠钱不还，反使宓自向新月书店提取书款，实属无理。按碧柳乃一 Romanticist with a strong moralistic poise，而宓则为一 Moral Realist，with poetic or romantic temperament。碧柳虽日言道德，而行事不负责任。以宓生平与碧柳关系之深，待遇之厚，则碧柳对宓离婚事，应极力慰藉宓，而对外代宓辩护；今外人未闻责言，碧柳反从井下石，极力攻讦，以自鸣高。可谓仁乎？且宓之注重义务，注重事实，对心一处置之善，帮助之殷，断非碧柳所能为，亦非碧柳所能喻。彼同情心一，尤具虚说，而藉此机会诈取宓之钱财，尤为无行。岂宓犯离婚之罪，别人皆可趁火打劫以剥夺宓蹂躏宓乎？是不特无理，且极无情者矣！碧柳如此待我，反自居密友，屡言报恩，外似多情，多感，实则巧诈虚伪。呜呼，我又何言！"（1930 年 3 月 2 日）"至若碧柳私取宓款，决不能为之曲恕，岂宓离婚便非人类，凡人皆可任意蹂躏欺侮我乎？……若碧柳则徒托空言，不负责任；且浪漫自私，责人以自鸣高。宓夙爱碧柳之浪漫而能诗耳，何道德之足云。"（1930 年 5 月 15 日）[1]

3 月

1 日　致信何树坤，长子汉骧考成都联合中学，英文七十五分，国文五十分，算学无分，未考上，"徐朴生君现任该校校长，若是向他说情，亦可私取，但我不肯做这般事，使儿子没有骨气"。又言，现在儿子只有严父之教，而无慈母之爱，对其成长不利，"以后儿子在何处，我们即在何处。我们好好教养儿子，即是孝亲，即是报国，亦即救人救世"。信末向树坤致歉："我此次回来，与你未曾畅快过活几日。到重庆后，又因银

---

[1]　吴宓著，吴学昭整理注释：《吴宓日记》（第五册），生活·读书·新知三联书店 1998 年版，第 29、34、73 页。

钱小事，使你哭泣，自问实在不是，惟有请你饶我。我爱你的心永不会变，以后只有更浓厚，更甜蜜的，望你好自将息保养。"①

12 日　孙中山逝世纪念日，成都大学放假。

15 日　致信吴宓，谈张澜治校之策及交游情况："张公之办成大，一仿蔡君之办北大。其宗旨在造出若干门人，以为己用。其功夫则在维持国共两党师生之均势，但恐终难保其平耳。吾人不党，幸得自存于此平衡之际。一有轩轾，皆非可安也。在此日得铁风、鉴泉之规诫启诱，长进殊多。平生大幸，惟在我不责人，人多责我。我将尽有人之长也。"②

17 日　致信何树坤，因在病中，意绪消沉："我近日常苦肺痛，能养得好否，不可知。又无钱吃药，只有听之。你来信总要使我欢喜，我病或可速愈。若只是写信与我做气，我若死了，你有什么好处？"③

29 日　黄花岗烈士殉国纪念日，成都大学放假。复函何树坤，意甚缱绻："妹妹，我实在对不住你，使你在家受尽孤苦，无人安慰。我只有暑假回来，好生抚爱着你，以尽我之情意。你要离家，要抛我，但我不能舍你。我没有你，我不能生，我的心不如你硬。我是从下期起，无论何处，决不离开你的。……我望你多缝衣裳，可就在白沙缝制（绸子旗袍两件，花布旗袍两件）。缝成之后，再回家。以后在家穿旗袍，出外穿裙子，永为定规。我只是望你身体长好，虽难肥胖，但勿太瘦，太瘦则令我悲感。头发要爱护，勿使脱落。我二人须相怜相助，再要一二十年，然后值得。我纵有许多对不住你的地方，总之，望你原谅。我是你惟一的爱人，安有弃我之理？"④

月底　周光午自南京来成都，吴芳吉留为助教，教其两子英文，并拟荐于程芝轩，谋职于华西协和大学。

4 月

连发何树坤三信，多柔情蜜意，夫妻关系明显好转，又居中调停婆媳矛盾："母亲对你如何，不必管他。一则他是老人，纵使我们吃亏，很不

---

① 吴芳吉：《致树坤》，《吴芳吉集·信》，第 1013—1014 页。

② 吴芳吉：《与吴雨僧》，《吴芳吉集·信》，第 1014—1015 页。

③ 吴芳吉：《致树坤》，《吴芳吉集·信》，第 1015 页。

④ 吴芳吉：《致树坤》，《吴芳吉集·信》，第 1016—1017 页。

要紧。须知人子替父母吃亏，即是尽孝。二者你的后日长久，母的后日短少，我们当然让他，不能计较。你是我的好妹妹，必定听从我所说的。"①

5 月

月初　湖南大学发来聘书，未签字。拟在家静养一年，全力创作史诗（十万字），计划三年完成。

5 日　致信石泉中学（聚奎学校初中部前身）校长邓燮康②，为周光午谋荐教职。

作《题本校理预科毕业同学录》："儒以治生为先，况我民族今日贫弱以凋残。要使天下皆平安，要使尽人免饥寒。要使蜀道永无难，要使成大荣光万亿年！此责惟在诸君肩，努力向前复向前！"

9 日　二十一条国耻纪念日，成都大学放假。

10 日　周光午携来吴宓手书（写于一九二八年十二月六日）。信中，吴宓对吴芳吉婚姻表示同情，对吴芳吉之遭遇表示不平，并建议其与何树坤离婚。当日，吴芳吉作书答复："一、兄为吉夫妻间事，代抱不平，吉实深感。吉不敢望如戈尔斯密，兄诚有似约翰生之豪气。不但于吉夫妇如此，如胡步曾君、陈寅恪君之不悦吉诗，兄亦未尝不以此态对之。此吉素所窃闻，而时私慰者也。二、兄为吉所筹对付树坤之法，则皆不敢奉命。坤尚年轻，岂不易改。人孰不颠倒迷误而后觉醒，谓其竟无自新日哉！吾可弃妻，吾儿岂能弃母。吉虽自伤，尚不如是想也。弃而另娶，则更无人。以吉所遇，似犹未见贤于坤者。即以小事言之，坤至今不屑剪发，不屑改穿旗袍，笃旧强烈，全同吾性，岂世俗嚣嚣者所能解哉！然吉不以吉之标准而量吾兄，道不同不相为谋。倘假梁漱溟君东西文化比较言之，兄所由者人生第一路向，所谓以意欲向前要求，为根本精神者也。吉所由者，人生第二路向，所谓以意欲自为调和持中，为根本精神者也。且吉甚好庄忠甫言，'天生圣人，每于伦常有缺憾者，正欲使之弥补之也'。吉每有怪性，愿为人所不为。某君以吉之为此，非道德问题，乃神经病，其

---

① 吴芳吉：《致树坤》，《吴芳吉集·信》，第 1022 页。

② 邓燮康（1907—1978）：重庆江津人。聚奎学校创始人邓石泉曾孙，幼时过继给六叔邓鹤丹。先后毕业于重庆求精中学、复旦大学。1930—1931 年任聚奎学校校长。后步入金融界，创办四川商业银行。

较近之耳。"①

23 日　接聚奎学校校长邓燮康来信，邀请吴芳吉前往聚奎任教。吴芳吉表示，目前创作史诗为此生惟一责任，当乘年富力强之时完成。目前虽欠债两千圆，但计划未来一年闭门不出，摒去一切世事，甘心忍受穷苦以专事创作。聚奎学校若能保证优游自适，得以全力创作史诗，可辞去成都大学教职以就聚奎之事。

27 日　致书戴叔埴、邓燮康，对允聘周光午一事表示感谢，又向戴、邓推荐干庄椿。②

下旬　辞去成都大学教职。

6 月

月初　为何树坤购买皮鞋、面巾、信封、图章、丝袜、香水、烫发机等物。

4 日　吴宓接吴芳吉五月十日函："甚慰。盖碧柳甚不赞成宓离婚，又久不来函，宓疑为绝交。"③

8 日　致信吴宓，谈史诗创作计划：体制句法，统用六言，仿《神曲》体例，材料取自群经、诸子。成后，全诗约十万八千字。分三部分，分别代表过去（三千年前）、现在（民国以来）、将来（三百年后），"第一部分之主眼，为神禹之肇造，其背景为四川。第二部分主眼，为中山之继续，其背景为广东。第三部分主眼，为孔子之复生，其背景为齐鲁。"第一部分着意表现华夏文明的精神，"示中国文明，情理交至，各得心之所安，远非四夷徒尚知识专走直路，而计较利害价值者所及……将吾民族根性，如博大、和平、廉洁、勇敢种种美德，一一表现"，第二部分表现上述美德暂时丧失，第三部分再现中华文明的复兴，最后以"助白俄之复国，建印度之新邦，普及孔教于四海苍生，出弟入孝，不求大同而自大同"为全诗结尾。④ 吴宓对吴芳吉史诗创作计划期望甚高："窃意苟有人

---

① 吴芳吉：《与吴雨僧》，《吴芳吉全集·信札》，第 942—943 页。

② 干庄椿：吴芳吉在嘉定中学时的同事。早年毕业于尊经书院、四川高等学堂。曾任夹江县视学及教育局长、广元县知事。吴芳吉在上海时，干庄椿曾资助吴家。

③ 吴宓著，吴学昭整理注释：《吴宓日记》（第五册），第 82 页。

④ 吴芳吉：《与吴雨僧》，《吴芳吉集·信》，第 1030—1031 页。

能为中华民国作成宏大之民族史诗一部，其义法必同桓吉尔①，而其事非碧柳莫能任。"②

10 日　离开成都，返归江津德感坝，周光午同行。

是月　开始为创作史诗搜集资料，并与周光午商讨疑义之处。史诗命名为《三万六千》。

7 月

月初　邓绍勤受重庆大学之委托，邀请吴芳吉前来该校执教，允之。

4 日　致信邓绍勤，谈大学教育之旨："大学之任，全在明伦饬礼，移风易俗，立人道之极则，开万世之太平。不仅贩卖智识，装点门面而已。"

12 日　重庆大学校长刘湘发出聘书，聘请吴芳吉担任该校副教授及文预科主任。撰《大学日记》，记重庆大学筹办过程。

28 日　致信戴叔塘、邓燮康，谈（一）中学师资问题：成都大学本期毕业生思想多趋偏激，不堪推荐。（二）中学教学问题：混合数学教学法误人子弟，不符合科学精神，应将算术、代数、几何、三角分开教学。英语教学应大力提高，可效仿明德学校做法，引导学生阅读外国报章，由学校订购《大陆报》、《字林西报》或 Literary Digest 等外文报刊。（三）为何接受重庆大学教职：该校盛情相邀，其情可感，主事之人"礼貌太恭"，该校创始艰难，如果坚拒，则势必解组，为乡党计，理当前往。另外原因，则是"生活日高，省外费重，亦欲为吾聚奎少年辟一近地升学之路，谓为替聚奎办一大学可也"。③

29 日　致信周光午，谈月下所思："连夜新月甚佳，独坐草间，直至月落不归。苍天高严，四野静穆，而蟾光澄澈，对此神与俱化，一无杂念。因悟禹闻善言必拜，子路人告知之以过则喜，襟怀何等，直同此月。宜至今数千载后，其精神流注人间，光辉灿烂于无极也。嗟乎光午！至德至道，充盈宇宙，仰观俯察，不可胜用矣。"④

---

①　今译维吉尔，古罗马最伟大的诗人。

②　吴宓著，吴学昭整理：《吴宓诗话》，商务印书馆 2007 年版，第 168 页。

③　吴芳吉：《致戴叔塘邓燮康》，《吴芳吉集·信》，第 1036—1038 页。

④　吴芳吉：《与周光午》，《吴芳吉集·信》，第 1038 页。

30 日　致信戴叔埔、邓燮康，荐成都省立第一师范毕业生张湘。

月末　为重庆大学招考新生，其中，广益中学、求精中学、重庆联中学生较为出色。

是月　荐唐迪风前来重庆大学，未果。唐迪风倾慕吴芳吉学识品行，同相进退。吴芳吉初来成都时，唐亦携妻、子自远而来，及吴芳吉去，亦去，闻吴芳吉再至成都，又携妻、子自远而从。唐迪风因狂狷为时人诟病，吴芳吉对其却极为推重："人师之求，所关至重。如唐子铁风者，吉仅见之矣。重大聘吉，当更聘铁风。世之诟铁风者，憾其激烈。吉所取之，正在此耳。古惟狂狷可以做圣。彼学养未至，即自中行入者，必为乡愿无疑。弟与吉皆伤于狷，铁风特病于狂耳。然蜀士学问之正，未有过铁风者也。"①

8 月

8 日　致信戴叔埔，谈（一）国文教育："在使字句清通，理明辞达，不在借文学以灌输新知。夫灌输知识，乃各科之事，非文学所专操也。"（二）延聘师资："办学既属百年之计，时刻皆需人才，不于平素联络预备，何以应急？……为士求师，本为天下万世，不必限目前也。……礼貌既周，则教必努力，人情既安，则心无勉强，夫然后可以久也。尊师即尊学校，尊学校即尊自身。使世之名师，皆欲来教，教者皆乐久居，此其造福学子，岂有量哉！……黑山石中夙多词章家、事业家，而无多儒者，无多经师。夫所谓学风者，必先有学而后有风，风必生自乎学。今后为文课求师，愿多此类人也。"（三）办学独立思想：私立学校贵在有所担当，自有权威，自有尊严，不必事事俯就教育官僚机构。对于聚奎学校来说，省教育厅之意见无足轻重，对于重庆大学，亦抱定此旨，"不向南京教部请求立案，盖我能办有声誉，彼必自来求我。"②

11 日　致信邓绍勤，谈"反求诸己"之旨："若己已尽心，而人终弗谅者，必由己之处置终有未安，亦即于心犹有未尽。……人苟不是，付诸命运之遭；己如不是，惟致克省之力。"③

---

① 吴芳吉：《与邓绍勤》，《吴芳吉集·信》，第 1035 页。

② 吴芳吉：《致戴叔埔》，《吴芳吉集·信》，第 1039—1042 页。

③ 吴芳吉：《与邓绍勤》，《吴芳吉集·信》，第 1043 页。

16日　赴重庆大学就职。主持重庆大学文预科，不招女生，"憨男女同学，俱见可欲，心乱，好学者寡"①。开设《文学概论》课程，常板书《文心雕龙》②，多讲三国时代文章与诗赋。重庆大学文预科学生杨德光回忆："和他接触的人只觉得他浑厚笃实，精诚动人。……他一向自奉微薄，在重大时，我见他身着蓝布长衫，他还同情穷苦，尽力周济，以致身死之日，家无积蓄。这是他早年饱受经济窘迫之苦，所以能够推己及人，在经济上毫不吝惜。"③　约于此时，作诗《大学门口》。

31日　吴宓接吴芳吉一函。吴宓对吴芳吉不支持自己离婚表示"极大之失望与痛苦"："接碧柳来函，对宓离婚仍事诋諆，而欠宓之百六十圆之款，则以新月书店代售《白屋诗集》所得为抵。又函梁实秋张大其事。宓读函殊为痛愤。念宓二十年中帮助碧柳，经济尚其小者（但已数千圆），所以慰藉勖勉之者备至。即以在美约集天人学会会友，先后赠助碧柳之款（真乃节衣缩食所得）共585美金，其详帐犹存宓手。今日适检出，阅之心如刀割。碧柳之所以报宓者如此，乃以道德感情自居耶？昔天人集会，以理想人物救世事业自许。宓等演说，谓会友无论到何境地，皆应相爱相助。世间真能竭诚尽力爱友助友者，惟宓一人。若碧柳如此对宓，真可为天人学会及友朋情谊痛苦矣！宓以此事，悲痛郁愤，数日莫解。"④

---

① 吴芳吉不招女生，并非其对女性有所偏见，只因男女人之大欲，圣贤难免，故男女不同校，彼此可竞业以进。吴芳吉颇能欣赏女性之美，其在西安时，路遇一女生，绝艳，追观至女校门口。后告周光午："我未遇尤物如此者，不观，可惜。"见刘朴《吴芳吉传》，《吴芳吉集·附录》，第1374页。

② 《文心雕龙》专家杨明照先生回忆："记得1931年春，我在重庆大学文预科肄业的第四学期，著名《婉容词》的作者吴芳吉教授给班上开'文学概论'课，经常板书《文心雕龙》原文，绘声绘色地讲得娓娓动听。我中心悦而诚服，被那秀词丽句的骈文吸引住了（这是读私塾、初中时未曾见过的文体）。从此便与这部中国古代文学理论批评名著，结下了不解之缘。课余饭后，总是拿原置的扫叶山房石印本《文心雕龙》（只有黄叔琳注）浏览、讽诵。由于爱之笃、读之勤，未到暑假，全书已背得很熟了。"见张世林编《家学与师承：著名学者谈治学门径》第1卷，广西师范大学出版社2007年版，第181页。

③ 杨德光：《怀念白屋诗人吴芳吉》，见江津县政协文史资料委员会编《江津文史资料选辑》第3辑，第71—77页。

④ 吴宓著，吴学昭整理注释：《吴宓日记》（第五册），生活·读书·新知三联书店1998年版，第106—107页。

是月　接蒙文通八月十五号信，内云："今日在沪曾见北流陈柱[①]，并读所著《待焚诗草》，亦文亦俗，非古非今，而朴杰惊人，绝似兄作。兄亦知其人耶？钱宾泗[②]之精悍，陈柱尊之雄奇，使人却知人之成学，先必有一段精神气魄也。"[③]

9 月

6 日　吴宓委托黄华代理新月书店代售《白屋吴生诗集》查账收款之事。此前，吴芳吉致信梁实秋，请将售书所得悉交吴宓，以抵 160 圆欠款。吴宓在此日日记中写道："宓初颇恨碧柳不径直以 160 圆给宓，了结前事，略慰宓之感情，乃以售卖不出之《诗集》搪塞。继思碧柳恐终无还款之望，不如尽到手之实款先握取之，后来再说。"[④]

是月　吴宓赴欧洲进修、游学一年。

11 月

2 日　致信刘朴，有意赴广东一游："岭南为吉所未尝至，此行即拟直赴粤中。亦以拟作史诗，有取材于粤者，不得不一往也。"后因故粤游未果。

18 日　致信汉骧，内云："儿自得吾此书时起，发愿保养身体，以身体为重，知识为轻。吾常言，望儿对于校课，但居中等已足，并不望儿长在最优等里。此其原因有二：儿天资本不甚高，勉强为之，必使身体吃亏，一也；名位过高，令人厌羡，只足增长虚荣，尤不宜于乱世，二也。故以后只求及格，无须过度。正课以外，暂勿旁涉。余时以全力运动，专练一种球术，为终身游戏之具，并率汉骧为之。处吾侪贫贱之家，丁斯离

---

① 陈柱（1890—1944）：又名陈柱尊。广西北流人。曾留学日本，毕业于成城学校。历任大夏大学、暨南大学、交通大学、无锡国学专修馆教授。参加过南社、中华学艺社、新中国建设学会等社团。主编过《学艺杂志》、《国学杂志》、《学术世界》等。有诗集《待焚草》。

② 即钱穆。按，"钱宾泗"为"钱宾四"之误。

③ 吴芳吉：《与周光午》，《吴芳吉集·信》，第 1045 页。

④ 吴宓著，吴学昭整理注释：《吴宓日记》（第五册），生活·读书·新知三联书店 1998 年版，第 113 页。

乱之世，万事皆轻，惟健身、耐苦、行善三事为重。儿当时时念之，所谓齐家、治国、平天下之道，皆自此为始也。"①

12 月

27 日　致信刘朴，劝其勿转入仕途："兄欲转入仕途，吉意窃不谓然。人心半死，文化垂亡，吾侪乃当终身不改旧业。以清初顾、王、黄、李诸公之志为归。发号施令之为，让竖子成名可也。"②

是年

《婉容词》选入大中华书局版《新式标点新体情诗》（1930 年 4 月出版）。

应卢作孚、邓绍勤之邀，前往北碚北温泉公园休养。公园内有一深山湖泊，命名为"黛湖"。与周光午登缙云山狮子峰绝顶，鸣鞭炮，三呼"中华民国万岁"。

---

① 吴芳吉：《致汉骧》，《吴芳吉集·信》，第 1043—1044 页。
② 吴芳吉：《与刘柏荣》，《吴芳吉集·信》，第 1044 页。

1931 年（民国二十年·辛未）三十五岁

1 月

18 日　致信周光午，谈家事及研习经学计划："闻聚奎于腊八放假，请于初九日午，即率儿辈坐米船东下，不可迟延。此间吾妻与母，半年不相言语，吾已途穷，无力挽救，惟望弟及儿辈早来，或可和解否耳。所以不早告弟等者，恐为吉悬忧，致妨功课。请即转示儿辈知之。儿辈欲赴外家，一宿即可，不用久留。家有大故，须赴汤蹈火救之，尚有心流连光景乎？吾回川数年，屡以家变，义为恩毁，因少断制。近从事研习《春秋》，或可小补。光午欲有造述，仍当先研经学，以植其本。此寒假内，在渝可从《尚书》入手，以窥先民所为政教之纲。吾以后每年轮流研习《五经》全部一次，将以终生。吾可助光午先自《尚书》入也。"①

26 日　致信刘永济，内云："承行严②先生屡相道及，鼓我实多，虽未获所教言，而同情之足励人，亦可感矣。请代问先生：如西洋史诗，宜于中国何体？又诗之失愚，吉之愚也滋甚。居家既久，义以恩伤，比细读三传，证以所遭，方知自处之多未当，将以何道而使愚明也？"又言，党祸频仍，冤冤相陷，平日受谤之由，多爱发刺激性重之言语，乃至卷入党争旋涡，原因即在"彼辈明知吉并不在党，非其仇敌，然必排挤攻击，去吉而后快者，恐吉之动摇其徒也"，此积习不改，虽遍避中国而不可居。③

---

①　吴芳吉：《与周光午》，《吴芳吉全集·卷三信札》，第 960 页。

②　即章士钊。

③　吴芳吉：《与刘弘度》，《吴芳吉集·信》，第 1045—1046 页。

是月　成都大学欲派刘朴至重庆招吴芳吉回校任职，连函坚拒。此前，张澜校长数次至重庆，请吴芳吉再赴成都，皆未如愿。

2月

6日　致信刘咸炘，谈（一）尽性内省与"齐家"、处理伦常之关系："兄谓我辈，皆有不免好名之病，实体认得清楚。尝闻铁风谈及市井之人多好利，江湖之人多好名，亦觉道出自家病处。盖正所谓江湖人也。自去年五月六日，在大学楼上闻兄畅论成己成物之言，连连发现不能尽性之处。念此事归求有余，何必在外？遂率儿辈不辞主人而行。乃事出预料，卒为乡人羁牵于此，既远良友，又违初心，此半载以来，所由无状矣。处伦常艰困，无过自责一途，聆兄所诫，信奉益坚。吉昔日疑虑，以为室人之对我不住，吾无不可容；对母不住，吾绝不能容。遂以此旨处之，往往横生龃龉。今知室人之不能善处吾母，要皆我之不能善处之也。感召由己，何暇责人？愿奉兄言以终身矣。"（二）张澜治成大之策："张公功利心大，不免舍本逐末之叹"，其治校最高理想，不过将成大办成北大，而无引导校风士习之志。[1]

是月　应中国航空公司重庆办事处求知俱乐会邀请，作《立春一夕谈》演讲。

撰《儿子书斋》，以儒家修身之理念谕导儿辈："儿之敝，一患不振，再患不敬。不振则无所为，不敬则无所守。……使儿辈以闻过为欣，以改过为勇。以自责为工夫，以自满为戒律。以下人为当然，以和人为征验。驯至言而至诚，动循天理，是即儿辈仰望之父兄，岂惟仆一人之庆幸。夫自幼子常视勿诳以上，皆教以圣人之事，卓哉程子言乎，仆所为日夜惕惕乾乾者也。"[2]此外，尚有《家训诗》教子："忍饿休开口，长贫不借钱。家寒风骨重，永谢世人怜。"

---

[1]　吴芳吉：《与刘鉴泉》，《吴芳吉集·信》，第1046—1047页。

[2]　吴汉骧：《追忆先父白屋诗人》，载重庆市江津县文化局编《吴芳吉逝世五十周年纪念集》，第95页。

3 月

22 日　次女吴汉骃①生。

5 月

2 日　致信汉骧，对其会考事提供建议："学校每年或毕业时，辄赴县城会考。此举须先为打听，若是会考出自县官或教育局，可以前往；若似此间之由军队主持，则不当往，非法故也。儿临时自斟酌之，不往，亦须托他故请假，不可以此立异于人，亦不令他人知己之故，更勿劝他人之效己也。"②

9 日　致信徐世珍③，感谢其为自己辩诬，"然亦无待乎辩也"。处此乱世，寡言为贵，自己遭骂，亦是多言所招，好议人，人亦好议我，骂由自取，安敢怨人？此后当躬行实践，不假言辞，效庄子得意忘言之行，"吾安得忘言之人而与之言哉！解此，可以论世矣"。④

7 月

17 日　致信邓绍勤，告以近况："舍间姑媳，自返乡后，颇能相安，和好为数年来所未见，私慰甚至。顷每日温《通鉴》五六卷，西史数十页。夜间卧瓜架下，仰视诸星，颇多玄想，不觉炎暑之逼人矣。"⑤

19 日　致信庆明，谈（一）名实之辨通于婚姻之道："世间万事，惟名实两字尽之。名即理也，实即事也。名实合一则理事方成一体。然往

---

① 吴汉骃（1931—）：江津女中毕业，久任小学、初中语文教员。
② 吴芳吉：《致汉骧》，《吴芳吉集·信》，第 1048 页。
③ 徐世珍：时为四川省立第一师范学校学生。
④ 吴芳吉：《答徐世珍》，《吴芳吉集·信》，第 1048 页。吴芳吉推崇曾国藩取人标准，即看其是否爱说话。吴氏认为，好大言之人，华而不实，不足成事。见吴芳吉《与周方纕》，《吴芳吉集·信》，第 1051—1052 页。
⑤ 吴芳吉：《与邓绍勤》，《吴芳吉集·信》，第 1049 页。

往有名无实，或有实无名，或名实皆非，或名实两丧。夫政治教育，文章事功，所以殊途而同归者，无非求名实之相符也。以家庭言，谓家庭为养成中国今日诸恶之渊薮者，名也。而当此民生凋敝、法纪不张之际，犹赖以保持人心风俗于未尽坠者，实也。以夫妇言，有名无实，是为同床异梦；有实无名，是为濮上桑间。二者不备，则必无以久安。古人所以纳彩亲迎，敬慎重正而后亲之者，必名实之不乖，庶唱随之可乐矣。"（二）婚姻欲名实合一，须讲求忠恕之道①："名实之合，端在于诚。践诚之功，端在忠恕。曾子曰：'夫子之道，忠恕而已。'李延平②解之曰：'尽己之谓忠，推己及人之谓恕。'今以施诸夫妇，则凡事且勿怪人，当先责己。人之不谅，由责己之不深。未有责己痛切而人之不转移者。夫然后忠恕可行，而名实可契，其为夫妇乃真。……惟夫妇相与，不难处于结缡之前，难相谅于既婚之后。岁月悠久，情感喜迁。自非忠恕之道，孰能无闲言哉！吉尝谓古之观人也于君臣，今之观人也于夫妇。大抵笃于夫妇者，必笃于友。其不苟于夫妇间者，亦必不苟于社会，不苟于国家。比年阅人既众，益信所见之真。而知名实之义，匪但通于家庭，通于夫妇。今天下滔滔、战乱不息，异说竞鸣，无所折衷，岂非名实之未一欤？"③

28 日　致信邓绍勤，谈士大夫文化人格的缺陷："近自吉离重大，招蓉友至渝代吉教职，而以嫌重大钱少之故，支离其词，竟不肯来，令人愤恨。细思中国民族之所以将亡者，实由士夫三种败德所致：曰虚伪、曰怯懦、曰贪鄙。读《东林学案》，一堂师友，冷风热血，洗涤乾坤，恨不与古人同时矣！"④

8 月

12 日　致信周方篾，邀请其来江津中学任教，并告回乡任职初心："趁此机缘，多聚师友，朝夕共学。相处一月，即有一月之进步，相处一

---

① 吴芳吉曾就"忠恕"之旨，诫其二子曰："'忠恕'二字为立身处世之要药。尽己之谓忠，推己及人之谓恕。凡自己应做之事不去做，或做了而不努力，不用心，皆为不忠；凡只顾自己，不顾他人，譬如说话，只管自己说得出来，不管人受得下否，便是不恕。汝兄弟间一切毛病，都由此起。"见吴芳吉《致汉骧汉骥》，《吴芳吉集·信》，第1054页。

② 即李侗（1093—1163），南宋理学家，学者称延平先生。朱熹曾向其问学。有《李延平集》。

③ 吴芳吉：《答庆明》，《吴芳吉集·信》，第1049—1050页。

④ 吴芳吉：《与邓绍勤》，《吴芳吉集·信》，第1051页。

年，即有一年之小成。亦人生之乐事也。吉在乡亦不久住，少则一期，多则一载，但欲树之风声，使读书种子不尽绝于乡里足矣。"①

　　13 日　四川教育局正式任命吴芳吉为江津中学校长，月薪五十圆。暂辞重庆大学教职，此前已婉拒南开大学教职。吴芳吉自述何以出任江津中学校长之职："明知在县，人地生疏，名为故乡，实乃异客。如此情势而出任者，颛为邓先生禓仙，谷醒华也。邓先生创聚奎学校，闻我围于西安，逆料已死，见吾儿，辄垂泪。今又长县教育局。醒华尝阴周吾家，逾十数年而不告我。夫世之难得者，同情，恩之不报者，非人。是以五上辞书，四承枉顾，未肯而许之也。今然后知怨不可结，恩亦当解。"②

　　在任期间（1931 年 8 月至 1932 年 5 月），自奉清苦，廉洁自律，家人居德感坝贫民区破陋房屋，而不携眷入校居住，谷醒华筹资为其买田置宅，亦不受。依照惯例，书局所售学生教材，向有折扣，尽归校长之囊，吴芳吉就任后坚不收此款，涓滴归公，以此款购买海内外报章杂志图书，供学生浏览。力行学校经济民主，成立消费合作社，将学校出售粪便收入移作股本，每到期末，连本带利，按全体师生人数平均分配。以前学校存款利息不动，又向县府申请经费，校园建设却从未施行，吴芳吉则放手开展建设，校舍整齐一新。

　　尊师重道，礼聘教师亲往拜递聘书，不假传达室工友。聘约分初聘、续聘，初聘一年，续聘则为终身聘约；遇有教师请假，能补授的，则亲为代授，唯恐荒废学生学业；凡校具标识、校长室布告、油印讲义，皆亲力亲为，不假他人。

　　以办大学之道办中学，"努力输入清华大学之一切设施，自一校旗一宫灯之微，至一建筑之图式，亦莫不由其"③。以身作则，铸成人格教育，本孟子性善之旨，引导人之天性，不以法绳人，"弃刑毁法，一任无为，不恃外力，但酌情理"④，一改学校法令如毛、学生动辄得咎甚至遭军警逮捕的局面。谱写校歌，设计校徽，增强学生的荣誉感和归属感；每日四点即起，与诸生朗朗共读⑤，书声悠扬四溢，每夜十一时后，提灯巡视学

①　吴芳吉：《与周方薆》，《吴芳吉集·信》，第 1051—1052 页。

②　刘朴：《吴芳吉传》，《吴芳吉集·附录》，第 1374 页。

③　周光午：《介绍白屋诗人吴芳吉先生》，《明德旬刊》1932 年第 7 卷第 4/5 期，第 7 页。

④　周光午：《教育家的白屋诗人》，《重庆清华》1947 年第 5 期，第 2 页。

⑤　毕业于江津中学的文史学者王利器回忆："每天早晨，灯光相映，书声相答，书声琅琅，灯光堂堂。吴先生称之为有朝气。我从此养成早起的习惯，四十年来如一日。"见王余光、徐雁主编《中国读书大辞典》，南京大学出版社 1999 年版，第 150 页。

生寝室后方眠；学术方面，每周六晚集合全体学生，演讲古今学术、东西文化、社会问题，不下结论，让学生自去领悟，此外"以一年时令，及古今哲人诞辰为准，出席作有系统之演讲。如端午节，则讲屈子之精神，孔子诞日，则讲儒家思想，五一劳动节，则讲机器文明的危险，耶稣圣诞，则讲耶教之真谛，黄菊盛时，则选录古今咏菊名作，集体讲授"①，校内研究学术的空气渐浓；设立家书日，鼓励学生写家书，并作《家书日歌》，开辟亲友室，接待家长及来校贵宾；遇学生有过失，密函告其改悔，不悬牌公示，以励其知耻向上之心②；黎明学生早操之际，亲临宿舍检查学生床上是否有秽物，视情况留置一极诚恳的告诫书，劝其爱护身体，力去手淫恶习；扩建运动场，提倡学生运动，强身健体，培养其团结合作精神，举办学校运动会、全县运动会，为之作《江津县运动会会歌》、《题江津中学首届运动会》、《别白沙油溪少年》。

是月　委托刘朴为江津中学物色教员。

9 月

12 日　吴宓来函，告知："已向南开大学文学院院长曹钰生推荐吴芳吉、刘永济担任国学教授，月薪一百四十圆，请排除一切，赶速北来。"信中又称："弟此来不特与宏度同事，且可与宓常晤聚，则私人情谊、公共志业及诗之创作，均利益无限也。"③

18 日　"九一八事变"爆发。

19 日　日军占领沈阳。吴芳吉写就《日军占我沈阳》一诗，经音乐教师谱曲，传唱校园。稍后，江津中学拆掉衙门式校门，改建为黄河铁桥式照墙，墙头四个墙墩分置四门牛儿炮，炮口对准东方，以示抗日之意。

---

①　周光午：《教育家的白屋诗人》，《重庆清华》1947 年第 5 期，第 2 页。

②　曾有一患病学生，吐痰既浓且绿，一次和两位同学待在教室里，从教室窗外大吐其痰，恰吐到了行经此处的吴芳吉脸上。吴芳吉一面揩着痰，一面走进教室，怡声问道："刚才是哪位吐痰了？"三个学生面面相觑，不敢开口。吴芳吉又问："只管说，我能把你怎么样？"吐痰学生嗫嚅着承认了。吴芳吉将其请到校长室，和颜悦色地教其以后多检点，免得到社会上吃亏，那时无人可以原谅。学生听后，泪如雨下，不能仰视。吴芳吉又温言慰藉，学生噙泪离去。见周光午《教育家的白屋诗人》，《重庆清华》1947 年第 5 期，第 2 页。

③　吴宓：《致吴芳吉》，载吴学昭编《吴宓书信集》，生活·读书·新知三联书店 2011 年版，第 146 页。

此外，江津中学还早晚举行升降旗仪式，高唱《日军占我沈阳》等抗日歌曲。每作爱国诗稿，即印发学生并作讲解，并邀请邓禚仙、刘柏荣、穆济波等友人来校作时局报告，增强学生的国家观念与忧患意识。

　　25 日　致信周光午，谈近来转向经史之由，此为年龄变化之必然，并以诗人譬喻：诗人情感随年龄变化，遂有不同之诗风："少年极感情之变化，壮年极理智之扩充，迨至老年，其必转移方向，又无疑也。老杜之诗，皆自四十以后。高适之诗，亦在五十以后。放翁佳作，更在六十以后。"现在转向经史，正是杜诗所云"读书破万卷，下笔如有神"之义所在，"从前太不读书，兹欲补救之耳。大程子曰：'人不学，则老而衰。'如然，则吉之至老，不犹远乎？"①

10 月

　　10 日　与张采芹会面，表示：县中事务难办，但整顿教育、提倡诗教之雄心未曾稍懈。初长江津中学时，学风紊乱，有国文教师出题令作作文，学生竟自行改变题目，以打油诗敷衍。现经整顿，力挽颓风，晨起全校课读弦歌不绝，学生始知读书之乐，痒序有师道之尊。

11 月

　　12 日　为孙中山诞辰日，组织学生进行反日游行。游行中，学生散发吴芳吉所写《仇货买不得》等反日宣传诗。成诗《民国二十年，大总统孙公诞日，在江津县中学水陆游行会作》。

　　13 日　吴宓来函，对吴芳吉就江津中学校长职极为不解、失望乃至痛苦："诚以弟为诗人，宜以作巨诗、振民志为专业；修县志、办中校，其事小，桑梓之谊，何如天下国家之重？窃谓弟权衡之间，实误取其轻重大小，匪特感情痛苦失望而已也。南开一席，已归他人，因宓接弟函后始知不就（弟倘电复宓，即可另荐人），急荐他友均以太晚，恨恨。东北事变，诸友均逃来北平，且均困。弟在此，尚可助宓共撰文于《大公报》及《学衡》，一方提倡吾辈之志业，一方振起国魂于兹危难之际。而竟不

---

① 吴芳吉：《与周光午》，《吴芳吉集·信》，第 1052 页。

来，使我痛伤。弟何竟失去十五年前之脱落飘忽之壮气耶?"①

是月　蒋介石提出"攘外必先安内"的政策。

12月

25日　抄录《新约》箴言，择取十六则，多关乎道德训诫，如"尔欲人施己者，亦如是施诸人"、"利尽天下而自丧亡者，何益之有"、"勿止之，凡不阻汝者，即助汝者也"、"尔不能事上帝又事货财"。所择箴句，集成《耶稣要言》，中英并录，十二则来自《路加福音》、两则来自《马太福音》、一则来自《马可福音》、一则来自《约翰福音》。手绘《耶稣行教地图》。②

31日　加拿大人、重庆大学外籍教师文幼章③应吴芳吉之邀，前来江津中学做英语学习讲座。

是年

常读《杜诗镜铨》、《淮南鸿烈集解》。王利器④等学生时来问学、请

---

① 吴宓：《致吴芳吉》，载吴学昭编《吴宓书信集》，生活·读书·新知三联书店2011年版，第146—147页。

② 中国基督教神学家赵紫宸在其著作中数次引用吴芳吉的诗句、书信、文章等来印证基督教教义。又，赵紫宸与吴宓相熟，吴芳吉在基督教神学方面所受之影响，大约可揣测一二。见王晓朝主编《赵紫宸先生纪念文集》，宗教文化出版社2005年版，第450页。亦见赵紫宸著，燕京研究院编《赵紫宸文集》（第一卷）。

③ 文幼章（1898—1993）：加拿大传教士。出生于四川嘉定，其父亦为传教士。1910年回国。曾参加"一战"。1925年赴重庆传教，任重庆大学英文教师。编有直接英语教学法课本。1947年回国，从事和平事业。

④ 王利器（1911—1998）：四川江津人。1930年就读于江津中学。1932年考入重庆大学高中部。1940年入四川大学。1941年入北京大学读研究生。1944年任教于四川大学。1946年后，任北京大学讲师、副教授。1952年后，历任北京政法学院副教授，人民出版社编辑兼中国社会科学院特约研究员。著有《郑康成年谱》、《李士桢李煦父子年谱》、《盐铁论校注》、《文心雕龙校证》、《风俗通义校注》、《文镜秘府论校注》等。

益。作诗《黄桷垭》①、《海棠渡》②、《几水歌》（五首）、《闻羊生儿作》、《十一月二十五日自中校归家所见》、《题云生北游诗草》、《岁暮示诸生》。

沈懋德病殁重庆大学任上，吴芳吉为之作《为沈教授懋德传赞》，亦是其自道之语、毕生写照："士当文化绝续，种族存亡之际，己立立人，人存存我，任重而道远。岂并世列强之人，可同语哉！既当修身，又须淑世；既当储学，又必致用。双手而回万众之心，匹夫而树百年之计。欲不力竭以死，难矣。懋德不自揣力，竟欲以身任之，坐言起行，死而无怨。身后萧条、惟有未竟之志以贻其亲友。不亦大可哀耶！"③

---

① 吴芳吉诗歌选本皆未收此诗，抄录如下："何处难忘者，对门黄桷垭。苔岩高矮树，篱落淡浓花。野老勤挑菜，村姑习纺纱。早忧茅屋风吹倒，等过城中千万家。"见重庆市南岸区政协文史资料委员会编《重庆南岸文史资料》第 10 辑，1995 年，第 53 页。

② 吴芳吉诗歌选本皆未收此诗，抄录如下："下有乌鸦桥，上栽乌柏树。乌鸦聚复飞，乌柏新还故。年年渡口战争多，势要几人长得驻。"见重庆市南岸区政协文史资料委员会编《重庆南岸文史资料》第 10 辑，1995 年，第 54 页。

③ 刘朴：《吴芳吉传》，《吴芳吉集・附录》，第 1378 页。

1932 年（民国二十一年·壬申）三十六岁

1 月

12 日　致信刘咸炘，谈江津中学情势及治校感怀："江津党派纷争，办学至为棘手。徒以桑梓名义，使吉不能遽脱。现反对我者，以吉有尊孔之嫌。而军政长官又多所干预。情势如此，岂容久住？所以犹迟迟者，此可怜之三百少年，始迷于邪说，后慑于兵威，如待决之囚，失中心之系。今秋以始，弃刑毁法，一任无为，不恃外力，但酌情理，乃有生人之乐，与师道之尊。吉视之若己儿女，而痛之若在沟壑。亦欲付托有人，庶几去无念也。"①

28 日　日军大举进攻上海，"一·二八"淞沪抗战开始。

是月　致信友人，谈（一）为学、自修之道："来书谓为学之道，当严于自责，笃论笃论。我辈自顾，一身德行有几许？自修之不暇，敢遽望众人之归仁耶？鉴泉谓我辈三四人，皆不免有好名之病，日日太息痛恨于世道人心，惟怨外境之不合我，而于我之无以感召外境，似少顾及。良可味哉！良可味哉！"（二）对孔墨合一、中西文化调和之看法："近日国中孔墨合一之说，正如孟荀合一。若以根本言，则万无合理；若以一枝一节言，则天下何物不可合也？主此说者，亦如言东西文化调和者耳。年来此类最多，大抵见现在路子不通，而又不敢直言回复于古，乃以新说传之，既可以取容于时，又可以标新立异，实则皆铁风之所谓乡愿者耳。"②

---

① 吴芳吉：《与刘鉴泉》，《吴芳吉集·信》，第 1055 页。
② 吴芳吉：《答友人》，《吴芳吉集·信》，第 1056 页。

2 月

月初　重庆大学亟请吴芳吉返回任教。决计辞去江津中学校长职，向省教育厅厅长张铮递交辞呈："芳吉去年原在重庆大学，而本县驻军张师长清平志切教育，谬采虚声，请谷县长武乡来渝相劝，责以县立中学校事。芳吉客居日久，乡里多疏，不谙师资，但凭徒手，恐收效之无望，慨得人之已难。况复锱铢微利，不免党派之争，弦歌盛业，每怀陷阱之险。当再推辞，未敢承命。后以暑假回乡，师长县长，适由成都归来，谓贵厅之命已下，合邑之士尽闻。义不容辞者，桑梓之情，责无旁贷者，兴亡之任。芳吉自维与厅长有一日之雅，县长于芳吉有再生之恩，政府之威信不可回，友朋之高谊必当报，因竭驽钝，出效驰驱。受任以来，赖我军政长官之提携，职教诸师之维护，家庭父兄之信仰，县政会议之同情，使积弊渐清，百废俱举，学子知生人之乐，痒序有师道之尊。化日舒长，忽焉半载，朔风凄厉，遽尔穷冬。芳吉未尝不欲久在故乡，长依老母，既可办学，兼以持家。无如重庆大学，忝在发起之列，应有始终之义。曾许芳吉半载为期，今已届满，信当归去。又芳吉在外，虽十余年，一向教书，未与事会。盖性好沉思，素鲜决断。君子爱其平正，黠者利其优柔。是故登高能赋，斐然情深，善任知人，病于才短，良以术疏，不能察下，性直，难以防嫌。纵脑肝以涂地，实傀儡之登场。我负其名，人取其实。独木岂能支厦，哲夫乃可成城。忧谗畏讥，正则有江蓠之叹，无心竞物，九龄深海燕之悲。固非厅长所知，不足外人道也。所望速简高明，早临接办，勿使地方事业，假公器以便私图，名教关头，种善因而成恶果。芳吉力尽于兹，言止乎此。敢云高蹈，实具决心。"[①]

4 日　省教育厅厅长批复辞呈："呈悉。查该校长主持校务，尚具热忱，仰仍继续供职，不必遽萌退志，所请辞职之处，应毋庸议。"县长谷醒华及诸生亦苦苦挽留，遂继续留任江津中学，决于秋季再回重庆大学。

5 日　日军攻占哈尔滨，东三省沦陷。

16 日　日本在中国东北策划成立伪"东北最高行政委员会"。日本当局发表声明，称"东北已脱离中国而独立"，并决定成立伪"满洲国"。

约于是月　赴重庆大学访刘朴。

---

① 吴芳吉：《致省教育厅厅长书》，《吴芳吉集·信》，第 1052—1053 页。

3 月

8 日　寄二子《聪训斋语》各一册，并嘱："每日可看一页或半页，不懂须问先生。或以一册交先生，请他先看一遍，然后再求解答。如此，可免先生为难。无论看书读书，皆要自加圈点，又要自备副本，俾抄录疑难，以待访问。"鼓励二子学问、品行并进："汝等须知品行便是学问，学问便在立品。凡有学问之人，莫不由诚信恭谨得来。"①

中旬　"一·二八"事变爆发后，吴芳吉感愤国难当头，蜀军四十万竟畏葸不肯救援，致信湖南省政府秘书长刘鹏年，表示愿为国事赴前线效力："吉欲以赤手与倭寇拼之，决于下月东出。如湘军赴沪，愿兄为吉结识诸健儿。"② 时，穆济波避难返川，见吴芳吉，劝止：若见江南贪墨淫佚之风，当为之气沮，与其赤手空拳击敌，不如以此精神办学，"化一人之身为千百之身，以三五十年之长久时力与倭寇战"。③ 其时，江苏省立国学图书馆馆长柳诒徵欲避倭寇入蜀，吴芳吉拟构宇黑石山，邀请刘永济等人同来，互相切磋，广大其学，振兴蜀地史学、文学。

4 月

中旬　为学生开讲《人谱》、《论语》、《孟子》、《朱子小学》、《大学衍义》等。讲授时，举实证，不空谈，真气淋漓，声如洪钟，以期在此乱世培植一二读书种子，为国大用。自言："未知二三十年后，有三二人可恃与？"④ 改编《人谱》，手写石印，每周六晚，集合全校学生讲授。讲

---

① 吴芳吉：《致汉骧汉骥》，《吴芳吉集·信》，第 1056 页。吴芳吉对儿子强调道德教育和品格教育，力去"躁妄"："躁妄由心气不和平，心气不和平，品格必不正，学问必不实，作事必无所守。圣人做人，必做到造次必于是，颠沛必于是，而后可言不淫、不移、不屈。儿曹入德之道，厥在随时检点，忙中找错，以求自拔。"见吴芳吉《致汉骧》，《吴芳吉集·信》，第 1058 页。

② 吴芳吉：《答刘雪耘》，《吴芳吉集·信》，第 1057 页。

③ 吴芳吉：《答友人》，《吴芳吉集·信》，第 1058 页。

④ 吴芳吉：《与刘鉴泉》，《吴芳吉集·信》，第 1059 页。

至诚信章"明山宾卖牛"① 之事，有一年幼学生，为之感动，竟至击掌不已。

19 日　组织学生整队出城，歌声遍野，以鼓舞学生志气。

20 日　致信友人，有对吴宓离婚不以为然之意："某君遍函诸友，兢兢自辩其离婚之是，正见其良心有不能自安之故。安则不待辩矣。"②

月底　应文幼章之邀，前往重庆，为重庆中华基督教青年会讲《儒家思想与耶教精神》。文幼章以英文记其演讲。为听众朗读、讲解途中所作《巴人歌》，反响热烈。返回江津时，在临江门轮船码头上岸，身负新印诗稿等重物，烈日当空，步履艰难。轮船码头到江津中学，约四公里，从学校后门入，可少走二三里，不肯行不由径，坚持从学校大门步入。汗透重襟，气喘不定。回到寝室，发病，诊为急性肺炎，校工护送至德感坝家中。

5 月

月初　病情加剧，胸痛如割，鼻出血，痰包血。后又呼吸急迫，脉象浮速，夜不安眠，呓不休止。汉骧、汉骥自聚奎学校返归家中。病后第二日，忽记起下午要开图书馆，钥匙尚在身上，强撑病体，匆忙赶往学校，交代此事。校人不解，谓何必自苦如此，答说："我若不来，今天下午，三百个学生就没有图书看，关系岂小？"

7 日　刘朴、周光午自重庆大学前来德感坝探视。吴芳吉体貌殊瘦，目光有神，言谈有力。见友人来，大慰："汝来甚好，大家商量一下。"刘朴请其病愈后再返重庆大学，又告："为人太多，为己太少，所以病也。"不答。见周光午在侧，吴芳吉略现笑意。

8 日　上午，谷醒华及江津中学校方延请四名医生会诊。吴芳吉安慰谷醒华："我受尽磨折，乃得有此区区智慧，稍知为人。天所降任，宜不止此。"下午，应吴芳吉之请，刘朴赴江津中学，为学生讲东三省局势。知刘朴演讲受欢迎，有悦色。入夜，昏迷不醒，掌冷至肱，大汗不止。以

---

① 见《梁书·明山宾传》："山宾性笃实，家中尝乏用，货所乘牛。既售受钱，乃谓买主曰：'此牛经患漏蹄，治差已久，恐后脱发，无容不相语。'买主遽追取钱。处士阮孝绪闻之，叹曰：'此言足使还淳反朴，激薄停浇矣。'"

② 吴芳吉：《答友人》，《吴芳吉集·信》，第 1059 页。

急方抢救，汗乃止。是夜，谷醒华留守吴家，与医生确定诊治方案。江津中学有低年级学生起小溲见校长入礼堂，追之而渺。

9日　上午，自知不起，欲往江津中学，自称便于养病，为刘朴所止。又欲外出观山，自言："久不见山，精神更苦。"亦未如愿。又请刘朴录基督教《圣经》祷告词，欲告天而终，时间紧迫，无从誊录。嘱刘朴作文将其一生形迹公布于世，无一语道及家事。正午，江津中学校钟一击不响，再击而裂。未久，脉象危绝，手足冰冷，汗出如故，喉中有痰不得出。呼刘朴入。刘朴问何事，惟言"摆龙门阵"，然不能出一语。是时，睛已上翻。刘朴泫然，附耳低语："碧柳著作，必为刊行。听到否？"吴芳吉微声答道："听到。"继呼："点灯。"刘朴问："昼何灯为？"又呼，乃为点灯。点灯后，遽然而逝，时下午一时。年仅三十六岁。刘朴与周光午负责治丧等事，向海内外友朋发出讣告。谷醒华于江津中学设治丧处，备置衣衾棺椁。

10日　上午，江津中学师生三百余人渡江至德感坝，谒吴芳吉遗容。刘朴与周光午揭巾告之："学生来视校长。"双目未闭，唇翕齿咬。学生一一行礼，反袂流涕。夕暮，入棺，棺木二百四十圆。是夜，吕子方、邓绍勤至，为吴芳吉送行。刘朴于吴芳吉遗诗卷面题词："呕自君心，还于君椁。文栋备雄，来世有作。"周光午将遗诗装入磁筒，覆以铁盖，以漆封之，置于逝者枕后。刘朴泫然："从兹何岁，再见人间。"目犹未闭，刘朴与吕子方慰而扪之，尽闭。邓成均当日日记载："碧柳，在我过去的生涯中，你给我的不是思想的感化，是你那统一的、纯真的人格照临，它支持着我，使我不至坠落成为一个富贵荣华的逐臭者，而拜倒于一切权威之下！今后呢，如果我能从陷溺我的大泽中振拔出来，向着我认为应走的道路走去，虽然与你所怀想的可能背道而驰，在我也便觉无愧于作你的一个朋友了！我们总有'相识而笑，莫逆于心'的一个时辰罢？"①

11日　下午，刘朴、吕子方、邓绍勤、周光午过江到江津中学，向师生追忆吴芳吉生平事迹。刘朴感叹："不至江津中学，不知碧柳建设之伟，可以愧死办大学之不认真者。平日佩碧柳能立言，岂知发愤有为，乃能若是！其位苟愈崇，其勋必弥大。江津无禄，不遗此人。遗恨之深，凭钟以见。"

12日　刘朴、吕子方、邓绍勤离开德感坝。临行前，刘朴抚棺低语："碧柳，我今走矣！"含泪以去。吴芳吉遗著由刘朴带往重庆大学整理。

---

① 邓颖编：《邓均吾诗文选》，重庆出版社2010年版，第306页。

19 日　从德感坝出殡至白沙黑石山。谷醒华县长、江津中学师生、亲友等五百人护柩而行。夜宿油溪。

20 日　灵柩抵白沙。聚奎中学、聚奎小学、新本女学、白沙小学等校师生，候立江边迎祭。江津中学学生抬柩入穴，聚奎中学学生覆土成坟。墓在九曲池畔，碑文用中英文两种文字刻成："白屋诗人之墓""Here Lies the Poet of White Cottage"。墓侧巨石有"旧坛新醴"石刻。墓表文字为刘朴所作。

29 日　成都友人张采芹、李劼人、向楚、庞石帚等五百余人集会成都皇城内致公堂悼念吴芳吉。李劼人致追悼词，称吴芳吉："不是通常那吟风弄月，抛撒点闲恨闲愁的诗匠，而是具有杜甫悲天悯人的思想，白香山平易近人的社会观念，逐处要想救国救民，逐处要想在民众悠悠的冤枉路上开一条直径，要想在森严黑暗中放一道明光，要想解除人民的烦恼，要想促进人类的幸福。这些惨淡经营的苦心，都一一表现在他的作品里……"[1]追悼会现场，悬挂彭云生所写《吴碧柳先生赞》大幅宣纸，并向来宾赠送《成都追悼吴碧柳先生纪念刊》。纪念刊内收有成都大学学生刘利挞所撰《敬悼吴碧柳先生》一文："呜呼，先生布衣也，非有政令权威，以加于人，而卒能使人如此者，亦以先生道德入人之深，感人之厚，有如是者也。彼世之高爵显位，生无益于时，死无闻于后，比之先生，轻重为何如哉！于是以知布衣亦有重于社稷也。……先生一生，为人太多，为己太少，捐躯教育，死有余光。诗能传世，德足移俗，寿虽不终，近蜀未尝有也。昔者原宪困奚，颜回夭折，天报善人，大抵如斯，彼盗跖虽寿，又奚足道哉。然则死固不足为先生憾也。"

是月　《大公报》、《学衡》、《津涛》等刊皆有专号悼念吴芳吉。江津当局拨款二千圆抚恤吴芳吉家属。友人捐款六千圆，以为养亲教子之用。周光午携吴芳吉次子吴汉骥赴明德学校初中部就读。吴宓继续资助吴芳吉之母，直至其母殁，后又照料吴芳吉子女乃至孙辈生活、读书。

---

[1]　李劼人：《李劼人选集》（第五卷），四川文艺出版社 1986 年版，第 38 页。

谱　后

1933 年

12 月 12 日　吴宓为自著诗集作《刊印自序》，以二吴诗未能合集出版为憾："予之诗既不与碧柳之诗合刊，且为求明白简当，故径改题曰《吴宓诗集》。欲购读两吴生之诗者，遂不得不分别取求，虽曰精神合一，无间幽明，而事实判分，终归离散。碧柳与我生涯前后同归于尽，并此区区残稿，亦难什袭共藏，同供展玩，此诚伤心之至者矣！是故两吴生诗虽未得合刻，予今兹仍愿虔奉此册，以纪念怀才早逝之白屋诗人也。"又引吴芳吉诗论："碧柳曾谓诗人可分三等。其下，为自身之写照者（如唐之温李），其中，为他人之同情者（如唐之元白）；其上，为世界之创造者（如唐之李杜）。此论最真。碧柳盖托始于中而已臻乎上者。"①

1934 年

12 月　吴宓得读吴芳吉所作《碧柳日记》，手稿三十四册，约六十万言。吴宓《空轩诗话》有《吴芳吉日记》一节，对《碧柳日记》评价甚高，并追忆二人交游："此精详之《日记》，实为世间之一伟著。可以表现作者特出独具之毅力精神聪明道德，可以洞见个人身心情智学术志业之变迁成长，可以晓示家庭社会生活之因果实况，可为二十世纪初叶中国之信史，而尤可为碧柳诗集之参证及注释。……予与碧柳交谊

---

① 吴宓著，吴学昭整理：《吴宓诗集》，商务印书馆 2004 年版，第 4 页。

深至，而碧柳对予笃念情殷，故予读此一部日记，异感纷集，一若重度其少年之生活也者。碧柳民国五六年间，梦与予联句诗云：'堕地适能逢，白头乃相左。'此诗几成恶谶。予欧游前后，与碧柳通函较少。予竭其智力，不能使碧柳脱离家庭之痛苦束缚，飘然远引，自乐自适，以著成其《人学》与《国史》二书，以作成中华民族之史诗，而竟以劳苦殉身于蜀。此实予所认为碧柳死生悲剧最后一幕，而予终身最伤心之事。若夫碧柳对予此时期行事用心之苦未能谅解，对予欧游杂诗及此后之作未加评正，犹其小焉者已。虽然，予与碧柳暂若暌隔，而根本相知相爱。予二人皆信人性，信天命，信上帝，信永久之真理者，则虽寿夭悬绝，幽明异路，其志节与精神当可贯通融和而无忤。世俗毁誉，聚散形迹，不足重轻也矣。"①

　　是年　长沙段文益堂刊刻《吴白屋先生遗书》二十卷，共六册。《遗书》原稿由吴宓、周光午搜集编辑，吴芳吉次子吴汉骥从江津携来长沙刊刻。柳诒徵题签，题"湖南省福胜街段文益堂承刊印，段文鉴季光写字"，扉页有吴芳吉小像。前有民国二十三年刘永济序、莫键立《吴白屋先生传》、刘咸炘《吴碧柳别传》、刘朴《白屋先生墓表》、莫石夫《题吴白屋先生遗书》、刘鹏年《玉漏迟》、卢冀野《奉题白屋先生遗书》。后有民国二十三年周光午跋、周光午辑录诸人挽诗、挽词、挽联、赠诗。卷一至卷八为自订诗集，按照编年依次编排。卷九至卷十二为诗续集，由友人吴宓编订、门人周光午参校。卷十三为歌剧《二妃》，民国十年客居长沙作，只余第一部《森林雁意》，缺第二部《江天梦痕》、第三部《竹纸血泪》。卷十四至卷十六为书札，其中与吴宓四十通、与邓绍勤十二通。卷十七为书札补遗，收录与吴宓五通。卷十八为家书。卷十九、卷二十为杂稿，收录各类文章。是书几囊括吴芳吉所有著述。《清华副刊》（1934年第42卷第6期）刊出《已故校友吴芳吉先生诗文全集出版》通讯，称吴芳吉"好为诗文，著述宏富"，赞扬其"倾不忍人之心以谈学论世，真可与明遗民顾王黄李诸公相比拟，特开儒家一派，而要以至诚立人极"。

---

① 　吴宓著，吴学昭整理：《吴宓诗话》，商务印书馆2007年版，第178—179页。

1935 年

任中敏①于《国风》杂志发表《白屋嘉言序》，褒扬吴芳吉为刻苦笃行的儒门志士，称其"人文一致""果行育德"："吴先生以新旧文学论力排时尚，而独具其基础。其基础为何？一曰：发扬中国文化固有之精神。一曰：即一身为起点，注意躬行，求为人为文之归一致。……吾敢作然而言曰：有吴先生，吾人始幸中国近代果尚有真正文人在，而不仅仅于文奴、文丐、文蠹、文妖。"②

王先献于《国专月刊》（1935 年第 2 卷第 2 期）撰文称吴芳吉的诗歌："汪洋恣肆，一空依傍，而慷慨淋漓之致，眷怀家国之忧，一一活跃纸上，令人可歌可泣，不知足之蹈之，手之舞之也。《爱国歌》一章，尤足发扬吾民族之精神，可许为必传之作。其论诗有云：'我爱英人语，旧坛盛新醴。'盖欲以旧诗之形式，入新诗之精神，不媚世亦不鄙古，卓然能抒其见者。……其置身力行处，直当厕诸宋儒之列。一种毅然以天下为己任之精神，虽宋儒不及也。前人谓杜老一语不忘国家，吴先生有焉。"

1936 年

明德学校《明德旬刊》编印《吴芳吉专号》，纪念吴芳吉诞辰四十周年。

1938 年

周光午为吴芳吉墓门华表书联："小谪尘寰，应是玉台香案吏；犹留

---

① 任中敏（1897—1991）：原名讷，字中敏，笔名二北、半塘。江苏扬州人。1920 年毕业于北京大学。历任广东大学、上海大学、四川大学、扬州师范学院教授。早年师从吴梅学习宋词、金元散曲。在词曲学、戏剧学、敦煌学等研究领域成果颇丰。著有《唐戏弄》、《敦煌歌辞总编》等。

② 任中敏：《白屋嘉言序》，《国风》1935 年第 7 卷第 1 期，第 13—22 页。

诗草，依然沉芷澧兰心。"

1939 年

胡元俶凭吊吴芳吉墓，并在墓前摄影。题诗："落英已满地，此株方盛开。诗人墓咫尺，疑有魂归来。"吴芳吉逝世时，胡元俶亦有诗追悼："以身殉学先吾死，果力精心愧弗如。回首昔游余隐痛，秋风凉露检遗书。"

1940 年

4 月 独立出版社（重庆）出版周光午编著《吴芳吉婉容词笺证》。

5 月 13 日 黄炎培读《吴芳吉婉容词笺证》，当日日记有载："婉容词，由读了胡适译老洛伯诗而作，此作风之产生，亦是东西文化合流之证。"[1] 黄炎培有《吊吴芳吉》一诗："碧柳诗人我最怜，善翻格调出天然。平生志行惟忠爱，浩荡灵修不假年。"

1941 年

6 月 29 日 顾颉刚参观聚奎学校，并读吴芳吉书札及遗稿。当日日记有载："吴芳吉天才横溢，若假以年，当可在文坛树一巨帜。渠有志作史诗，早殁，竟不成一字，可惜之至。周光午君搜其遗墨，装为百数十册，风义可佩。"[2]

---

[1] 黄炎培著，中国社会科学院近代史研究所整理：《黄炎培日记》（第 6 卷，1938.8—1940.8），华文出版社 2008 年版，第 279 页。

[2] 顾颉刚：《顾颉刚日记》（第四卷，1938—1942），台北联经出版事业股份有限公司 2007 年版，第 551 页。

1942 年

4 月　由周光午发起，北碚北温泉图书馆举办"碧柳遗著及手稿展览会"。郭沫若观后，作《题吴碧柳手稿》诗一首："廿年前眼泪，今日尚新鲜。明月楼何在，婉容词有笺。怆然抚手泽，凄绝动心弦。赖有侯芭在，玄文次第传。"

1944 年

4 月 9 日　冯玉祥往黑石山祭奠吴芳吉墓，口占《黑石山》一首："白沙镇，黑石山。吴芳吉，有坟园。吴先生，是铁汉。求真理，能苦干。在清华，不回还。中外人人把头点。被围八个月，那是在西安。有米送给人，自己饿死亦安然。志士仁人心，既是英雄又好汉。我走到坟前，诚恳来祭奠。好朋友，未见面，彼此永远记心间。谁想到，今日经过黑石山，男女学校两大片，永远桃李无边绿。"冯玉祥后来回忆与吴芳吉的因缘："我看了他许多首诗，记述他在陕西长安被刘镇华围困八个月的事。他非常地感激孙良诚、孙连仲、刘汝明三个人救了他的命，并且救了长安城里多少万人的性命。……他死了之后，埋在江津县白沙镇的黑石山，我去献金的时候还到他坟上去祭了一祭。"①

1945 年

2 月 3 日　吴宓作《一九四五年二月由蓉回西安省父纪行诗》组诗，其二怀吴芳吉："何处寻碧柳？白沙谒墓来。围城吟卷在，诗国壮图开。天地英灵气，古今无异才。人琴知己感，生死鹡鸰哀。"②

---

① 冯玉祥：《我的抗战生活》，黑龙江人民出版社 1987 年版，第 148 页。
② 吴宓：《吴宓诗集》，商务印书馆 2004 年版，第 409 页。

秋　　历史学家陶元珍①于西北大学校内发现业师吴芳吉所绘《西京游踪图》真迹，不禁泫然，作《题吴白屋先生西京游踪图真迹》一诗，并撰《吴白屋先生事略》一文。文中提及，抗战时川外文化机构数十所迁入白沙，乃因吴芳吉之诗耳熟白沙之名，并评价吴芳吉的治学与诗歌："先生为学，宗横渠、二曲、船山、罗山。诗宗老杜及近代黄公度、丘沧海诸家。道寓于文，有悲天悯人之怀，富忠国爱民之感，至性奔放，不拘格律，尝欲为六言长诗，凡三万六千言，拟但丁神曲，惜天不假年，赍志而没。"②

1948 年

6月　邓均吾作《题扇二绝》怀吴芳吉，诗前有序："辛亥革命后十年春，予客长沙，与吴君碧柳登神鼎湖源诸山，泛舟洞庭，探二妃墓之所在，道经汨罗屈原墓。吴君伤怀国事，为诗以吊，慷慨歔欷，不能自已。回首前尘，恍如昨日，而故人墓木拱也。索居感旧，情见乎辞，因成二绝，题诸扇端以志。时戊子仲夏也。"其一："水碧沙明古汨罗，夕阳荒冢惹愁多。吴生感慨投诗吊，绝似西莹痛哭歌。"其二："白屋诗篇孰与邻，湘兰浓芷现清真。而今怀旧烽烟里，祇恐遗编付劫尘。"③

是年　由吴宓发起，在白沙建立"私立白屋文学院"，以纪念吴芳吉。白屋文学院学制四年，设中文系、外语系、历史系。1949年秋季开始招生。授课教师有吴宓、刘朴、熊东明等。

1951 年

5月21日　唐君毅此日日记，对中国当代学术界人物颇多剖析省思：

---

① 陶元珍（1908—1980）：字云孙。四川安岳人。成都大学预科甲部肄业，毕业于武汉大学史学系、北京大学研究院文科研究所史学部。1938年至1949年，先后任中山大学师范学院史学教授、浙江大学史地系教授、西北大学史学系主任、湖南大学史学系主任。1949年任台湾大学历史系教授。著有《魏晋史丛考》、《三国食货志》、《中国人物新论》、《云孙随笔》、《云孙文存》。

② 陶元珍：《题吴白屋先生西京游踪图真迹》，《青年生活》1947年第18期，第392—393页。

③ 邓均吾著，邓颖编：《白鸥：邓均吾早期诗选》，重庆出版社1998年版，第157页。

"思中国近年学术界人物，北大出者大皆放肆而非阔大，南京东大出者大皆拘紧而不厚重。如梁漱溟、熊十力、欧阳竟无、吴碧柳诸先生等皆自社会上出，乃可言风度、气象、性情。今之一般学术界人物之文能谨严者已不多，能有神采性情愿力者尤少。"①

是年　于右任作《吊吴白屋先生》（二首），其一："泾阳吴老字仲旗，其子知名号陀曼。父为大侠子学者，我亡命时蒙蔬饭。近读白屋碧柳集，知遇陀曼诗一变。吴老逝矣我难忘，君报陀曼乃宿愿。"其二："西安围解名贤萃，四诣军门莫相置。生大文豪天亦难，遇大文豪世不易。今读选集诸大篇，大笔回环我无泪。祝此独立特有之雄才，再以文章为世瑞。"

1956 年

1 月　吴宓向西南师范学院当局表示，愿长期留教该校，冀死后葬于黑石山吴芳吉墓侧。

是年　吴宓从成都回重庆途中，由吴汉骧相陪，赴江津中学（改名为江津一中）参观。在昔日吴芳吉校长办公室门前，吴宓伫立良久。

1959 年

2 月 12 日　吴宓访邓均吾，谈吴芳吉，当日日记有载："多谈碧柳之为人与其诗，宓自言对碧柳有不良之影响，即使碧柳以感宓私人恩谊之故，倾倒于宓之封建、顽固、保守思想，而未能自由发展，类郭沫若之道路，成为毛主席时代、社会主义中国之一主要文人、诗人，此宓殊愧负碧柳者也，云云。邓君殊沉默寡言，虽赞碧柳之诗，并谓定安公非庸俗商人，但对宓之所言不置可否，岂疑宓言之不由衷也欤？"②

2 月 19 日　吴宓忧及自身历史问题会影响吴芳吉诗歌的刊布与流传，

---

① 唐君毅：《唐君毅日记》，吉林出版集团有限责任公司 2013 年版，第 49 页。亦见刘梦溪主编《中国现代学术经典：唐君毅卷》，河北教育出版社 1996 年版，第 964 页。

② 吴宓著，吴学昭整理：《吴宓日记》（第四册，1959—1960），生活·读书·新知三联书店1998 年版，第 36 页。

当日日记有载："宓颇有意直接函上郭公或由邓均吾代达，承认宓对碧柳思想、著作不幸之影响（由今之观点，碧柳因宓遂未循郭公之途径，是以谓之不幸），而恳求郭公或邓君代作文，批判地表彰碧柳，使得列于民族诗人及人民作者之林，俾其诗文集今后能得印行，毋使宓累及碧柳，而伤害碧柳后世之名，如世人之传谓罗振玉先生害及王静安先生也。"①

　　8 月 14 日　吴宓与郑思虞②谈吴芳吉人格与诗歌，当日日记有载："归途谈白屋诗，虞评碧柳之生活与其诗之创作，皆完全自由、独立，毫无依傍与束缚。其诗之内容，纯属现实，即描写中国人民之真实生活，而寄与以极广大之人道主义之同情。其诗之格律形式，则由碧柳自造，任意采择新旧古今中外，而创为白屋之诗体，下开今后一代之诗型，且又多变化，每篇之形式恰与其内容相符合、相适应，此为碧柳独特之造诣。总之碧柳之精神与气魄，如天马行空，自行其所是，毫无顾忌，毫无惧怯，其勇毅实此时代之诗人文人所远莫能及者也。而其人及诗之伟大处亦正由于此，故为思虞素所佩仰，云云。宓以虞此段评论最公正而精到，为宓所闻评碧柳与白屋诗者之上品，深为感动，遂力劝其就兹所谈之意旨，撰成《评吴芳吉的诗》一篇，以助宓为白屋诗介绍宣传。且披肝沥胆以告虞曰，宓自分虽生如死，1958 曾明言'我情甘就死'，而惟望碧柳不至受宓之累，而白屋诗可以为世人所诵读，得长留于天地之间，宓所愿尽力者此一事而已。又曰，假使碧柳生睹解放后中国之盛强，碧柳情必欢欣鼓舞，歌咏共产党之伟业，而其国史诗之计划中，第二部必以毛主席代孙中山为主角，如 Vigil 之诚心赞颂 Augustus 者，然碧柳必不能尽放弃其对孔子之崇敬，对中国文字与文化之宝爱，以彼生性之高亢兀傲，至诚大勇，必有所不屈，而又不屑为佝佝偊偊卑谄虚伪之言行，但图自保，其结果，碧柳将必成为右派分子，声誉骤落，终郁郁而死。由此言之，碧柳之早逝，实碧柳之大幸也欤？……11：20 回舍，入寝，至深夜，万感交集，犹不能入寐，遂又失眠。"③

---

① 吴宓著，吴学昭整理：《吴宓日记续编》（第四册，1959—1960），生活·读书·新知三联书店 2006 年版，第 42 页。

② 郑思虞（1907—？）：江西泰和人。1929 年毕业于四川大学英语系，后去南洋攻读。1933 年回国，任四川省夹江县立小学校长，同年加入中国共产党。1934 年任重庆《商务日报》记者，筹办《齐报》。先后任四川教育学院教授、国立女子师范学院教授、重庆大学文理学院教授。1954 年调任西南师范学院教授。

③ 吴宓著，吴学昭整理：《吴宓日记续编》（第四册，1959—1960），生活·读书·新知三联书店 2006 年版，第 147—148 页。

12 月 27 日　吴宓静思生平行事，忆及吴芳吉，称："总之，通观静思，知人论世，碧柳确是一伟大之道德家与伟大诗人，其伟大处在其一生全体之完整与坚实。"[1]

1960 年

1 月 19 日　吴宓作书答复施幼贻："两吴生在 1921 至 1932 时期，实未感觉到共产党之存在，故不谈无产阶级革命。又两吴生皆宝爱中国文化而尊崇孔子者。碧柳之言行，至其死，恒极真实而一致，自己并无迟疑与矛盾。宓则在今仍有保留，有如海涅所悲叹者，谓共产党执政，将举彼所爱之诗及浪漫世界灭绝净尽矣。（见商章孙译《海涅散文集选》76 页）云云。宓固深羡碧柳而望尘莫及者也。……按施君亦世俗之人，不足与语高深。"[2]

7 月 4 日　何树坤因脑溢血逝世，因吴芳吉墓侧建食堂，未能合葬，乃葬于黑石山萧湘墓侧。

1962 年

《四川省志》为吴芳吉立传，向吴宓咨询相关问题。吴宓日记有载："编辑洪钟来访宓，以《省志》中将为吴芳吉及赵熙立传，特来就宓乞取碧柳生活及其诗之资料，并询宓对赵尧生《香宋诗词集》之评论。宓具答，以编辑处已有 (1)《白屋诗稿》(2)《白屋遗书》(3)《吴宓诗集》（借来者）(4)《新群》杂志 (5)《湘君》季刊及 (6) 卢冀野《诗人尚友录》中之《民族诗人吴芳吉传》(7) 周光午《婉容词笺注》各书，乃赠与《吴宓诗集》一部，借与 (8)《碧柳日记》（零条）手稿有关《婉容词》及《笼山曲》等之撰作经过者 (9) 任中敏辑《白屋嘉言》(10) 周光午编《白屋书牍》（宓评注本）(11) 登载《蜀道日记》之《国风》

---

[1] 吴宓著，吴学昭整理：《吴宓日记续编》（第四册，1959—1960），生活·读书·新知三联书店 2006 年版，第 258 页。

[2] 吴宓著，吴学昭整理：《吴宓日记续编》（第四册，1959—1960），生活·读书·新知三联书店 2006 年版，第 280 页。

半月刊一册（12）吴汉骥撰《试论白屋诗》（手稿）一册。至（13）宓1959 夏所作之《吴芳吉研究》短文三篇（14）吴汉骥撰《白屋诗选注》及《论诗之创作》各一册未刊则搜寻不得，疑皆付与四川人民出版社，请洪钟同志直往索取。"①

1967 年

2 月 16 日至 3 月 3 日　病中的唐君毅于日本京都医院写就《病里乾坤》长文，开篇即提到吴芳吉，且对其一生形迹、抱负和胸襟推崇备至："吾少年尝慕白屋诗人吴芳吉先生之诗曰：'呜呼！人生如朝露，百年行乐奚足数；安得读尽古今书，行尽天下路，受尽人间苦，使我猛觉悟！'吴先生十余岁时，为清华留美预备学校之学生，以校中当局开除某生，吴先生与其他数同学，共为之鸣不平，当局乃并加以开除。然其他数同学，后皆具悔过书得复学，吴先生独谓无过可悔，遂流落北平，为人佣工。后又转往上海书局，任校对。自此历尽苦辛，终徒步过三峡返川。其友吴宓、汤用彤等，既由清华资送至美国留学，乃共各以其留学公费之若干，供吴先生自学之用。吴先生遂年方弱冠，而诗文皆斐然可观，有声于时；年不及三十，而被聘为西北大学、成都大学及重庆大学教授。吴先生读中西之诗，而以杜甫为宗，思想则为纯儒。吴先生孝于其母，而其妻与母不和，时有难言之痛。其友吴宓尝离婚，亦尝贻书劝吴先生离婚；而吴先生答以诗曰：'我辈持身关世运，夫妇之伦不可轻言离异也。'吴先生于西北大学任教时，适逢吴佩孚与刘镇华之战，西安围城者数月，居民皆以草根树皮为食。吴先生时在西安城中，每日皆正衣冠以待毙。又在重庆大学任教时，见大学士习败坏，途辞去教职，回故里办江津中学。时江津中学之学生……叫嚣狂肆，不可终日，而吴先生以身作则，不一年而校风丕转。然吴先生亦以劳瘁过度，病殁任上，年才三十六也。吴先生之诗，今存数百首，世多知之。而其志之所期，则在为中华民族作三部史诗。第一部写大禹治水，第二部写孔子杏坛设教，第三部写创建民国之先烈之革命。惜所志未遂，而人间亦终不得诵此一史诗矣。吴先生与先父交，吾少年时尝亲见其为人，精诚恻怛，使人一见不忘；而其诗中之句，吾亦多尚

---

①　吴宓著，吴学昭整理：《吴宓日记续编》（第五册，1961—1962），生活·读书·新知三联书店 2006 年版，第 337 页。

能忆。上文所引之数句，既足状吴先生之一生，而尤足资吾之警惕，故尤喜诵之。吾尝以吾一生之所怀抱，与吴先生此数句诗之意对勘。窃自谓吾一生素未尝有人生行乐之想，亦可谓尝行万里路，试读万卷书。然读书未能念念在得圣贤之心，行路未尝念念在于开拓自家之胸襟，尤未能如吴先生之志在历尽人生之艰险，受尽人间之苦难，以归于觉悟。……以吾之一生，与吴芳吉先生相较，诚可谓邀天之眷，未尝有吴先生所经历之苦难，则欲有吴先生之觉悟亦难矣。"①

1980 年

姚雪垠致信茅盾，提及吴芳吉："关于中国现代文学史，我常常考虑应该有两种编写方法。一种是目前通行的编写方法，只论述'五四'新文学运动以来的白话体文学作品，供广大读者阅读，也作为大学中文系的教材或补充教材。另外有一种编写方法，打破这个流行的框框，论述的作品、作家、流派要广阔得多，姑名之曰'大文学史'的编写方法，不是对一般读者写的。我所说的'大文学史'中，第一，要包括'五四'新文学运动以来的旧体诗、词。毛主席和许多党内老一代革命家写了不少旧体诗、词，早已在社会上广泛传诵。新文学作家也有许多人擅长写旧体诗、词，不管从内容看，从艺术技巧看，都达到较高造诣。因为这些作家有新思想、新感情，往往是真正有感而发，偶一为之，故能反映作家深沉的现实感触和时代精神。……还有一种类型，例如柳亚子、苏曼殊等，人数不少，不写白话作品，却以旧体诗、词蜚声文苑，受到重视，也应该在现代文学史中有适当地位。其中思想感情陈腐，无真正特色者可作别论。在论述这一部分作品时，不仅须要打破文言白话的框框，还要打破另外一些框框。例如学衡派有一位较有才华的诗人吴芳吉，号白屋诗人，不到三十岁就死了，在当时很引人重视。他死后，吴宓将他的诗编辑出版。既然在社会上发生过较大影响，要研究一下原因何在。"②

① 唐君毅：《病里乾坤》，《鹅湖月刊》1976 年第 11 期。
② 上海图书馆中国文化名人手稿馆编：《尘封的记忆：茅盾友朋手札》，文汇出版社 2004 年版，第 96—97 页。

2009 年

徐晋如《缀石轩诗话》评吴芳吉诗："吴白屋诗如幽谷佳人，荆钗粗服，自不掩其国色天香。'衣食灭情性，追念以日稀'，于生命不作丝毫苟且。"①

---

①　王翼奇等：《当代诗词丛话》，黄山书社 2009 年版，第 699—700 页。

参考文献

一　吴芳吉作品版本

吴芳吉：《吴芳吉自订年表》，聚奎学校丛书，1929 年版。

吴芳吉：《白屋吴生诗稿》，聚奎学校丛书，1929 年版。

吴芳吉著，吴宓编订，周光午参校：《吴白屋先生遗书》，长沙段文益堂刊刻，1934 年版。

吴芳吉著，任中敏编辑：《白屋嘉言》，1935 年版。

吴芳吉：《吴芳吉诗选》，私立聚奎中学，1941 年版。

吴芳吉著，周光午编选：《白屋书牍》，重庆清华中学，1941 年版。

吴芳吉、吴汉骧著：《尚友集·拙斋诗谈》，中国文化服务社江津支社发行，1943 年版。

吴芳吉著，周光午编订：《白屋家书（吴芳吉与夫人遗札）》，1943 年版。

吴芳吉著，周光午编：《吴白屋先生遗书》，台湾成文有限公司 1968 年版。

吴芳吉著，周光午编：《吴白屋先生遗书补遗》，台湾成文有限公司 1968 年版。

吴芳吉著，江津师专中文科选注：《白屋诗选》，四川人民出版社 1982 年版。

吴芳吉著，贺远明等选编：《吴芳吉集》，巴蜀书社 1994 年版。

吴芳吉：《吴白屋文稿》，文听阁图书有限公司 2008 年版。

吴芳吉著，傅宏星编校：《吴芳吉全集》，华东师范大学出版社 2014 年版。

二　其他参考文献（以拼音为序）

《白屋先生遗稿》，《明德旬刊》1932年第7卷第4/5期。

《白屋遗稿二则》，《黑石月刊》1945年创刊号。

《成都追悼吴碧柳先生纪念刊》，大中印务局1924年版。

《成都追悼吴芳吉先生哀启》，《大公报·文学副刊》第236期，1932年7月11日。

《陕西教育志》编纂办公室编：《陕西教育志资料选编》，陕西人民出版社1988年版。

《学衡》杂志社：《学衡》杂志，1922—1933年。

白屋诗人吴芳吉研究课题组选编：《吴芳吉诗文选》，三秦出版社2009年版。

白屋诗人吴芳吉研究课题组选编：《吴芳吉研究论文选》，三秦出版社2010年版。

蔡震：《郭沫若生平文献史料考辨》，社会科学文献出版社2014年版。

长沙明德中学湘君社：《湘君》杂志，1924年第3期。

长沙市明德中学百年校庆办编：《百年明德：磨血育人》，长沙市明德中学百年校庆办，2003年。

长沙市政协文史资料研究委员会编：《明德春秋》，1993年。

车吉心主编：《民国轶事》第5卷，泰山出版社2004年版。

陈铨：《评吴芳吉诗集》，《大公报·文学副刊》第30期，1928年7月30日。

成都市政协文史学习委员会编：《成都文史资料选编：教科文卫卷》，四川人民出版社2007年版。

成都市政协文史学习委员会编：《成都文史资料选编：辛亥前后卷》，四川人民出版社2007年版。

成都文学艺术界联合会、成都吴芳吉研究会编：《吴芳吉研究》，中国文联出版社2010年版。

成都吴芳吉研究会编：《白屋诗风》，成都吴芳吉研究会，2012年。

川康渝文物馆编：《川康渝文物馆年刊》，川康渝文物馆1997年版。

党跃武主编：《张澜与四川大学》，四川大学出版社2013年版。

邓均吾著，邓颖编：《白鸥：邓均吾早期诗选》，重庆出版社 1998 年版。

邓少琴：《邓少琴西南民族史地论集》，巴蜀书社 2001 年版。

邓少琴：《读〈爱国诗人吴芳吉事略〉书怀》，《四川文史资料选辑》第 34 辑，1985 年。

邓少琴：《我难忘的童年母校——聚奎小学》，《四川文史资料选辑》第 38 辑，1988 年。

邓少琴：《忆吾师荣县萧湘先生》，《江津文史资料选辑》第 5 辑。

邓颖：《邓均吾研究资料》，重庆出版社 2010 年版。

丁茂远编著：《〈郭沫若全集〉集外散佚诗词考释》，浙江大学出版社 2014 年版。

冯玉祥：《我的抗战生活》，黑龙江人民出版社 1987 年版。

傅任敢编：《近代中国教育人物像传》，首都师范大学出版社 2011 年版。

高朴实等主编，四川省文史研究馆编：《巴蜀述闻》，上海书店出版社 1992 年版。

宫晓卫主编：《藏书家》第 15 辑，齐鲁书社 2009 年版。

古基祥：《五四运动在江津》，《江津文史资料选辑》第 1 辑，1987 年。

谷生漎、羊村、尹朝国编：《吴芳吉研究论文集》，成都吴芳吉研究会，1999 年。

顾颉刚：《顾颉刚日记》（第 4 卷：1938—1942），台北联经出版事业公司 2007 年版。

顾颉刚主编：《文史杂志》第 2 卷，龙门书店 1967 年版。

郭沫若：《创造十年》，现代书局 1932 年版。

何蜀：《吴芳吉的一段秘闻》，《吴芳吉诗文赏析》，光明日报出版社 2011 年版。

胡安定：《多重文化空间中的鸳鸯蝴蝶派研究》，中华书局 2013 年版。

胡步川：《立秋日吴碧柳兄芳吉赠诗次韵答之》，《学衡》1926 年第 59 期。

胡步川：《送碧柳兄还家，渠先人京与吴雨僧兄宓合刊诗集》，《学衡》1926 年第 59 期。

胡萝华、吴淑贞：《表现的鉴赏》，现代书局 1928 年版。

湖南省教育史志编纂委员会编：《湖南近现代名校史料》，湖南教育出版社 2012 年版。

湖南省文史馆组编：《湖湘文史丛谈》，湖南大学出版社 2008 年版。

湖南图书馆编：《湖南古旧地方文献书目》，岳麓书社 2012 年版。

黄成垅：《西安围城记》，1927 年。

黄淳浩编：《郭沫若书信集》，中国社会科学出版社 1992 年版。

黄炎培：《黄炎培日记》（第 6 卷：1938.8—1940.8），华文出版社 2008 年版。

江津市政协文史资料委员会：《吴芳吉先生诞辰一百周年纪念专辑》，1996 年。

江津县政协文史资料委员会：《江津文史资料选辑》第 1 辑。

江津县政协文史资料委员会：《江津文史资料选辑》第 9 辑。

江津县政协文史资料研究委员会：《江津文史资料选辑》第 4 辑。

江津县政协文史资料研究委员会：《江津文史资料选辑》第 5 辑。

蒋寅：《清诗话考》，中华书局 2005 年版。

焦润明：《中国现代文化论争》，社会科学文献出版社 2012 年版。

昝健行：《纪念白屋——为吴白屋先生逝世八周年作》，《民族诗坛》总第 21 辑，1941 年 5 月。

赖高翔：《赖高翔文史杂论》，自印，2004 年。

赖正和编：《郭沫若的婚恋与交游》，成都出版社 1992 年版。

黎汉基：《社会失范与道德实践：吴宓与吴芳吉》，巴蜀书社 2006 年版。

黎汉基：《吴芳吉的儒学实践》，《人文论丛》2006 年卷，武汉大学出版社 2007 年版。

李冰若：《甲子夏夕泛舟后湖赠吴芳吉》，《国学丛刊》1924 年第 2 卷第 3 期。

李赋宁等编：《第二届吴宓学术讨论会论文选集》，陕西人民教育出版社 1994 年版。

李继凯、刘瑞春选编：《追忆吴宓》，社会科学文献出版社 2001 年版。

李劼人：《李劼人全集》第 7 卷，四川文艺出版社 2011 年版。

李肖崇：《星庐笔记》，岳麓书社 1983 年版。

李颙：《二曲集》，中华书局 1996 年版。

林损：《附书吴碧柳西安围城诗后》，《学衡》1926 年第 59 期。

林损著，陈肖粟、陈镇波编校：《林损集》，黄山书社 2010 年版。

刘国铭：《吴碧柳评传》，光明日报出版社 2012 年版。

刘国铭：《中国国民党百年人物全书》，团结出版社 2005 年版。

刘国铭选编：《吴芳吉论教育》，重庆大学出版社 2010 年版。

刘迈：《西安围城诗注》，陕西人民出版社 1992 年版。

刘梦溪主编：《中国现代学术经典：唐君毅卷》，河北教育出版社 1996 年版。

刘沐兰编：《南社三刘遗集》，1993 年。

刘朴：《白屋先生墓表》，《明德旬刊》1935 年第 12 卷第 1 期。

刘朴：《祭吴碧柳文》，《明德旬刊》1935 年第 12 卷第 1 期。

刘朴：《吴芳吉传》，《明德旬刊》1935 年第 12 卷第 1 期。

刘石夷：《谷醒华先生纪念文集》，1990 年。

刘咸炘：《刘咸炘诗文集》，华东师范大学出版社 2010 年版。

刘咸炘：《刘咸炘学术论集》，广西师范大学出版社 2010 年版。

刘咸炘：《推十书》，成都古籍书店 1996 年版。

刘咸炘：《吴碧柳别传》，《国风半月刊》1932 年第 4 期。

刘永济：《寄碧柳西安》，《学衡》1926 年第 59 期。

刘永济：《诵帚词集·云巢诗存》，中华书局 2010 年版。

柳诒徵：《哀吴碧柳》，《泰安诗词选》，长沙市明德中学百年校庆办，2003 年。

柳诒徵：《甲子六月十六偕吴雨僧吴碧柳观龙膊子湘军轰城处作》，《学衡》1924 年第 33 期。

卢前：《酒边集》，会文堂新记书局 1934 年版。

卢前：《吴芳吉评传》，《民族诗坛》总第 18 期，1940 年。

卢前：《吴芳吉评传》，独立出版社 1941 年版。

卢前编：《饮虹乐府笺注》，广陵书社 2011 年版。

陆丹林、丁士源：《革命史谭》，中华书局 2007 年版。

吕子方：《中国科学技术史论文集》，四川人民出版社 1983 年版。

罗昌一：《吴芳吉与聚奎学校》，《聚奎中学文史资料》，聚奎中学校史编写组，1985 年。

罗元晖：《爱国诗人吴芳吉》，《成都文史资料》总第 19 辑，1988 年。

莫健立：《吴白屋先生传》，《国风》1934 年第 5 卷第 8/9 期。

庞齐编：《于右任诗歌萃编》，陕西人民出版社 1986 年版。

前人：《题吴芳吉白屋遗稿》，《文史杂志》1942 年第 2 卷第 5/6 期。

丘权政、杜春和选编：《辛亥革命史料选辑》，湖南人民出版社 1981 年版。

任竞、王志昆主编：《先贤诗文选》，重庆出版社 2011 年版。

任中敏：《白屋嘉言序》，《国风》1935 年第 7 卷第 1 期。

任中敏：《白屋诗人吴芳吉论：白屋嘉言序》，《理想与文化》1943 年第 2 期。

任中敏：《吴白屋先生事略》，《国风》1935 年第 7 卷第 1 期。

上海图书馆中国文化名人手稿馆编：《尘封的记忆：茅盾友朋手札》，文汇出版社 2004 年版。

上海中国公学杂志部：《新群》杂志，1919—1920 年。

施幼贻：《吴芳吉评传》，重庆出版社 1988 年版。

四川省崇庆县志编纂委员会编纂：《崇庆县志》，四川人民出版社 1991 年版。

四川省南川市政协文史资料委员会：《南川文史资料》（第 1 辑：经济科技专辑），1994 年。

四川省政协文史资料研究委员会等编：《四川近现代文化人物续编》，四川人民出版社 1989 年版。

唐君毅：《唐君毅全集》（卷 19），台湾学生书局 1984 年版。

唐君毅：《唐君毅日记》，吉林出版集团有限责任公司 2013 年版。

陶元珍：《题吴白屋先生西京游踪图真迹》，《青年生活》1947 年第 18 期。

王承军：《蒙文通先生年谱长编》，中华书局 2012 年版。

王川：《李源澄先生年谱长编：1909—1958》，中华书局 2012 年版。

王存诚编：《韵藻清华：清华百年诗词辑录》，清华大学出版社 2011 年版。

王继权：《郭沫若旧体诗词系年注释》，黑龙江人民出版社 1982 年版。

王利器：《王利器自传》，《中国现代社会科学家传略》第 2 辑，山西人民出版社 1982 年版。

王利器：《往日心痕：王利器自述》，山西人民出版社 1997 年版。

王先献：《咏琴轩随笔》，《国专月刊》1935 年第 2 卷第 2 期。

王翼奇：《当代诗词丛话》，黄山书社 2009 年版。

文强口述，刘延民撰写：《文强口述自传》，中国社会科学出版社

2003 年版。

　　文守仁：《蜀风集》，自印，1998 年。

　　吴芳吉、何树坤：《秋怨词（联句)》，《黑石月刊》1945 年第 1 卷第 5 期。

　　吴芳吉、罗士贤：《谈诗四则》，《白日新闻副刊》1928 年第 47 期。

　　吴芳吉编辑，邓少琴校阅：《聚奎沿革志》，《黑石月刊》1945 年第 1 卷第 3—4 期。

　　吴汉骧：《冯玉祥将军与先父吴芳吉》，《江津文史资料选辑》第 12 辑。

　　吴汉骧：《忆先君吴芳吉》，《江津文史资料选辑》第 2 辑，1985 年。

　　吴宓：《吴宓诗集》，商务印书馆 2004 年版。

　　吴宓著，吕效祖主编：《吴宓诗及其诗话》，陕西人民出版社 1992 年版。

　　吴宓著，吴学昭编：《吴宓书信集》，生活·读书·新知三联书店 2011 年版。

　　吴宓著，吴学昭整理：《吴宓日记》，生活·读书·新知三联书店 1998 年版。

　　吴宓著，吴学昭整理：《吴宓日记续编》，生活·读书·新知三联书店 2006 年版。

　　吴宓著，吴学昭整理：《吴宓自编年谱》，生活·读书·新知三联书店 1995 年版。

　　吴民祥：《流动与求索：中国近代大学教师流动研究》，浙江教育出版社 2006 年版。

　　吴泰瑛：《白屋诗人吴芳吉》，巴蜀书社 2006 年版。

　　吴相湘：《民国人物列传》，中国大百科全书出版社 2009 年版。

　　胥端甫：《芝山艺谈录》，台湾商务印书馆股份有限公司 1969 年版。

　　徐林主编：《明德岁月》，湖南师范大学出版社 2013 年版。

　　徐清祥、王国炎：《欧阳竟无评传》，百花洲文艺出版社 2010 年版。

　　许晚成编：《民族人格斗争文学集》，三星贸易公司 1932 年版。

　　寻霖、刘志盛：《湖南刻书史略》，岳麓书社 2013 年版。

　　杨德光：《怀念白屋诗人——吴芳吉》，《江津文史资料选辑》第 3 辑，1991 年。

　　杨佩祯等主编：《东北大学八十年》，东北大学出版社 2003 年版。

　　姚远、徐怀东主编：《西北大学学人谱》（续集），西北大学出版社

2002 年版。

尹朝国：《吴芳吉诗文选》，成都吴芳吉研究会"白屋丛书"，2004 年。

于右任著，刘永平编：《于右任诗集》，团结出版社 1996 年版。

张采芹：《白屋诗人吴芳吉》，《重庆文史资料》第 23 辑，1984 年。

张世林编：《家学与师承》，广西师范大学出版社 2007 年版。

张正藩编著：《教育论衡》，台湾商务印书馆股份有限公司 1981 年版。

政协成都市委员会文史资料研究委员会编：《成都文史资料》第 2 辑，1988 年。

政协江津市委编：《江津文史资料》第 20 辑，2007 年。

政协南川县委员会文史资料研究委员会编：《南川文史资料选辑》第 1 辑，1985 年。

政协陕西省泾阳县委员会文化史委员会编：《泾阳文史资料》第 7 辑，2000 年。

政协四川省巴县委员会文史资料委员会：《巴县文史资料》第 9 辑。

政协四川省巴县委员会文史资料委员会编：《巴县文史资料》第 8 辑。

政协四川省合江县委员会文史资料委员会编：《合江县文史资料选辑》第 11 辑，1992 年。

政协四川省江津市委员会文史资料委员会：《江津文史资料选辑》第 16 辑。

政协四川省委员会文史资料委员会：《四川文史资料选辑》第 34 辑，四川人民出版社 1985 年版。

政协四川省文史资料委员会等编：《四川近现代文化人物》，四川人民出版社 1989 年版。

政协四川省重庆市委员会文史资料研究委员会：《重庆文史资料》第 23 辑，1984 年。

政协兴文县委员会文史资料工作委员会编：《兴文县文史资料》第 10 辑，1994 年。

政协叙永县委员会编：《叙永竹枝词》，巴蜀书社 2011 年版。

政协重庆市巴南区委员会：《巴南文史》，2008 年。

政协重庆市江津市委员会文史资料委员会：《江津文史资料》第 17 辑，1997 年。

政协重庆市委员会文史资料委员会：《重庆文史资料》第 36 辑，西南师范大学出版社 1991 年版。

政协重庆市委员会文史资料委员会：《重庆文史资料》第 38 辑，西南师范大学出版社 1992 年版。

政协重庆永川市委员会：《永川文史资料选辑》第 20 辑，2004 年。

中国第二历史档案馆编：《冯玉祥日记》，江苏古籍出版社 1992 年版。

中国革命博物馆编：《吴虞日记》，四川人民出版社 1984 年版。

钟永毅主编，江津县志编辑委员会编著：《江津县志》，四川科学技术出版社 1995 年版。

重庆大学校史编写组：《重庆大学校史》，重庆大学出版社 1984 年版。

重庆市江津县文化局编：《吴芳吉逝世五十周年纪念集》，1984 年。

重庆市南岸区政协文史资料委员会编：《重庆南岸文史资料》第 10 辑，1995 年。

重庆市渝中区人民政府地方志编纂委员会编：《重庆市市中区志》，重庆出版社 1997 年版。

重庆中国三峡博物馆、重庆博物馆编：《邓少琴遗文辑存》，西南师范大学出版社 2011 年版。

周光午：《白屋诗人吴芳吉逝世》，《大公报·文学副刊》第 229 期，1932 年 5 月 23 日。

周光午：《白屋诗人吴芳吉逝世续志》，《大公报·文学副刊》第 230 期，1932 年 5 月 30 日。

周光午：《教育家的白屋诗人》，《重庆清华》1947 年第 5 期。

周光午：《介绍白屋诗人吴芳吉先生》，《明德旬刊》1932 年第 7 卷第 4/5 期。

周光午：《为吴芳吉逝世致海内师友公函》，《国风半月刊》1932 年第 4 期。

周光午：《吴芳吉〈婉容词〉笺证》，《民族诗坛》总第 16 辑，1939 年。

周光午：《吴芳吉先生遗著续篇》，《国风半月刊》1934 年第 10—11 期。

周光午：《吴芳吉玉姜曲笺证》，《民族诗坛》1940 年第 4 卷第 1 期。

周光午：《致海内师友公函》，《大公报·文学副刊》第 231 期，1932

年 6 月 6 日。

周光午录：《吴芳吉先生遗著第三辑》，《国风》1935 年第 6 卷第 1/2 期。

周光午选辑：《吴芳吉先生遗著续篇》，《国风》1934 年第 5 卷第 10/11 期。

周慧梅：《近代民众教育馆研究》，北京师范大学出版社 2012 年版。

周开庆：《黑石山与白屋诗人》，《天声集》，畅流半月刊，1963 年。

周仲器、周渡等编著：《中国新格律诗探索史略》，江苏大学出版社 2013 年版。

朱剑芒编辑，陈霭麓、韩尉农注释：《朱氏初中国文》第 4 册，世界书局 1933 年版。

卓如、鲁湘元主编：《二十世纪中国文学编年》，河北教育出版社 2013 年版。

后　记

本书从搜集资料到完稿成书，前后历时四年有余。诸多因缘促成了本书的面世，其中，师友们的启迪与襄助尤令我铭感，特记于书后，谨致谢忱。

吴芳吉先生后裔、《白屋诗人吴芳吉》的作者吴泰瑛女士欣然接受了我的采访，详述了吴先生的家世及交游，且介绍了吴芳吉研究的现状与进展，为本书的写作提供了可靠而珍贵的口述史料。

吴芳吉先生与聚奎学校（现为"聚奎中学"）渊源甚深，先生长眠之所亦在该校。得知聚奎中学藏有"吴芳吉遗赠古籍"，我曾专赴江津白沙访书。承蒙张跃国校长允我进入古籍特藏室翻览、抄录，得见吴先生生前所阅的上千册古籍，书上的楷书笔记和英文批注墨色犹新。整个下午，时空仿佛消失了，我久久凝视着吴芳吉先生的手泽，低徊不忍去。

感谢重庆大学教授杜承南先生、成都吴芳吉研究会会长何斌先生慨然惠赠书册、资料。两位老先生自幼接触吴芳吉的诗歌，年至耄耋尚能背诵，足见"白屋诗"的魅力所在。两位前辈对"白屋诗"的理解与挚爱，使我得以进入吴芳吉诗歌创作的历史情境。

傅宏星先生是研究吴宓、钱基博等民国学人的专家，他独立编校的《吴芳吉全集》是我案头常备的参考资料。两年前，曾借参会之便，数次向傅先生请教，他丰富的人生经历、广博的学识和独到的治学方法予我颇多启发。

业师、著名诗人柏桦先生一直关心和鼓励本书的写作。柏桦师著有笔记体诗集《别裁》，将不为人所留意的史料裁成洞幽烛微、别有趣味的历史文本，为本书处理史料提供了借鉴。在此亦向柏桦师创造新文体的努力致敬。

感谢老友曾骞为本书的出版热心牵线、奔走。责任编辑李庆红女士审校精严，订正了书中不少的舛误，本书因之增色不少。

本书的出版还得到了重庆大学社科处、国际学院的资助与支持。吴芳吉先生是重庆大学的创始人之一，也是"重大精神"的奠基者。重庆大学钟塔广场所铭刻的十六字校训"研究学术，造就人才，佑启乡邦，振导社会"即出自吴先生亲撰的《重庆大学筹备会成立宣言》。近年来，重庆大学返本开新，表彰先贤，成立了重庆大学吴芳吉研究会，研究和弘扬吴芳吉的办学精神与诗教理想。今年适逢吴芳吉先生诞辰一百二十周年，希望此书的出版可以告慰吴先生创办重庆大学的殷殷深情与拳拳之心。

王峰

2016 年春于重庆大学东林村